Pier Luigi Del Nista **June Parker** **Andrea Tasselli**
Premessa di *Maurizia Cacciatori*

Applicare il movimento

Casa editrice G. D'Anna
Messina-Firenze

Prima edizione marzo 2003

Ristampa 15 14 13 12 2012 2013 2014

Progetto grafico e copertina Ruth Kroeber, Alberto Baragli

Fotografie in copertina e nelle aperture di sezione Foto Mariani - Firenze

Redazione e coordinamento editoriale Nicoletta Monteforte Bianchi, Red & Graph - Firenze

Videoimpaginazione Federica Giovannini, Massimo Vallese

Contributi scientifico-didattici Paolo Barsotti, Serena Nacci, Daniella Marcolini, Nazzarena Barbieri

Disegni Gianna Pascarelli

Stampa Tipolitografia STIAV S.r.l. - Calenzano (Fi)

Legatura Legatoria industriale S.r.l. - Calenzano (Fi)

Coordinamento delle fasi di stampa e confezione Cristina Bonciani

www.edusport.it
scrivo@edusport.it

Si ringraziano gli enti e tutti coloro che hanno contribuito alla realizzazione del libro; in particolare: Piero Amati, Alessandro Badii, Lucia Bartoli, Alberto Calamai, Centro Studi e Documentazione ASSI Giglio Rosso (Firenze), Davide Cucini, Federazione Arrampicata Sportiva Italiana, Federazione Italiana di Atletica Leggera, Federazione Italiana Giuoco Calcio, Federazione Italiana Giuoco Handball, Federazione Italiana Nuoto, Federazione Italiana Pallacanestro, Federazione Italiana Pallavolo, Federazione Italiana Sport Orientamento, Rosanna Ferrario, Baldassarre Grano, Giada Imperato, ITC «Alessandro Volta» (Bagno a Ripoli, Firenze), Gustavo Pallicca, Romina Pendenza (Ministero della Salute - Dip. Prevenzione), Anna Romani, Donatella Quadri, Mario Serafini, Società Sportiva «La Veloce» (Fiumalbo, Modena), Fiamma Stilci, Vittoria Trentanove, Cecilia Trinci
Un particolare ringraziamento a Cristiano Carugati, Fiorenzo Galbiati (Foto Galbiati) e alla società ASYSTEL VOLLEY MILANO per la collaborazione dimostrata fornendo le immagini che ritraggono i giocatori: Paolo Cozzi (p. 165); Nikola Grbic (pp. 160, 165); Marcos Milinkovic (p. 146); Reinder Nummerdor (p. 162); Simone Rosalba (p. 157); Hristo Zlatanov (pp. 154, 165).

Avvertenze In conformità alle Lgg. 133/08 e 169/08, le eventuali future variazioni e tutti gli aggiornamenti riguardanti la materia potranno essere inseriti nella piattaforma on-line della Casa editrice D'Anna.

Eventuali variazioni ai regolamenti di gioco inerenti le discipline trattate che dovessero intervenire successivamente alla stampa di questo libro, saranno registrate nel sito www.edusport.it; eventuali modifiche intervenute nel Codice della Strada saranno pubblicate sul sito internet www.danna.it. Gli aggiornamenti saranno poi inclusi nel volume in occasione della prossima ristampa.

In alcune immagini di questo volume sono visibili i nomi di sponsor dello sport e/o i marchi di case produttrici di articoli sportivi. La presenza di tali illustrazioni (o la menzione, nel testo, di società attualmente operanti sul mercato) risponde ovviamente a un'esigenza didattica e non è, in nessun caso, da interpretarsi come una scelta di merito della Casa editrice né, tantomeno, come un invito al consumo di determinati prodotti.

Il Sistema Qualità della G. D'Anna Casa editrice S.p.A. è certificato, secondo le norme UNI EN ISO 9001, da Cermet (n. 1791).

Applicare il movimento

G. D'Anna Casa editrice S.p.A.
via Dante da Castiglione, 8
50125 Firenze
tel. 055.233.55.13 - fax 055.22.59.32

e-mail scrivo@danna.it
internet www.danna.it

Commessa 1582

PREMESSA

... Non aver paura di cadere! Perché rialzarsi
significa credere, migliorarsi, crescere. Perché
avere la forza di rialzarsi significa vincere.
La pallavolo mi ha insegnato a desiderare
di raggiungere obiettivi sempre piú importanti,
a conoscere i miei limiti e le mie potenzialità
e soprattutto a credere in me e nel prossimo.
Confrontarsi con i compagni di squadra,
condividere con loro i sacrifici, le soddisfazioni
e le sconfitte significa entrare a far parte
di una dimensione corale,
acquisire un modo di sentire
di cui risentono positivamente
tutti i rapporti umani
che il quotidiano
ti propone.
Lo sport ti insegna
che se hai impegnato
tutta te stessa
in un'impresa, verrai
premiata comunque,
anche in quella
che al momento
ti appare una sconfitta.
«Sport e Vita»: retorica?
No, semplicemente
una grande verità.

STRUTTURA DEL LIBRO

Il libro è costituito da **5 parti**, ciascuna attinente ad uno specifico campo di trattazione della materia.

Ogni parte è contraddistinta da un **colore diverso** e presenta, ad apertura, un **discorso introduttivo** e l'elencazione dei **Prerequisiti** e degli **Obiettivi** (**generali** e **specifici**).

Le parti, a loro volta, sono divise in **capitoli**, e questi in **paragrafi** e **sottoparagrafi**.

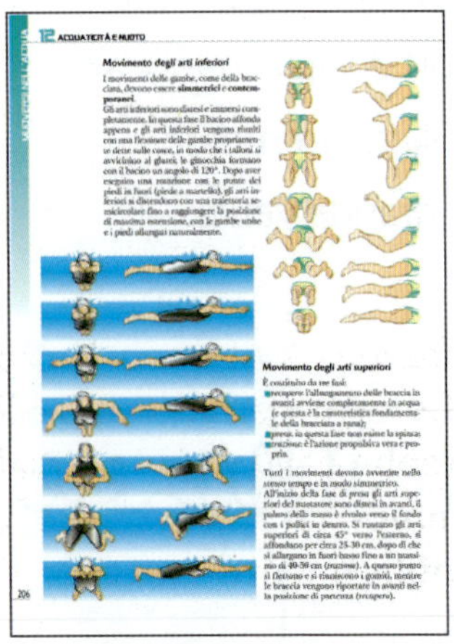

Il tutto, poi, è illustrato con dovizia sia per rendere il tuo lavoro piacevole, sia per aiutarti a fissare in maniera piú vivida e duratura i contenuti della trattazione.

Frequenti sono le **rubriche** nelle quali si affrontano con maggiore completezza alcuni aspetti significativi inerenti all'argomento sviluppato nel testo. Le individuerai immediatamente perché sono caratterizzate da particolari espedienti grafici.

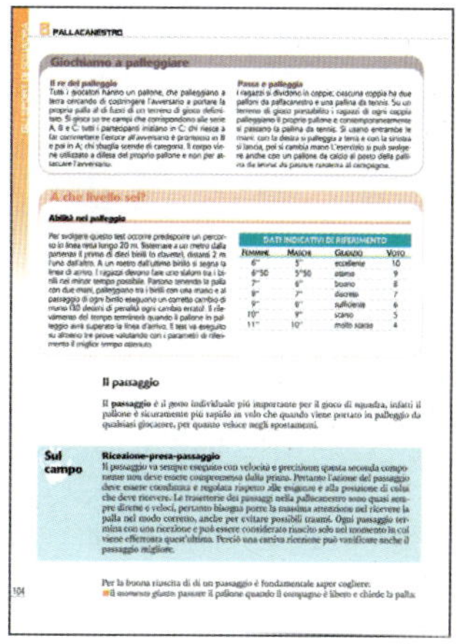

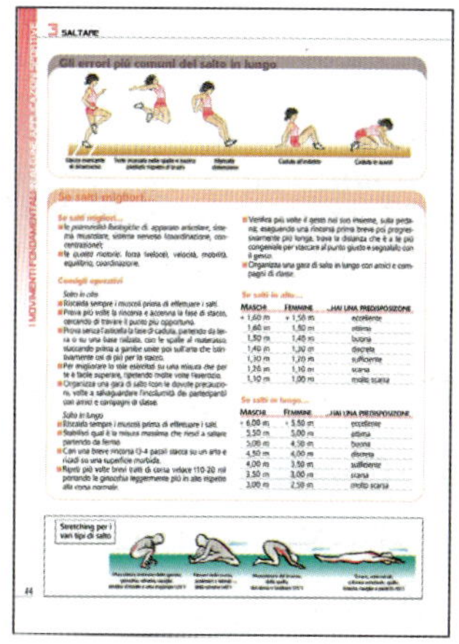

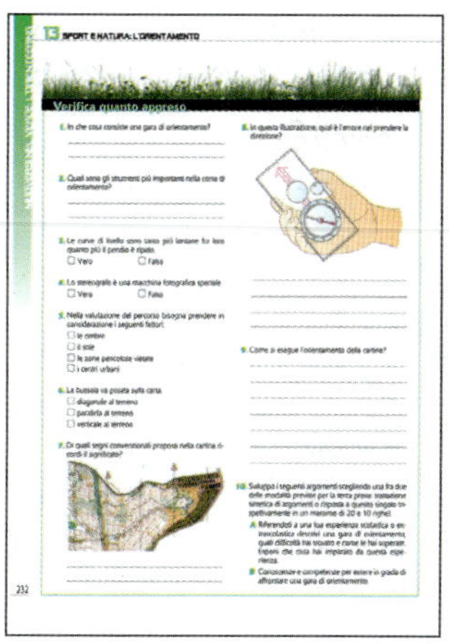

Alla fine di ciascuna delle cinque parti trovi le **Verifiche**. Anch'esse sono di due tipi: quelle che presentano questionari a risposta singola o multipla, ti aiutano a stabilire se hai compreso e assimilato quanto esposto nel testo; quelle che propongono domande o argomenti secondo le modalità previste per la terza prova.

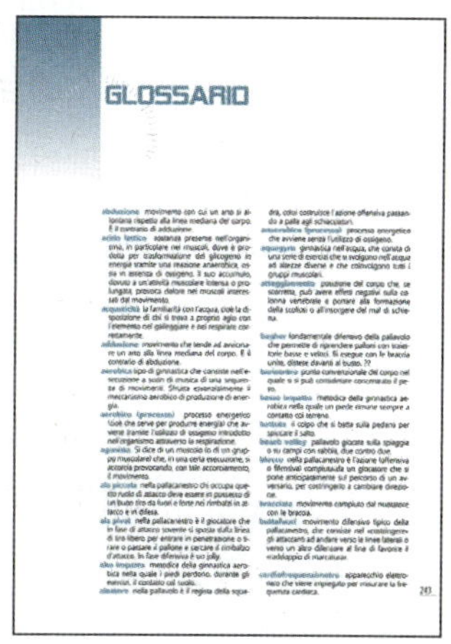

Il *Glossario* contempla le espressioni e i termini tecnici utilizzati nella trattazione, oppure le parole di uso non frequente sul cui significato potrebbe nascere in voi qualche perplessità. Ovviamente vi fornisce le definizioni in modo chiaro, essenziale e nello stesso tempo scientificamente esatto.

INDICE

GLI SPORT DI SQUADRA

MUOVERSI NELLA MUSICA

MUOVERSI NELL'ACQUA

MUOVERSI NEL VERDE: L'ORIENTEERING

13 Sport e natura: l'orientamento

MUOVERSI COME

14 Riscaldamento, stretching e...

INTRODUZIONE

Il movimento

Nell'ambito dell'interazione dell'uomo con l'ambiente che lo circonda non si può non parlare di movimento. Questo rapporto si evolve in un *continuum* che dalla nascita accompagna l'uomo fino all'età adulta, cioè al conseguimento della maturazione fisica e psicologica.

Il movimento, che quindi permette all'individuo di relazionarsi con il mondo circostante sviluppando una propria identità, può esprimersi secondo le piú diverse modalità: dai comuni gesti del vivere quotidiano, a quelli istintuali dettati dalla sfera emotiva, a quelli tecnici, studiati e finalizzati all'azione sportiva, alla drammatizzazione mimica, alla danza.

È naturale che nel corso del processo di crescita l'individuo sviluppi le *abilità motorie*: piú la persona è ricca di queste abilità, meglio la sua motricità gli permetterà di esprimersi e di adattarsi alle piú diverse situazioni.

Nello sport, in particolare, le abilità motorie si estrinsecano in serie di movimenti prestabiliti, da eseguirsi in successione e coordinati l'uno all'altro, anche facendo fronte a possibili elementi di disturbo, quali la tensione, la stanchezza, la presenza di avversari ecc.

Da quanto detto fin qui appare evidente come la conoscenza diretta dello sport possa costituire uno degli obiettivi fondamentali dell'educazione fisica nella scuola secondaria superiore, soprattutto in vista dell'acquisizione e del consolidamento di sane abitudini di vita da parte dei ragazzi. Lo sport infatti può assumere un ruolo di primo piano nell'esistenza del giovane (e quindi dell'adulto), sia come mezzo di salvaguardia della salute del corpo e della mente, sia come strumento di socializzazione e di riappropriazione della dimensione umana, spesso misconosciuta dai ritmi alienanti della vita dei nostri giorni. In tal senso, è opportuno sottolineare come l'attività sportiva, in quanto gioco, permetta di stimolare non soltanto la componente fisica ma anche quella mentale ed emozionale dell'individuo. Esercitare la libertà personale nel rispetto di quella altrui, acquisire autonomia pur obbedendo a formule di cooperazione non istituzionalizzate, affrontare con equilibrio successi e sconfitte, reagire prontamente al repentino mutare delle situazioni, mettere a frutto la fantasia e la creatività... sono tutte manifestazioni di una personalità completa, cui l'attività ludico-sportiva può senza dubbio dare un notevole impulso.

Gli schemi posturali e gli schemi motori di base

Il movimento volontario si esprime nell'esecuzione di gesti, ma anche nella loro inibizione, oltre che nell'assunzione di posture adeguate a ogni circostanza.

La struttura del movimento è composta da elementi semplici chiamati *schemi posturali* e da *schemi motori di base* (movimenti fondamentali).

Gli schemi posturali si identificano in quella combinazione di movimenti mediante la quale è possibile spostare diverse parti del corpo conservando un rapporto fisso tra loro. Tali schemi sono tridimensionali, in quanto si esplicano nelle tre dimensioni dello spazio (larghezza, lunghezza, altezza), e interessano gli arti arti superiori (oscillare, flettere, circondurre, piegare, ruotare, slanciare, elevare), gli arti inferiori (slanciare, elevare, flettere, ruotare, addurre) e il busto (flettere, estendere, inclinare, ruotare). Possono inoltre essere eseguiti in diverse posizioni: in piedi, in ginocchio, da seduti, in decubito prono e supino).

È certo però che l'espressione globale del movimento si manifesta tramite l'esecuzione di forme motorie naturali e fondamentali, ossia gli schemi motori di base, che consentono tutte le piú complesse attività funzionali. Alcune di queste forme motorie sono innate e fanno parte delle espressioni dell'infanzia: il bambino attraverso la vastissima gamma di movimenti naturali che effettua (correre, camminare, saltare, lanciare, strisciare, rotolare, arrampicarsi, ossia i movimenti fondamentali presi in esame nel corso della trattazione) migliora e perfeziona le proprie possibilità di movimento nel corso di un processo che arriva fino all'età adulta. All'inizio si tratta di azioni motorie scoordinate e poco armoniose, che col tempo acquistano in coordinazione e ritmo, risultando meno dispendiose dal punto di vista energetico. Un determinato schema motorio è da considerarsi acquisito quando l'azione ad esso corrispondente può essere eseguita in modo parzialmente automatico, senza il ricorso consapevole all'attenzione. È tra i 10 e i 16 anni, quando cioè maggiori sono le capacità di apprendimento, che gli automatismi e le diverse abilità alla base di ogni gesto dovrebbero essere approfonditi.

Quando il repertorio motorio raggiunge un buon livello di espressione (o meglio un livello di specializzazione), si può parlare di specifiche abilità motorie.

Il miglior livello di espressione di un'abilità motoria è quello in cui quest'ultima viene eseguita secondo una tecnica «ottimale» che, essendo adeguata alle caratteristiche fisiche, alla personalità, alla fantasia e creatività del soggetto, gli consente di ottenere il massimo vantaggio con il minimo sforzo nell'esecuzione del gesto.

Dall'associazione di piú schemi motori di base derivano le *condotte motorie*, ovvero i movimenti complessi in cui si manifesta una gestualità affinata e specializzata come quella riscontrabile nelle principali specialità atletiche, nel nuoto e nei giochi di squadra con la palla: attività delle quali la trattazione propone i concetti generali, la storia, i regolamenti, le tattiche individuali e di squadra, i ruoli e i criteri di autovalutazione.

Tra le condotte motorie è stato incluso anche il movimento a ritmo di musica, perché, pur essendo una condotta motoria tradizionalmente specifica, ha la prerogativa di sintetizzare gli schemi motori precedentemente considerati e di contribuire a sviluppare il senso del ritmo e la grazia del movimento, costituendo fra l'altro un'efficace forma di comunicazione.

In sostanza, una serie di proposte dalle quali l'insegnante può trarre spunto per svolgere lezioni stimolanti, e magari creare giochi nuovi, divertenti e comunicativi.

I MOVIMENTI FONDAMENTALI IN ALCUNE APPLICAZIONI SPORTIVE

Camminare, correre, saltare sono gesti naturali che compiamo ogni giorno, anche se non ne possediamo una effettiva conoscenza tecnica. In questa prima parte approfondiremo proprio gli **schemi motori di base**, per migliorare la tecnica del movimento, affinché sia il piú efficace e funzionale possibile.

Insieme a **camminare**, **correre**, **saltare** e **lanciare** – gesti motori alla base delle **discipline dell'atletica** – analizzeremo qui anche l'**arrampicare** e il **rotolare** – introducendo la capriola, la ruota e altri gesti di base della **ginnastica artistica**.

Obiettivi generali

- Conoscere le espressioni motorie fondamentali.
- Sviluppare le capacità motorie di base.

Prerequisiti

- Conoscenza basilare delle attività motorie fondamentali.
- Conoscenza essenziale delle diverse qualità motorie.
- Disponibilità ad apprendere tecniche e gesti.

Obiettivi specifici

- Conoscere le modalità basilari del «muoversi».
- Riflettere sulle modalità abituali di movimento.
- Comprendere le possibili applicazioni di uno stesso gesto.
- Migliorare la padronanza nella deambulazione.
- Migliorare la padronanza nella corsa.
- Migliorare la padronanza nei salti.
- Migliorare la padronanza nei lanci.
- Acquisire la tecnica della marcia.
- Acquisire la tecnica della corsa (prolungata, veloce, ad ostacoli).
- Acquisire la tecnica del salto (in alto, in lungo).
- Acquisire la tecnica del lancio (del peso, del disco).
- Apprendere le nozioni relative alle regole vigenti nelle gare di atletica leggera.

1 CAMMINARE

Camminare è una delle espressioni motorie di base del movimento umano. Si apprende nei primi anni di vita, ma è solo dopo qualche anno che questo gesto si affina e diventa sicuro. Infatti, perché il movimento sia efficace, devono essersi sviluppati sia i muscoli preposti alla deambulazione sia quelli che mantengono l'equilibrio.

1.1 Sappiamo camminare?

Camminare è un atto naturale che di norma mettiamo in pratica «automaticamente». Ma siamo sicuri di **saper camminare** nel modo piú efficace possibile e fisiologicamente corretto?
In linea di massima a questa domanda possiamo rispondere che ognuno di noi ha imparato a camminare in maniera *personale*, portandosi dietro i difetti che fin dall'infanzia caratterizzano l'esecuzione del movimento, tanto che la nostra camminata ci identifica quasi come una carta d'identità.
In realtà è importante camminare «bene», cioè evitare i frequenti errori che nel tempo possono rendere il movimento scomodo e doloroso, come i vizi della postura, i movimenti «esagerati», ecc.
Rispetto ad altre forme di attività fisica l'azione del *camminare* è semplice e talmente scontata che spesso non viene neppure considerata un movimento vero e proprio.
In realtà negli ultimi anni il cosid-

detto «*walking*» è stato riscoperto e inserito in numerosi programmi di allenamento. Molti sono i vantaggi che il camminare comporta rispetto ad altre forme di esercizio fisico: un'attività che può essere praticata ovunque, non comporta alcuna spesa, è adatta a tutte le età ed è priva (con le opportune precauzioni) di controindicazioni. Numerosi sono gli effetti benefici a livello psicofisico: camminare bene aiuta la funzionalità dell'apparato cardiovascolare e respiratorio, rinforza le ossa (prevenendo l'osteoporosi), permette di tenere il peso sotto controllo regolando il livello di zuccheri e colesterolo nel sangue; inoltre è stato dimostrato che camminando si incrementa la produzione da parte dell'organismo di sostanze che agiscono a livello del sistema nervoso, quali le endorfine e la serotonina, che hanno funzioni antidepressive, con effetti positivi sull'umore e sul funzionamento del sistema immunitario.

L'esecuzione del gesto

Camminare è il gesto che permette, eseguendo i movimenti alternati degli arti inferiori, di spostarsi mantenendo sempre il contatto con il terreno. A differenza della corsa, che prevede una fase di stacco dal suolo e passi piú lunghi, nell'azione del camminare i piedi sono a contatto con il terreno (c'è sempre una fase di doppio appoggio). Questa forma di traslocazione può essere effettuata in avanzamento, indietro, lateralmente, in salita e in discesa; coinvolge in maniera diretta gli arti inferiori e indiretta gli arti superiori, con azioni coordinate di particolare precisione.
Dal punto di vista fisico è la risultante di due forze vettoriali distinte, una verticale e una orizzontale; l'arto inferiore tramite l'appoggio sul terreno provoca una spinta che avrà la stessa inclinazione della linea di forza del tricipite surale (muscoli del polpaccio); la componente verticale diretta perpendicolarmente al terreno provoca una reazione uguale e contraria rivolta verso l'alto, mentre la componente orizzontale diretta in senso parallelo al terreno è volta all'indietro. Nel camminare la spinta verticale è parzialmente annullata dal contrasto col terreno, mentre la spinta orizzontale all'indietro, per la legge della reazione uguale e contraria, provoca l'avanzamento.

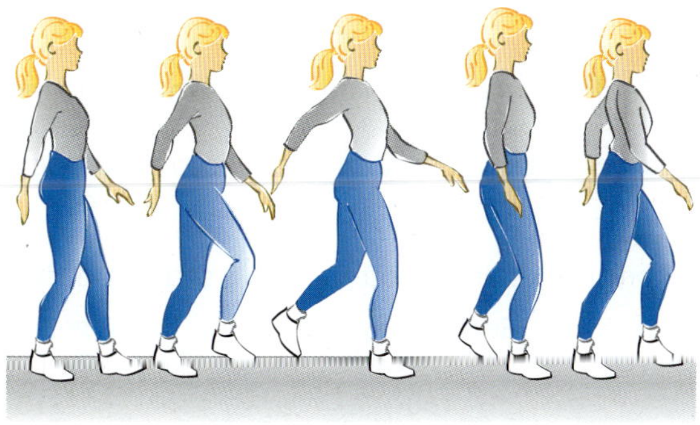

Durante l'esecuzione del movimento, il piede (in contatto diretto con il terreno) esegue una rullata che parte dal tallone e va sino al metatarso, con azione uniforme; il ginocchio si alza in modo da permettere il corretto appoggio del piede; le braccia sono distese lungo il corpo, leggermente flesse all'altezza del gomito, e assecondano il movimento oscillando sul piano sagittale. Durante il movimento dell'arto inferiore destro in avanti si ha un'azione equilibrante della parte superiore del corpo con oscillazione dell'arto superiore sinistro in avanti e di quello destro indietro. Nella corretta esecuzione del gesto il busto è eretto e leggermente inclinato in avanti; il collo, le spalle e la schiena sono rilassati; la testa è ben eretta, lo sguardo in avanti.

L'azione del camminare può essere eseguita: su una linea retta o a slalom (1); su una linea spezzata (o con cambi di direzione) (2); a gambe divaricate (3); a passi lunghi o corti; in salita o discesa (4); avanti o indietro (5); o può essere utilizzato mantenendo il passo (ritmo) con uno o piú compagni (6) in modo piú o meno veloce.

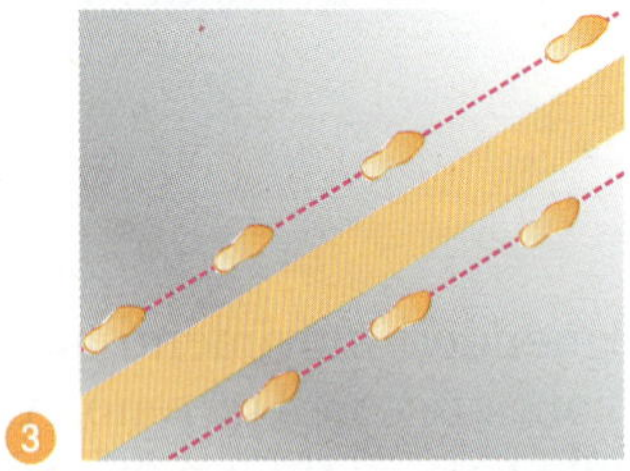

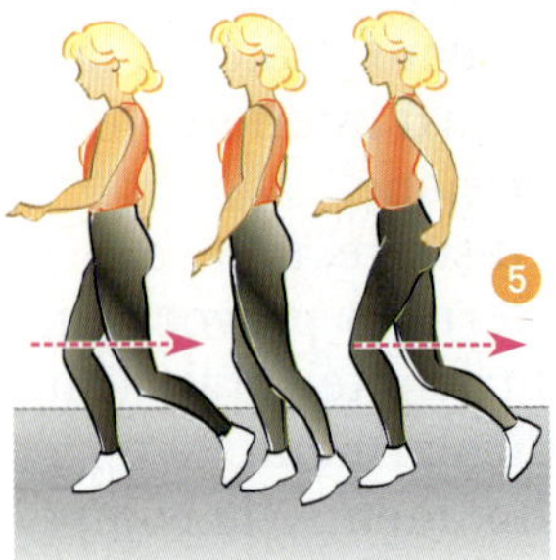

Se cammini...

Se cammini migliori...

- le *potenzialità fisiologiche* di: apparato articolare, sistema muscolare, apparato cardiocircolatorio, apparato respiratorio;
- le *qualità motorie*: forza, resistenza, mobilità, equilibrio, coordinazione.

Quanto «bruci» camminando

Ecco quante kcal riesci a bruciare camminando per 1 h, a seconda della velocità:

Velocità	Se pesi 54 kg, bruci kcal	Se pesi 72 kg, bruci kcal	Se pesi 90 kg, bruci kcal
3,2 km/h	160	210	265
4,3 km/h	215	285	360
6,4 km/h	280	375	470

Consigli operativi

- Cammina a occhi chiusi su una linea retta: capirai se hai o meno un buon controllo dell'equilibrio nel gesto.
- Confronta con altri la tua destrezza e coordinazione camminando per brevi tratti (50, 100, 200 m) alla massima velocità.
- Programma una passeggiata con la classe o con i tuoi amici. Stabilisci il percorso su una cartina. Valuta la durata della passeggiata, i chilometri percorsi, la media oraria, le variazioni altimetriche.
- Osserva i tacchi e le suole delle scarpe che indossi piú frequentemente: guarda se sono consumati uniformemente oppure se presentano parti piú usurate, nel qual caso cerca di capire i difetti dell'appoggio del piede.

Ti proponiamo adesso un programma di allenamento per principianti su 4 settimane (2 allenamenti alla settimana):

SETTIMANE	1° ALLENAMENTO	2° ALLENAMENTO
1ª settimana	10′ di stretching, camminare per 1 km	10′ di stretching, camminare per 1,2 km
2ª settimana	10′ di stretching, camminare per 1,5 km	10′ di stretching, camminare per 1,8 km
3ª settimana	10′ di stretching, camminare per 2 km	10′ di stretching, camminare per 2,3 km
4ª settimana	10′ di stretching, camminare per 2,5 km	10′ di stretching, camminare per 3 km

Continuare per qualche mese aumentando gradualmente.

Se camminando percorri in 1 h...

MASCHI	FEMMINE	... SEI IN FORMA
+ 8,5 km	+ 8 km	eccellente
8,5 km	8 km	ottima
7,5 km	7 km	buona
6,5 km	6 km	discreta
5,5 km	5 km	sufficiente
4,5 km	4 km	scarsa
3,5 km	3 km	molto scarsa

Per migliorare la forma fisica percorri...

MASCHI	FEMMINE
3 km in 28′ (3 volte alla settimana)	3 km in 30′ (3 volte alla settimana)

Per raggiungere un'ottima forma fisica percorri...

MASCHI	FEMMINE
3 km in 28′ (5-6 volte alla settimana)	3 km in 30′ (5-6 volte alla settimana)

1.2 Il trekking (o escursionismo)

Il termine **trekking** (che deriva dal boero, la lingua dei discendenti dei coloni olandesi che nel XVII secolo si stanziarono in Sudafrica) letteralmente significa «camminare lungo le orme lasciate dai carri trainati dai buoi».

Oggi questa parola è diventata sinonimo di *camminare percorrendo sentieri*, mulattiere, itinerari piú o meno lunghi che si snodano *in mezzo alla natura*, facendo tappa in rifugi, bivacchi o centri abitati. Il trekking è un'attività sportiva che non si prefigge traguardi specifici: *trekking* è prima di tutto «scoperta» del territorio che si attraversa, e quindi conoscenza non solo della natura ma anche delle persone che vivono in quei territori, della loro storia e della loro attività.

Il trekking è alla portata di tutti: si possono scegliere itinerari facili, adatti anche ai principianti o alle persone che hanno problemi ad affrontare forti dislivelli. Inoltre si può praticare in ogni periodo dell'anno decidendo il percorso anche in base alla stagione.
Chi pratica il trekking deve procedere con passo lento, fermandosi quando avverte la fatica per recuperare lo stato di equilibrio fisico e respirando profondamente (la fase espiratoria deve essere piú lunga di quella inspiratoria) per permettere un'ossigenazione piú rapida del sangue. Lo sforzo deve dunque essere moderato, e il battito cardiaco deve mantenersi tra i 100 e i 130 battiti al minuto.
In salita, soprattutto nei tratti piú ripidi, il passo, sempre continuo e regolare, deve avere un'ampiezza ridotta; nei tratti in discesa si fa invece piú ampio, con un ritmo che, a seconda del sentiero e delle sue difficoltà, può diventare piú veloce.
Prima di intraprendere una qualsiasi escursione è necessario abituare gradualmente il corpo agli sforzi che dovrà compiere, migliorando la propria resistenza e irrobustendo i muscoli degli arti inferiori che sono sottoposti agli sforzi maggiori. Sarà dunque bene cominciare con passeggiate brevi e semplici, per aumentare poi progressivamente la lunghezza e la difficoltà del percorso. Al semplice camminare si possono alternare la corsa lenta o quella veloce.
Per chi pratica il trekking dotarsi di un equipaggiamento adeguato è indispensabile. Fondamentali sono le *pedule* (calzature), che devono essere leggere ma nello stesso tempo robuste e resistenti. Per attutire l'impatto del tacco col terreno, dissipando energia e riducendo i rischi di infiammazioni ai tendini, i carichi gravanti sull'anca e sulla schiena e l'affaticamento generale, i produttori di calzature hanno previsto nella parte posteriore della suola delle scarpe speciali cuscinetti d'aria. Grande importanza ha anche lo *zaino*. Sono da preferire i modelli leggeri, con dorso e spallacci anatomici e ben imbottiti.
L'*abbigliamento* deve garantire al corpo il giusto calore e non deve ostacolare i movimenti. È dunque meglio evitare di indossare giacche ingombranti, pantaloni stretti o maglioni attillati. Inoltre, bisogna lasciar respirare il corpo e portare sempre nello zaino un maglione o una giacca pesante in caso di sosta al freddo, tenendo presente che camminando il corpo si riscalderà naturalmente, soprattutto se il percorso è in salita. I pantaloni devono lasciare libero il movimento degli arti inferiori, per cui, se lunghi, devono essere larghi ed elasticizzati. Per ripararsi da piogge improvvise si consiglia di portarsi dietro una leggera giacca a vento e un paio di soprapantaloni in nylon, oppure una mantella «a poncho» che copra fino ai piedi, protegga quindi anche lo zaino e lasci braccia e mani «libere».

Trekking senza sorprese

- *Come vestirsi*:
  - scarpe comode e adatte al percorso;
  - abbigliamento adatto alla stagione e al percorso;
  - protezione impermeabile in caso di pioggia;
  - vestiti di ricambio.

- *Nello zaino*:
  - telefono cellulare;
  - cartina topografica;
  - cassettina del pronto soccorso;
  - crema solare;
  - coltellino a serramanico;
  - fiammiferi;
  - ago e filo;
  - sacchetti di plastica;
  - frutta secca, cioccolato, zucchero di canna, miele (per far fronte a improvvisi cali di zuccheri);
  - tè, acqua non gassata, succhi di frutta diluiti.

- *Con il bel tempo*:
  - adeguare l'attività alle condizioni meteorologiche;
  - informarsi sui valori dell'ozono presente nell'aria e se è il caso annullare l'uscita;
  - indossare un copricapo per evitare colpi di sole;
  - utilizzare la crema solare.

- *In caso di temporale*:
  - evitare i punti esposti ai fulmini, gli alberi isolati e le zone ai margini del bosco;
  - stare lontani dai tralicci dell'alta tensione;
  - cercare riparo nel bosco, senza appoggiarsi alle piante o ai rami; cercare riparo in edifici o automobili.

- *Durante l'attività*:
  - non allontanarsi dai sentieri segnalati;
  - non perdere mai il contatto visivo o almeno acustico con il resto del gruppo;
  - non allontanarsi da soli;
  - mangiare spesso cibi leggeri;
  - assumere liquidi a sufficienza;
  - se si suda abbondantemente, cambiare gli indumenti e indossarne di asciutti.

- *Al termine dell'attività*:
  - cambiare gli indumenti;
  - riunire il gruppo per un momento di riposo.

1.3 La marcia

Possiamo definire la **marcia** come una forma «estrema» del camminare. Il movimento consiste infatti nel camminare il piú velocemente possibile senza mai correre. Come il camminare, anche la marcia si esegue in modo tale che, pur alternando gli appoggi degli arti inferiori, sia sempre mantenuto il contatto di un piede con il terreno. A differenza del camminare, però, la marcia non è un movimento naturale e istintivo, ma un gesto sportivo (la marcia è una disciplina dell'atletica leggera) che richiede una tecnica particolare.

Le prove di marcia si svolgono generalmente su percorsi stradali. La lunghezza della prova varia da 3 a 50 km per gli uomini e da 3 a 20 km per le donne. Nei Giochi Sportivi Studenteschi le competizioni si svolgono sui 4 km per i maschi e sui 3 per le femmine.

L'esecuzione del gesto

Abbiamo detto che chi marcia **deve mantenere sempre il contatto con il terreno**. Questo significa che il piede avanzato deve toccare terra prima che il piede arretrato si sollevi. Il contatto con il terreno è la caratteristica fondamentale di questa disciplina: se durante una gara si verificano momenti in cui entrambi i piedi sono staccati dal suolo, l'atleta, al terzo richiamo della giuria, viene squalificato. Un'altra caratteristica fondamentale della marcia consiste nel mantenere gli spostamenti del baricentro su un piano orizzontale. Per ottenere questo risultato l'innalzamento che il corpo subisce nella fase di spinta deve essere contenuto a favore di una sua maggiore traslocazione in avanti.
Vediamo ora come si esegue il movimento.

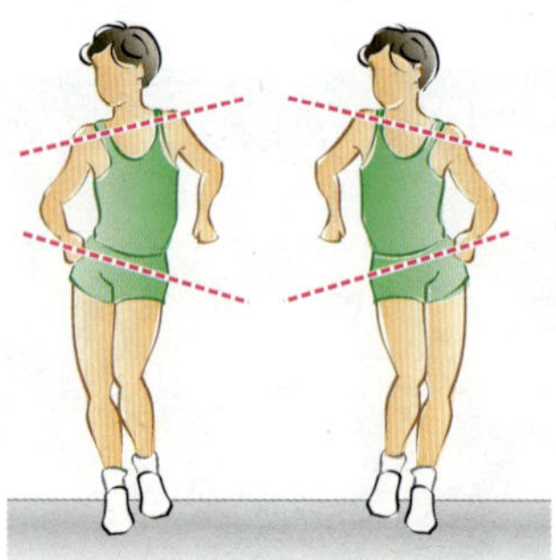

L'azione delle anche e delle spalle.

Il piede dell'arto avanzato entra in contatto con il terreno esercitando una **rullata** che inizia con l'appoggio del tacco (tallone): questo movimento è piú accentuato che nel camminare, soprattutto nella spinta finale, durante la quale il piede corrispondente all'arto arretrato completa la spinta rullando e spingendo fino a staccare con la punta. I piedi devono appoggiare idealmente su una linea retta. Il movimento coordinato e simultaneo dei due arti permette alla gamba di distendersi: nell'esecuzione del passo essa risulta in verticale rispetto al terreno e al momento dell'appoggio flette quel tanto da permettere la rullata tallone-punta. È importante che l'arto avanzato sia disteso al momento del contatto col terreno e si pieghi solo dopo la spinta dell'arto arretrato: in conseguenza a questo tipo di appoggio (linea retta) le anche si muovono con un'evidente azione oscillatoria avanti-fuori-dietro. Questo movimento consente una piú rapida e coordinata frequenza dei passi e quindi una maggior efficacia rispetto al camminare. L'azione circolare delle anche serve per eliminare l'innalzamento e l'abbassamento eccessivo del baricentro ad ogni passo e permette al movimento di essere fluido ed «economico».

Durante la fase di **spinta** il tronco è leggermente inclinato in avanti, mentre è mantenuto verticale durante il singolo appoggio; lateralmente il tronco deve assecondare il movimento delle anche con leggere oscillazioni. Per un'efficace esecuzione è inoltre importante che il capo sia alto, le spalle siano rilassate e «sciolte».
Particolare importanza, sia per l'equilibrio che per la coordinazione della spinta, ha la posizione delle braccia. L'azione delle

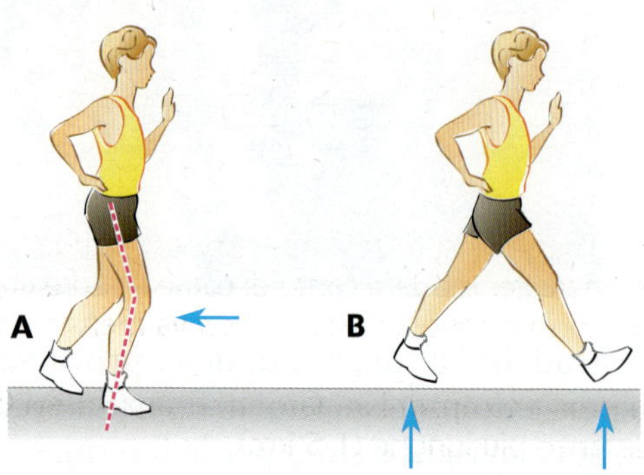

Infrazioni alle regole: **A** *sbloccaggio dell'arto flesso;* **B** *sospensione (fase di volo).*

braccia, come per il camminare, deve essere coordinata con un'oscillazione contraria all'arto inferiore (gamba sinistra/braccio destro, gamba destra/braccio sinistro). A differenza del camminare, però, le braccia non devono essere distese ma flesse ai gomiti a circa 90°.

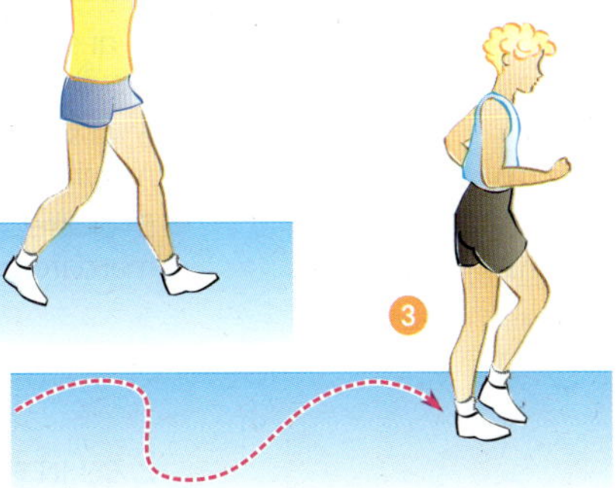

Alleniamo la marcia

Esercizi per evitare la perdita di contatto col suolo e per controllare il movimento del capo:
1. marciare con le mani dietro la nuca;
2. marciare tenendo un bastone dietro le spalle;
3. marciare su un percorso curvilineo.

Esercizi per evitare l'azione a ginocchia sbloccate:
4. marciare in salita;
5. marciare con il busto flesso in avanti portando le mani sulla ginocchia.

Esercizi per evitare l'eccessiva inclinazione del busto in avanti o indietro:
6. marciare con un bastone tenuto dietro la schiena, bloccato dai gomiti.

Esercizi per evitare di tenere le spalle troppo alte e rigide:
7. marciare con le braccia flesse mantenute davanti al petto.

Se marci...

Se marci migliori...

- le *potenzialità fisiologiche* di: apparato articolare, sistema muscolare, apparato cardiocircolatorio, apparato respiratorio;
- le *qualità motorie*: forza, resistenza, mobilità, equilibrio, coordinazione.

Quanto «bruci» marciando

Ecco quante kcal riesci a bruciare marciando per 1 h, a seconda della velocità:

VELOCITÀ	KCAL/H
4 km/h	220-240
6 km/h	280-300

Consigli operativi

- Marcia per 15′ su un percorso che hai precedentemente misurato. Conta le pulsazioni del cuore in un minuto prima e subito dopo la prova e calcola la differenza. Per renderti conto di come il cuore abbia sopportato lo sforzo, registra le pulsazioni, valuta la distanza percorsa e annotala. Ripeti la prova mensilmente confrontando i dati.
- Verifica l'efficacia della tua tecnica confrontandoti con i compagni in gare su distanze brevi (50-200 m).
- Quando ti riterrai «pronto» organizza gare su distanze piú lunghe (1-5 km).

- Se ti è possibile usare un cardiofrequenzimetro, con l'assistenza di un compagno percorri 2 km a ritmo costante registrando ogni 500 m le pulsazioni. Ripeti la prova mensilmente e confronta i dati.
- Ti proponiamo adesso un programma di allenamento per principianti su 4 settimane (2 allenamenti alla settimana):

SETTIMANE	1° ALLENAMENTO	2° ALLENAMENTO
1ª settimana	5' di stretching, marciare per 1000 m	5' di stretching, marciare per 1200 m
2ª settimana	5' di stretching, marciare per 1300 m	5' di stretching, marciare per 1500 m
3ª settimana	5' di stretching, marciare per 1600 m	5' di stretching, marciare per 1800 m
4ª settimana	5' di stretching, marciare per 2000 m	5' di stretching, marciare per 2200 m

Continuare per qualche mese aumentando gradualmente.

Se marciando percorri in 15'...

MASCHI	FEMMINE	... SEI IN FORMA
+ 3100 m	+ 3000 m	eccellente
2800-3100 m	2700-3000 m	ottima
2500-2800 m	2400-2700 m	buona
2200-2500 m	2100-2400 m	discreta
2000-2200 m	1900-2100 m	sufficiente
1800-2000 m	1700-1900 m	scarsa
– 1800 m	– 1700 m	molto scarsa

Stretching per camminare e per la marcia

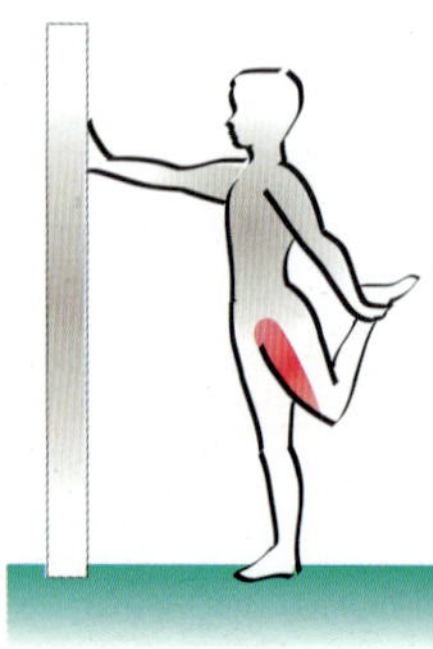
Quadricipite (30")

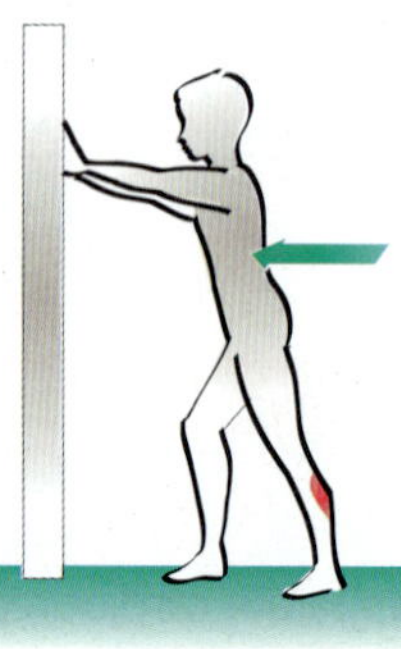
Polpaccio (30")

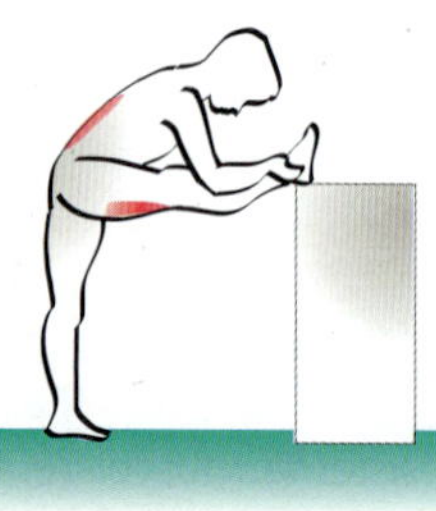
Gluteo e flessore della coscia (30")

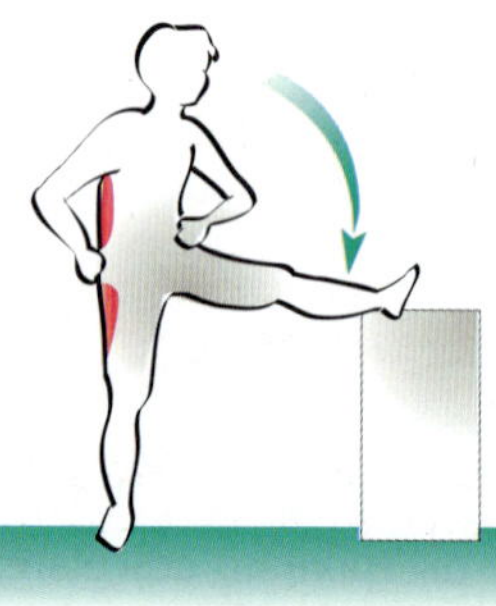
Adduttori e area laterale del tronco (30")

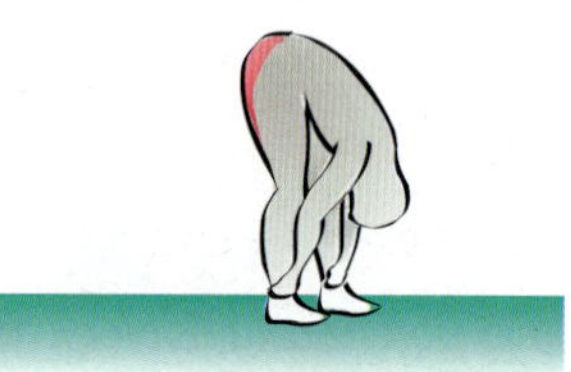
Bacino, adduttori delle cosce e muscolatura posteriore delle cosce (20")

Muscoli profondi della schiena ed erettori (20")

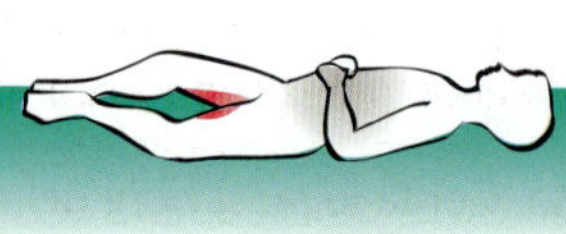
Muscoli dell'area inguinale (30")

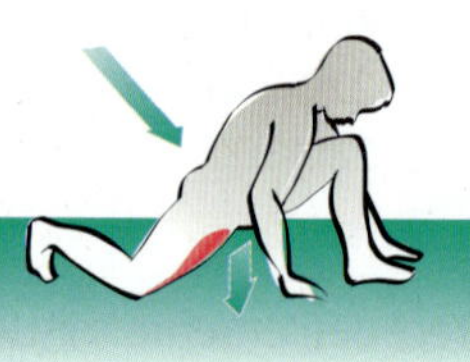
Psoas iliaco, muscolatura anteriore del bacino, posteriore della coscia e adduttori (20")

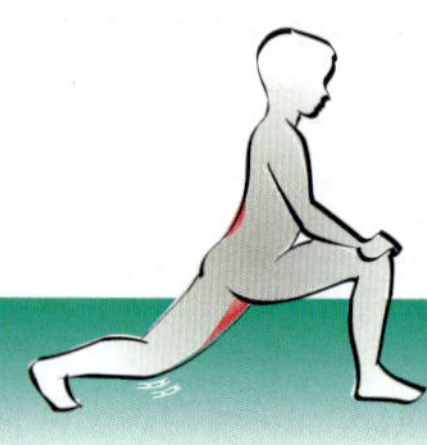
Grande psoas, sartorio, quadricipite e adduttori (30")

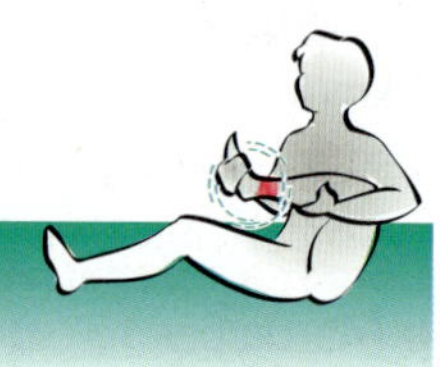
Legamenti dell'articolazione della caviglia (10")

Verifica quanto appreso

1. Ogni movimento fondamentale è l'espressione di capacità derivanti dall'utilizzo di qualità motorie; circa il *camminare*, sottolinea nelle aree in colore rosa del seguente schema le voci corrispondenti:

- alle capacità condizionali maggiormente interessate;
- alle capacità coordinative generali maggiormente interessate;
- alle capacità coordinative speciali maggiormente interessate.

CAPACITÀ CONDIZIONALI
Capacità definite dal grado di sviluppo e dalla funzionalità del sistema muscolare, dell'apparato respiratorio e cardio-circolatorio.

↓

forza, resistenza, velocità, mobilità.

CAPACITÀ COORDINATIVE
Capacità che consentono di organizzare e regolare il movimento: dipendono oltre che dal sistema nervoso anche dagli organi di senso.

→ **SPECIALI**
- di reazione
- di differenziazione dinamica
- di anticipazione motoria
- di differenziazione spazio-temporale
- di orientamento
- di ritmo
- di equilibrio
- di coordinazione oculo-motoria
- di fantasia motoria

↓ **GENERALI**
- di apprendimento motorio
- di controllo motorio
- di adattamento e trasformazione del movimento

2. Il trekking è un'attività sportiva ai limiti della sopravvivenza e lo sforzo richiesto mantiene il numero dei battiti cardiaci fra 150 e 180 al minuto.

☐ Vero ☐ Falso

3. In caso di temporale è opportuno ripararsi nel bosco senza appoggiarsi alle piante o ai rami.

☐ Vero ☐ Falso

4. Nell'azione del camminare non c'è sempre il contatto con il terreno ma è previsto un breve stacco dal suolo.

☐ Vero ☐ Falso

5. Indica quali sono le normali precauzioni da seguire durante il trekking.

☐ In caso di perdita di contatto visivo del resto del gruppo con cui si è mantenere almeno il contatto acustico.

☐ Agire in modo autonomo.

☐ Effettuare pasti molto sostanziosi.

6. Le prove di marcia maschile si svolgono su distanze

☐ da 3 a 10 km ☐ da 3 a 50 km

☐ da 3 a 20 km ☐ da 3 a 40 km

7. Disegna in modo essenziale e schematico un marciatore visto di fronte e traccia la linea d'inclinazione ottimale delle spalle e delle anche.

8. Descrivi l'esecuzione dei movimenti illustrati nell'immagine.

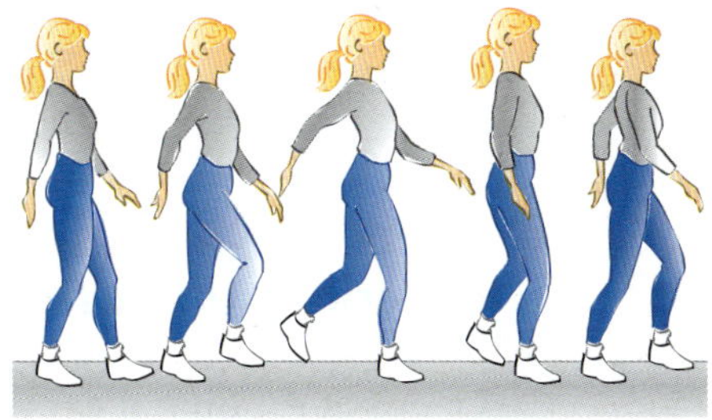

....

....

9. Fase di *spinta*; descrivine l'esecuzione:

....

....

10. Se tu marciassi con le spalle troppo alte e rigide quale esercizio utilizzeresti per eliminare questo errore?

....

....

11. Sviluppa i seguenti argomenti scegliendo una fra due delle modalità previste per la terza prova: trattazione sintetica di argomenti o risposta a quesito singolo (rispettivamente in un massimo di 20 e 10 righe).

A Praticando il trekking illustra quali conoscenze e competenze hai acquisito e sviluppato relativamente a territorio, ambiente, rispetto della natura, cultura del luogo, conoscenza dei fenomeni fisici e atmosferici.

B «Camminare». Descrivi l'esecuzione di questo movimento.

2 CORRERE

Da quando l'uomo, nel corso dell'evoluzione della specie, ha assunto la posizione eretta sostenendosi sugli arti inferiori, il gesto del correre è divenuto una componente essenziale delle sue espressioni motorie quotidiane; l'uomo primitivo correva per inseguire una preda o per sfuggire a un animale feroce, per aggredire e sopraffare il nemico, per cercare riparo e quindi difendersi.

2.1 La corsa: un gesto istintivo

La **corsa** è, come il camminare, un movimento istintivo che, grazie alle sue caratteristiche di semplicità e naturalezza ma anche di sfida dell'uomo contro il tempo e contro i suoi simili, è divenuto ben presto mezzo di confronto agonistico, tanto da rappresentare per molti anni l'unica prova atletica delle Olimpiadi dell'antichità.
Da quando ha iniziato a correre, l'uomo non si è mai fermato, realizzando imprese che hanno il sapore del mito. Mitica è la prima maratona della storia, che Filippide compí nel 490 a.C. correndo ininterrottamente per oltre 40 km per portare da Maratona ad Atene la notizia della vittoria degli ateniesi sui persiani. E ancora, nelle Olimpiadi moderne di Londra del 1908, mitica è la drammatica prova di Dorando Pietri nella maratona (l'atleta, stravolto dalla fatica, venne aiutato dai giudici a tagliare il traguardo e, sebbene squalificato, venne premiato dalla regina come vincitore morale) o la vittoria di Abebe Bikila, nei giochi di Roma del 1960, passata alla storia perché l'atleta corse a piedi nudi. In realtà ogni corsa ha in sé qualcosa di unico e di leggendario: la lotta dell'uomo contro il tempo, la fatica, il tentativo di superare i propri limiti...
La corsa è la specialità dell'atletica leggera che piú mette alla prova tutte le risorse dell'atleta (la potenza muscolare, lo scatto, il fiato, la resistenza allo sforzo, la concentrazione) ed è l'azione di base delle tecniche dei salti e dei lanci. Tutto questo ne fa la regina dello sport.
A parte i risvolti agonistici, oggi la corsa è molto popolare a livello amatoriale. Rispetto ad altri sport, ha il vantaggio di poter essere praticata ovunque (in palestra, in un bosco, sulla spiaggia, su una pista di atletica, ecc.), in qualsiasi situazione meteorologica e in ogni stagione; non comporta spese per attrezzature specifiche, se si escludono le scarpe che devono essere adatte alla corsa; spesso rappresenta una valida occasione per trovarsi in gruppo e socializzare anche se è comunque stimolante effettuarla «in solitaria». Si può correre a qualsiasi età facendo attenzione ad adeguare lo sforzo alle

proprie possibilità, al livello di allenamento e allo stato generale di salute.
La corsa è un ottimo esercizio per sentirsi bene e restare in forma: migliora la circolazione sanguigna (con irrorazione capillare dei singoli gruppi muscolari) e piú in generale il funzionamento del sistema cardiocircolatorio e respiratorio e incrementa la resistenza alla fatica; comporta un notevole dispendio energetico; permette di scaricare le tensioni accumulate durante la giornata a scuola, a casa, sul lavoro. Inoltre, se svolta con regolarità, la corsa consente di migliorare le capacità coordinative generali (velocità di reazione, coordinazione) e quelle condizionali (mobilità, forza veloce, velocità, resistenza), permettendo un miglior controllo del gesto motorio.

L'esecuzione del gesto

La corsa è una successione ritmica continua di appoggio-spinta-volo, eseguita alternativamente dagli arti inferiori, che consente di avanzare piú o meno velocemente. Rispetto al camminare, correre permette infatti di coprire una distanza in tempi minori. La velocità dell'avanzamento dipende dalla frequenza del passo e dalla sua ampiezza.
A seconda del contesto, la corsa ha diverse **modalità di esecuzione**: si può correre in maniera veloce, lenta, in accelerazione, in modo rettilineo, curvilineo, in salita, in discesa, in avanti, all'indietro, lateralmente, sugli ostacoli, fra i cerchi, in staffetta, a coppie, a piccoli gruppi, ecc.
Nel correre la spinta del piede sul terreno ha una certa inclinazione; la forza muscolare sarà pertanto rivolta nella direzione dell'anca della gamba in estensione. Come per il camminare, il movimento è il risultato di due forze vettoriali distinte, quella verticale e quella orizzontale, dove la componente verticale esprime un movimento rotatorio rivolto in avanti, mentre la componente orizzontale esprime una rotazione rivolta all'indietro. Queste due componenti devono sempre bilanciarsi perché sia possibile effettuare la corsa.
Nella prima parte della corsa la componente orizzontale deve essere maggiore, dovendo spostare l'intera massa corporea in avanti; le sollecitazioni orizzontali dovranno essere bilanciate da un'uguale rotazione in senso verticale, pertanto si tenderà a inclinare il peso del corpo in avanti. In un secondo momento, quando la spinta orizzontale si attenua, è necessario ridurre le sollecitazioni verticali, riportando il busto in posizione eretta.
Rispetto al camminare e al marciare, il gesto della corsa si differenzia per una **fase di sospensione** che precede e anticipa l'appoggio del piede sul terreno.
Vediamo ora come si esegue tecnicamente.

Tecnica della corsa

1 Il piede viene a contatto col terreno sul metatarso. In questa azione, il piede può accumulare molta elasticità, come una molla. La presa di contatto del piede con il suolo deve avvenire davanti al baricentro del corpo; l'impatto deve essere morbido ed elastico e il contatto breve. Per sentire piú efficacemente l'effetto della spinta degli arti inferiori, il bacino e il busto devono essere mantenuti su un'unica linea.
2 3 L'arto in sospensione avanza con una flessione della gamba sulla coscia e della coscia sul bacino, con la punta del piede in estensione.
4 Il busto si inclina leggermente in avanti formando un arco che va dal punto di appoggio al capo.
5 6 7 **Fase della sospensione**, che avviene tra un balzo e l'altro.
8 9 10 11 La gamba avanzata appoggia di nuovo il piede (metatarso) a terra. La gamba in sospensione viene portata con la solita fase di volo avanti alla gamba di spinta.
12 13 Passo successivo.

Il piede nella corsa: impatto, appoggio e spinta

Fase dell'appoggio	Fase di contatto 25% del tempo totale	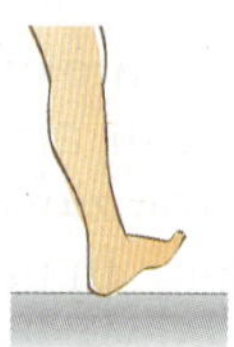	Fase mediana dell'appoggio 40% del tempo totale	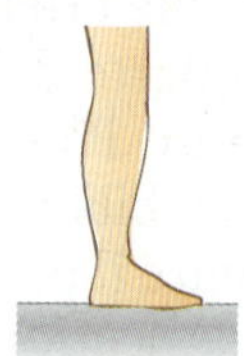	Fase propulsiva 35% del tempo totale	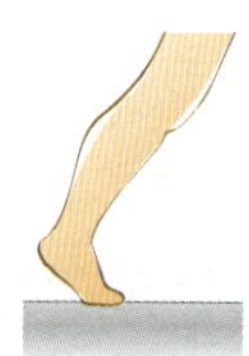
Movimento dell'arto inferiore	Rotazione interna		Rotazione esterna		Rotazione esterna	

Fonte: Il piede dello sportivo, *Luca de Ponti, Editoriale Sport Italia.*

Durante le fasi di esecuzione della corsa è importantissima l'azione degli arti superiori, che devono oscillare in senso contrario agli arti inferiori (come nella marcia), flessi all'altezza dei gomiti a circa 90°.
I muscoli che intervengono maggiormente nell'azione del correre sono quelli degli arti inferiori e in particolare: il *tricipite surale* (polpaccio); il *quadricipite*; i *glutei*; il *bicipite femorale*; il *semimembranoso*; il *semitendinoso*.

Una scarsa mobilità articolare e muscolare, una carenza di forza e lo scorretto uso dei piedi limitano notevolmente l'ampiezza del passo di corsa e la capacità di decontrazione muscolare, compromettendo l'efficacia del gesto nel suo insieme.

La pista di atletica e le specialità dell'atletica leggera

La pista di atletica regolamentare ha una lunghezza complessiva di 400 m al bordo interno (o «corda») ed è suddivisa in corsie (6 o 8), larghe ciascuna da 1,22 a 1,25 m. Il fondo della pista, un tempo in terra battuta, oggi è per lo piú in tartan o in altro materiale che garantisce aderenza ed elasticità facilitando le prestazioni atletiche.
La corsa comprende diverse prove (gare veloci, gare a ostacoli, gare di mezzofondo, gare di fondo). Con l'eccezione della maratona e della corsa campestre, tutte le gare di corsa si disputano sulla *pista di atletica*.
Le gare di velocità vanno disputate in corsia, pena la squalifica, con l'eccezione della staffetta 4×400 m, nella quale solo il primo giro deve essere eseguito in corsia. Le altre gare si corrono senza tenere conto delle corsie, anzi cercando di portarsi verso l'interno della pista per compiere il possibile minimo percorso regolamentare.

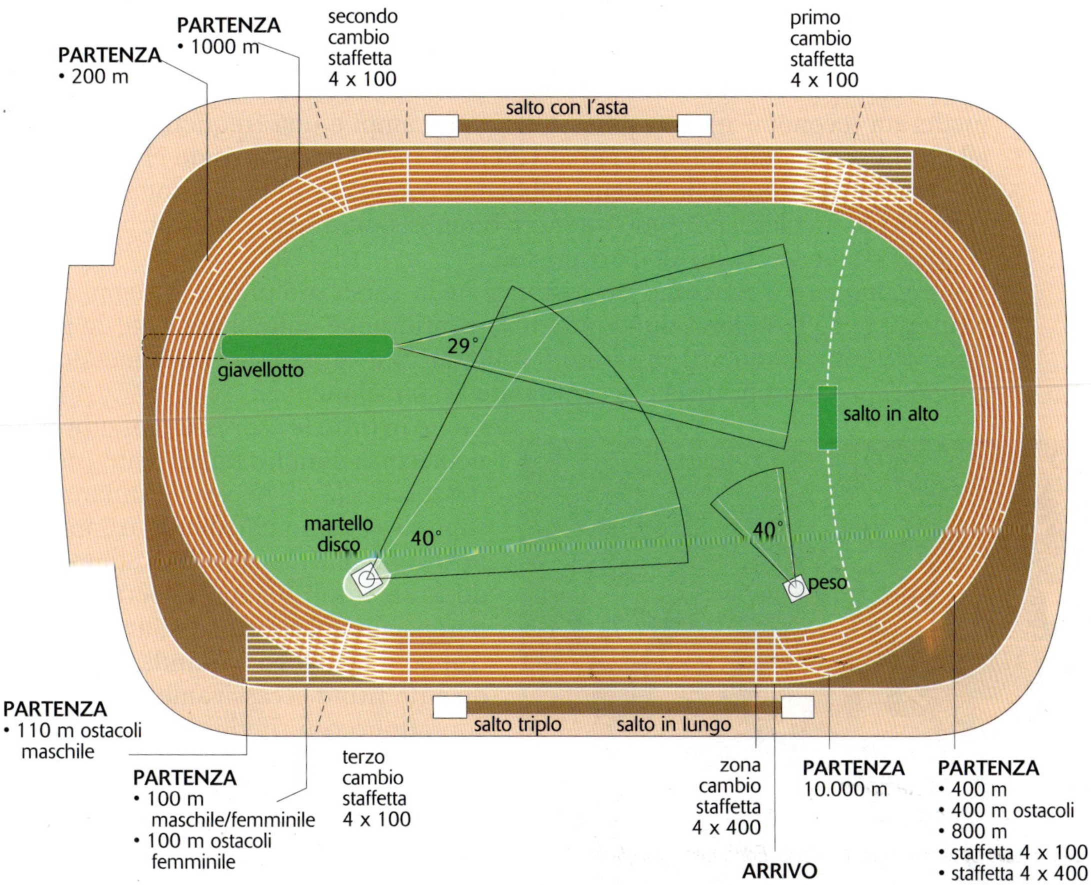

	Le specialità maschili	Le specialità femminili
Corsa veloce	100 m • 200 m • 400 m	100 m • 200 m • 400 m
Mezzofondo	800 m • 1500 m	800 m • 1500 m
Fondo	5000 m • 10.000 m	5000 m • 10.000 m
Corsa a ostacoli	110 m/hs • 400 m/hs • 3000 m siepi	100 m/hs • 400 m/hs
Staffetta	4×100 m • 4×400 m	4×100 m • 4×400 m
Maratona	42,195 km	42,195 km
Marcia	20 km • 50 km	20 km
Lanci	peso • disco • giavellotto • martello	peso • disco • giavellotto • martello
Salti	alto • lungo • triplo • asta	alto • lungo • triplo • asta
Prove multiple	decathlon (100 m, lungo, peso, alto, 400 m, 110 hs, disco, asta, giavellotto, 1500 m)	eptathlon (100 hs, alto, peso, 200 m, lungo, giavellotto, 800 m)

Analizzeremo ora la **corsa di resistenza** (o *a ritmo prolungato*) e la **corsa veloce**. Prenderemo poi in considerazione alcune evoluzioni competitive della corsa che hanno dato origine a diverse specialità dell'atletica leggera, suddivise nelle categorie maschile e femminile, ai vari livelli agonistici e amatoriali.

2.2 La corsa di resistenza

Per eseguire correttamente la corsa di resistenza è essenziale imparare a dosare le forze. Questo permette ai muscoli di acquisire una resistenza sempre maggiore spostando nel tempo le tipiche manifestazioni della *fatica*.
Dovremo perciò adottare una tecnica di corsa che eserciti una spinta relativamente moderata (economica), con passi non troppo ampi e una frequenza proporzionata alla distanza che intendiamo percorrere. Per individuare il ritmo che piú si addice alle nostre caratteristiche fisiche dobbiamo conoscere i limiti fisiologici del nostro corpo; in particolare, potremo ottenere buoni risultati se sapremo sfruttare appieno le potenzialità aerobiche dell'organismo.
Per raggiungere il massimo dei risultati nella corsa prolungata bisogna riuscire a sfruttare bene l'ossigeno, aumentando la ventilazione polmonare. Questo può avvenire solo compiendo atti respiratori volontari piú «profondi», mantenendo per piú tempo l'apnea inspiratoria e accentuando l'espirazione.

Come in tutte le espressioni motorie, anche nella corsa è molto importante «sapersi conoscere». Ciò ci permette innanzitutto di capire se stiamo chiedendo troppo poco al nostro organismo, e quindi stiamo correndo a un ritmo blando rispetto alle nostre potenzialità, oppure se stiamo chiedendo troppo a noi stessi e quindi stiamo correndo a un ritmo eccessivamente sostenuto.
Soprattutto con riferimento a questo secondo caso, è molto importante essere capaci di capire i messaggi che il corpo invia:
- l'aumento dei battiti e l'affanno respiratorio segnalano la carenza di ossigeno e di sostanze energetiche;

- il fegato (che si trova a destra sotto le ultime coste), organo che filtra e pulisce il sangue dalle scorie e dall'acido lattico, si ingrossa e duole; questo accade perché vi entra piú sangue di quanto ne possa uscire (epatopatia da sforzo);
- la milza (situata nella parte sinistra del basso ventre) duole; ciò avviene perché questo organo, che costituisce un serbatoio di sangue, viene spremuto, data la richiesta fuori dalla norma di emoglobina.

Se si ricevono questi segnali occorre abbassare il ritmo e aumentare l'ossigenazione per permettere all'organismo di riequilibrarsi.

Se corri a lungo...

Se corri a ritmo prolungato migliori...

- le *potenzialità fisiologiche* di: apparato articolare, sistema muscolare, apparato cardiocircolatorio, apparato respiratorio;
- le *qualità motorie*: forza, resistenza, mobilità, equilibrio, coordinazione.

Quanto «bruci» correndo a ritmo prolungato

Ecco quante kcal riesci a bruciare correndo a ritmo prolungato per 1 h, a velocità costante:

VELOCITÀ	KCAL/H
8,5 km/h	500-520

Consigli operativi

- Corri almeno due volte alla settimana a ritmo lento per 5-10′, curando particolarmente la respirazione, che deve essere accentuata per permettere una maggiore ossigenazione.
- Corri per 12′ con ritmo costante, secondo le tue possibilità, lungo un percorso precedentemente misurato. Valuta la distanza percorsa e calcola la media oraria. Conta le pulsazioni del cuore in un minuto prima e subito dopo la prova e calcola la differenza. Ripeti la prova mensilmente confrontando i dati.
- Se ti è possibile usare un cardiofrequenzimetro, con l'assistenza di un compagno percorri 2 km a ritmo costante registrando ogni 500 m i battiti. Ripeti la prova mensilmente e confronta i dati.
- Quando ti sentirai allenato organizza una gara con i tuoi compagni su un percorso vario medio-lungo (1000-2000 m). Non eccedere nello sforzo!
- Ti proponiamo adesso un programma di allenamento per principianti su 4 settimane (2 allenamenti alla settimana):

SETTIMANE	1° ALLENAMENTO	2° ALLENAMENTO
1ª settimana	5′ di stretching, correre per 10′	5′ di stretching, correre per 12′
2ª settimana	5′ di stretching, correre per 15′	5′ di stretching, correre per 18′
3ª settimana	5′ di stretching, correre per 20′	5′ di stretching, correre per 22′
4ª settimana	5′ di stretching, correre per 25′	5′ di stretching, correre per 28′

Continuare per qualche mese aumentando gradualmente.

Se correndo a ritmo prolungato percorri in 12′...

MASCHI	FEMMINE	... SEI IN FORMA
+ 3000 m	+ 2600 m	eccellente
2800-3000 m	2400-2600 m	ottima
2600-2800 m	2200-2400 m	buona
2400-2600 m	2000-2200 m	discreta
2200-2400 m	1800-2000 m	sufficiente
1600-2200 m	1600-1800 m	scarsa
– 1600 m	– 1400 m	molto scarsa

Durante la corsa prolungata, si produce un'abbondante sudorazione, con notevole perdita di sali minerali. Pertanto dopo la prestazione, per ripristinare l'equilibrio idro-salino, sarà opportuno bere acqua a temperatura ambiente e assumere cibi ricchi di sali minerali (esistono anche bevande contenenti integratori salini).
La corsa praticata per molto tempo, soprattutto su superfici dure, può comportare un superlavoro dei tendini: è quindi importante indossare calzature appropriate che attutiscano il piú possibile l'impatto con il terreno.

Alleniamo la corsa di resistenza

Per quanto riguarda l'allenamento specifico, volto a migliorare l'espressione di resistenza degli atleti che si vogliano cimentare in attività di lunga durata, la periodizzazione e la programmazione dovranno prevedere specifiche prove che rispettino scrupolosamente le possibilità fisiologiche individuali.
La **resistenza aerobica** si migliora eseguendo corsa lenta a velocità costante e cercando di mantenere il ritmo aerobico il piú a lungo possibile. Partendo da 15-20 minuti, si cercherà di arrivare negli allenamenti successivi a un'ora o un'ora e mezza. In un secondo momento, quando l'adattamento ha già raggiunto buoni livelli, si aumenta sensibilmente la velocità (pur mantenendola costante) in modo da compiere, sempre nel tempo stabilito (30-60 minuti), un percorso piú lungo possibile: con tali metodiche di allenamento si innalza notevolmente il livello di adattamento aerobico allo sforzo. Attenzione però a non esagerare: infatti, un lavoro troppo intenso potrebbe rivelarsi controproducente, specialmente per soggetti in età di sviluppo.
Talvolta per migliorare la resistenza aerobica vengono usate tecniche di allenamento in quota (2000-2500 m sul livello del mare); in tali ambienti, essendo l'ossigeno piú rarefatto, sia l'apparato respiratorio sia quello cardiocircolatorio sono sottoposti a sforzi piú intensi.
Per migliorare la **resistenza anaerobica lattacida** è opportuno effettuare allenamenti in cui si svolgano prove ripetute (*interval training*) a ritmi abbastanza elevati su distanze varie (100-400 m), intervallate dai recuperi necessari per ristabilire il normale equilibrio cardiaco e respiratorio. Le ripetizioni dell'esercizio potranno essere riprese solo quando dai 180-200 battiti al minuto del termine della prova si è ritornati a 120-140 battiti.
Nell'*interval training* la pausa è di durata tale da non permettere l'intero recupero del debito d'ossigeno contratto; quando l'atleta parte per la prova successiva è perciò ancora parzialmente affaticato e con una certa quantità di acido lattico circolante nei muscoli che, col progredire dell'allenamento, tenderà a crescere ulteriormente. Nell'*interval training a ritmi blandi* vengono eseguite prove sui 1000-2000 m, con tempi di recupero dipendenti dal soggetto e dal ritmo esecutivo. Nell'*interval training a ritmi medio-elevati* le distanze coperte per un certo numero di volte stabilito hanno una lunghezza che varia fra i 400 e i 1000 m. L'*interval training di tipo friburghese* è caratterizzato dal fatto che l'esecuzione della prova successiva avviene quando la pulsazione cardiaca si è attestata sui 120 battiti al minuto; la pausa fra una prova e l'altra varia tra 45 secondi e 1 minuto e 30 secondi; le distanze percorse, per almeno 6-12 volte, variano fra i 100 e i 300 m. Con questa metodologia, che non è indicata per i principianti, il cuore è fortemente sollecitato e l'accumulo di acido lattico è notevole.
Essendo tale metodica assai faticosa, dovrà essere scrupolosamente adeguata al grado di allenamento, all'età e alle reali capacità e possibilità del soggetto.
Nella periodizzazione dell'allenamento, quando si è raggiunto un buon grado di pre-

parazione, si inserisce talvolta anche una tecnica particolare detta *fartlek*, che è la sintesi dei due diversi tipi di allenamento visti in precedenza (*aerobico* e *anaerobico lattacido*). Tale tecnica consiste nel percorrere lunghe distanze aumentando gradatamente il tempo ed eseguendo cambi di velocità durante il percorso. Proprio questi improvvisi cambi di ritmo abituano il muscolo a lavorare in condizioni di acidosi, ma nello stesso tempo, riprendendo la corsa ad andatura aerobica, si ha un parziale recupero attivo.
Questo metodo viene spesso applicato anche su percorsi che presentano variazioni altimetriche: infatti in salita si avrà maggiore produzione di acido lattico, in discesa avverrà il recupero aerobico dello sforzo precedente.

Corsa campestre come allenamento. Il metodo di allenamento piú indicato per il principiante è quello della corsa continua a ritmo uniforme. Una buona occasione per mettere in atto questo tipo di allenamento è praticare la corsa campestre durante l'autunno e l'inverno. Rispetto al correre in pista, essa comporta maggiore difficoltà nel mantenere l'equilibrio sul terreno, spesso viscido e fangoso, e una maggiore sollecitazione dell'apparato muscolo-scheletrico. Il passo di corsa tenuto, rispetto alla pista, è piú corto e contenuto, il bacino piú basso per mantenere piú facilmente l'equilibrio.
Il principiante deve insistere su esercitazioni atte a migliorare l'efficienza muscolare, la mobilità e flessibilità e la tecnica di corsa: è importante che impari a correre tenendo il collo, le spalle, il busto rilassati e il tronco naturalmente eretto; i piedi non devono saltellare eccessivamente; la loro spinta deve determinare un sufficiente (ma non eccessivo) innalzamento e avanzamento delle anche e delle ginocchia.

Il metodo intermittente. Recentemente è stato ideato un metodo chiamato *intermittente* che permette di allenare contemporaneamente qualità motorie differenti tra loro, come resistenza e forza, ed è caratterizzato da un'alternanza di sforzo massimale e di recupero svolto in maniera attiva. Si differenzia dall'*interval training* perché si attua con tempi di sforzo e di recupero piú brevi. Questo metodo, oltre che migliorare velocemente la resistenza aerobica, migliora notevolmente la forza dei muscoli direttamente interessati alla corsa.
Il metodo intermittente può essere applicato solo da chi è già in possesso di un ottimo allenamento generale. Vediamo in che cosa consiste.
Si svolge un esercizio o un tratto di corsa a un'intensità massimale per 30 secondi facendolo seguire da 30 secondi di recupero. Le fasi sforzo-recupero si eseguono in circuito senza interruzioni per un tempo totale che va dagli 8 ai 10 minuti. In questo modo vengono sollecitati e stimolati l'apparato cardiovascolare e respiratorio e si migliora notevolmente il meccanismo aerobico di produzione dell'energia durante tutto l'esercizio. La frequenza cardiaca può essere abbastanza elevata (150-160 battiti al minuto) ma non deve mai superare i 170-180 battiti.
La fase del recupero ha un'importanza pari se non superiore a quella dello sforzo; il recupero, diversamente dall'*interval training*, non deve essere mai superiore ai 30 secondi per evitare che la frequenza cardiaca si abbassi troppo.
Nell'allenamento intermittente durante lo sforzo sono coinvolte le fibre muscolari veloci (bianche), facilmente affaticabili; durante il recupero quelle resistenti (rosse).
Essendo un allenamento molto impegnativo e dispendioso è bene programmare non piú di una o due sedute settimanali.

Quando sei già allenato... allora usa il metodo intermittente

- 30 secondi di skip a ginocchia alte + 30 secondi di corsa lenta;
- 30 secondi di skip calciati dietro + 30 secondi di corsa lenta;
- 30 secondi di skip tra ostacolini + 30 secondi di corsa lenta;
- 30 secondi di skip bassi + 30 secondi di corsa laterale;
- 30 secondi di corsa balzata + 30 secondi di corsa lenta;
- 30 secondi di saltelli con la corda + 30 secondi di corsa lenta;
- 30 secondi di balzi a piedi uniti tra ostacoli + 30 secondi di corsa lenta;
- 30 secondi di corsa indietro + 30 secondi di corsa lenta.

Ripetere l'intera sequenza per un tempo complessivo da 8 a 16 minuti.

Per avere piedi... da corsa!

- Non calzare mai un paio di scarpe nuove in occasione di una gara o in allenamento: i materiali devono infatti ammorbidirsi e adattarsi al piede. Meglio indossarle prima per camminare;
- scegliere sempre non piú di mezzo numero in piú rispetto al proprio: una misura piú grande determina uno scivolamento del piede a ogni appoggio;
- indossare sempre le calze, che devono essere senza cuciture e non troppo grandi;
- tagliare accuratamente le unghie dei piedi (non troppo però!) seguendo il profilo arrotondato delle dita;
- applicare vaselina o cerotti nei punti del piede in cui avviene una maggiore sollecitazione.

La corsa campestre

La **corsa campestre** si differenzia molto dalla corsa in pista per quanto riguarda la tecnica e la biomeccanica dell'esecuzione.

Le differenze derivano principalmente dal diverso attrito col suolo e dalle maggiori sollecitazioni su muscoli, articolazioni e legamenti, dovute alle asperità del terreno.

Nella corsa campestre le caviglie devono essere piú elastiche e forti per contrastare le maggiori sollecitazioni laterali; i muscoli adduttori e abduttori devono essere piú potenti; in genere nella corsa campestre il bacino è piú basso e la fase di volo piú breve; in salita il ritmo dei passi è meno intenso e ampio, con maggiore sforzo muscolare; in discesa aumenta notevolmente la frequenza e i passi sono piú ampi, mentre i muscoli della coscia (quadricipite femorale) sono maggiormente impegnati per l'azione di frenata.

2.3 La corsa veloce

Rispetto alla corsa di resistenza nella **corsa veloce** varia:

- l'*intensità della spinta*, decisamente maggiore;
- l'*ampiezza del passo* (la distanza che si percorre con un passo), anch'essa superiore;
- la *frequenza dei passi* (numero di passi nell'unità di tempo), decisamente maggiore.

Per quanto concerne la spinta, nella corsa veloce gli arti inferiori al contatto con il terreno devono restituire una quantità di energia che permetta la massima accelerazione nella fase di avanzamento.
La maggiore ampiezza dei passi, oltre che a percorrere una distanza piú lunga con un passo, serve a portare il ginocchio in posizione piú avanzata: questa posizione permette di sfruttare tutta la potenza dei muscoli dell'arto inferiore; cosí facendo i muscoli della coscia, con una maggiore estensione sull'anca, daranno piú potenza al movimento. Questa massima espressione di velocità può essere mantenuta per tempi relativamente brevi (non piú di 50 m in 6-8 secondi), dopodiché si ha di norma una leggera decelerazione.
La maggior frequenza dei passi permetterà di percorrere piú strada in minor tempo.
Per una corretta esecuzione tecnica, nella corsa veloce hanno particolare importanza la posizione del busto, che deve essere leggermente inclinato in avanti (ma non troppo), e l'azione coordinata e sciolta delle braccia, con le spalle morbide. È interessante notare, circa la scioltezza, che i migliori velocisti hanno durante la gara un'espressione del volto addirittura rilassata: questo ci fa comprendere quanto sia importante sfruttare solo i muscoli preposti al movimento e lasciare che quelli non direttamente coinvolti rimangano inattivi.
Il principiante ha il volto, il collo, le spalle contratti, e compie frenetici movimenti delle gambe, eccessive oscillazioni delle braccia e cosí via. Tutto ciò va a scapito della velocità che potrebbe realmente esprimere. Oltre ad apprendere la giusta tecnica esecutiva, dove frequenza e ampiezza dei passi sono in rapporto ottimale e adeguati alla propria forza e mobilità, è dunque fondamentale imparare a correre in decontrazione senza fare intervenire gruppi muscolari non interessati.
In ogni caso è bene tenere presente che nelle gare dei 100 m c'è sempre un decremento di velocità, anche negli atleti di altissimo livello. Questo perché l'impegno è troppo elevato per essere mantenuto cosí a lungo alla stessa intensità. È specialmente la frequenza dei passi a subire una diminuzione. Spesso sono proprio partenze «esplosive» a rivelarsi antieconomiche per lo svolgimento della gara. Ciò che va ricercato negli allenamenti è dunque non tanto lo sviluppo della massima velocità quanto la velocità media piú elevata che può essere mantenuta su una certa distanza, e ciò è possibile solo attraverso una corretta distribuzione dello sforzo. Bisogna perciò esercitarsi a trovare la ritmica (frequenza/ampiezza) piú congeniale alle proprie capacità.
Nell'espressione di corsa veloce, per la fase di accelerazione e la fase intermedia, il muscolo trae energia da ATP e PC (processo aerobico alattacido); mentre per la fase finale, esaurito questo tipo di energia, interviene il meccanismo che ricarica l'ATP senza l'ossigeno (processo anaerobico lattacido).
In altre parole, l'atleta utilizza l'energia già accumulata nei muscoli senza che intervenga quel processo di ricambio energetico che l'ossigeno inspirato apporta alla muscolatura.
Per sfruttare le potenzialità dei sistemi muscolare e nervoso, assume un'importanza particolare l'**adrenalina**, ormone prodotto dalle ghiandole surrenali che ha la funzione di predisporre l'organismo ad affrontare situazioni di emergenza sul piano fisico ed emotivo.
Dovendo mettere in funzione, simultaneamente, tutte le fibre muscolari, il sistema

nervoso sarà sollecitato al massimo e anche dalla sua velocità di reazione e di controllo neuromuscolare dipenderà la performance dell'atleta.

Se corri veloce...

Se corri a ritmo veloce migliori...

- le *potenzialità fisiologiche* di: apparato articolare, sistema muscolare, apparato cardiocircolatorio, apparato respiratorio, sistema nervoso (tempo di reazione);
- le *qualità motorie*: forza, velocità, mobilità, equilibrio, coordinazione.

Consigli operativi

- Riscalda sempre i muscoli prima di iniziare a correre.
- Verifica la tua velocità, confrontandoti con i compagni o facendoti cronometrare, su distanze brevi (20-60 m).
- Percorri una breve distanza (40-60 m) per 3 volte, intervallate da 2′ di recupero. Conta le pulsazioni del cuore in un minuto prima e subito dopo la prova e calcola la differenza. Ripeti la prova mensilmente confrontando i dati.
- Verifica il tempo di reazione (facendoti cronometrare da un compagno) e l'abilità a partire dai blocchi correndo per 10 m (ripeti almeno 5 volte). Valuta i tuoi miglioramenti.
- Esercitati sul passaggio degli ostacoli con opportuni esercizi sia per l'arto di attacco sia per quello di stacco.
- Organizza una gara di velocità a ostacoli su breve distanza (2-10 ostacoli a opportuna distanza).
- Organizza una staffetta formando con amici o compagni almeno due squadre (se possibile su pista, altrimenti su un percorso alternativo dove dovranno essere delimitate le zone di cambio).
- Se vuoi avviarti alle specialità della corsa veloce chiedi all'insegnante di educazione fisica di prepararti un programma di allenamento. Puoi anche rivolgerti a un allenatore di atletica o iscriverti a una società sportiva di atletica.

Se corri 60 m in...

Maschi	Femmine	... hai una predisposizone alla velocità
– 7″	– 8″	eccellente
7″30	8″30	ottima
8″30	9″30	buona
9″30	10″30	sufficiente
10″30	11″30	scarsa
+ 10″30	+ 12″	molto scarsa

2.4 La corsa in linea

Nei paragrafi che seguono ci occuperemo di alcuni tipi di corsa veloce, e dei loro aspetti tecnici piú importanti. Cosí, della corsa in linea analizzeremo particolarmente **la partenza dai blocchi**; della corsa a ostacoli **la tecnica del passaggio dell'ostacolo**; della staffetta **il passaggio del testimone**.

La corsa in linea si corre in rettilineo sulla pista di atletica; a livello scolastico, la corsa in linea può essere praticata in luoghi e su distanze diversi.

Come in tutte le gare di velocità, la partenza avviene dai **blocchi di partenza**. Se l'atleta parte prima del colpo di pistola, si ha *falsa partenza*. Chi effettua la falsa partenza viene squalificato.

La gara dei 100 m si corre in linea retta; i 200 m comprendono una curva e quindi i blocchi di partenza devono essere sfalsati per compensare lo svantaggio delle corsie esterne, cosí come nei 400 m. Gli atleti devono correre in corsia.

I blocchi di partenza devono essere usati per tutte le gare sino ai 400 m inclusi (compresa la prima frazione della 4×100 m e della 4×400 m) e non debbono essere impiegati in nessun'altra gara di corsa. Quando sono in posizione sulla pista, nessuna parte dei blocchi di partenza può oltrepassare la linea di partenza o invadere un'altra corsia.

La partenza dai blocchi

Come già accennato, nelle gare di velocità la tecnica di partenza si avvale di attrezzi specifici che sono i *blocchi di partenza*. Con l'utilizzazione dei blocchi, il velocista nell'istante del «via!» viene a trovarsi in una condizione di maggior stabilità sugli appoggi rispetto a una partenza da «in piedi».
Alla partenza l'atleta assumerà una posizione raccolta e, in avvio, con il busto inclinato in avanti, cercherà d'imprimere al proprio movimento una forte accelerazione. Con l'aumentare della velocità diminuiranno i tempi di spinta e aumenteranno quelli di volo.
Qui di seguito sono illustrate le fasi della partenza dai blocchi:

1 Prendere posizione. *Quando si prende posizione sui blocchi di partenza ci si appoggia sulle mani per trovare la posizione più adatta di contatto dei piedi con i blocchi e ci si assicura che questi siano ben fissati.*

2 Ai vostri posti. *Nella posizione «ai vostri posti» il viso è rivolto verso il basso, l'indice e il pollice delle mani sono paralleli alla linea di partenza.*

3 Pronti. *Al comando dello starter, «pronti», si solleva il bacino verso l'alto. I talloni scendono verso il basso sui blocchi. Il bacino è più in alto rispetto alle spalle, che sono quasi perpendicolari alle mani e gli arti superiori sono quasi verticali.*

4 Via! *Al «via!» si scatta in avanti, per i destri facendo forza sul piede sinistro (la gamba sinistra si distende completamente) mentre il ginocchio destro avanza flettendosi. Il braccio sinistro viene portato in avanti, mentre il destro è proiettato all'indietro. Questa oscillazione permette un miglior equilibrio. Il primo passo sarà perciò effettuato con la gamba posteriore.*

5 Primo appoggio. *Nel primo appoggio a terra dopo il via il busto è ancora basso.*

6 Accelerazione. *Nel secondo passo, il capo è in perfetta decontrazione sul collo e rimane sulla linea di prolungamento del tronco, con lo sguardo sempre rivolto verso il basso. Questa fase è detta di «accelerazione»: comprende i sette passi che permettono di acquisire velocità e che proiettano l'atleta verso il traguardo. Importante in questa fase è mantenere l'equilibrio.*

Distanze dei blocchi di partenza.

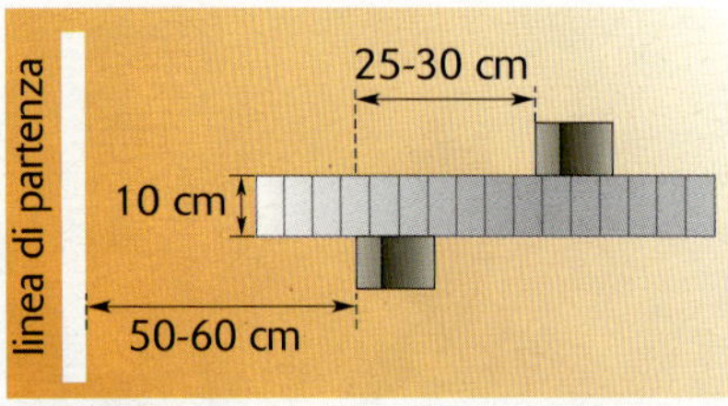

Occorre infine ricordare che:

- la corsa va effettuata spingendo sugli avampiedi;
- le ginocchia devono essere ben alzate durante la corsa;
- l'angolo del ginocchio posteriore al momento del «pronti» dev'essere di circa 120°;
- l'angolo del ginocchio anteriore al momento del «pronti» dev'essere di circa 90°.

Alleniamo la corsa in linea

Le tecniche di allenamento specifiche per la velocità sono assai articolate, e vengono usate quando il livello di allenamento è già molto buono. Di seguito proponiamo alcuni esercizi che, con le dovute accortezze, possono essere eseguiti con ottimi risultati anche dai principianti.

Per una corretta partenza dai blocchi. 1 A coppie: un ragazzo in piedi funge da blocco, l'altro effettua 10 scatti di 15 m, dopo di che si invertono i ruoli.

1

2

Per l'uscita dai blocchi. 2 La partenza avviene con il busto flesso in avanti (partenza in caduta), senza correre alla massima velocità. Si guarda in basso per i primi cinque passi ricercando l'innalzamento accentuato delle ginocchia.

3

Per migliorare la sensibilità degli arti inferiori. 3 Provare due diverse andature: *andatura in avanti* rullando su tallone, pianta, avampiede; *andatura all'indietro* rullando su avampiede, pianta, tallone.

Per prendere coscienza della velocità. Percorrere una distanza variabile fra 30 e 60 metri a tre velocità diverse – prima lenta, poi media, infine veloce – cronometrando il tempo. Per ogni prova si dovrà cercare di impiegare un tempo costante.

Per migliorare ritmo e coordinazione braccia-gambe. A terra si dispone una sequenza di cerchi uno dietro l'altro. Correndo alla massima velocità, appoggiare i piedi destro e sinistro alternativamente al centro dei cerchi. La distanza fra i cerchi può essere variabile.

Per migliorare il tempo di reazione e la velocità d'impulso. Disporre dei cerchi in terra. Correre liberamente nello spazio esterno ai cerchi e, al segnale dell'insegnante, correre alla massima velocità dentro ai cerchi.

2.5 La corsa a ostacoli

La **corsa a ostacoli** è una corsa veloce che si corre in pista sui 100, 110 o 400 m e nella quale si devono superare 10 ostacoli. Gli ostacoli sono strutture metalliche ad angolo retto che reggono una sbarra di legno. La struttura metallica poggia sulla pista con la sola parte inferiore: se urtato, l'ostacolo si ribalta senza causare danni all'atleta e senza invalidare la gara.
In tutte le specialità a ostacoli, la distanza tra gli ostacoli e tra questi e la linea di partenza e quella di arrivo ha misura variabile nelle diverse specialità.
Gli ostacoli sono posti a distanze regolari (che variano a seconda della lunghezza del percorso): ne deriva che tra un ostacolo e l'altro l'atleta deve eseguire un numero di passi costante mantenendo il giusto ritmo.
Nelle gare sui 110 metri e sui 100 metri gli atleti percorrono la distanza tra un ostacolo e l'altro in genere con 4 appoggi (quindi in 3 passi), in modo da scavalcare la barriera sempre con la stessa gamba senza interrompere il ritmo della corsa; dopo ogni serie di appoggi ci sarà un'interruzione del ritmo dovuta alla fase della sospensione. Se il ritmo non fosse costante, ma casuale, l'atleta dovrebbe cambiare di volta in volta la gamba di attacco, pregiudicando la velocità dell'azione. Anche l'altezza degli ostacoli varia nelle diverse specialità.
Come nella corsa in linea, nella corsa a ostacoli la partenza avviene dai blocchi. L'atleta deve correre all'interno della sua corsia e deve superare l'ostacolo solo frontalmente. L'abbattimento dell'ostacolo non comporta la squalifica.

Nel disegno sono riportate le misure relative alle gare dei 100 hs e 80 hs femminili e dei 110 hs e 80 hs maschili, valide per i Giochi Sportivi Studenteschi delle categorie Ragazzi/e (11-12 anni), Cadetti (13-14 anni), Allievi/e (15-16 anni), Juniores (17-18 anni). Nelle gare seniores (dati non rappresentati nel disegno) le distanze e le altezze sono le seguenti. 110 hs: altezza barriere 1,06 m – distanza fra partenza e primo ostacolo 13,72 m – distanza fra gli ostacoli 9,14 m – distanza tra l'ultimo ostacolo e l'arrivo 14,02 m. 100 hs: altezza barriere 0,84 m – distanza fra partenza e primo ostacolo 13 m – distanza fra gli ostacoli 8,50 m – distanza tra l'ultimo ostacolo e l'arrivo 10,50 m.

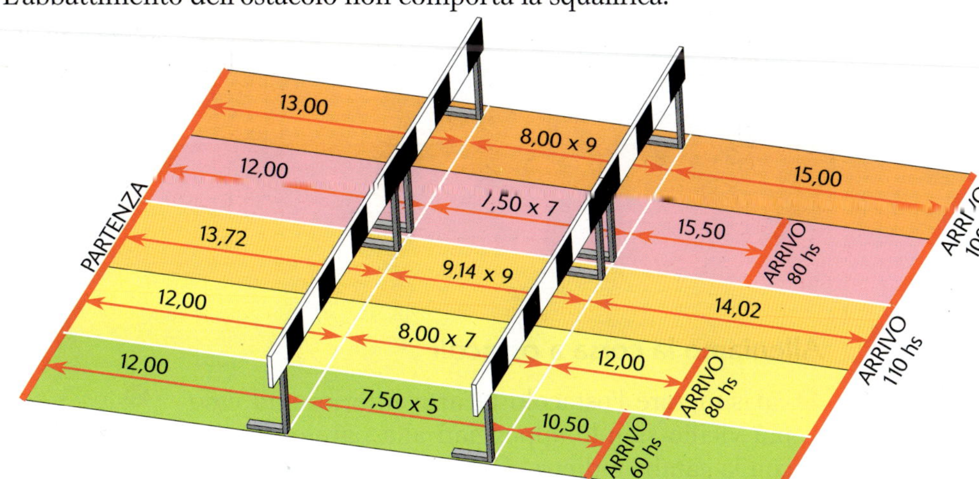

- gare femminili 100 hs A e J (h = 0,76)
- gare femminili 80 hs C (h = 0,60)
- gare maschili 110 hs A e J (h = 0,91)
- gare maschili 80 hs C (h = 0,60)
- gare maschili e femminili 60 hs

Il passaggio dell'ostacolo

Il superamento delle barriere prende il nome di **passaggio**: la tecnica prevede infatti non un salto, bensí un passo piú lungo degli altri che permette di accentuare la fase di sospensione durante la quale si supera l'ostacolo in modo tale da spezzare il meno possibile l'azione della corsa. Nella maggior parte dei casi il principiante, per superare un ostacolo, esegue un salto, piuttosto che un'azione orizzontale e radente. Per questo motivo è fondamentale capire prima di tutto che la corsa deve essere molto rapida e continua. Il «bravo» ostacolista riesce a correre quasi ignorando gli ostacoli.
Qui di seguito è illustrata la **tecnica del passaggio dell'ostacolo**:

1 Dopo la partenza dai blocchi il busto si raddrizza velocemente.

2 L'ultimo appoggio del piede (arto di stacco) prima dell'ostacolo permette l'avanzamento dell'arto in sospensione. L'arto di stacco deve imprimere potenza al gesto.

3 L'arto di attacco passa radente all'ostacolo. L'arto di stacco evita l'ostacolo piegandosi e stendendo la gamba sull'anca esternamente (portando quindi il ginocchio all'esterno). La fase di volo deve durare il meno possibile. Durante il superamento dell'ostacolo, il braccio opposto all'arto di attacco si distende in avanti sincronicamente all'azione che porta a inclinare il busto, mentre l'altro braccio si porta flesso in fuori.

4 Superato l'ostacolo, il piede avanzato ricerca il naturale contatto con il terreno per eseguire la prima spinta della successiva corsa.

Il baricentro non si sposta rispetto al normale assetto di corsa. Le braccia sono all'altezza del bacino quando la gamba posteriore passa l'ostacolo.

Alleniamo la corsa a ostacoli

1 Far superare l'ostacolo all'arto inferiore ad esso piú vicino stando appoggiati alla parete. Partire con la gamba indietro, flettere il ginocchio di circa 90°, avanzare con il ginocchio sollevato in avanti con ostacolo obliquo e ritornare alla posizione di partenza.

1

2 Disporre due ostacoli di 50 cm di altezza a 5 m di distanza uno dall'altro. Fare un segno sul terreno 1 m prima dell'ostacolo. Non si può superare questa linea con il piede di stacco nel passaggio dell'ostacolo. Inoltre dopo aver superato la barriera si deve ricadere entro 75 cm dall'ostacolo. Si deve evitare che il passaggio venga effettuato con un salto. È fondamentale capire che nel momento del passaggio non bisogna «alzare» il baricentro.

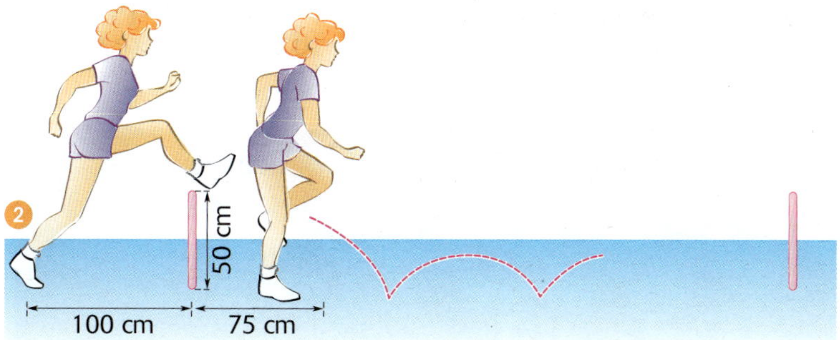

Sistemare una serie di ostacoli bassi: *a*) correre effettuando fra gli ostacoli un numero libero di passi; *b*) correre effettuando un numero pari di passi; *c*) correre effettuando un numero dispari di passi; *d*) correre effettuando un numero di passi adattato al percorso.

3 Camminare superando gli ostacoli, accennando alla flesso-estensione della prima gamba e alla flesso-abduzione della seconda.

4 Porre alcune serie di tre ostacoli con un ostacolo piú basso nel mezzo. Superare la barriera passando sull'ostacolo centrale. L'ostacolo centrale piú basso favorisce il controllo dell'azione della prima gamba.

5 Correre esternamente e superare l'ostacolo passando solo la gamba di attacco (prima gamba) sull'attrezzo. Alternare la gamba di attacco.

Occorre ricordare che:

- distanza e altezza degli ostacoli devono essere proporzionate alle capacità dei ragazzi;
- per evitare incidenti è preferibile, specialmente all'inizio, usare ostacoli di plastica;
- è preferibile usare ostacoli di altezze ridotte per allenarsi finché non si è appresa la tecnica;
- è opportuno allenarsi in modo graduale alla distanza, mantenendo il ritmo;
- lo stacco della prima gamba deve avvenire a una distanza di 1,20-1,50 m circa dall'ostacolo;
- si deve correre sugli avampiedi e con movimenti sciolti;
- il passaggio sugli ostacoli deve essere il piú radente possibile;
- il ginocchio dell'arto di attacco deve essere portato in alto prima che la gamba venga distesa.

2.6 La staffetta

La **staffetta** è una corsa veloce a squadre composte di quattro atleti (o *frazionisti*), ognuno dei quali compie una frazione dell'intero percorso reggendo una sorta di tubo chiamato *testimone*. Al termine della sua frazione, l'atleta che regge il testimone deve cederlo a un suo compagno che correrà per la frazione successiva. Vince la competizione la squadra il cui quarto componente taglia per primo il traguardo (sempre con in mano il testimone).

La staffetta si corre sulla pista di atletica. Le gare piú importanti, e che si disputano alle Olimpiadi, sono due: la 4×100 m, in cui i quattro componenti di ogni squadra corrono per 100 m ciascuno (un quarto del giro di pista), e la 4×400 m, in cui i frazionisti devono correre per 400 m ciascuno (un giro a testa).

Nelle gare 4×100 m la partenza si effettua dai blocchi che, però, non sono allineati come per le gare di velocità in rettilineo, ma sono sfalsati per compensare lo svantaggio delle corsie esterne (infatti l'atleta ha l'obbligo di «mantenere» la sua corsia). I blocchi di partenza del primo frazionista sono posti in un punto che precede la prima curva dopo il

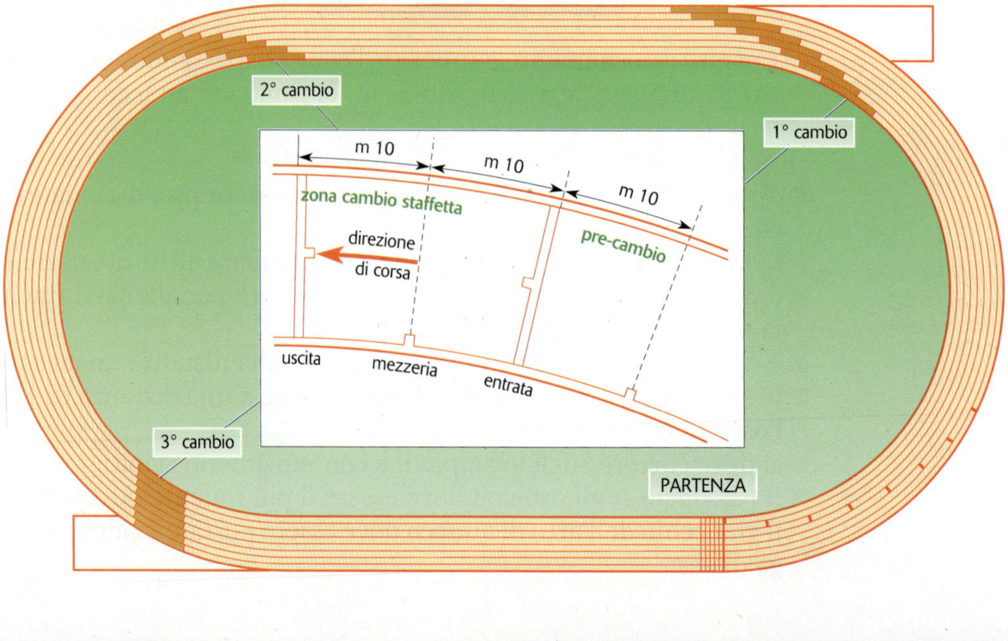

traguardo: in questo modo il primo e il terzo frazionista corrono in curva, il secondo e il quarto lungo gli opposti rettilinei. I piú agili e leggeri sono avvantaggiati in curva (1° e 3° frazionista), mentre i piú potenti sfruttano meglio la corsa sul rettilineo (2° e 4°).

Per permettere agli atleti di passarsi il testimone senza ostacolarsi, il regolamento stabilisce che il cambio avvenga in una zona ben delimitata della pista chiamata *zona di cambio*. La zona di cambio ha una lunghezza complessiva di 30 m. In realtà, il passaggio vero e proprio può avvenire solo negli ultimi 20 m (pena la squalifica): i primi 10 m, che prendono il nome di *zona di precambio*, servono solo per lanciare la corsa di chi deve ricevere il testimone, senza pregiudicare la velocità della prova. Sulla pista sono quindi segnate per ogni corsia tre diverse zone di cambio che corrispondono ai passaggi fra i quattro frazionisti.

La tecnica del cambio

La fase piú delicata della staffetta è il *passaggio del testimone*. Il frazionista che deve ricevere il testimone si pone quindi all'inizio della zona di precambio: quando il compagno con il testimone gli è abbastanza vicino (3-4 m dalla zona di precambio), incomincia a correre in accelerazione in modo che il compagno in arrivo possa raggiungerlo nella zona di cambio (è opportuno segnare sulla pista il punto, cosí da sincronizzare bene le azioni).

Vediamo ora come avviene il cambio tra i frazionisti nella staffetta 4×100 m. Il primo frazionista regge il testimone nella mano destra correndo (in curva) all'interno della sua corsia e lo consegna al secondo che, correndo all'esterno della corsia (lungo il rettilineo), lo riceve con la mano sinistra. Il terzo frazionista aspetta il cambio sull'interno della corsia e riceve il testimone nella mano destra; dopo aver percorso la sua frazione (in curva) lo passa nella mano sinistra dell'ultimo frazionista che corre all'esterno (rettilineo) e arriva al traguardo.

Passaggio del testimone fra il secondo e il terzo frazionista.

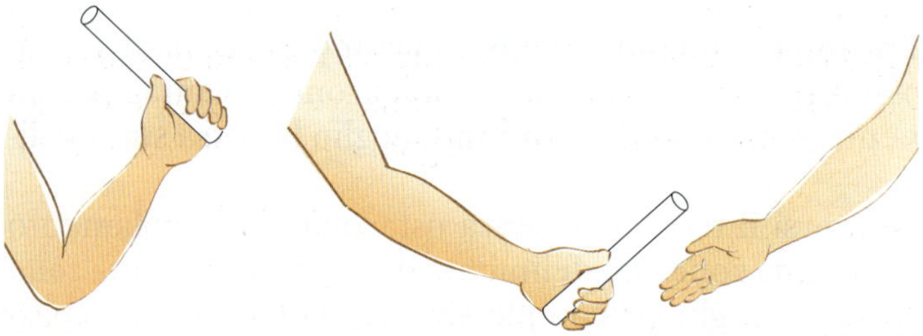

Per realizzare il cambio in maniera efficace è molto importante anche l'impugnatura del testimone. Chi lo porta lo impugna nella sua parte inferiore; al momento del passaggio allunga il braccio in avanti e solo quando è sicuro che il compagno possa prenderlo e sta per appoggiarlo sul palmo della sua mano dà il segnale con la voce: «Hop!». Chi riceve distende il braccio indietro, il palmo della mano rivolto verso l'alto, il polso leggermente flesso in fuori in modo da permettere un comodo e sicuro appoggio; appena sentito il segnale del compagno chiude le dita per afferrare il testimone.
Nella staffetta 4×400 m la disposizione dei frazionisti e i cambi sono diversi. Secondo il regolamento, infatti, il primo frazionista deve mantenere la sua corsia, mentre il secondo, dopo 120 m, può scendere alla corda (1ª corsia) e il terzo e il quarto possono correre alla corda le rispettive frazioni.

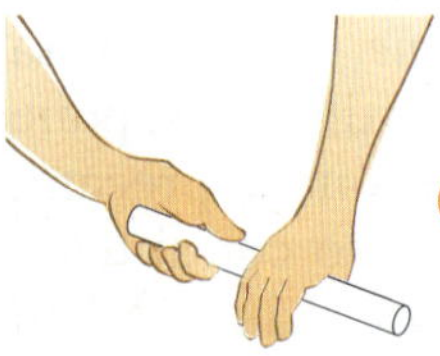

Alleniamo la staffetta

- A coppie, con partenza a una distanza di 15 m l'uno dall'altro, prima correndo lentamente, poi aumentando la velocità, il primo corridore passa il testimone al secondo. Poi si invertono i ruoli. Effettuare il passaggio in modo che il testimone passi dalla mano destra dell'uno alla mano sinistra dell'altro.

1. 4-6 ragazzi si dispongono in fila a distanza di 1 m uno dall'altro e rimangono fermi sul posto. L'ultimo della fila ha il testimone. Quando dice «Hop!» il penultimo porta indietro la mano aperta e l'ultimo vi depone il testimone. Si prosegue cosí fino al primo della fila che con il testimone va a posizionarsi in fondo alla fila. Lo stesso esercizio può essere eseguito camminando.
2. I ragazzi sono disposti in riga lungo una linea. A 4 m di distanza da questa si traccia una linea tratteggiata che delimita la zona di precambio. L'insegnante si pone dietro la linea tratteggiata a una distanza di 5 m e fa rotolare in terra una palla in direzione dei ragazzi. Quando la palla passa la linea tratteggiata i ragazzi effettuano uno *sprint* su 20 m con la massima accelerazione.

2

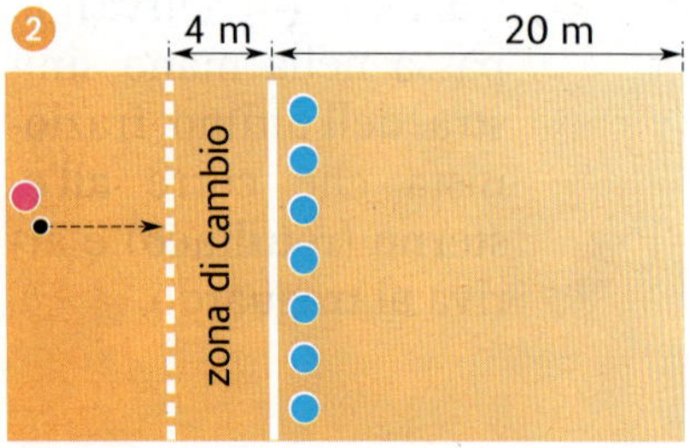

- 4 ragazzi si dispongono in fila a distanza di 1 m uno dall'altro. L'ultimo ha il testimone. Si effettuano degli scambi: mano destra-mano sinistra-mano destra-mano sinistra. Quando il testimone raggiunge il primo della fila questi lo ripassa indietro fino all'ultimo.

3. 4-6 ragazzi in fila effettuano un cambio di testimone dopo che il primo ha percorso un tragitto attorno a due punti di riferimento (palloni, clavette, ecc.). Se non si è in una pista di atletica, occorre segnare per terra il punto di *start*, la zona di cambio e la zona di precambio. I momenti importanti dell'esercizio sono legati alla partenza del se-

3

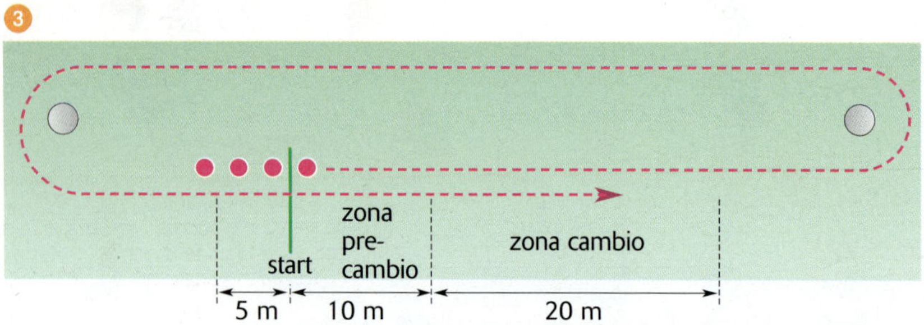

condo frazionista (che deve avvenire quando il primo supera il segno di start), all'individuazione della giusta distanza dal segno di partenza, al passaggio del testimone sul palmo della mano e al momento in cui il segnale di cambio è dato con un «Hop!».

Occorre ricordare che:

- è bene riscaldarsi con una corsa tranquilla;
- il passaggio del testimone avviene dalla mano destra alla sinistra o dalla sinistra alla destra;
- si effettua la partenza nel preciso momento in cui il corridore che arriva passa la striscia di riferimento;
- si grida «Hop!» quando si è a 2 m dal corridore in partenza;
- bisogna passare il testimone nel palmo della mano.

Stretching per i vari tipi di corsa

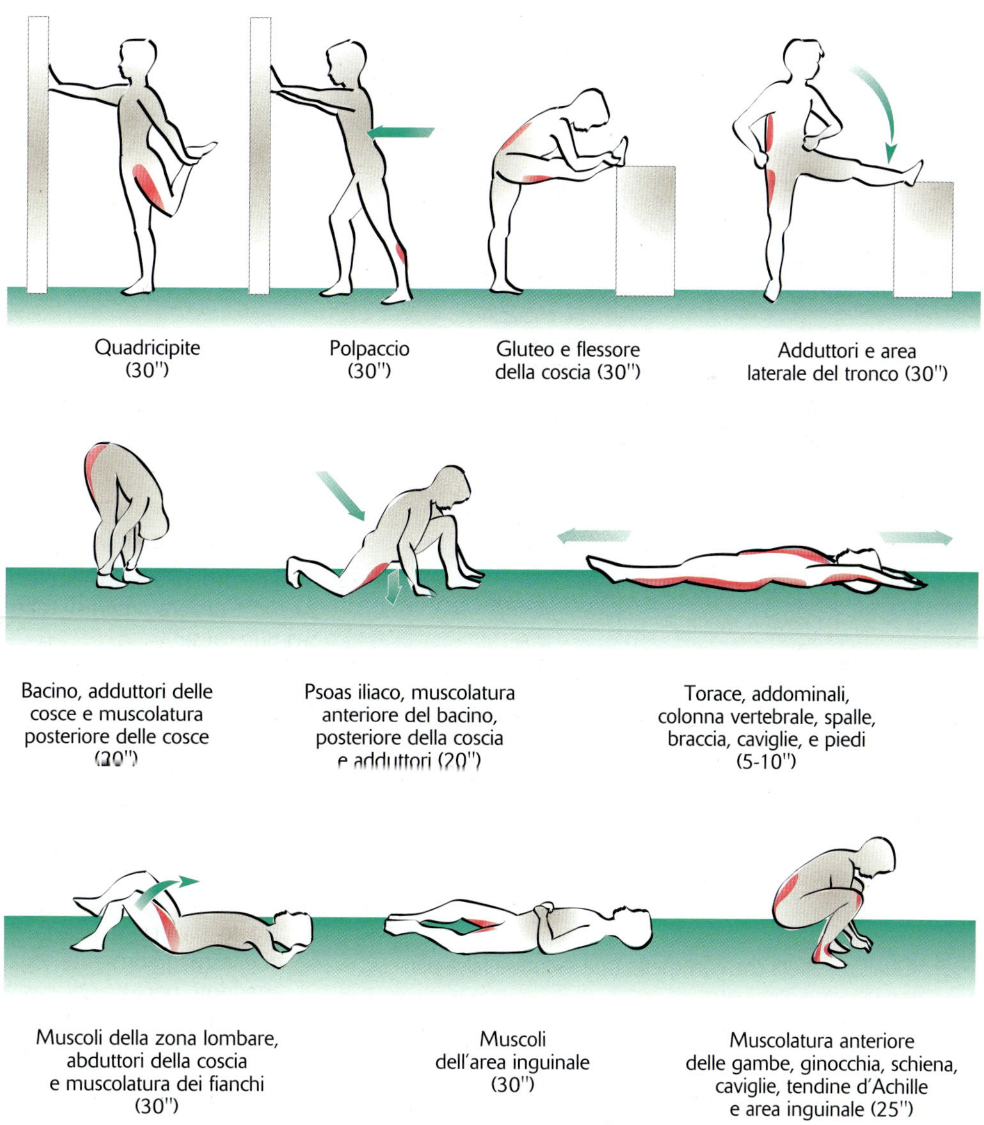

Verifica quanto appreso

1. Ogni movimento fondamentale è l'espressione di capacità derivanti dall'utilizzo di qualità motorie; circa il *correre*, sottolinea nelle aree in colore rosa del seguente schema le voci corrispondenti:

- alle capacità condizionali maggiormente interessate;
- alle capacità coordinative generali maggiormente interessate;
- alle capacità coordinative speciali maggiormente interessate.

CAPACITÀ CONDIZIONALI
Capacità definite dal grado di sviluppo e dalla funzionalità del sistema muscolare, dell'apparato respiratorio e cardiocircolatorio.

↓

forza, resistenza, velocità, mobilità.

CAPACITÀ COORDINATIVE
Capacità che consentono di organizzare e regolare il movimento: dipendono oltre che dal sistema nervoso anche dagli organi di senso.

↓

GENERALI
- di apprendimento motorio
- di controllo motorio
- di adattamento e trasformazione del movimento

→ **SPECIALI**
- di reazione
- di differenziazione dinamica
- di anticipazione motoria
- di differenziazione spazio-temporale
- di orientamento
- di ritmo
- di equilibrio
- di coordinazione oculo-motoria
- di fantasia motoria

2. Nella corsa la fase propulsiva del piede rappresenta il 25% del tempo totale.
☐ Vero ☐ Falso

3. Nella corsa l'ampiezza del passo è dovuta a una scarsa mobilità articolare e alla carenza di forza.
☐ Vero ☐ Falso

4. Le gare di mezzofondo vengono disputate su distanze di 800-1500-5000 m.
☐ Vero ☐ Falso

5. Qualsiasi atleta che commette una seconda falsa partenza viene eliminato.
☐ Vero ☐ Falso

6. Rispetto alla corsa su pista, nella corsa campestre la fase di volo è
☐ piú breve ☐ piú lunga
☐ della stessa ampiezza

7. Il superamento degli ostacoli deve avvenire
☐ con un salto ☐ con un balzo
☐ con un passo piú lungo degli altri

8. Disegna in modo schematico le fasi di contatto, appoggio e spinta nella corsa.

9. Descrivi, con l'aiuto del disegno qui riprodotto, come avviene il passaggio del testimone.

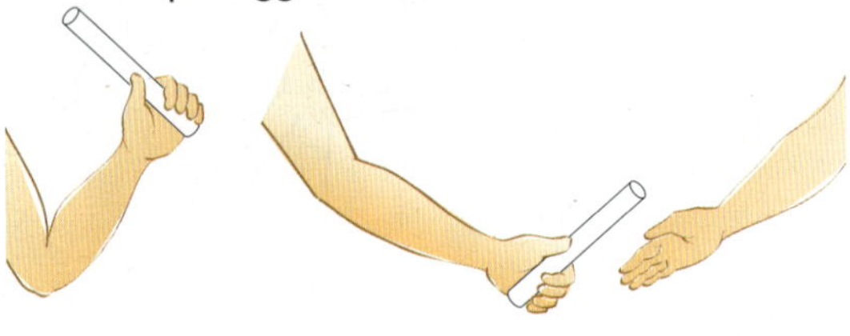

....

....

10. Descrivi le caratteristiche di una pista di atletica.

....

....

11. Se ti accorgi di avere difficoltà nella corsa di resistenza come programmeresti l'allenamento per i successivi due mesi?

....

....

12. Sviluppa i seguenti argomenti scegliendo una fra due delle modalità previste per la terza prova: trattazione sintetica di argomenti o risposta a quesito singolo (rispettivamente in un massimo di 20 e 10 righe).

A Tra le diverse specialità dell'atletica, la corsa è quella maggiormente legata a eventi, curiosità, aneddoti, personaggi passati alla storia; descrivi un episodio particolarmente significativo e il suo protagonista principale.

B «Correre». Descrivi l'esecuzione di questo movimento.

3 SALTARE

Saltare un ostacolo con le proprie forze sfidando la forza di gravità è una cosa su cui l'uomo ha sempre inteso misurarsi. Sebbene la nostra specie non sia strutturalmente predisposta a questo movimento, sono nate e poi si sono specializzate discipline e tecniche agonistiche che hanno dato vita alle varie specialità del salto nell'atletica leggera. Tra le varie applicazioni sportive del salto prenderemo in esame alcune tra le specialità atletiche che con piú facilità possono essere praticate a livello scolastico, almeno per quanto riguarda i primi rudimenti.

3.1 Il salto: caratteristiche generali

Saltare è un gesto che richiede **potenza**, **agilità** ed **equilibrio**.
Nel momento del salto, l'individuo deve vincere la forza di gravità e sviluppare un impulso di forza veloce. Quando salta senza l'ausilio di mezzi meccanici, la persona riesce a staccarsi da terra solo per poche decine di centimetri e con grande dispendio di energia, ma utilizzando una appropriata rincorsa e il suo stesso slancio riesce a produrre considerevoli performance.
Il salto impegna tutte le parti del corpo e permette di affinare non solo le qualità motorie ma anche quelle psichiche, e consente di perfezionare i processi coordinativi di lateralizzazione. Il risultato sarà tanto migliore quanto piú saremo in grado di sfruttare le nostre potenzialità; il gesto sarà efficace se riusciremo a valutare con esattezza lo spazio e il tempo dell'esecuzione.
L'acquisizione ottimale di questo gesto richiede tempo e dipende dallo sviluppo di alcune qualità motorie. In particolare:

- la velocità;
- la forza veloce;
- l'equilibrio;
- la coordinazione;
- la mobilità muscolare e articolare;
- il ritmo.

L'esecuzione del salto

I salti hanno direzioni e finalità diverse: verso l'alto (ostacoli verticali, salto in alto, salto con l'asta ecc.), verso il basso (quando si passa da un piano piú alto a uno piú basso), in lungo (ostacoli naturali, salto in lungo, salto triplo). A volte per superare un ostacolo bisogna combinare traiettorie diverse. I salti possono essere eseguiti da fermi o con rincorsa e stacco su un solo piede o, come nei volteggi, su due piedi.
Il salto è un gesto motorio combinato che si compone di diverse **fasi tecniche**:

- la **rincorsa**;
- lo **stacco**;
- il **volo**;
- l'**atterraggio**.

Rincorsa. La lunghezza della rincorsa è soggettiva; essa ha lo scopo di far raggiungere una velocità ottimale; l'ultimo passo deve essere piú rapido poiché l'accelerazione nella fase finale è essenziale per l'efficacia del salto.

Stacco. Si esprime con una spinta alternata o contemporanea degli arti inferiori; la spinta parte dal piede per poi essere trasmessa attraverso gamba e coscia al bacino, alle spalle e alle braccia; ci deve essere armonia e coordinazione tra gli arti inferiori e quelli superiori affinché il gesto sia efficace. Generalmente lo stacco è preceduto da un'adeguata rincorsa ma può essere eseguito anche da fermo.

Volo. Presuppone un notevole controllo e senso dell'equilibrio, dello spazio e del tempo; nella fase aerea è importantissima la coordinazione degli arti inferiori e di quelli superiori per sfruttare al meglio la traiettoria. Essendo un gesto innaturale, presenta per alcuni notevoli difficoltà, richiede un po' di coraggio ma, ovviamente, non incoscienza.

Atterraggio. Deve essere funzionale al gesto successivo. In particolare se dopo il salto bisogna riprendere velocemente il movimento, l'atterraggio deve essere in perfetto equilibrio. Può anche essere finalizzato ad ammortizzare la caduta ed evitare cosí traumi ai muscoli, alle articolazioni, ai legamenti. A questo scopo è di estrema importanza conoscere le tecniche per imparare a cadere bene.

LE SPECIALITÀ DEL SALTO NELL'ATLETICA LEGGERA	
Salto in alto	maschile/femminile
Salto in lungo	maschile/femminile
Salto triplo	maschile/femminile
Salto con l'asta	maschile/femminile
Salto in alto e salto in lungo nel decathlon	maschile
Salto in alto e salto in lungo nell'eptathlon	femminile

3.2 Il salto in alto

Due sono gli stili con cui si può effettuare il **salto in alto**: *ventrale* (o *straddle*) e *dorsale* (o *Fosbury*). Noi analizzeremo il salto dorsale (vedi foto a destra) che oggigiorno è lo stile piú usato sia nella pratica scolastica che a livello agonistico.
L'esecuzione del salto prevede quattro fasi: *rincorsa*, *stacco*, *volo* e *atterraggio*.

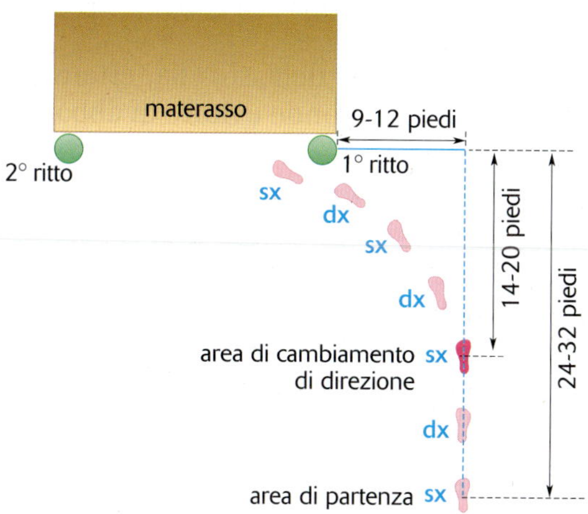

La rincorsa

Si effettua per circa 8-10 passi, partendo esternamente al ritto (a destra se l'atleta stacca di sinistro e viceversa) e percorrendo una linea curva (il primo tratto è curvilineo, la parte centrale del percorso accentua tale andamento, che in chiusura diviene quasi rettilineo).
Per regolare la lunghezza della rincorsa, si segnano due aree di cui la prima delimita la partenza, la seconda il cambio di direzione della corsa. L'area di partenza si trova misurando, a seconda delle capacità, 9-12 piedi dal primo ritto (dalla parte in cui si esegue la rincorsa) sul prolungamento della retta dei due ritti, e 24-26 (categoria Ragazzi/e, 11-14 anni) fino a 28-32 piedi (categoria Allievi/e, 17 anni) sulla perpendicolare di essa. L'area di cambiamento della direzione di corsa è delimitata dai 9-12 piedi misurati di lato e dai 14-16 piedi (si può arrivare anche a 16-20 piedi) sulla perpendicolare di tale misura.
Risulta perciò fondamentale che il tipo di rincorsa sia scelto in base alle capacità e alle caratteristiche del saltatore, nonché al suo sviluppo psicomotorio. Deve essere compiuta con estrema naturalezza, in modo da incrementare la velocità gradualmente cosí da entrare nel tratto curvo senza repentini cambi di direzione; si deve aumentare progressivamente l'inclinazione del busto, evitando torsioni inutili, mentre le braccia devono compiere ampie oscillazioni.

Alleniamo la rincorsa

- Eseguire con passi uniformi una serie di esercizi di corsa in curva mantenendo un buon equilibrio. Eseguire gli stessi esercizi invertendo il senso di marcia.
- Correndo a velocità uniforme percorrere un semicerchio, iniziando lentamente, dal punto segnato. I passi non devono essere né troppo lunghi né troppo corti.

Lo stacco

In prossimità dell'asticella, dopo avere effettuato il caricamento sull'arto di stacco, l'atleta deve flettere l'altro arto (quello interno) verso l'alto; contemporaneamente, gli arti superiori devono muoversi in modo coordinato per agevolare la ricerca dell'elevazione. Tale gesto determina una rotazione sull'asse verticale del corpo, verso l'esterno, atta a favorire la fase di volo.

Alleniamo lo stacco

- Effettuare una rincorsa libera fino all'ottavo passo.
- Eseguire lo stacco senza spostare il corpo verso l'asticella.
- Flettere il ginocchio prima dello stacco.

Il volo

L'atleta, una volta che si trovi trasversalmente al di sopra dell'asticella, effettua lo svincolo ed estende simultaneamente le gambe e le cosce, onde evitare di abbattere l'asta.

1

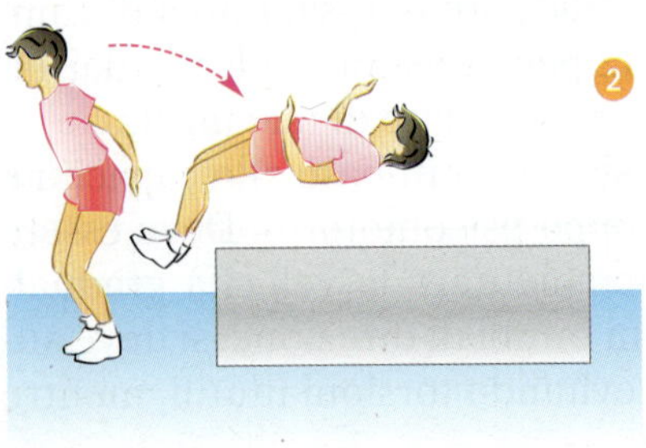
2

Alleniamo il volo

1. Eseguire un salto indietro senza effettuare la rincorsa, partendo da un plinto. Atterrare seduti o sulla schiena.
2. Saltare indietro da terra sollevando il bacino (arco dorsale) dopo lo stacco.
3. Saltare con rincorsa eseguendo uno stacco dalla pedana e atterrando sul materassino. L'asticella deve essere collocata almeno 20 cm al di sopra del materassino.

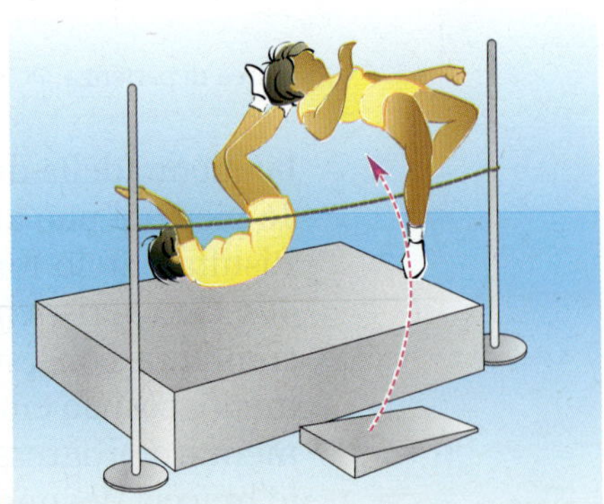
3

L'atterraggio

Poiché viene effettuato di schiena, richiede notevole attenzione da parte dell'atleta: una sua errata posizione rispetto all'asticella potrebbe infatti farlo atterrare sul bordo del materasso o addirittura esternamente ad esso.

Alleniamo l'atterraggio

- Effettuare una breve rincorsa con percorso ad arco ed eseguire lo stacco a una distanza di circa 50 cm dal bordo dei materassini sostenuti da dei plinti. Cadere sulla schiena con bacino in alto. Le gambe devono essere ben rilassate.

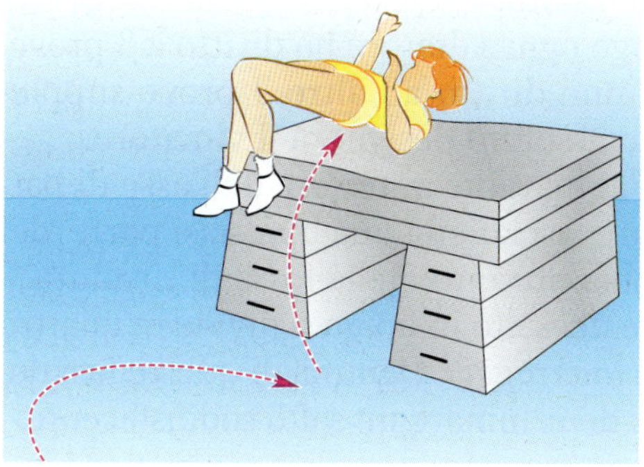

Occorre ricordare che:

- durante gli ultimi 3-4 passi percorsi in curva, la velocità deve essere mantenuta costante;
- bisogna tenere il corpo inclinato all'interno della curva;
- il ginocchio di slancio deve flettersi rapidamente;
- il bacino deve essere alzato verso l'asticella (arco dorsale), mentre gli arti inferiori restano in posizione decontratta;
- gli arti inferiori devono scavalcare con scioltezza l'asticella, distendendosi;
- il corpo deve rilassarsi nella caduta.

Gli errori piú comuni nel salto in alto

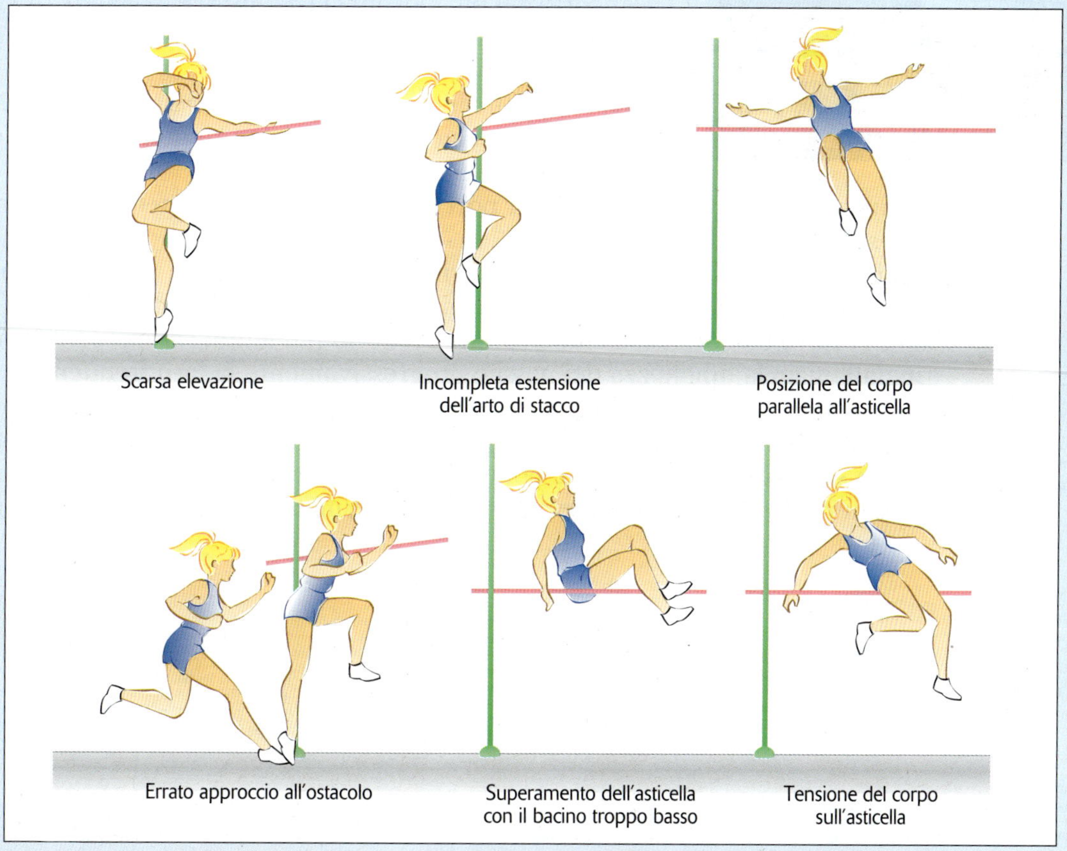

3.3 Il salto in lungo

Il **salto in lungo** richiede doti di velocità, equilibrio, coordinazione e forza «esplosiva» (cosí viene definita quando ad essa si associa anche la potenza muscolare). Perché un salto risulti valido, lo stacco deve essere eseguito non oltre la zona prestabilita, delimitata dall'asse di battuta che è larga 20 cm. Nelle competizioni dei piú giovani l'asse di battuta è posta a 2 m dalla fossa di ricaduta, nelle gare per gli atleti esperti è posta a 4 m. L'asse di battuta è seguita da una striscia di 10 cm di plastilina (o sabbia bagnata e compressa). Al momento dello stacco l'atleta deve fare attenzione a non toccare tale striscia: anche la minima impronta del piede su di essa determina l'annullamento del salto.

In una gara di salto in lungo ogni saltatore ha diritto a 3 prove. I migliori 8 saltatori avranno diritto ad altre 3 prove supplementari. Il miglior salto in assoluto designerà il vincitore.
I salti vengono misurati dal margine anteriore dell'asse di battuta all'impronta posteriore lasciata da una qualsiasi parte del corpo dell'atleta sulla sabbia presente nella fossa di ricaduta.
Tecnicamente l'esecuzione del salto in lungo si divide in quattro fasi: *rincorsa*, *stacco*, *volo* e *atterraggio*. Ognuna di queste fasi deve essere ben eseguita per determinare un salto soddisfacente.

La rincorsa

La rincorsa dei piú giovani (11-12 anni) è in genere di 11-15 passi, di 13-17 passi per i ragazzi di 13-14 anni, di 16-24 passi per i ragazzi piú grandi e per gli atleti.
Scopo della rincorsa è raggiungere la *massima velocità controllabile* dall'atleta, cioè la velocità limite in cui egli è in grado di eseguire uno stacco proficuo.
La rincorsa deve essere precisa per portare l'atleta a staccare nel punto prestabilito, cioè sulla zona di battuta.
Ogni saltatore personalizza la propria rincorsa; generalmente, però, vi sono due stili. Il primo ha un avvio rapido che raggiunge in breve la massima velocità (fra il sesto e l'ottavo passo). Il secondo prevede un avvio piú lento; l'atleta però incrementa fin dall'inizio la lunghezza dei passi e progressivamente la loro frequenza.
Per trovare il giusto ritmo di rincorsa e l'esatta ampiezza dei passi si consiglia di effettuare all'avvio movimenti ampi con gli arti superiori e spinte decise con quelli inferiori, allo scopo di interiorizzare e poi automatizzare una ritmica precisa e costante dei passi di rincorsa. Una buona tecnica di corsa permetterà di correre in maniera fluida

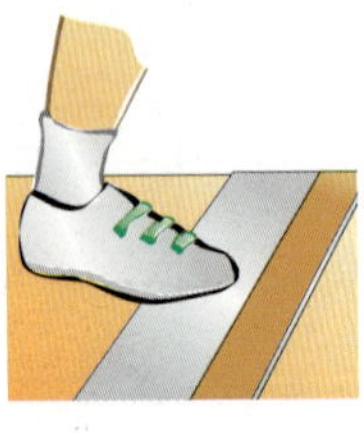

Lo stacco deve avvenire nell'asse di battuta.

Per raggiungere la massima velocità la rincorsa va eseguita con passi della stessa ampiezza e le ginocchia ben elevate. Il movimento a pendolo dell'arto di slancio permette una maggior velocità. Il busto è perpendicolare.

e decontratta. Per compiere una rincorsa corretta si può ricorrere all'espediente di disegnare col gesso sulla pedana delle linee che indichino l'idonea ampiezza dei passi: i segni saranno posti all'altezza dei primi 2 appoggi e sugli ultimi 6, ma anche in altri punti della pedana, in modo che vi possa essere una correzione «in itinere» della rincorsa. Un limite di questo procedimento può essere quello di alterare la fluidità della corsa. Nella ritmica, particolare attenzione deve essere posta sugli ultimi 3 appoggi, quelli da cui scaturisce lo stacco: il penultimo passo risulta solitamente piú lungo e radente. Ciò determina un abbassamento del bacino e una conseguente accelerazione che permetterà un ultimo passo piú veloce e potente culminante nello stacco.

Alleniamo la rincorsa

- Partendo con l'arto di stacco sull'asse di battuta. Correre 20-25 m e segnare il punto in cui la velocità è massima (generalmente fra il tredicesimo e il diciassettesimo passo). Mettere l'arto di stacco sul segno e correre nello stesso modo verso la buca.

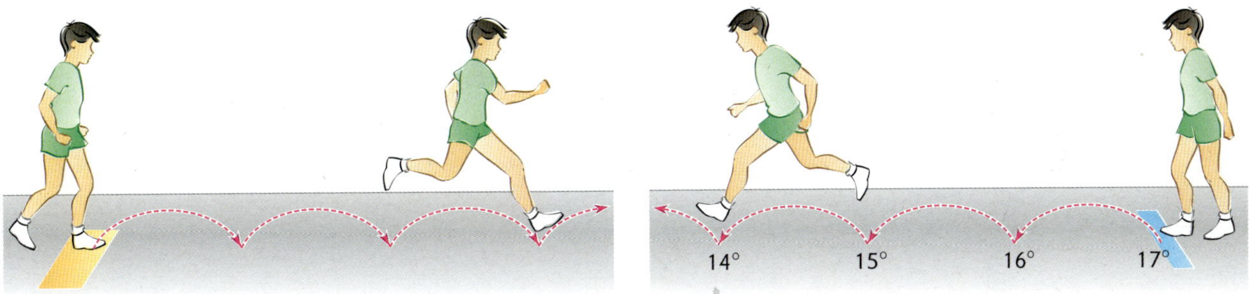

Lo stacco

Lo stacco è il momento in cui la velocità orizzontale deve essere trasformata nella migliore elevazione possibile e che consenta allo stesso tempo la minor perdita di velocità. Il piede dell'arto che stacca deve avvicinare l'asse di battuta con un movimento che cerchi di «artigliare» il terreno; il baricentro è sull'arto di stacco, ossia il peso del corpo cade sull'arto avanzato; il busto deve essere eretto. L'arto di stacco deve stendersi quasi completamente e completare la spinta. La gamba libera deve salire col piede dietro fino a sfiorare il gluteo e poi essere proiettata avanti fino ad avere la coscia parallela a terra. Il braccio opposto all'arto di stacco viene portato in basso-dietro-alto fino a raggiungere anteriormente l'altro braccio già proteso in avanti-alto. Il risultato è che l'atleta si allunga nella parte centrale del busto, mentre spalle, torace, arto libero volano verso l'avanti-alto.

Alleniamo lo stacco

1. A gruppi di tre. Due ragazzi stanno sulla stessa riga con il braccio interno disteso, a circa 1 m dal punto di stacco. Il terzo, dopo una rincorsa di circa 5-10 passi dal segno dello stacco, effettua un salto cercando di toccare le mani dei compagni con il bacino. Si atterra su una gamba.

1

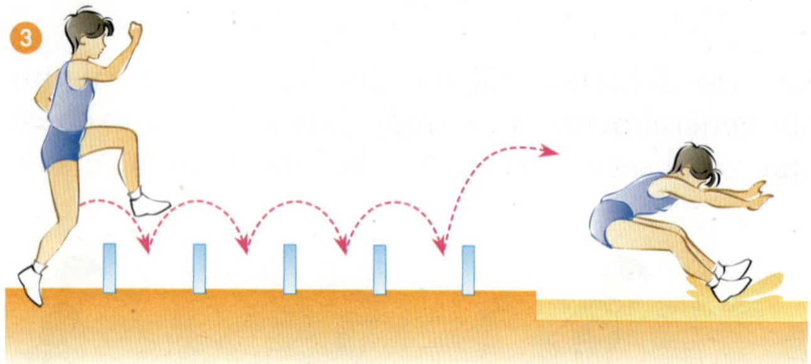

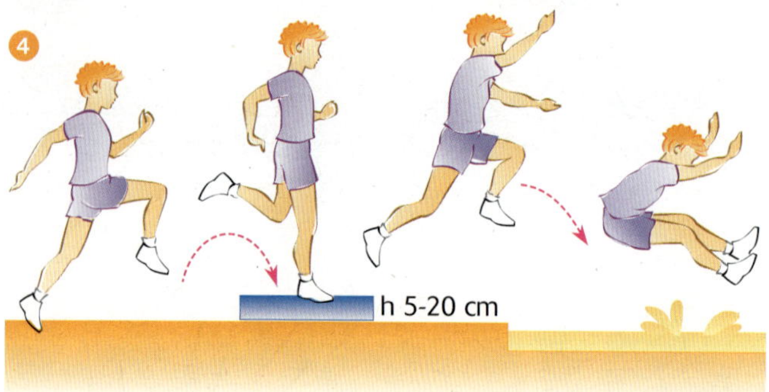

2 Effettuare dei salti con rincorsa breve e atterraggio sulla gamba di volo, riprendendo subito dopo l'azione di corsa.

3 Effettuare dei salti dopo aver corso per 10-12 m a ginocchia alte superando degli ostacolini di 10 cm di altezza.

4 Saltare con rincorsa ridotta staccando da un piano rialzato (di altezze variabili da 5 a 20 cm).

5 Effettuare dei salti con 4-8 passi di rincorsa frapponendo un ostacolino o una corda elastica in posizione abbastanza vicina allo stacco.

Il volo

La lunghezza del volo dipenderà dalla velocità orizzontale che deve essere la massima compatibile con una elevazione che la conservi. Anche la capacità di conservare in volo un equilibrato assetto del corpo contribuisce a mantenere la velocità durante la parabola e prepara all'atterraggio, permettendo una corretta estensione delle gambe in avanti. Nella fase di volo (per gli atleti evoluti), esistono vari tipi di movimento: il cosiddetto *Step-style*, in cui l'atleta compie in aria un passo e mezzo, due passi e mezzo oppure tre e mezzo, e lo stile *Hang* o «veleggiamento».

1 L'atleta si stacca dal suolo.

2 Dopo lo stacco, estende e abbassa l'arto inferiore libero…

3 … e poi lo unisce all'arto di stacco. Busto e testa sono verticali.

4 Seguono un inarcamento del busto e un avanzamento degli arti inferiori.

1

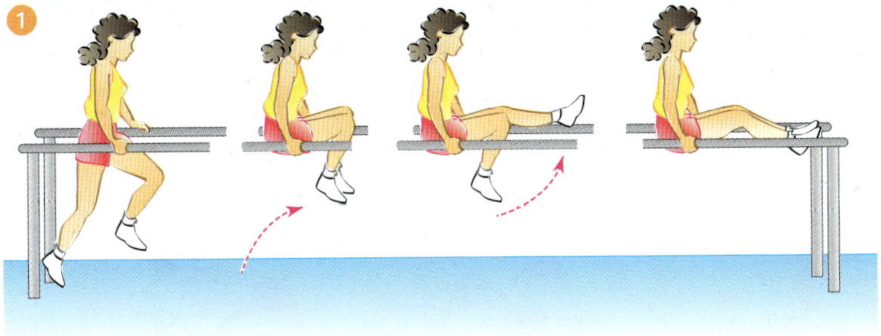

Alleniamo il volo

1. Eseguire alle parallele esercizi di raccolta degli arti inferiori e movimenti per automatizzare le posizioni del volo.
2. Eseguire esercizi di controllo dei movimenti circolari imitativi della fase di volo alle parallele, alla sbarra e agli anelli.

2

3

3. Effettuare un salto da fermo con partenza a piedi divaricati sagittalmente. Saltare alternativamente con entrambi gli arti staccando con parabole di diversa altezza e ampiezza e assumendo le diverse posizioni in volo: raccolta e distensione degli arti inferiori verso l'avanti.

L'atleta cerca di arrivare nel punto piú lontano possibile.

1 Il busto è inclinato in avanti.

2 All'arrivo gli arti inferiori sono leggermente divaricati. È importante non cadere all'indietro.

L'atterraggio

L'atterraggio migliore è quello che porta il baricentro (cioè il bacino) il piú lontano possibile dalla linea di stacco senza che vi sia una caduta indietro dell'atleta. Un consiglio utile è quello di spingere in alto e in avanti i talloni nella fase finale della parabola. Per evitare la caduta all'indietro, il saltatore dopo l'impatto col suolo deve flettere in modo deciso le ginocchia e il busto, spingendo il bacino in avanti (fase di chiusura).

Alleniamo l'atterraggio

Effettuare un salto in lungo da fermo, superando un'asticella gonfiabile o un elastico, sollevando molto in alto i talloni nella fase di impostazione della chiusura; in questo modo si evita di disegnare una parabola troppo schiacciata. La caduta avviene su materassoni.

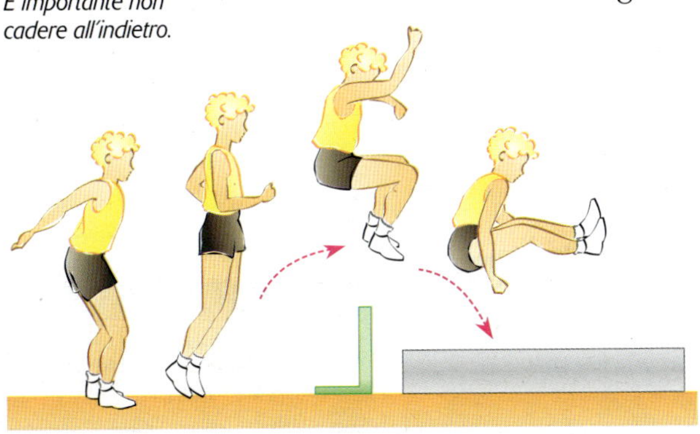

Occorre ricordare che:

- il busto deve essere verticale e lo sguardo in avanti;
- le azioni di stacco devono essere sincronizzate a una forte flessione del «ginocchio di slancio»;
- bisogna cercare di atterrare con i talloni il piú lontano possibile dall'asse di battuta.

Gli errori piú comuni nel salto in lungo

Stacco mancante di dinamismo — Testa incassata nelle spalle e bacino arretrato rispetto al busto — Mancata distensione — Caduta all'indietro — Caduta in avanti

Se salti migliori...

Se salti migliori...

- le *potenzialità fisiologiche* di: apparato articolare, sistema muscolare, sistema nervoso (coordinazione, concentrazione);
- le *qualità motorie*: forza (veloce), velocità, mobilità, equilibrio, coordinazione.

Consigli operativi

Salto in alto

- Riscalda sempre i muscoli prima di effettuare i salti.
- Prova piú volte la rincorsa e accenna la fase di stacco, cercando di trovare il punto piú opportuno.
- Prova senza l'asticella la fase di caduta, partendo da terra o su una base rialzata, con le spalle al materasso, staccando prima a gambe unite poi sull'arto che istintivamente usi di piú per lo stacco.
- Per migliorare lo stile esèrcitati su una misura che per te è facile superare, ripetendo molte volte l'esercizio.
- Organizza una gara di salto (con le dovute precauzioni, volte a salvaguardare l'incolumità dei partecipanti) con amici e compagni di classe.

Salto in lungo

- Riscalda sempre i muscoli prima di effettuare i salti.
- Stabilisci qual è la misura massima che riesci a saltare partendo da fermo.
- Con una breve rincorsa (3-4 passi) stacca su un arto e ricadi su una superficie morbida.
- Ripeti piú volte brevi tratti di corsa veloce (10-20 m) portando le ginocchia leggermente piú in alto rispetto alla corsa normale.
- Verifica piú volte il gesto nel suo insieme, sulla pedana; eseguendo una rincorsa prima breve poi progressivamente piú lunga, trova la distanza che è a te piú congeniale per staccare al punto giusto e segnalalo con il gesso.
- Organizza una gara di salto in lungo con amici e compagni di classe.

Se salti in alto...

MASCHI	FEMMINE	...HAI UNA PREDISPOSIZONE
+ 1,60 m	+ 1,50 m	eccellente
1,60 m	1,50 m	ottima
1,50 m	1,40 m	buona
1,40 m	1,30 m	discreta
1,30 m	1,20 m	sufficiente
1,20 m	1,10 m	scarsa
1,10 m	1,00 m	molto scarsa

Se salti in lungo...

MASCHI	FEMMINE	...HAI UNA PREDISPOSIZONE
+ 6,00 m	+ 5,50 m	eccellente
5,50 m	5,00 m	ottima
5,00 m	4,50 m	buona
4,50 m	4,00 m	discreta
4,00 m	3,50 m	sufficiente
3,50 m	3,00 m	scarsa
3,00 m	2,50 m	molto scarsa

Stretching per i vari tipi di salto

Muscolatura anteriore delle gambe, ginocchia, schiena, caviglie, tendine d'Achille e area inguinale (25'') — Flessori della coscia, posteriori e laterali della schiena (30'') — Muscolatura del braccio, della spalla, del dorso e lombare (15'') — Torace, addominali, colonna vertebrale, spalle, braccia, caviglie e piedi (5-10'')

Verifica quanto appreso

1. Ogni movimento fondamentale è l'espressione di capacità derivanti dall'utilizzo di qualità motorie; circa il *saltare*, sottolinea nelle aree in colore rosa del seguente schema le voci corrispondenti:

– alle capacità condizionali maggiormente interessate;

– alle capacità coordinative generali maggiormente interessate;

– alle capacità coordinative speciali maggiormente interessate.

CAPACITÀ CONDIZIONALI

Capacità definite dal grado di sviluppo e dalla funzionalità del sistema muscolare, dell'apparato respiratorio e cardio-circolatorio.

↓

forza, resistenza, velocità, mobilità.

CAPACITÀ COORDINATIVE

Capacità che consentono di organizzare e regolare il movimento: dipendono oltre che dal sistema nervoso anche dagli organi di senso.

→ **SPECIALI**

- di reazione
- di differenziazione dinamica
- di anticipazione motoria
- di differenziazione spazio-temporale
- di orientamento
- di ritmo
- di equilibrio
- di coordinazione oculo-motoria
- di fantasia motoria

↓ **GENERALI**

- di apprendimento motorio
- di controllo motorio
- di adattamento e trasformazione del movimento

2. «Saltare» vuol dire superare un ostacolo con una traiettoria verticale.

☐ Vero ☐ Falso

3. Affinché un salto in lungo sia valido è necessario che lo stacco avvenga non oltre l'asse di battuta.

☐ Vero ☐ Falso

4. Quale delle seguenti qualità non è richiesta per compiere un efficace salto?

☐ potenza ☐ resistenza
☐ agilità ☐ equilibrio

5. Il salto è un gesto motorio che si compone di diverse fasi. Fra quelle qui elencate indica quella sbagliata.

☐ rincorsa ☐ sospensione ☐ stacco ☐ volo ☐ atterraggio

6. Disegna in modo schematico le diverse fasi che costituiscono un salto in alto dorsale.

7. Indica quali di questi salti in alto è correttamente eseguito.

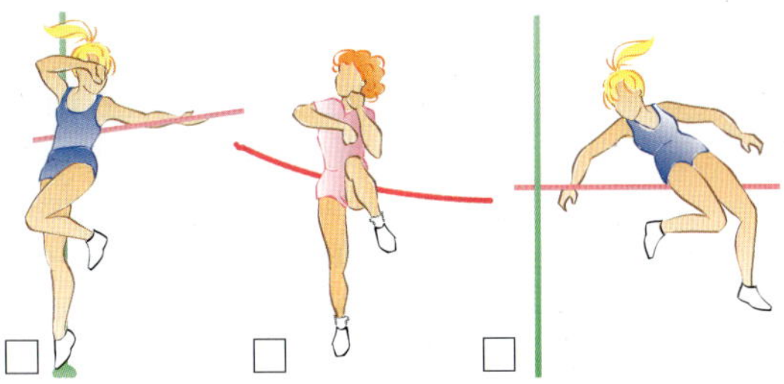

8. Quali sono le specialità dell'atletica che prevedono il salto?

....

....

....

....

....

9. Scrivi in successione le fasi che costituiscono il salto in lungo.

....

....

....

....

10. Sviluppa i seguenti argomenti scegliendo una fra due delle modalità previste per la terza prova: trattazione sintetica di argomenti o risposta a quesito singolo (rispettivamente in un massimo di 20 e 10 righe).

A Racconta le tue esperienze sui vari tipi di salto descrivendo le difficoltà incontrate e i risultati ottenuti.

B Descrivi le caratteristiche generali dei salti, le leggi fisiche che li regolano, le qualità motorie che ad essi si riferiscono e l'esecuzione tecnica di una specialità in cui il salto è momento *clou*.

4 LANCIARE

Lanciare è per l'uomo un gesto istintivo, piacevole e produttivo, che nasce dalla specializzazione degli arti superiori. Con questo movimento, perfezionatosi nel tempo per rispondere in maniera sempre piú adeguata alle necessità del momento, l'uomo si è procurato il cibo, ha catturato le sue prede, si è difeso dai nemici e li ha attaccati, ha dimostrato ai suoi simili la sua forza e la sua abilità.

4.1 Il «lancio» e il «getto»

Possiamo genericamente definire l'atto del «lanciare» come quel gesto motorio che ci **permette di far compiere un volo a un oggetto, contrastando la forza di gravità**.
È uno degli schemi motori piú difficili da acquisire perché richiede, oltre a un buon equilibrio, mira, coordinazione oculo-manuale, capacità di valutare con esattezza le distanze e le traiettorie.
Questo schema comincia a svilupparsi verso i 5-6 anni con il lancio a due mani; a 8 anni il bambino acquisisce totalmente la padronanza del lancio a due mani e comincia a eseguire il lancio asimmetrico (con una mano) che presuppone il bilanciamento sugli arti inferiori (in rapporto con il processo di lateralizzazione). Progressivamente negli anni successivi riuscirà, con l'esercizio, ad affinare e specializzare questo gesto.
Nel linguaggio tecnico il **lancio** indica un'azione in cui l'arto che scaglia passa da una posizione lunga (cioè ad arto esteso) ad un'altra posizione lunga; nel **getto** invece l'arto passa da una posizione corta (flessa) a una lunga. Da ciò si può dedurre la differenza tra **gettare** e **lanciare**. Da qui deriva anche la suddivisione delle varie specialità dell'atletica leggera in *getti* (peso) e *lanci* (giavellotto, disco, martello).

L'esecuzione del gesto

Per lanciare è opportuno integrare le qualità coordinative alle qualità motorie quali forza, potenza e velocità. L'esecuzione del gesto richiede nell'atleta non solo forza ma anche concentrazione e coordinazione, dovendo egli in pochi decimi di secondo esprimere tutte le sue potenzialità. Lanciare è dunque un movimento complesso che deve seguire rigorose regole biomeccaniche per poter essere efficace.
Nell'azione del getto o del lancio si evidenziano generalmente tre fasi:

- **fase di avvio o di partenza** (preliminari);
- **fase di traslocazione** o rincorsa (movimento di accelerazione sia del lanciatore che dell'attrezzo e pretensioni muscolari);
- **fase finale** (doppio appoggio, gli arti inferiori arrivano in anticipo rispetto all'attrezzo in modo da produrre una catena cinetica che, partendo dagli arti inferiori, prosegua con le anche, il busto, gli arti superiori ed infine l'attrezzo).

Il lancio può essere eseguito *da fermi* o *in movimento*, può essere finalizzato a un'unica prestazione di distanza (lanci atletici) o può essere l'espressione di un'azione di gioco (passaggi e tiri nei giochi di squadra).
Il risultato piú efficace nei lanci si ottiene utilizzando una tecnica (codificata o spontanea) che ci permetta di esprimere un'azione di forza sull'oggetto per il maggior tempo possibile; inoltre l'angolo di uscita dell'oggetto deve essere appropriato allo scopo da raggiungere. A parità di coordinazione, destrezza tecnica e velocità di esecuzione, il lanciatore con maggior massa corporea avrà i risultati migliori.
Gli allenamenti per eseguire al meglio questo gesto devono essere finalizzati a sviluppare di pari passo la forza e la potenza muscolare (forza esplosiva), l'efficienza articolare, tendinea e ossea.
Inoltre è essenziale lanciare con un'accelerazione progressiva; ciò permette all'attrezzo di acquisire una maggiore velocità.
Le gambe hanno un ruolo molto importante nella coordinazione; le braccia infatti servono soprattutto a dare la direzione al lancio.
Tutti i movimenti che vengono effettuati nella prima parte della rincorsa devono mirare alla ricerca di un buon posizionamento degli arti inferiori nella parte finale del lancio; il busto, le braccia e le mani che eseguono il lancio devono essere coinvolti per ultimi; spesso i principianti lanciano usando la sola forza delle braccia e dimenticando il ruolo delle gambe.

LE SPECIALITÀ DEL GETTO E DEL LANCIO NELL'ATLETICA LEGGERA	
Getto del peso	maschile/femminile
Lancio del disco	maschile/femminile
Lancio del martello	maschile/femminile
Lancio del giavellotto	maschile/femminile
Decathlon (peso, disco, giavellotto)	maschile
Eptathlon (peso, giavellotto)	femminile

Se lanci...

Se lanci migliori...

- le *potenzialità fisiologiche* di: apparato articolare, sistema muscolare, sistema nervoso (coordinazione, concentrazione);
- le *qualità motorie*: forza (esplosiva), mobilità, coordinazione.

Consigli operativi

- Riscalda sempre i muscoli prima di effettuare i lanci.
- Prendendo una rincorsa di 5-10 m, lancia, con l'azione di un solo arto, un oggetto che possa essere contenuto in una mano (sasso, pallina) del peso di 150-300 g. Stabilisci il tuo record personale.
- Organizza una gara di lancio della pallina e prendi opportune precauzioni affinché i lanci non risultino pericolosi per altre persone. Stabilisci il tuo record personale.
- Prendi confidenza con la pedana del getto: effettua con il peso (5 kg per i maschi, 3 kg per le femmine) una serie di lanci, analizzando le traiettorie piú efficaci. Stabilisci il tuo record personale.

Se lanci il peso...

MASCHI	FEMMINE	...HAI UNA PREDISPOSIZONE
+ 11 m	+ 10 m	eccellente
10 m	9 m	ottima
9 m	8 m	buona
8 m	7 m	sufficiente
7 m	6 m	scarsa
6 m	5 m	molto scarsa

4.2 Il getto del peso

Il **getto del peso** consiste nello scagliare il piú lontano possibile, servendosi di un solo braccio, un peso in metallo di forma sferica, dalla superficie levigata. Il peso varia a seconda del sesso e dell'età dell'atleta:

- seniores maschi: 7,257 kg;
- seniores femmine: 4 kg.

Nei Giochi Sportivi Studenteschi i giovani di sesso maschile utilizzano pesi da 2 fino a 5 kg, le femmine da 2 a 3 kg.

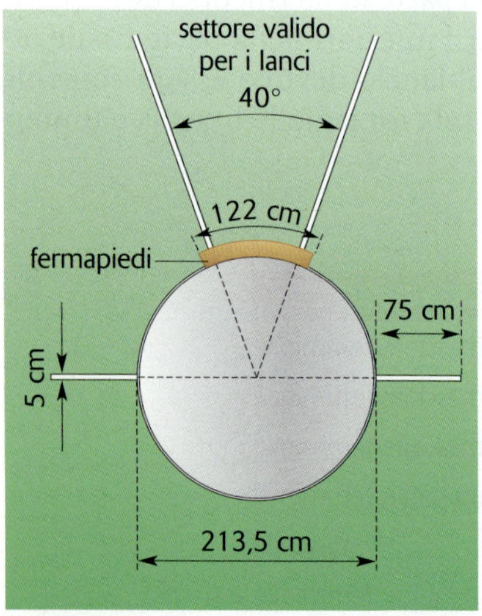

Il getto viene effettuato da una pedana circolare in cemento del diametro di 2,135 m.

Per regolamento gli atleti possono effettuare 3 lanci. I migliori 6-8 lanciatori vanno in finale dove hanno a disposizione 3 lanci ciascuno.

Il lancio è nullo quando:

- il peso non atterra nel settore delimitato;

- l'atleta esce dalla pedana per l'eccessivo slancio o sale con un piede sul fermapiedi;
- al termine dell'esecuzione del lancio l'atleta non esce da dietro il diametro della pedana.

Prerogative fondamentali del pesista sono una discreta massa corporea, la possibilità di applicare in tempi brevi una grande forza muscolare, l'agilità e la coordinazione motoria.
La fusione di queste tre doti permette di esprimere un'azione tecnica molto precisa, che si manifesta nel conferimento di una spinta massima alla mano nell'istante dello stacco del peso.

La tecnica di lancio O'Brien

Analizziamo adesso la **tecnica di lancio** cosiddetta *O'Brien*, classica nella pratica di questo sport.
Essa richiede la partenza con il dorso rivolto verso la pedana. Questa tecnica consente di «ingrandire» virtualmente la pedana; per aumentare la velocità di traslocazione del peso il lanciatore parte con il peso fuori da essa, utilizzando cosí una superficie maggiore.
Vediamo la progressione delle azioni del lancio per quanto riguarda i lanciatori destri.

Le fasi del getto del peso secondo la tecnica O'Brien.
1 L'atleta si prepara al lancio.
2 3 4 Si evidenzia il caricamento della gamba destra che prepara lo slancio della gamba sinistra.
5 6 Spinta del piede destro ricercando il piazzamento migliore, preparatorio al getto. Il corpo è rilassato.
7 8 9 Anticipazione del lancio con torsione del ginocchio e del bacino.
10 11 12 Spinta degli arti inferiori e dell'anca con orientamento delle spalle.
13 Completamento della spinta degli arti inferiori prima di effettuare il getto, che si conclude con la distensione dell'arto superiore in avanti-alto a 45°, punto in cui l'attrezzo si stacca dall'arto stesso.

Fase di avvio

Preparazione (posizione di partenza). L'atleta è in piedi e nel punto terminale della pedana con la schiena in direzione del settore di lancio. Con il braccio destro piegato al gomito fuori-basso sostiene l'attrezzo, che poggia sulla base delle dita appena aperte (e non sul palmo della mano); il dorso della mano è flesso al polso. Il peso è posato sulla fossa sovraclavicolare fra la mandibola e la zona laterale anteriore del collo. Il gomito destro è flesso in fuori, il braccio sinistro è disteso in avanti verso l'alto. Il peso del corpo grava sulla gamba destra. Il busto è leggermente ruotato a destra (fase 1).

Preliminare (inizio della fase di caricamento). All'inizio della fase di caricamento sulla gamba destra, il piede destro è situato vicino al bordo posteriore della pedana mentre la gamba sinistra è appena piegata e «alleggerita» con l'avampiede spostato di circa 30 cm dietro il piede destro e appoggiato a terra (fase 2).

Fase di traslocazione

Massimo caricamento e inizio della traslocazione. Il corpo ha assunto la posizione di massima raccolta, la gamba destra è piegata e sopporta tutto il peso del corpo. La gamba sinistra inizia a distendersi indietro verso il fermapiedi delimitante la zona di uscita dell'attrezzo (fase 3 4).
Traslocazione o scivolamento. La gamba sinistra viene slanciata con energia verso il fermapiedi, mentre la destra, spinge indietro il corpo radente al suolo. Passando in questa fase il busto è leggermente rialzato e proteso in avanti. I piedi giungono a terra nella posizione che consente di completare il lancio (fase 5).

Fase finale

Fase di lancio (o del doppio appoggio). Il piede sinistro «batte» sul fermapiedi, mentre quello destro, che si è spostato con un balzello indietro radente al terreno, si trova quasi al centro della pedana, ruotato di 75-90° rispetto alla posizione di partenza. Il braccio sinistro inizia ad aprirsi verso l'esterno compiendo un'ampia escursione verso l'esterno (fase 6 7).
Inizio della fase di spinta. Il piede e la gamba destra ruotano in avanti portando in posizione frontale le anche e il busto. La spinta si trasmette dal basso verso l'alto, cioè secondo l'arco di lavoro piede-gamba-anca-fianco-spalla destra fino al braccio di lancio, con un crescendo di accelerazione; il busto assume progressivamente la sua massima estensione verso l'alto, affinché l'attrezzo sia rilasciato nel modo migliore per poter compiere la piú efficace parabola di lancio. Al momento del lancio, il braccio destro a gomito in fuori effettua un prestiramento all'indietro per poi distendersi velocemente in avanti-alto. Anche il sinistro, aprendosi verso l'esterno, crea un prestiramento della muscolatura toracica. Tali prestiramenti sono molto importanti per imprimere velocità all'esecuzione del lancio (fasi 8-12).
Completamento della spinta e uscita dell'attrezzo. Nella fase finale la gamba destra conclude la spinta, mentre la sinistra fa perno, mantenendosi distesa. Il braccio destro si è disteso completamente e rilascia l'attrezzo con un'ulteriore spinta del polso e delle dita («frustata») (fase 13).
Chiusura e cambio. Il lancio si è concluso e l'atleta sta eseguendo la fase di cambio, che consiste nella sostituzione del piede destro con il piede sinistro nell'appoggio sul terreno; tale azione è necessaria perché la perdita di equilibrio potrebbe causare l'uscita dell'atleta dalla pedana che renderebbe nullo il lancio.
Nel finale appare chiaramente, in una prima fase, come il lato sinistro del corpo sia deputato a «tenere», mentre il lato destro «avanza»; nella fase successiva il lato sinistro e il destro uniscono la loro azione in un «tutt'uno» per l'esecuzione del lancio.

Le fasi fin qui descritte sono state presentate come fossero distinte l'una dall'altra; in realtà sono strettamente concatenate fra loro in un unico movimento che si compie in circa 6-7 decimi di secondo (negli atleti evoluti).

Gli errori piú frequenti nel getto del peso

- L'attrezzo poggia sul palmo della mano e non sulla base delle dita.
- La testa viene girata troppo presto nella direzione di lancio, provocando una torsione anticipata del busto.
- La torsione che precede il lancio è eseguita dalle spalle e non dai fianchi. La traslocazione verso il centro della pedana viene effettuata con un saltello e non con uno scivolamento radente.
- Nella spinta finale la spalla sinistra «scappa».
- Il lancio viene eseguito con una traiettoria d'uscita troppo alta o troppo bassa.
- Si esegue il lancio senza essere al fondo della pedana, senza sfruttare la spinta derivante dall'azione della gamba destra.
- Il lancio ha una traiettoria eccessivamente tesa.

Alleniamo il getto del peso

Lancio in alto. ❶ Appoggiare il peso sulle dita e non sul palmo della mano, ed effettuare dei lanci in alto recuperando l'attrezzo sempre con la medesima mano e concentrando l'attenzione sulle dita.

❶

Lanci da fermi. ❷ Dopo una breve rotazione del busto, lanciare il peso stando fermi con la spalla sinistra e il viso rivolto alla direzione del lancio, per «sentire» il lancio sensibilizzando l'azione del braccio, la spallata e la spinta delle gambe.

❷

❸ Lanciare stando fermi, cercando di proiettare l'attrezzo sopra l'asticella del salto in alto.

❸

❹

❹ Lanciare stando fermi, avendo predisposto dei punti di riferimento per indirizzare correttamente lo sguardo. In tal modo si evita che la testa si rivolga troppo presto nella direzione del lancio, con la conseguenza di un'anticipata rotazione del busto. L'esercizio serve per automatizzare le posizioni di partenza e finale del lancio.

1

Partenza del lancio con il fianco indirizzato verso il lancio. 1 In piedi con le gambe divaricate, piede e gamba destra ruotate all'interno (trasversalmente) rispetto al lancio, piede sinistro in avanti. Il peso del corpo poggia sulla gamba destra. Estendere con forza le gambe partendo dal ginocchio destro; il piede sinistro è ben puntellato, il bacino viene proiettato in avanti mentre il gomito e lo sguardo sono in alto.

Partenza del lancio con il dorso indirizzato verso il lancio. 2 Si esegue con le stesse modalità del lancio precedente, solo che inizialmente il busto è tenuto indietro, il bacino è parallelo al verso del lancio, sguardo e braccio sinistro sono indietro.

2

3

Lancio camminando lateralmente. 3 Dalla posizione di partenza di fianco, incrociare la gamba sinistra con la destra, portare la sinistra in avanti e poi lanciare. L'esercizio migliora la coordinazione dei movimenti.

Salti radenti indietro. 4 Effettuare una serie di salti radenti indietro con forte impegno della gamba in appoggio e relativa estensione dell'altra con ricerca dell'appoggio a terra. Questo esercizio può essere eseguito rimanendo legati a un compagno con la mano.

4

Occorre ricordare che:

- nella traslocazione il piede destro spinge sotto il corpo;
- nella traslocazione il piede destro si ferma di traverso in posizione di lancio all'incirca al centro della pedana;
- il lancio parte dal piede-ginocchio-bacino con spinta energica delle gambe;
- il gomito destro è ben sollevato;
- in un primo momento il busto è rilassato.

4.3 Il lancio del disco

Il **lancio del disco** consiste nello scagliare, il piú lontano possibile e servendosi di un solo braccio, un disco dal peso di 1 kg (180-182 mm di diametro, 37-39 mm di spessore) per le donne e di 2 kg (219-221 mm di diametro, 44-46 mm di spessore) per gli uomini. Per quanto riguarda i Giochi Sportivi Studenteschi, generalmente le gare di questa specialità vengono eseguite con attrezzi di 1 kg per le femmine, 1,5 kg per i maschi (allievi; 1,750 kg per la categoria juniores). L'esercizio deve essere eseguito su una pedana circolare che misura 2,5 m di diametro; solitamente questa pedana è collocata all'estremità del campo di atletica di fianco alla pista ed è circondata per 3/4 da una rete protettiva.

Caratteristiche del discobolo sono: una massa corporea e una statura notevoli; la lunghezza degli arti superiori, che si traduce in un braccio di leva piú lungo in grado di incrementare la velocità di uscita del disco; forza, coodinazione, mobilità articolare, equilibrio e senso del ritmo.

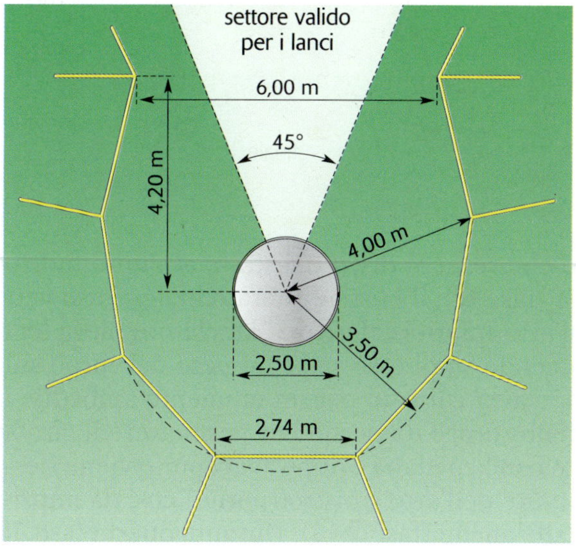

Pianta della pedana del disco con relativa «gabbia» di protezione.

Il regolamento di gara prevede che ciascun atleta effettui 3 lanci; i migliori 6-8 lanciatori entrano in finale, dove eseguiranno altri 3 lanci a testa.

Il lancio è nullo quando:

- l'atleta tocca il cordolo che delimita la pedana o fuoriesce dalla stessa per eccessivo slancio;
- l'attrezzo non cade nel settore designato per il lancio;
- l'atleta non esce da dietro il diametro della pedana al termine dell'esecuzione.

Il disco deve essere impugnato (naturalmente con l'arto dominante) ponendo il palmo della mano su un lato del disco con le dita ben aperte; le ultime falangi devono stringere come un artiglio il bordo dell'attrezzo; il pollice non afferra ma svolge solo un'azione equilibrante.

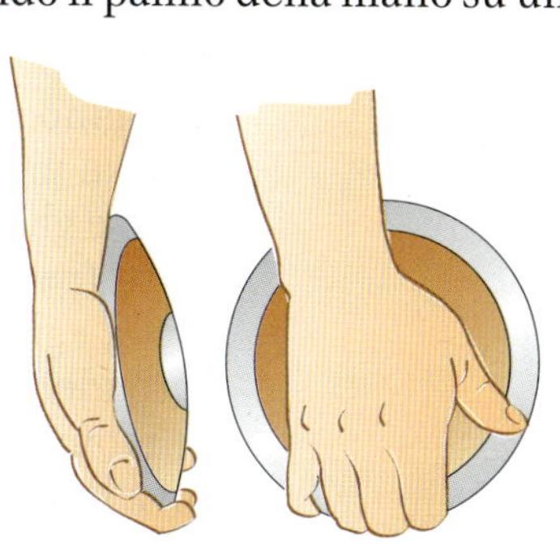

Analizziamo ora le fasi del lancio:

- **posizione di partenza** e **preliminari**;
- **traslocazione** e **rotazione**;
- **posizione di lancio e finale**.

Posizione di partenza e preliminari. La posizione di partenza è la stessa del pesista, con la schiena rivolta in direzione del lancio. Gli arti inferiori sono leggermente divaricati, i piedi paralleli (fase 1) con le punte vicine al bordo posteriore della pedana (circa 5 cm) e il peso del corpo distribuito equamente su di essi. Le braccia sono naturalmente rilassate, il corpo è esteso. Dalla posizione di partenza si passa alle oscillazioni preliminari (fasi 2 3 4), effettuate in scioltezza per una, due volte al massimo: esse hanno lo scopo di preparare il ritmo per il lancio vero e proprio. L'atleta destro molleggia sugli arti inferiori e sposta il peso del corpo da sinistra a destra, effettuando una torsione del busto nella stessa direzione. L'azione è assecondata dal braccio che regge il disco; l'altro braccio (il sinistro) è lievemente flesso in fuori e ha la funzione di equilibrare l'azione del braccio opposto.
Terminati i preliminari si passa all'esecuzione del lancio.

posizione di partenza — preliminare

traslocazione e rotazione

posizione di lancio

finale

Le fasi del lancio del disco.

Traslocazione e rotazione. Il braccio che regge il disco è disteso, al punto morto dell'oscillazione, all'altezza delle spalle (fase 5); il busto è ruotato nello stesso verso con il peso del corpo che grava sull'arto inferiore destro; il lanciatore piega leggermente l'arto inferiore destro e spingendo su di esso sposta il peso del corpo sul piede sinistro (*rotazione;* fasi 6 7), dopo aver caricato per un momento ambedue i piedi; il piede sinistro in questo momento funge da perno per permettere il giro a sinistra; il piede destro lascia il contatto con la pedana e dopo aver spinto viene flesso al ginocchio favorendo la spinta rotante dell'arto sinistro (perno) cosí da imprimere al massimo la velocità rotatoria alle anche (fasi 8-12). Durante questa fase, il busto e gli arti superiori non sono attivamente impegnati; l'atleta ruota sul piede sinistro (perno) e si trasloca lungo il diametro della pedana effettuando un balzo radente; egli cerca di ottenere l'avanzamento orizzontale girando su se stesso fino a riprendere il contatto, al centro della pedana, con il piede destro (fasi 13-15); in questo momento il disco, che nella fase iniziale del giro sul piede perno era basso, si ritrova in alto a conclusione della spinta di sinistra quando il lanciatore sta per giungere sul piede destro.

Posizione di lancio e finale. Il piede destro con la punta ruotata indietro è quello che per primo va in appoggio, seguito immediatamente dal sinistro (fasi 16 17); le gambe vengono cosí divaricate e, garantendo un deciso sostegno al lanciatore, gli permetteranno di essere pronto per il lancio. All'inizio della fase di lancio l'atleta è rivolto con la schiena alla direzione del lancio, l'arto superiore destro e la spalla sono arretrati (fase 18), l'anca destra è ben caricata sull'arto inferiore che assicura un ottimo supporto. Sull'appoggio dell'avampiede destro l'arto inferiore destro effettua un'azione elastica; l'anca destra si carica sull'arto inferiore destro (fase 19) e si pone sul piano frontale con un movimento simultaneo alla direzione dello stesso arto. In questa situazione il piede destro «macina» al suolo ruotandosi in avanti mentre il sinistro, che si gira anch'esso (fasi 20 21), ha la funzione di «tenere». Le anche giungono nella posizione di direzione di lancio; nel frattempo l'arto superiore destro è ancora indietro: è in questo momento che comincia il *finale*, cioè il lancio vero e proprio (fasi 22 - 24). L'arto inferiore destro trasmette la spinta verso l'alto, le anche si alzano e si portano in avanti, il movimento dell'arto superiore destro comincia quando il busto è giunto a metà della direzione del lancio e prosegue l'azione ruotando in fuori con una violenta azione di slancio della spalla destra. Il disco viene lanciato quando è nella posizione quasi orizzontale (circa all'altezza della spalla destra) e si stacca dalla mano con un'ultima spinta data dall'indice che trasmette all'attrezzo una rotazione in senso orario. Dopo aver effettuato il lancio, onde evitare di uscire dalla pedana, il lanciatore esegue un *cambio* dei piedi con saltello sull'arto inferiore destro e contemporanea flessione del busto in avanti; l'arto inferiore sinistro si sposta al centro della pedana mentre il destro prende il posto del sinistro.

Alleniamo il lancio del disco

- Impugnando il disco, imparare a tenerlo nella mano, muovendo il braccio in tutte le direzioni per sensibilizzarne la presa.
- Lanciare da fermi, flettendo le gambe e ruotando il busto e il braccio, eseguendo solo la fase di lancio.
- Provare da fermi la rotazione del piede sinistro con ritorno alla posizione di partenza.
- Una volta imparata l'ultima fase di lancio si può aggiungere metà rotazione, successivamente piú rotazioni.

Gli errori piú frequenti nel lancio del disco

- L'ultima spinta è trasmessa dal mignolo anziché dall'indice.
- Il disco viene tenuto troppo avanti.
- Nella fase preliminare il peso del corpo non si sposta da un piede all'altro.
- La rotazione del busto è in anticipo rispetto a quella degli arti inferiori.
- Il tronco viene ruotato, eseguendo un salto.
- Le anche non si proiettano in avanti nel finale.
- La gamba sinistra non si distende nella fase di lancio.
- Si perde l'equilibrio nel giro.
- Si esegue il lancio solo «di braccio» senza l'aiuto delle anche e degli arti inferiori.
- Si lancia prima del finale con il braccio rigido.
- Diminuisce la velocità di rotazione.
- Il disco esce con rotazioni od oscillazioni anomale.
- Si esegue troppo presto il cambio dei piedi, con i piedi alzati (in volo) prima della fine del lancio.

Stretching per i vari tipi di lancio

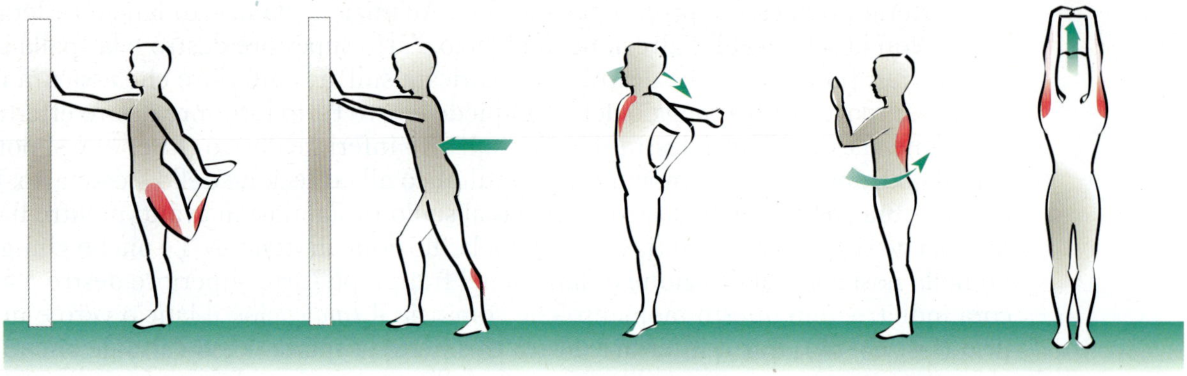

Quadricipite (30")

Polpaccio (30")

Pettorali e anteriori delle spalle e delle braccia (15")

Dorsali (15")

Muscoli delle braccia e del dorso (15")

Psoas iliaco, muscolatura anteriore del bacino, posteriore della coscia e adduttori (20")

Muscoli della zona lombare, abduttori della coscia e muscolatura dei fianchi (30")

Torace, addominali, colonna vertebrale, spalle, braccia, caviglie e piedi (5-10")

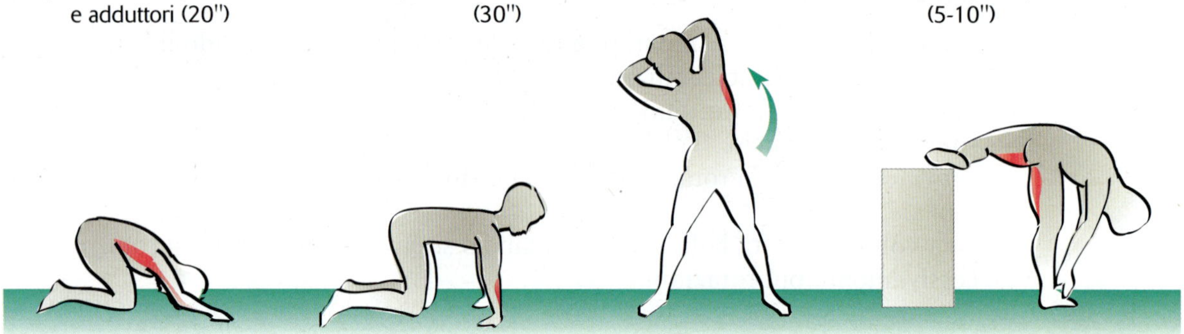

Muscolatura del braccio, della spalla, del dorso e lombare (15")

Anteriore dell'avambraccio e flessori del polso (20")

Tricipite brachiale e muscolatura delle spalle (10")

Flessori della gamba, gluteo, polpaccio e muscolatura interna della coscia (30")

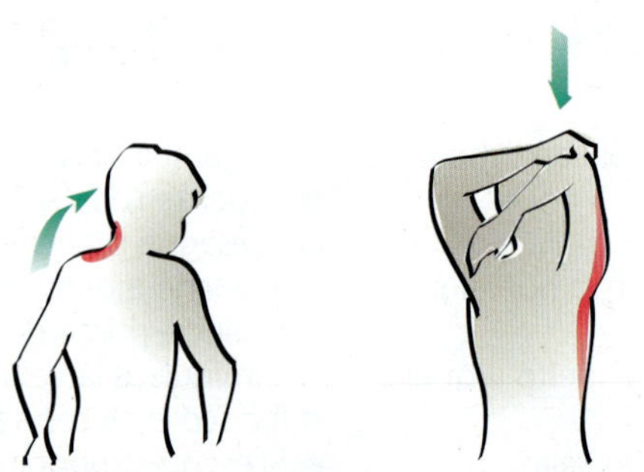

Muscoli del collo (5")

Tricipite brachiale (15")

Verifica quanto appreso

1. Ogni movimento fondamentale è l'espressione di capacità derivanti dall'utilizzo di qualità motorie; circa il *lanciare*, sottolinea nelle aree in colore rosa del seguente schema le voci corrispondenti:

- alle capacità condizionali maggiormente interessate;
- alle capacità coordinative generali maggiormente interessate;
- alle capacità coordinative speciali maggiormente interessate.

CAPACITÀ CONDIZIONALI

Capacità definite dal grado di sviluppo e dalla funzionalità del sistema muscolare, dell'apparato respiratorio e cardio-circolatorio.

↓

forza, resistenza, velocità, mobilità.

CAPACITÀ COORDINATIVE

Capacità che consentono di organizzare e regolare il movimento: dipendono oltre che dal sistema nervoso anche dagli organi di senso.

↓

GENERALI
- di apprendimento motorio
- di controllo motorio
- di adattamento e trasformazione del movimento

→ **SPECIALI**
- di reazione
- di differenziazione dinamica
- di anticipazione motoria
- di differenziazione spazio-temporale
- di orientamento
- di ritmo
- di equilibrio
- di coordinazione oculo-motoria
- di fantasia motoria

2. È a partire dall'età di circa 10 anni che si acquisisce padronanza nel lanciare.

☐ Vero ☐ Falso

3. Per «lancio» s'intende un'azione in cui l'arto che scaglia passa da una posizione lunga ad un'altra posizione lunga.

☐ Vero ☐ Falso

4. Le specialità del getto e del lancio femminili sono:

☐ getto del peso ☐ lancio del disco
☐ lancio del martello ☐ lancio del giavellotto
☐ decathlon

5. Il lancio risulta valido quando

☐ il peso cade nel settore designato.
☐ l'atleta esce dalla pedana per eccessivo slancio.
☐ l'atleta non esce da dietro il diametro della pedana.
☐ l'atleta si ferma a metà pedana ed effettua il lancio da quel punto.

6. Nei Giochi Sportivi Studenteschi quanto pesa il disco nella disciplina riservata alle femmine?

☐ 1 kg ☐ 1,5 kg ☐ 1,750 kg ☐ 2 kg

7. Disegna in modo schematico la pedana del getto del peso con l'atleta nella giusta posizione di caricamento.

8. Osservando la figura qui riprodotta descrivi la giusta impugnatura del disco.

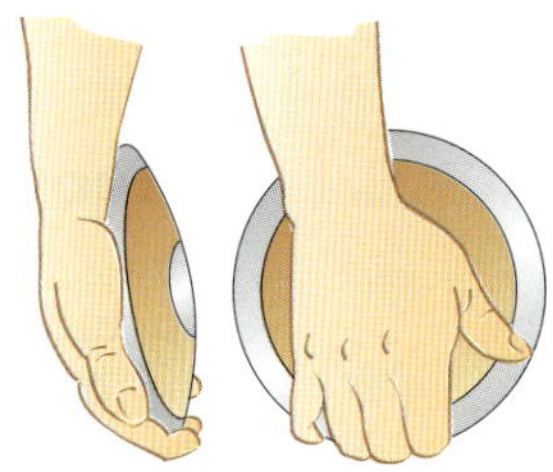

....

....

9. Descrivi la fase finale del getto del peso ed evidenzia almeno uno degli errori piú frequenti.

....

....

....

....

10. Sviluppa i seguenti argomenti scegliendo una fra due delle modalità previste per la terza prova: trattazione sintetica di argomenti o risposta a quesito singolo (rispettivamente in un massimo di 20 e 10 righe).

A Alcune significative esperienze ti hanno permesso di comprendere gli elementi funzionali alle azioni generiche del lancio, sia per le specialità di atletica che per gesti inseriti in giochi o esercitazioni pratiche. Descrivile analizzando finalità, difficoltà e prestazioni.

B Descrivi le caratteristiche generali «del lanciare» e l'esecuzione tecnica di questo gesto.

5 ARRAMPICARE

L'arrampicare è uno schema motorio che si impara molto presto, spesso prima ancora di cominciare a muovere i primi passi.

5.1 Muoversi «verso l'alto»

A 6 anni il bambino ha già acquisito quelle conoscenze che gli permettono di salire e scendere in modo naturale e spontaneo: grazie a una buona dose di incoscienza, i bambini, attratti da questo movimento «verso l'alto», si divertono a scalare muretti, ad arrampicarsi sugli alberi, a camminare in equilibrio lungo strette superfici. A mano a mano che si va avanti con l'età, un po' perché diminuiscono le occasioni del gioco, un po' perché si prende maggiore coscienza del proprio corpo e dei movimenti, subentrano paure e inibizioni. Sarebbe invece opportuno «recuperare» le abilità naturali legate all'arrampicarsi e applicarle ed esercitarle con sicurezza e tranquillità: l'incoscienza dell'età infantile deve lasciare il passo alla prudenza e alla concentrazione.

Questo gesto mette alla prova diverse componenti coordinative, motorie e muscolari; comporta un'attività globale ricca di sollecitazioni di vario tipo: in particolare permette di abituarsi a continue variazioni di equilibrio, accresce il senso dell'orientamento, fa acquisire il controllo delle mani e dei piedi in modo coordinato.

L'esecuzione del gesto

La tecnica di esecuzione del gesto varia a seconda del tipo di terreno che si deve affrontare. In generale, **forza**, **coordinazione**, **controllo emotivo**, **concentrazione** e **tranquillità** sono essenziali nell'arrampicata.
Arrampicare impegna quasi tutti i muscoli e le articolazioni. Le zone muscolari piú sollecitate sono i muscoli dell'avambraccio e della mano, del braccio e del cinto toracico scapolare, i dorsali e gli addominali.
L'arrampicata deve essere regolata da una perfetta sincronia dell'azione degli arti inferiori (che possedendo una muscolatura piú forte devono esercitare una efficace spinta verso l'alto) con quella degli arti superiori, che esercitano la trazione verso l'alto e insieme al busto permettono di mantenere l'equilibrio. È importante a questo proposito allenare i muscoli dell'avambraccio e della mano, che durante l'arrampicata sono sottoposti a notevole sforzo nella presa degli appigli. Inoltre bisogna fare attenzione a limitare gli sforzi per non infiammare i tendini delle dita e provocare stress muscolari.
Gli sport basati sull'arrampicare applicano la forza resistente: la salita è una sequenza di sforzi intensi; l'atleta deve allenare anche la componente aerobica.

Se arrampichi...

Se arrampichi migliori...
- le *potenzialità fisiologiche* di: apparato articolare, sistema muscolare, apparato cardiocircolatorio, apparato respiratorio, sistema nervoso (tempo di reazione);
- le *qualità motorie*: forza, velocità, mobilità, equilibrio, coordinazione (tempismo).

Consigli operativi
- Esèrcitati sempre sotto la diretta guida dell'insegnante, adottando tutte le norme di sicurezza necessarie.
- Se esegui un'arrampicata assicúrati sempre a una corda, controllata da un istruttore, e imbràgati correttamente.
- Se hai la possibilità di usare scarpe d'arrampicata, sceglile comode, altrimenti usa le tue scarpe da ginnastica (con la suola in gomma).
- Non avere fretta: tirarsi su con le sole braccia ti porterà a stancarti rapidamente; meglio cercare appoggi sicuri per i piedi e spingere con le gambe, usando le mani per mantenere un buon equilibrio.
- Se braccia o gambe iniziano a tremare senza apparente motivo è il tuo corpo che invia un avvertimento: vuol dire che ti sei affaticato troppo (e dunque c'è troppo acido lattico nei muscoli). In questo caso scarica il peso sull'imbragatura, respira profondamente e muovi braccia e gambe lasciandole pendere lungo il corpo: serve per recuperare le forze.
- Guarda chi arrampica prima di te: ti aiuterà a non commettere gli stessi errori e a capire come e da dove passare.
- Impara le tecniche di caduta e allénati spesso a cadere.
- Affronta certi esercizi solo se sei allenato e tranquillo.

I vantaggi dell'arrampicata
- *Crescita psicologica.* Educa a un autocontrollo delle emozioni: per procedere senza cadere e riuscire a divertirsi è indispensabile vincere la paura del vuoto.
- *Il rapporto con il compagno di arrampicata.* La fiducia nel compagno è indispensabile: dal momento in cui si staccano i piedi dal suolo la nostra sicurezza è nelle mani di chi tiene la corda.
- *Contatto con la natura.* La roccia è qualcosa con cui ci si confronta da vicino. Fiducia e confidenza con l'elemento naturale sono importanti per la crescita dell'individuo.
- *Schemi motori di base e coordinazione.* Con l'arrampicata si esaltano le doti di equilibrio ed elasticità. Inoltre, poiché il modo di progredire sulla roccia deve essere intuíto, si sviluppa una buona intelligenza motoria globale. Con l'arrampicata si allena prevalentemente la forza (anche se, con esercizi diversificati, è possibile ottenere una buona e completa preparazione di base).

5.2 L'arrampicata sportiva

Le applicazioni sportive dell'arrampicare sono molteplici: ricordiamo fra queste l'**alpinismo**, il ***free climbing*** («arrampicata libera»), l'**arrampicata sportiva**. Quest'ultima è senza dubbio la piú praticabile in ambiente scolastico. I programmi scolastici dei Giochi Sportivi Studenteschi ne prevedono varie prove tecniche, in particolare:

- prove di abilità generale e tecniche relative alle manovre di assicurazione;
- prove di difficoltà nell'arrampicata su parete;
- prove di velocità.

Un esempio di arrampicata su parete artificiale.

Ricordiamo anche che in molte regioni la FASI (Federazione Arrampicata Sportiva Italiana) promuove incontri con le scuole finalizzati alla conoscenza e all'avviamento all'arrampicata sportiva.
Praticata soprattutto sulla roccia, a livello didattico l'arrampicata sportiva si è diffusa e sviluppata in particolare su muri e pareti artificiali presenti nelle palestre. Anche in ambienti chiusi si possono dunque simulare situazioni simili a quelle reali, da affrontare sempre con l'assistenza dell'insegnante.
Seguendo scrupolosamente le misure di sicurezza (come ad esempio le *corde* e gli *ancoraggi* che garantiscono il sostegno e impediscono di raggiungere il suolo in caso di caduta) la pratica di questo sport non comporterà alcun rischio.

Regole e tecnica dell'arrampicata

L'obiettivo principale di un arrampicatore sportivo (*climber*) è superare percorsi naturali o artificiali con difficoltà sempre maggiori ma senza l'aiuto di alcun mezzo artificiale per la progressione.
Durante la salita possono essere usati soltanto punti di sostegno naturali (o artificiali se l'arrampicata si svolge su parete artificiale) come appoggi, appigli, fessure, buchi, ecc.; gli ancoraggi installati nella roccia possono essere usati solo per la sicurezza. Fondamentale è la distinzione fra **appigli** e **appoggi**.

Appigli. Sono le asperità della roccia utilizzate dagli *arti superiori* nella progressione verso l'alto. Talvolta hanno forma e disposizione tali da dare alle mani la possibilità di trasformare tutta la forza che vi applicano in movimento utile alla salita. Altre volte solo una parte della forza esercitata è sfruttabile per l'arrampicata. Uno dei movimenti piú delicati è quello del cambiare mano su una singola presa. Quando la presa è abbastanza grande permette la presenza in contemporanea di due mani: il gesto viene detto «accoppiata» (fig. A).
Gli appigli possono essere:

- *larghi e orizzontali*: sono quelli che offrono una presa facile grazie all'ampia superfice sulla quale possono aderire le dita. Talvolta queste prese sono chiamate «maniglie» (fig. B);
- *stretti e orizzontali*: a differenza dei precedenti, sono difficili da tenere in quanto, essendo in genere poco profondi, vi entrano solo le prime falangi o addirittura solo le punte delle dita (fig. C);
- *buchi*: vi si può inserire solo un dito o due; è possibile tenerli solo per tempi brevi (fig. D);
- *svasati o tondeggianti*: sono appigli che non danno la possibilità di aggrapparsi, dunque sono particolarmente difficili; la tenuta (di breve durata) sfrutta l'aderenza della pelle sulla roccia (fig. E);
- *verticali*: sono utili soprattutto negli spostamenti laterali (fig. F);
- *canne d'organo*: sono appigli costituiti da buchi vicini o fessure verticali. Si usano inserendovi le dita a mo' di pinza, cioè con il pollice contrapposto alle altre dita (fig. G).

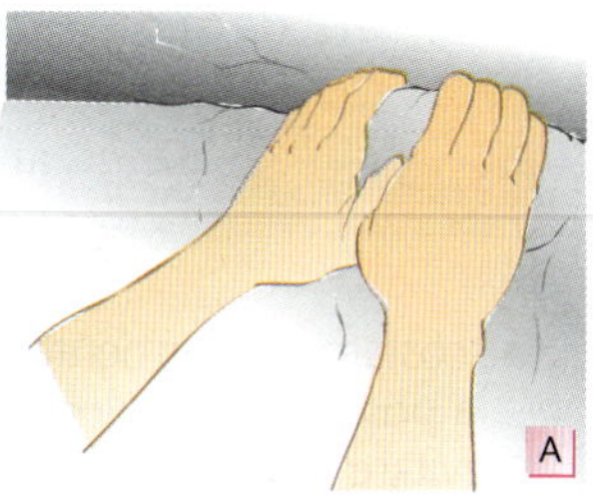
A

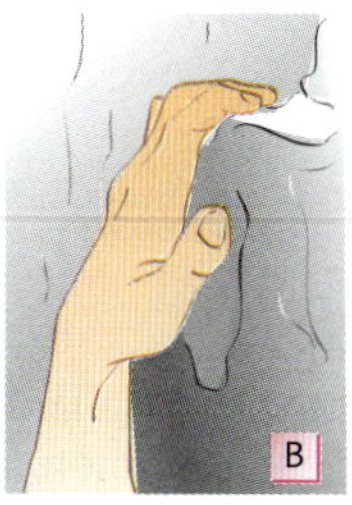
B

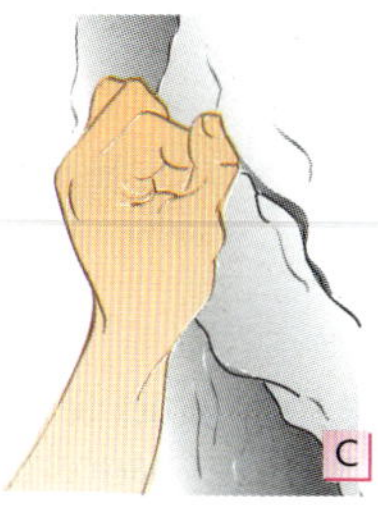
C

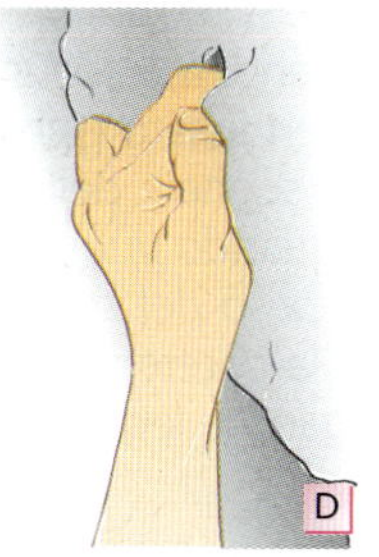
D

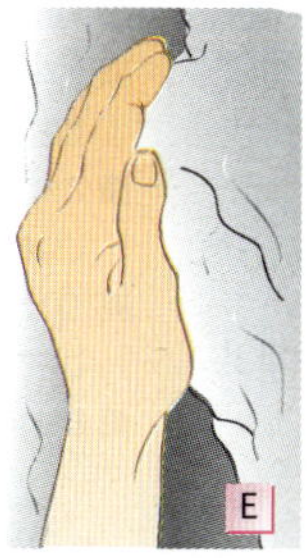
E

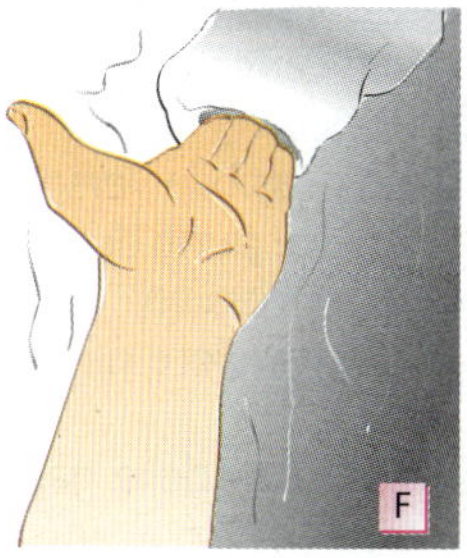
F

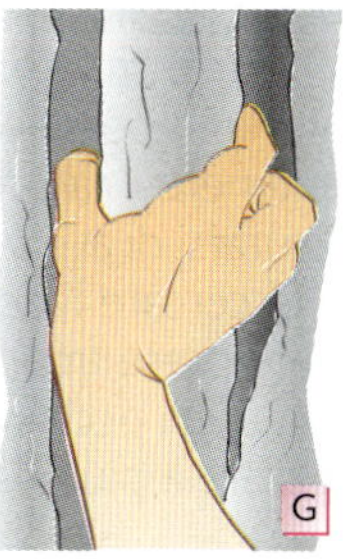
G

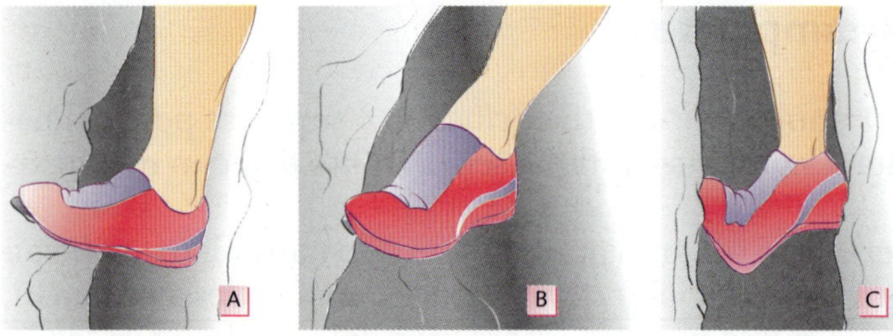

Appoggi. Sono le protuberanze o disomogeneità della parete sulle quali spingono i *piedi* scaricando il peso del corpo.
Possono essere:

- *netti*: sono appoggi ben definiti sui quali il piede poggia con la parte anteriore della scarpa (fig. A);
- *tacche*: sono piccole sporgenze che permettono l'appoggio della sola parte interna della punta (fig. B);
- *a incastro*: sono fessure sufficientemente larghe dove il piede può entrare, incastrandosi in larghezza o lunghezza (fig. C).

Le gare di arrampicata sportiva si svolgono perlopiú su percorsi artificiali (al chiuso, in palestra, o all'aperto su strutture appositamente costruite). Durante la salita il climber non deve cadere né riposarsi appeso alle protezioni. La salita si considera conclusa con successo se si è giunti al termine dell'itinerario senza mai aggrapparsi agli ancoraggi. Generalmente il fattore tempo non viene preso in considerazione. L'arrampicatore può gestire la propria energia secondo la personale resistenza. Durante le gare l'atleta deve passare la corda dentro a tutti gli ancoraggi (*moschettonaggio*), pena la squalifica. In una competizione il climber che giunge piú in alto degli altri sull'itinerario anche senza riuscire a terminarlo, vince.
L'allenamento del climber deve sempre essere preceduto da un buon riscaldamento dei settori muscolari piú interessati e in particolare da sedute di stretching.

Qualche consiglio tecnico

In salita

- Partire frontalmente con mani e piedi alla larghezza delle spalle e baricentro che ricade all'interno della base di appoggio;
- tenere gli arti un po' piegati in modo da consentire sempre lo spostamento del corpo;
- mentre si sale, mantenere il baricentro in linea con l'appoggio maggiormente caricato cosí da sollecitare il meno possibile le braccia;
- mantenere il tallone il piú possibile verso la parete;
- assicurarsi di avere sempre tre punti di appoggio prima di cercare l'appoggio successivo;
- evitare prese troppo alte e scegliere gli appigli all'altezza degli occhi;
- utilizzare il piú possibile la forza delle gambe;
- scostarsi leggermente dalla parete per poter vedere la posizione dei piedi;
- evitare di avvicinare troppo il ventre alla parete;
- sugli appoggi mettere preferibilmente la punta del piede.

In discesa

- Prima di scendere assicurarsi che il moschettone di calata sia ben fissato e chiuso;
- aspettare il segnale dell'istruttore (o di chi assicura) che dice «quando vuoi!» e rispondere «partito!»;
- spostare il peso del corpo indietro quasi a spingere la roccia o la parete;
- tenere le gambe leggermente divaricate.

Di fondamentale importanza nella sua preparazione è l'aspetto psicologico: egli deve essere in grado di «leggere» la parete, capire i segnali che il corpo trasmette, mantenere sempre la massima concentrazione.
La preparazione deve seguire la regola della progressività, rifuggendo dall'agonismo esasperato che può portare a ignorare i propri limiti e dunque a rischiare piú del necessario.

La montagna in sicurezza

- *Mai improvvisare.* Non fare arrampicate senza prima averle progettate utilizzando una guida. Ogni itinerario richiede una specifica attrezzatura e deve essere valutato anche in relazione al grado di difficoltà tecnica: affrontare solo percorsi adeguàti al proprio livello.
- *Fermarsi quando si è stanchi.* In caso di affaticamento fermarsi e riposarsi a sufficienza. La maggior parte degli incidenti avviene per stanchezza. Il polso (la frequenza cardiaca) non dovrebbe mai superare i 130 battiti al minuto.
- *Alimentarsi bene.* Arrampicare comporta un dispendio calorico e idrosalino enorme, pertanto almeno ogni 2 ore è opportuno mangiare e bere qualcosa anche se non si sente fame o sete, senza comunque affaticare lo stomaco: meglio mantenersi leggeri mangiando poco ma spesso cibi come pane, biscotti e simili. Anche le bevande, che devono essere non gasate e ricche di vitamine e sali, sono indispensabili: assumere almeno 3 litri di liquidi nel corso della giornata.
- *Mai avere fretta.* Nei primi 30 minuti procedere a un riscaldamento lungo e progressivo. Gli sforzi devono essere proporzionati al proprio allenamento; ricordare sempre che l'altitudine può accentuare la fatica. Se le condizioni metereologiche non sono buone, se siete in ritardo rispetto all'orario previsto, se le difficoltà sono superiori a quanto avevate immaginato, non esitate a tornare indietro.
- *Massima attenzione e concentrazione.* Tanti possono essere i pericoli in montagna: mai distrarsi.
- *«Freschi» e mattinieri.* Avvicinarsi a questa attività sempre ben riposàti, per avere riflessi ottimali. Partite presto al mattino e lasciatevi sempre un buon margine di tempo: le ore di luce sono preziose. Lasciate sempre detto dove vi dirigete e a che ora approssimativamente pensate di essere di ritorno.
- *Attenti ai pericoli improvvisi.* La caduta di sassi è uno dei pericoli piú frequenti per escursionisti e arrampicatori. Il problema si presenta vicino alle pareti rocciose, dove si corre il rischio di venire colpiti senza rendersi conto del punto da cui il sasso si stacca e della traiettoria di caduta. Chi arrampica deve indossare sempre il caschetto.

Stretching per arrampicare

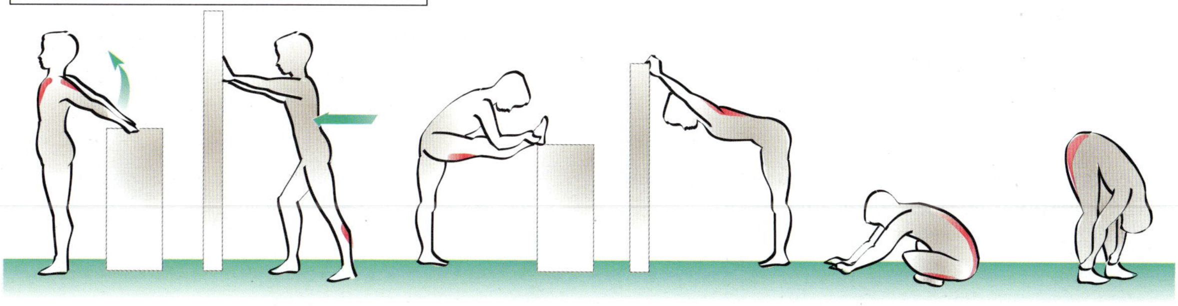

Pettorali e posteriori dell'avambraccio (20'') — Polpaccio (30'') — Gluteo e flessore della coscia (30'') — Muscolatura delle braccia e dorsali (30'') — Muscoli del bacino, dorsali e adduttori delle cosce (30'') — Posteriori e adduttori delle cosce (30'')

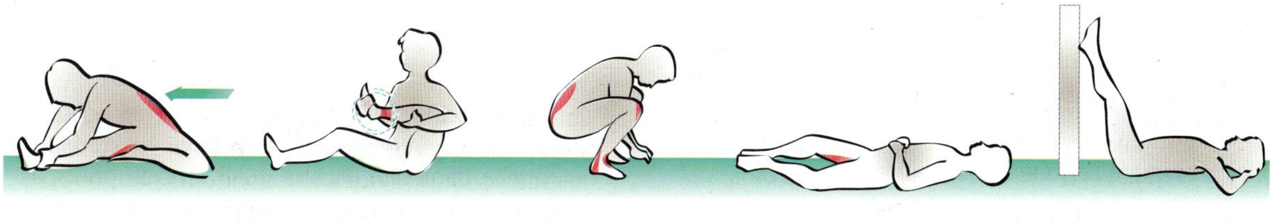

Flessori della coscia, posteriori e laterali della schiena (30'') — Legamenti dell'articolazione della caviglia (10'') — Muscolatura anteriore delle gambe, ginocchia, schiena, caviglie, tendine d'Achille e area inguinale (25'') — Muscoli dell'area inguinale (30'') — Rivitalizzazione degli arti inferiori e prevenzione delle vene varicose (2-3')

Verifica quanto appreso

1. Ogni movimento fondamentale è l'espressione di capacità derivanti dall'utilizzo di qualità motorie; circa l'*arrampicare*, sottolinea nelle aree in colore rosa del seguente schema le voci corrispondenti:
- alle capacità condizionali maggiormente interessate;
- alle capacità coordinative generali maggiormente interessate;
- alle capacità coordinative speciali maggiormente interessate.

CAPACITÀ CONDIZIONALI
Capacità definite dal grado di sviluppo e dalla funzionalità del sistema muscolare, dell'apparato respiratorio e cardio-circolatorio.

↓

forza, resistenza, velocità, mobilità.

CAPACITÀ COORDINATIVE
Capacità che consentono di organizzare e regolare il movimento: dipendono oltre che dal sistema nervoso anche dagli organi di senso.

↓

GENERALI
- di apprendimento motorio
- di controllo motorio
- di adattamento e trasformazione del movimento

→

SPECIALI
- di reazione
- di differenziazione dinamica
- di anticipazione motoria
- di differenziazione spazio-temporale
- di orientamento
- di ritmo
- di equilibrio
- di coordinazione oculo-motoria
- di fantasia motoria

2. Le zone muscolari che vengono piú sollecitate nell'arrampicare sono quelle degli arti inferiori.

☐ Vero ☐ Falso

3. È fondamentale non accelerare l'arrampicata in caso di ritardo sul tempo stabilito.

☐ Vero ☐ Falso

4. Quando ti arrampichi devi:

☐ avere scarpe nuove che garantiscano una presa ottimale.
☐ eseguire l'azione con le sole braccia.
☐ salire secondo il proprio istinto.
☐ assicurarti sempre a una corda.

5. Disegna in modo schematico gli appoggi dei piedi e di ciascun tipo di appoggio indica a fianco il nome con cui è noto.

6. Come viene denominata la presa indicata nella figura A? E quella indicata nella figura B?

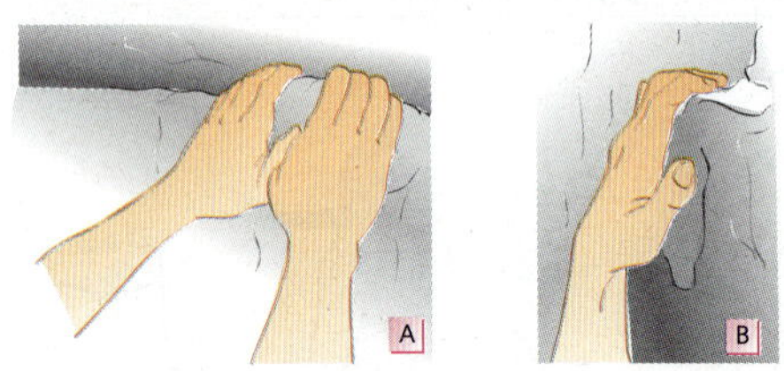

A ....

B ....

7. Sviluppa i seguenti argomenti scegliendo una fra due delle modalità previste per la terza prova: trattazione sintetica di argomenti o risposta a quesito singolo (rispettivamente in un massimo di 20 e 10 righe).

A Arrampicare comporta dei rischi che possono mettere a repentaglio la propria incolumità e quella degli altri. Illustra quali sono le principali norme di sicurezza.

B Il rapporto con il compagno di arrampicata.

6 ROTOLARE

L'attitudine a strisciare e a rotolare si sviluppa molto presto, prima ancora del camminare. Questi schemi sono fondamentali per la conoscenza del proprio corpo. Il rotolare può essere inteso come un'evoluzione dello strisciare, ma a differenza di quest'ultimo sviluppa molto di piú l'orientamento in situazioni non abituali. Inoltre questi movimenti contribuiscono alla strutturazione dello schema corporeo. Verso i 5-6 anni si acquisisce molta dimestichezza col gesto: a quest'età i bambini fanno con facilità le capriole. L'esperienza dei movimenti di capovolta e di rotolamento dovrebbe essere fatta anche da persone piú grandi; infatti, con il passare degli anni, se non esercitata, si tende a perdere questa capacità anche per ragioni di ordine psicologico. Pertanto eseguire esercizi o percorsi in cui si utilizza questo schema motorio sarà, oltre che divertente, essenziale anche a ragazzi piú grandi o addirittura agli adulti.

Piú che sulla forza, questi movimenti si basano sulla coordinazione e sull'equilibrio. Con il rotolare, si perde volontariamente l'equilibrio per poi ritrovarlo. Il bisogno di cercare costantemente l'equilibrio è uno degli aspetti piú importanti nell'educazione motoria.

6.1 L'esecuzione del gesto

I rotolamenti possono avvenire in tutte le direzioni: in avanti, indietro, di lato. Possono utilizzare punti di appoggio (mani, testa, piedi) oppure possono essere eseguiti in volo, anticipati sempre da salti o rincorse che, sfruttando la velocità, permettono l'esecuzione aerea. Il rotolare rafforza alcuni schemi posturali e dinamici, sviluppa le capacità coordinative generali e specialmente l'equilibrio dinamico e in volo, oltre le capacità condizionali (in particolare velocità e mobilità).

Saper cadere

Ricorda che, in caso di caduta, una capovolta o il rotolamento a terra sono gesti fondamentali per prevenire eventuali infortuni.

6.2 La ginnastica artistica

La **ginnastica artistica** o **sportiva** è la disciplina in cui maggiormente si esprime lo schema motorio del rotolare. Essa impegna tutte le qualità motorie e in particolare la mobilità (del rachide, coxo-femorale, scapolo-omerale), la forza, l'equilibrio, la coordinazione, il senso del ritmo. Oltre al notevole impegno fisico, alla precisione tecnica, all'alto livello di coordinazione richiesti al ginnasta, è fondamentale in questa disciplina l'aspetto «artistico»: l'atleta deve riuscire a sposare la forza con l'eleganza e nell'esecuzione dei movimenti deve ricercare l'armonia, la leggerezza, l'espressività.

La ginnastica artistica è senza dubbio uno sport completo e globale, che grazie alla complessità dei movimenti, coinvolge tutti i settori del corpo e tutti gli assi di movimento.

La ginnastica artistica, maschile e femminile, a squadre e individuale, prevede **esercizi a corpo libero** (salti e volteggi) ed **esercizi agli attrezzi**.

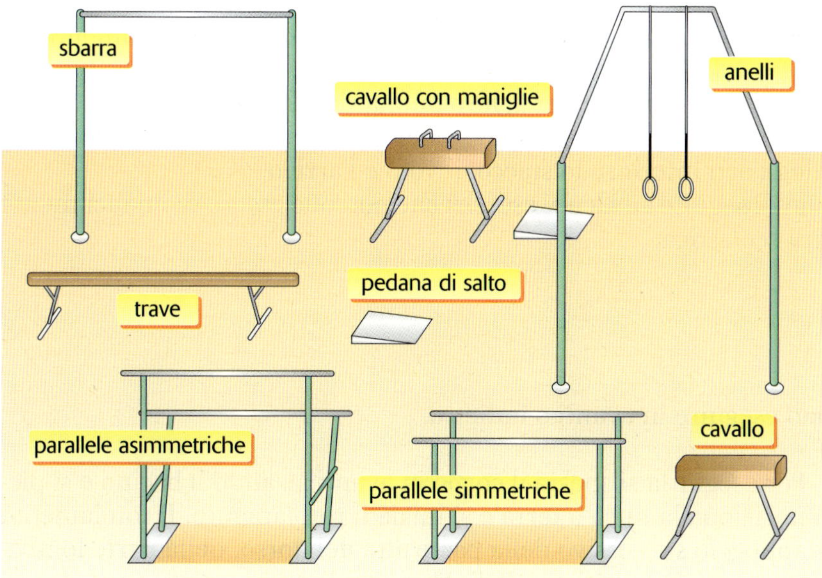

Nel corpo libero il ginnasta esegue una serie di esercizi «tecnici», collegati coreograficamente da salti, saltelli, passi e corse coordinati a movimenti delle braccia, cosí da produrre sequenze motorie dinamiche ed eleganti.

Negli esercizi agli attrezzi il corpo dell'atleta «ruota» intorno ad essi: i vari rotolamenti, rovesciamenti, giri, oscillazioni, ecc. dipendono dal tipo di attrezzo che l'atleta utilizza e la sua prestazione viene valutata in relazione alle regole specifiche e alle difficoltà tecniche proposte ai singoli attrezzi.

Le specialità della ginnastica artistica

La ginnastica artistica **maschile** comprende le seguenti specialità:

- *corpo libero*;
- *cavallo con maniglie*;
- *anelli*;
- *volteggio al cavallo*;
- *parallele simmetriche*.

La ginnastica artistica **femminile** comprende le seguenti specialità:

- *corpo libero*;
- *volteggio al cavallo*;
- *parallele asimmetriche*;
- *trave*.

La ginnastica artistica nelle scuole

A livello agonistico la ginnastica artistica è uno sport estremamente impegnativo che richiede allenamenti costanti e molto pesanti fin dall'infanzia. Tenendo conto che le capacità coordinative si strutturano fra i 6 e i 12 anni, in genere i bambini vengono avvicinati a questo sport intorno ai 6 anni. Una volta affrontati i vari esercizi di tonificazione, scioltezza, resistenza e coordinazione, i piccoli ginnasti vengono indirizzati verso l'agonismo.

L'agonismo non è però che un aspetto della ginnastica artistica. Gli elementi tecnici di base della ginnastica, che in sintesi possiamo classificare in *rotolamenti*, *rovesciamenti* e *ribaltamenti*, sono alla portata di chiunque ha acquisito un minimo grado di preparazione fisica specifica (magari facendo ricorso a strutture come il telo elastico, il minitrampolino e la pedana).

I **rotolamenti** possono essere eseguiti in avanti e indietro (capovolte) e lateralmente, con vari tipi di partenze e arrivi. Pur essendo di semplice esecuzione, questi esercizi possono suscitare timori: è quindi necessario vincere la paura iniziando sempre con le capovolte piú semplici.
I **rovesciamenti** si eseguono in avanti, indietro e lateralmente. I rovesciamenti piú conosciuti sono la *verticale* e la *ruota*.
I **ribaltamenti** si eseguono in avanti; per la loro buona riuscita è fondamentale la tenuta del corpo (in particolare l'allungo delle spalle nel momento di contatto con il suolo), lo slancio degli arti inferiori, lo stacco, il volo e l'arrivo.
Ci soffermeremo qui di seguito su alcuni esercizi che possono essere svolti facilmente anche nella palestra scolastica.

La capovolta

La **capovolta** si può eseguire in avanti o indietro.

Capovolta avanti. Per eseguirla si sposta il corpo in avanti alzando il bacino e si piegano le braccia. Si posiziona la nuca a terra e si inizia il rotolamento. Il rotolamento deve avvenire per appoggio successivo della parte alta del dorso, della parte lombare e del bacino, mantenendo i gomiti paralleli. L'azione deve essere continua. Il corpo deve essere raccolto. Quando il dorso è in appoggio, le mani si staccano da terra e si portano avanti per favorire l'atteggiamento raccolto del corpo; per lo stesso motivo, quando il bacino tocca terra, la parte alta del dorso deve essere già staccata. Queste due azioni (mani e dorso avanti) favoriscono anche l'arrivo alla stazione eretta.

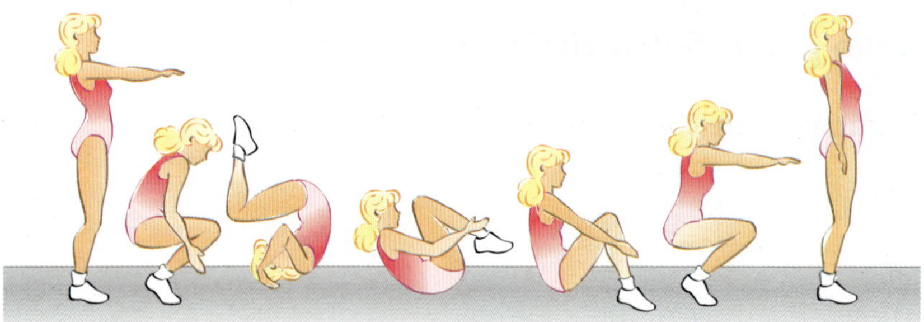

Capovolta indietro. Si parte in piedi, dorso rivolto al tappeto, si piegano gli arti inferiori e si sbilancia il peso all'indietro, cercando l'appoggio successivo di bacino (molto vicino ai talloni), regione lombare, dorso, nuca. Le mani devono essere appoggiate a terra con le dita rivolte verso le spalle, le braccia sono flesse, i gomiti chiusi e paralleli. Con un'azione dinamica e agile si ritorna nella posizione eretta.

La verticale

La **verticale** è un appoggio ritto rovesciato e proprio per questo può presentare difficoltà inerenti le capacità di equilibrio, di coordinazione, di orientamento spazio-temporale e infine quella relativa la forza.
Obiettivo della verticale è ricercare l'allineamento braccia-busto-gambe restando in equilibrio sulle mani che poggiano al suolo.

Si parte dalla posizione eretta, con le braccia in alto. Si slancia una gamba avanti-alto 1, si va in affondo avanti e si slancia dietro-alto l'altra gamba 2. Le mani sono avanti (angolo busto-braccia piatto), gli arti inferiori si bloccano sulla verticale 3, il capo è in linea con il resto del corpo 4.
Per mantenere la posizione e l'allineamento braccia-busto-gambe bisogna contrarre addominali e glutei. Per tornare alla posizione di partenza si appoggia al suolo prima una gamba, poi l'altra 5 6, e si staccano le mani da terra. Altrimenti dalla posizione verticale si possono piegare leggermente le braccia ed eseguire una capovolta avanti.

La ruota

Esecuzione della ruota: posizione di appoggio delle mani e dei piedi con partenza frontale (sono indicate le distanze in rapporto alla distanza delle mani).

La **ruota** è un esercizio che si esegue sul piano frontale, e consiste nell'appoggiare alternativamente le mani e i piedi a terra in linea tra loro. È un movimento veloce e dinamico; se sviluppata da sinistra verso destra, dalla posizione di partenza 1 si effettua un quarto di giro del busto sull'appoggio del piede sinistro e si slancia la gamba destra verso l'alto 2. Successivamente, la stessa gamba destra ricerca l'appoggio sul suolo. Segue quindi l'appoggio della mano destra 3, quindi la mano sinistra 4 e il piede sinistro 5. Termina con l'appoggio della gamba sinistra, per ritornare nella posizione di equilibrio 6.

Il movimento nel suo insieme consiste di due azioni simultanee:
- il tronco si inclina con le braccia in alto;
- la gamba che ha effettuato il passo (gamba di spinta) si piega e riceve tutto il peso del corpo. Nel caso della partenza frontale il tronco, mentre si inclina, si torce, ruotando di circa 90° sul suo asse longitudinale, in modo da effettuare il successivo rovesciamento attorno all'asse sagittale. Quando la prima mano si appoggia al terreno è importante che ciò avvenga il piú lontano possibile dal piede d'appoggio, cosí che gli arti superiori possano mantenere il necessario allineamento rispetto al tronco.

posizione corretta

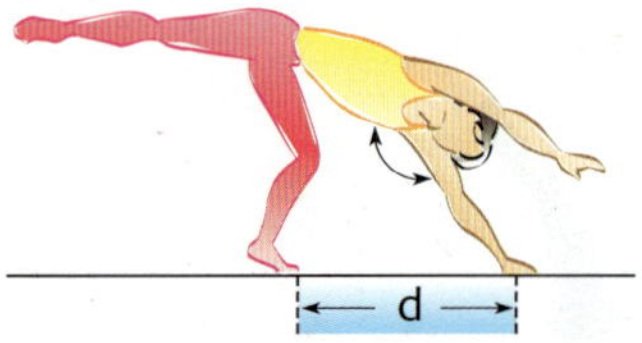

posizione errata

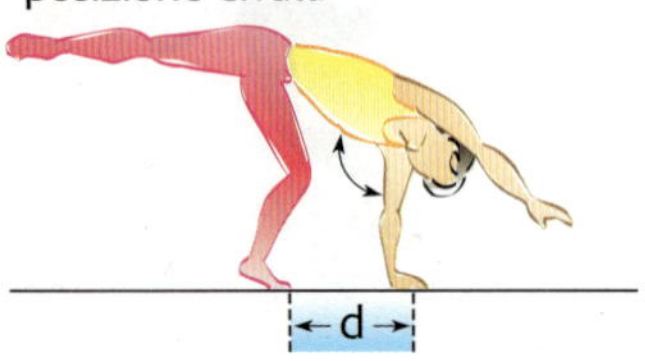

Le mani e l'altro arto inferiore completano l'estensione sollevandosi. Poiché le azioni di slancio-spinta vengono effettuate in due direzioni diametralmente opposte, le mani verso l'appoggio e le gambe verso l'alto, esse portano alla verticale rovesciata con una posizione di massima divaricata degli arti inferiori, che va mantenuta fino alla fine del secondo rovesciamento. Per eseguire la ruota è molto importante possedere buona mobilità articolare; talvolta i principianti non completano l'azione di slancio perché portano troppo presto in alto l'arto di spinta.
In una fase successiva il piede raggiunge il terreno sulla linea immaginaria di rotazione.
Il contatto del piede col suolo avviene per una flessione laterale del busto e per un'abduzione della gamba di slancio.
Gli arti superiori devono sempre rimanere allineati col tronco; la spinta sulle spalle, a braccia distese, permette di mantenere un'elevata velocità di rotazione, e favorisce l'elevazione del busto, che permette a sua volta di riportare il peso del corpo sul piede d'appoggio. Le gambe restano divaricate e il tronco si riporta in verticale. L'esercizio si conclude tornando nella posizione di partenza.

Alleniamo la ruota

1. Superare verso destra e verso sinistra una trave bassa (o una panca) in appoggio sulle braccia, con slanci alternati degli arti inferiori.

2. Dopo alcuni passi in avanti (sinistra-destra-sinistra) eseguire un saltello sull'ultima gamba (sinistra) con l'altra flessa in avanti (pre-salto); le braccia si portano in avanti con le punte delle dita verso destra, mentre il busto esegue una lieve torsione a destra.

Verifica quanto appreso

1. I rotolamenti si possono eseguire utilizzando punti di appoggio quali mani, testa, piedi.

☐ Vero ☐ Falso

2. La verticale è un appoggio ritto rovesciato.

☐ Vero ☐ Falso

3. Indica quale di queste specialità non fa parte della ginnastica artistica femminile:

☐ volteggio al cavallo
☐ parallele asimmetriche
☐ corpo libero
☐ trave
☐ sbarra

4. Disegna in modo schematico una ruota vista sul piano frontale con la giusta successione degli appoggi.

5. Aiutandoti con l'immagine qui riprodotta, descrivi l'esecuzione di una capovolta all'indietro.

....

....

....

....

....

....

....

....

....

....

....

6. Sviluppa i seguenti argomenti scegliendo una fra due delle modalità previste per la terza prova: trattazione sintetica di argomenti o risposta a quesito singolo (rispettivamente in un massimo di 20 e 10 righe).

A Quali gesti specifici considerati espressioni del rotolare hai sperimentato? Descrivi le nozioni tecniche apprese, le tue difficoltà, i risultati ottenuti.

B Indica quali sono le qualità motorie che si sviluppano nell'atto del rotolare. Descrivi l'esecuzione di una capovolta in avanti.

GLI SPORT DI SQUADRA

Negli sport di squadra ha un ruolo fondamentale lo sviluppo delle capacità motorie di base e l'affinamento dei gesti tecnici individuali, ma al tempo stesso è necessaria la **capacità di coordinarsi con gli altri**, costruendo una dinamica collettiva di gioco, fino ad arrivare alla conoscenza di tattiche e strategie di gioco.
Analizzeremo in questa parte alcuni fra i principali sport di squadra, particolarmente adatti all'attività scolastica di educazione fisica: il **calcio a cinque**, la **pallacanestro**, la **pallamano** e la **pallavolo**.
Per ciacuno sport saranno passate in rassegna le principali **regole del gioco**, i **fondamenti individuali** – con test per verificare il livello tecnico raggiunto – le **tattiche di base** e la **logica complessiva del gioco**.

Obiettivi generali

- Conoscere le attività sportive di gruppo.
- Sviluppare le abilità motorie.

Prerequisiti

- Conoscenza basilare delle attività motorie fondamentali.
- Conoscenza essenziale delle diverse qualità motorie.
- Disponibilità ad apprendere tecniche e gesti.

Obiettivi specifici

- Conoscere la storia delle attività sportive.
- Apprendere le abilità motorie fondamentali dei giochi di squadra.
- Migliorare la padronanza motoria nei fondamentali del calcio a cinque.
- Migliorare la padronanza motoria nei fondamentali della pallacanestro.
- Migliorare la padronanza motoria nei fondamentali della pallamano.
- Migliorare la padronanza motoria nei fondamentali della pallavolo.
- Riflettere sulle modalità tattiche del confronto sportivo.
- Utilizzare efficacemente le abilità motorie nel gioco sportivo.
- Conoscere e utilizzare le regole vigenti nei vari giochi sportivi.
- Conoscere e utilizzare le segnalazioni arbitrali nei vari giochi sportivi.

L'EDUCAZIONE FISICA GIOCANDO

Giochi sportivi di squadra con la palla

Il **gioco di squadra** è una competizione in cui due gruppi si confrontano, seguendo regole codificate. Tale confronto, volto a raggiungere precisi scopi (segnare una rete, far cadere la palla sul campo avversario, ecc.), talvolta prevede un diretto contatto con l'avversario (*giochi di contatto*), altre volte si svolge su un terreno in cui le due squadre sono divise da una linea convenzionale (*giochi di opposizione*).
Ogni gioco richiede specifiche qualità motorie di base condizionali (forza, resistenza, velocità, mobilità, ecc.); in particolar modo, l'esecuzione del gioco necessita di capacità e abilità coordinative (generali e specifiche) e di capacità di equilibrio, che ci permettono di adattarci alle diverse situazioni dinamiche, rendendo efficaci i movimenti.

È necessario imparare a controllare i gesti per sapersi adeguare alle diverse situazioni, per permetterci di prevedere e anticipare le azioni dei nostri compagni e degli avversari, e per consentirci di conseguenza di mettere in atto valide strategie di difesa e di attacco.
I *giochi presportivi* sono un utile strumento per avvicinarsi ai giochi di squadra e all'attività sportiva vera e propria. Infatti, rispetto ai *giochi sportivi*, hanno regole piú semplici e possono essere facilmente organizzati in qualsiasi spazio al chiuso o all'aperto poiché non richiedono campi da gioco di misure particolari; inoltre consentono la partecipazione contemporanea di molti giocatori e possono essere adattati all'età e alle capacità dei partecipanti, anche a quelle di chi è alle prime armi!

Per giocare non basta una palla...

Per sviluppare le capacità operative nei diversi ambiti delle attività motorie sportive può essere utile costruire «*situazioni-problema*» che per essere risolte richiedono autonomia e creatività. È molto produttivo anche analizzare ed esercitarsi sui singoli gesti motori, specifici di ogni disciplina, che una volta messi insieme ci permetteranno di eseguire il gioco in modo soddisfacente.
Naturalmente, per ottenere buoni risultati, sono essenziali la motivazione e l'impegno: raggiungere un traguardo, infatti, può richiedere tempo e sacrifici.
Le ore di lezione di educazione fisica, sebbene non siano molte, dovranno essere impiegate per introdurre i ragazzi al maggior numero possibile di giochi (*polivalenza sportiva*).
Sia coloro che hanno esperienze e competenze specifiche, sia coloro che non ne hanno affatto, dovranno acquisire o migliorare le competenze di base.
Vediamo adesso cosa significa conoscere gli elementi base di un gioco.

1. Conoscere lo scopo del gioco e le regole fondamentali

Il primo passo nell'apprendimento di un gioco sportivo consiste nel comprenderne e saperne applicare le regole piú importanti; quando si è presa confidenza con il gioco, diventa necessario approfondire la conoscenza di queste regole, per poter giocare correttamente e sfruttare le opportunità e i vantaggi che il regolamento può offrire di volta in volta.
Un'approfondita conoscenza delle regole permette anche di svolgere ruoli di arbitraggio, oppure organizzativi e progettuali. Questo è auspicabile per coloro che per varie ragioni non hanno la possibilità di esprimersi nelle dinamiche del gioco vero e proprio (esonerati, ecc.).

2. Conoscere i fondamentali tecnici individuali

Nell'apprendimento della disciplina sportiva è di fondamentale importanza l'acquisizione delle tecniche di base (*movimenti fondamentali*), che verranno poi migliorate sia attraverso l'analisi degli errori commessi (qualora i risultati non siano soddisfacenti), sia ascoltando i consigli dell'insegnante o di un compagno piú esperto (che potrebbe diventare un *tutor* per chi ha maggiori difficoltà).
Per imparare come deve essere eseguito un certo movimento occorre procedere per gradi, ponendo l'attenzione di volta in volta su aspetti diversi (coordinazione, velocità, ecc.). Quando ogni giocatore avrà raggiunto un livello soddisfacente relativamente all'esecuzione dei fondamentali, il gioco sarà per tutti piú divertente e appagante.

3. Conoscere e utilizzare i gesti tecnici/tattici individuali fondamentali

Ciò che maggiormente determina la riuscita di un'azione di gioco è la capacità di utilizzare in modo ottimale il tempo e lo spazio di gioco.

Dal momento che tutti i giochi sportivi di squadra si svolgono in uno spazio delimitato, è importante sviluppare la capacità di interpretazione di tale spazio, per imparare a sfruttarlo in modo strategicamente funzionale. Inoltre, la capacità di valutare i tempi di spostamento degli avversari, e ancor di piú della palla, consente di anticipare le traiettorie, di intercettare la palla o di porsi nella posizione migliore per riceverla.
Sempre in relazione al concetto di tempo, occorre ricordare che la velocità di spostamento dei giocatori, l'occupazione di determinate posizioni durante l'azione, la precisione e la rapidità con la quale vengono effettuati i passaggi o i tiri sono essenziali alla riuscita del gioco. Tutto ciò è il risultato di un lungo processo di apprendimento e di ottimizzazione. Non sempre chi possiede le migliori qualità motorie o la tecnica piú evoluta si rivela il piú efficace in campo, soprattutto se l'impulsività rischia di fargli commettere scelte errate; è invece chi ha un buon controllo emotivo, e riesce a decidere rapidamente ma in modo razionale, che si rivela determinante nelle piú diverse situazioni.

Per riuscire a giocare un ruolo attivo e vincente per la nostra squadra, occorre conoscere le piú comuni sequenze gestuali che si ripetono durante le dinamiche di gioco: si tratta non solo di gesti tecnici ma anche *tattici* individuali.

L'importanza della tattica

Nella trattazione delle singole discipline sportive analizzeremo, oltre alle tecniche individuali, l'applicazione della tattica a livello generale, approfondendo alcuni concetti base:

- ricezione e passaggio della palla;
- spostarsi con la palla;
- smarcarsi e marcare;
- tirare al bersaglio;
- tattiche di squadra e ruoli;
- logica di gioco.

1. Ricezione e passaggio della palla

Per eseguire una buona ricezione è fondamentale mettersi nella posizione ottimale prima che arrivi il pallone: all'ultimo momento, infatti, è impensabile assumere una posizione in cui il nostro compagno possa facilmente passarci la palla; allo stesso modo, il passaggio verso il compagno dovrà essere effettuato in modo preciso e nell'esatto momento in cui il compagno se lo aspetta.

Il passaggio o la ricezione del pallone deve riuscire anche in condizioni difficili (ad esempio quando si entra in contatto con un avversario oppure quando gli spazi sono ridotti). Gli esercizi destinati a migliorare questi gesti tecnici devono sempre essere adattati alle caratteristiche specifiche di ciascun gioco di squadra. Talvolta, quando il compagno ha un avversario troppo vicino (cioè è *marcato*) è impossibile passargli la palla ed è meglio tentare una soluzione personale in modo da dare il tempo ad altri compagni di assumere posizioni piú favorevoli.

2. Spostarsi con la palla

Spesso durante le azioni di gioco è necessario «proteggere» la palla e, se si presenta l'occasione, saper avanzare rapidamente: capire quando questo è opportuno può rivelarsi molto importante per il successo dell'azione.

Sapersi muovere con la palla è un elemento rilevante in tutti i giochi di squadra. Pertanto l'abilità nel fare ciò deve essere allenata prima in condizioni facilitate, poi sempre piú difficili, in modo da acquisire progressivamente competenza e naturalezza.

3. Smarcarsi e marcare

I concetti di «smarcarsi» e «marcare» sono fondamentali in tutti i **giochi di contatto** (ad esempio la pallamano, il calcio, la pallacanestro); infatti, le regole consentono di ostacolare (regolarmente) e mettere in difficoltà gli avversari con i propri movimenti quando si deve difendere una zona del campo o agevolare un compagno in possesso di palla (*marcare*); quando invece si deve impostare un'azione di attacco ma non si è in pos-

sesso di palla, è importante saper eseguire dei movimenti che ci permettano di ricevere la palla senza correre il rischio di perderla subito (*smarcarsi*). In definitiva per passare, ricevere e spostarsi con la palla il giocatore deve essere capace di marcare e smarcarsi.
Nei **giochi di opposizione** (ad esempio la pallavolo) le strategie difensive e offensive vengono attuate con tecniche diverse: per esempio alla schiacciata viene opposto un muro (quindi al miglior schiacciatore vengono opposti i migliori giocatori a muro), al pallonetto viene opposta la difesa di un abile ricevitore, e cosí via.

4. Tirare al bersaglio

Tirare e... segnare è un momento emozionante e al tempo stesso importante nei giochi di squadra con la palla. Questi giochi prevedono un'azione di attacco che ha lo scopo di far arrivare la palla in zone stabilite del campo, al fine di conquistare un punto (la porta nel calcio, il canestro nella pallacanestro, il campo avversario nella pallavolo, ecc.). Durante la partita è importante «tirare al bersaglio», cioè cercare di segnare un punto, solo quando si ha l'occasione opportuna, cioè quando ci si trova in una posizione adeguata: è sbagliato provare a tirare a tutti i costi, per smania di protagonismo. Quando un compagno è in una posizione migliore della nostra per «realizzare», è molto piú vantaggioso passargli la palla.
Le azioni di tiro devono essere allenate con costanza, per acquisire sempre maggiore destrezza nel gesto tecnico.

5. Tattiche di squadra e ruoli

Ogni gioco di squadra deve utilizzare al meglio le diverse qualità individuali di ciascuno dei suoi componenti; infatti, il risultato di un incontro non è determinato dall'abilità del singolo giocatore, ma dall'organizzazione dell'intera squadra. Per finalizzare al meglio un'azione di gioco bisogna che un giocatore sia messo nelle condizioni migliori dagli altri componenti della squadra.
Le azioni di gioco non devono essere improvvisate: ogni componente della squadra deve conoscere in anticipo il proprio ruolo, sapere quello che da lui si aspettano i compagni, e allo stesso tempo deve essere in grado di fronteggiare gli imprevisti e di rimediare agli errori dei compagni, svolgendone i compiti quando necessario.

6. Logica di gioco

Una volta apprese le regole e i gesti tecnici fondamentali, nella valutazione dei giochi di squadra a livello scolastico, è molto importante considerare la «logica di gioco». Si tratta di valorizzare la cosiddetta *intelligenza motoria* utilizzando al meglio il bagaglio tecnico acquisito, senza necessariamente ricorrere a gesti tecnici complessi ma **giocando con la testa**.

7 CALCIO A CINQUE

Il **calcio a cinque**, o **calcetto**, è uno sport di squadra molto simile al calcio, anche se ha regole lievemente diverse; si gioca in spazi ridotti, per questo può essere praticato sia all'aperto che al chiuso, in palestre appositamente attrezzate.
Negli ultimi anni ha avuto grande diffusione, sia a livello ricreativo che nella scuola, potendo essere giocato anche tra pochi amici e su spazi ridotti (cortili, palestra).
Il calcetto è uno sport in cui prevale la destrezza e la rapidità, risultando meno importanti, rispetto al calcio, il vigore fisico e la potenza: contatti e contrasti tra giocatori devono essere estremamente limitati. Lo sviluppo tattico di questa disciplina ha somiglianze piú con la pallamano o la pallacanestro che con il calcio tradizionale; invece la tecnica e i fondamentali sono molto simili a quest'ultimo.

7.1 La storia

Il **calcio a cinque** ha origine nei primi anni del Novecento, in Brasile, dove veniva praticato sulle spiagge. Il primo campionato ufficiale di questo sport, chiamato inizialmente «Futebal de Sala» (calcio in sala), risale al 1920. Le regole erano quelle del calcio, ma il pallone doveva essere piú piccolo e piú gonfio affinché rimbalzasse molto.
Questa disciplina si è diffusa notevolmente, soprattutto nel Nord Europa dove le condizioni climatiche non consentono sempre la pratica del calcio all'aperto; da una trentina di anni a questa parte si è diffuso anche in Italia. All'inizio veniva giocato sui campi da tennis, all'aperto o al chiuso, da due squadre composte di cinque-sei giocatori. Negli ultimi anni c'è stato un continuo aumento degli appassionati e sono stati costruiti numerosi campi da gioco.
Nel 1982 questo sport è stato riconosciuto dalla UEFA (il massimo organo europeo del calcio). Nel 1984 la Federazione Italiana Giuoco Calcio ha dato vita al *Comitato nazionale calcio a cinque*. Attualmente si disputano regolari campionati di calcetto di serie A e B, campionati di livello inferiore, tornei regionali e provinciali. Anche ai massimi livelli le squadre sono composte di dilettanti, poiché il regolamento non prevede il professionismo. I regolamenti sono stati unificati e adeguati alle dimensioni del campo e al tipo di terreno su cui si gioca.
In questa disciplina, pur non esistendo vere e proprie nazioni leader, forse la miglior scuola mondiale è ancora quella del Brasile. Ze' Elias, Ronaldo e campioni del passato come Rivelino, Zico e Pelè hanno trascorsi nel calcetto. Il calcetto ha goduto di

una certa popolarità anche grazie ai tornei cui hanno partecipato campioni ed ex campioni del calcio a undici. Comunque si tratta di uno sport diffuso a livello di base, piú che di uno spettacolo seguito da tifosi e telespettatori, ed è naturalmente piú giocato nelle nazioni dove il calcio è piú popolare. Attualmente i migliori giocatori sono atleti dediti esclusivamente alla pratica di questo sport, con caratteristiche tecniche e fisiche ben precise e diverse rispetto a quelle richieste ai praticanti del calcio a undici.

7.2 Il gioco e le regole fondamentali

Come nel calcio a undici, nel calcetto **lo scopo del gioco consiste nel far entrare la palla nella porta avversaria** senza commettere infrazioni. In tal caso si realizza una *rete*. La squadra che ha segnato il maggior numero di reti durante una gara risulta vincente. Se non è stata segnata nessuna rete o se le squadre hanno segnato un eguale numero di reti, si determina un pareggio.

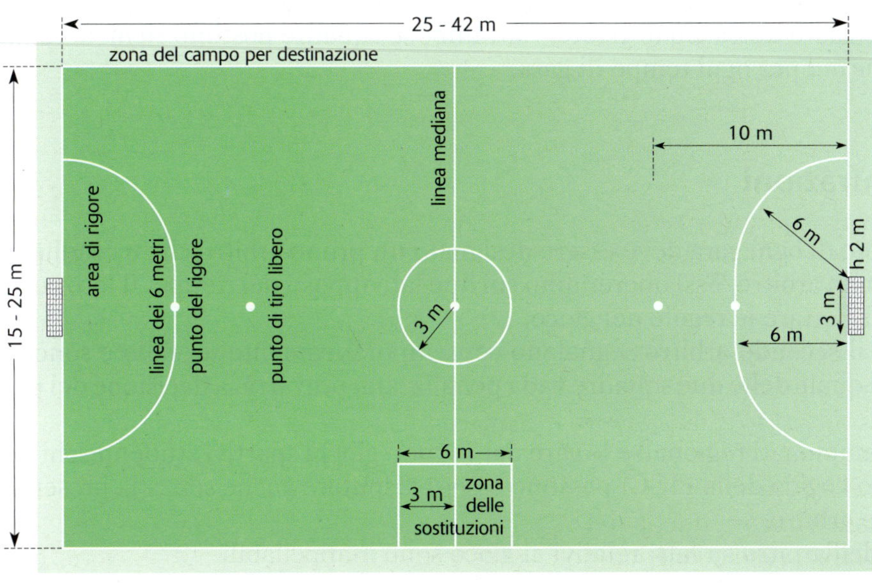

Il terreno di gioco

Il campo, che può essere in terra battuta o materiale sintetico, ha forma rettangolare: la lunghezza può andare dai 25 m ai 42 m, la larghezza dai 15 m ai 25 m.

La porta

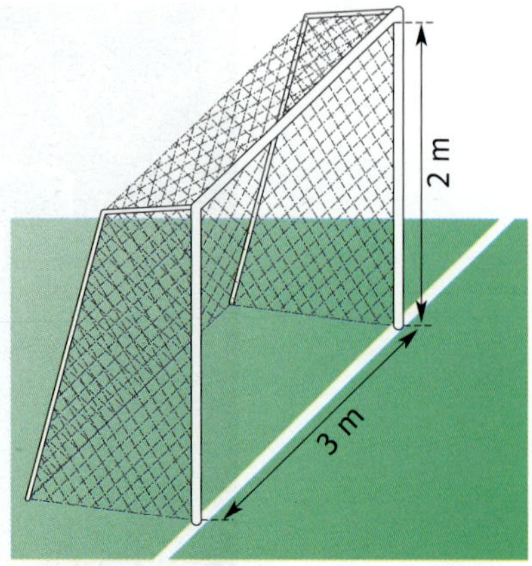

La porta ha dimensioni proporzionate al campo (3 m di larghezza per 2 m di altezza). Ogni porta è al centro della linea di fondo, ben fissata al terreno per evitare ribaltamenti. Intorno alla porta è disegnata l'area di porta.

La palla

Il pallone deve:
- essere sferico;
- essere di cuoio o di altro materiale approvato dalla federazione;
- avere una circonferenza non inferiore a 62 cm e non superiore a 64 cm;
- avere un peso non inferiore a 400 g e non superiore a 440 g all'inizio della gara;
- avere una pressione pari a 0,4 - 0,6 atmosfere (400/600 g/cm^2) a livello del mare.

Le squadre

La gara è giocata da due squadre, formate ciascuna da un massimo di cinque calciatori, uno dei quali nel ruolo di portiere.
È consentito l'utilizzo di un numero massimo di sette giocatori di riserva; perché una partita sia valida i giocatori in campo devono essere almeno tre per squadra.
È possibile effettuare un numero illimitato di sostituzioni durante una gara. Un calciatore sostituito può partecipare nuovamente al gioco, sostituendo a sua volta un altro calciatore. Il portiere può scambiare il proprio ruolo con quello di qualsiasi altro giocatore.

Durata della gara

Time out.

La durata della gara è stabilita in due tempi di 20 minuti effettivi ciascuno, con un intervallo massimo di 15 minuti. La durata di ciascun tempo può essere prolungata per poter effettuare un calcio di rigore. Entrambe le squadre possono richiedere un minuto di *time out* per ogni tempo di gara.

Arbitri e infrazioni

Per la direzione di ogni gara deve essere designato un primo arbitro che è coadiuvato da un secondo arbitro. Essi opereranno sui due lati opposti del campo. Il loro compito è di far rispettare le regole del gioco.
Se il primo e il secondo arbitro segnalano contemporaneamente un fallo e sono in disaccordo su quale delle due squadre vada penalizzata, prevarrà la decisione del primo arbitro.
Le gare dei Campionati regionali e le gare dei Tornei (giochi sportivi studenteschi organizzati sotto l'egida della FIGC) possono essere disputate anche senza la presenza di un secondo arbitro.
Le decisioni dell'arbitro su fatti relativi al gioco sono inappellabili.

Calcio di inizio. Il calcio di inizio viene battuto nel punto designato del centro campo, con le due squadre nella loro metà campo a 3 metri dalla palla. Dopo il primo tempo le squadre invertono il campo e il calcio d'inizio viene battuto dall'altra squadra, quella che non ha iniziato la gara. Una rete può essere segnata sul calcio di inizio e il giocatore che batte la palla non può toccarla consecutivamente una seconda volta.

Palla non in gioco. La palla non è considerata in gioco se ha oltrepassato interamente le linee perimetrali, sia in area che a terra e quando l'arbitro fischia una interruzione.

Rimessa laterale. Diversamente dal gioco del calcio, nel calcio a 5 le rimesse laterali sono battute con *i piedi*. Il calciatore che effettua la rimessa deve avere i piedi sulla linea laterale e il pallone deve essere completamente fermo al momento del calcio. *Non si può segnare su rimessa laterale* e il giocatore che calcia non può toccare due volte consecutivamente la palla.

Rimessa dal fondo. È il modo per riprendere il gioco quando il pallone toccato da un avversario oltrepassa completamente la linea di fondocampo. Viene effettuata dal portiere dall'interno dell'area di rigore verso l'esterno della stessa. Il pallone sarà in gioco una volta uscito completamente dall'area di rigore. I giocatori della squadra avversaria devono rimanere al di fuori dell'area di rigore finché il pallone non è in gioco.

Calcio d'angolo. Viene battuto dal punto di intersezione della linea di porta con quella laterale da un giocatore avversario.
Al momento del calcio d'angolo gli altri giocatori devono essere alla distanza di 5 metri. Può essere segnata direttamente una rete su calcio d'angolo.
Per battere le punizioni e i calci d'angolo il tempo a disposizione dei giocatori è di 4 secondi (altrimenti viene accordata una punizione indiretta all'avversario).

Passaggio al portiere. Se il portiere, dopo aver rimesso in gioco il pallone, lo riceve di ritorno da un compagno di squadra, alla squadra avversaria viene concesso un calcio di punizione indiretto dal punto dell'area di rigore piú vicino a quello in cui è stata commessa l'infrazione. Il passaggio al portiere può essere regolarmente eseguito dopo che la palla ha superato la metà campo. Il portiere, intervenendo con i piedi, sarà considerato allora come qualsiasi altro giocatore.

Segnatura. Una rete è considerata valida quando ha oltrepassato la linea di porta situata tra i pali e sotto la traversa.

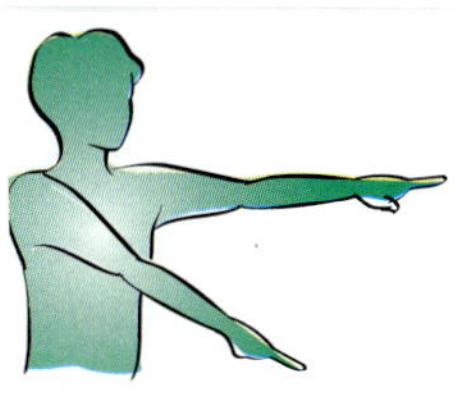

Calcio di punizione diretto.

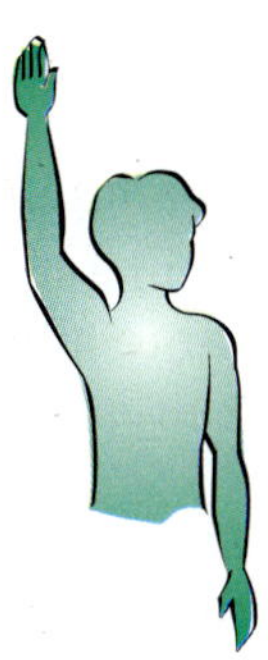

Calcio di punizione indiretto.

Punizioni per i falli. Se un giocatore *intenzionalmente* calcia, sgambetta, carica in modo violento, trattiene, strattona, interviene in scivolata, tocca il pallone con le mani, è punito con un **calcio di punizione diretto** nel punto in cui è stato commesso il fallo; se il fallo avviene nella propria area di rigore, esso è punito con un **calcio di rigore** (dal punto del campo segnato per questa punizione).
Il giocatore è invece punito con un **calcio di punizione indiretto** per i seguenti falli: se gioca in modo considerato pericoloso, se fa ostruzione senza palla, se carica il portiere nella sua area di rigore, se gioca da portiere e tocca la palla con le mani su passaggio di un compagno o trattiene il pallone per piú di 4 secondi, o rinvia dopo parata regolare il pallone oltre la propria metà campo.
Con i calci di punizione diretti può essere segnata direttamente una rete; con quelli indiretti no.
I giocatori che non battono la punizione devono stare a 5 metri dalla palla fino a che

essa non venga giocata. Se la squadra che deve battere il calcio di punizione impiega piú di 4 secondi per eseguirlo, sarà accordato un calcio di punizione indiretto alla squadra avversaria.

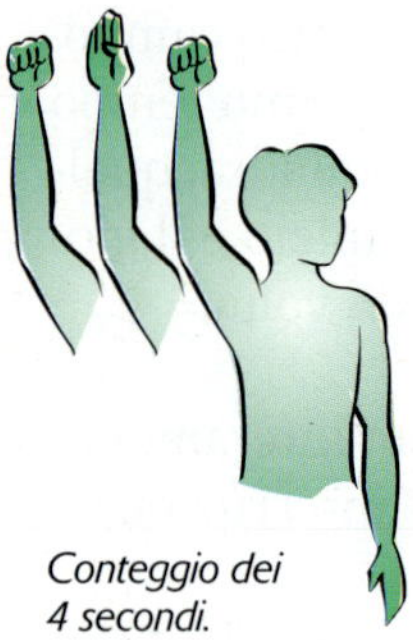

Conteggio dei 4 secondi.

Falli cumulativi. Quando una squadra ha accumulato 5 falli in un tempo di gioco, ogni ulteriore fallo viene punito assegnando all'altra squadra un **tiro libero** che viene battuto dall'apposito punto del campo.
Inoltre:
- i calciatori della squadra avversaria non potranno formare una barriera per difendersi dal calcio di punizione;
- il calciatore che esegue il tiro libero deve essere identificato;
- il portiere deve rimanere nella propria area di rigore ad almeno 5 metri dal pallone;
- tutti gli altri calciatori non devono oltrepassare la linea immaginaria che passa per il pallone, parallela alla linea di porta, fuori dall'area di rigore. Debbono trovarsi a 5 metri dal pallone e non possono ostacolare il calciatore che effettua il tiro libero. Nessun calciatore può oltrepassare la linea immaginaria fino a quando il pallone non sia regolarmente in gioco.

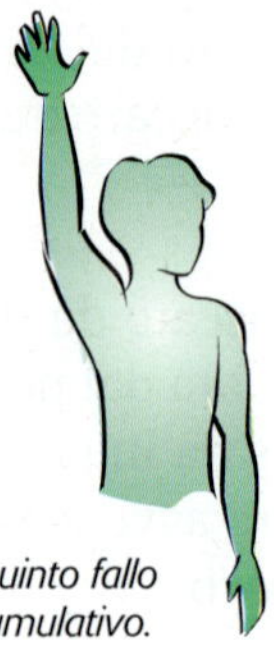

Quinto fallo cumulativo.

Fuorigioco. Nel calcio a cinque non esiste il fuorigioco.

Contrasti fisici. Nel calcio a cinque, data la ristrettezza del campo e l'alta velocità di gioco, il regolamento è molto piú rigido che nel calcio a undici per quanto riguarda i contrasti fisici, sempre fischiati (il contatto deve essere con la palla e *non* con l'avversario); le entrate in scivolata non sono assolutamente ammesse.

7.3 Fondamentali tecnici individuali

Per le ridotte dimensioni del campo il **ritmo** e la **velocità** sono nel calcetto molto elevati. Per questo il gioco, nel quale ha molta piú importanza l'esecuzione tecnica che la prestanza fisica, può essere definito un «calcio concentrato».
Il calcetto richiede buona tecnica, velocità di esecuzione, precisione negli stop, nei passaggi e nei tiri, ottimo controllo di palla in spazi ristretti, destrezza nel dribbling. Inoltre per i ripetuti scatti in difesa e in attacco il calcetto è molto faticoso e richiede un buon allenamento fisico.
Le tecniche e i fondamentali individuali sono gli stessi del calcio, ma dovendoli eseguire su spazi e in tempi relativamente ridotti sarà importante avere la massima naturalezza e precisione nell'esecuzione, che si otterranno solo con un costante allenamento specifico. Diversamente, le tattiche individuali e di squadra sono altamente specifiche di questo sport.
Essere in possesso della tecnica di questo sport significa avere le capacità di controllare, spostare e calciare la palla, servendosi di tutte le parti del corpo che il regolamento permette di utilizzare. Dividiamo la tecnica calcistica in varie fasi e analizziamole brevemente:

- come si controlla la palla;
- come si riceve la palla;
- come si calcia e passa la palla;
- la tecnica del colpo di testa;
- la tecnica del portiere.

1 Controllo di palla
2 Ricezione e passaggio
3 Tiro
4 Colpo di testa

Fasi della tecnica calcistica.

Fasi del controllo di palla.

Come si controlla la palla

I modi con cui il calciatore può effettuare il **controllo di palla** mentre avanza correndo a velocità sostenuta o difende la palla sono i seguenti:
- con l'interno del piede (1);
- con il collo del piede (2);
- con l'esterno del piede (3);
- con la pianta del piede (4).

Perché il controllo di palla sia efficace ecco alcuni suggerimenti:
- la palla deve essere colpita con tocchi d'intensità variabile, a seconda delle circostanze, e deve rimanere piú vicina possibile al piede; il momento ottimale per colpirla è quando si trova all'altezza del piede d'appoggio;
- il busto del calciatore deve essere leggermente inclinato in avanti, per meglio mantenere l'equilibrio; il suo sguardo deve essere rivolto non solo al pallone, ma contemporaneamente a tutto ciò che avviene in campo;
- la velocità deve essere dosata sapientemente, per non pregiudicare il controllo della palla.

Durante gli spostamenti sul campo il giocatore deve superare ed evitare gli avversari. Questo tipo di azione viene comunemente definito come il termine *dribbling*. L'esecuzione di un buon dribbling richiede che il giocatore, oltre a mantenere l'equilibrio e a non perdere velocità, se necessario, disorienti l'avversario con delle *finte*. Talvolta quando la palla non è radente al terreno può essere vantaggioso, sia per «incollarla» sul piede che per evitare gli avversari, saperla controllare in volo (palleggio).

Sul campo

Spostarsi con la palla

Si può «guidare» la palla, con una serie di brevi allunghi fatti a se stessi lungo la propria direttrice di corsa. È una tecnica fondamentale, anche se nel calcetto, gioco scattante e veloce, va utilizzata il meno possibile, in quanto è spesso piú produttivo un passaggio veloce. Questa tecnica va usata quando si presenta uno spazio libero che ci può far avvicinare direttamente alla porta; questo si verifica specie nell'azione di contropiede o nelle ripartenze. È essenziale che la palla rimanga sempre vicina ai piedi per poterne cambiare velocemente la direzione, e per eludere il pressing degli avversari.

Giochiamo controllando la palla

La staffetta

La gara di staffetta a squadre consiste nell'avanzare con la palla al piede per poi cederla al compagno che prosegue; possono essere inventate le staffette piú fantasiose. Quella nella figura segue un percorso semicircolare: ogni partecipante va in slalom fra i birilli, torna indietro e passa la palla al compagno.

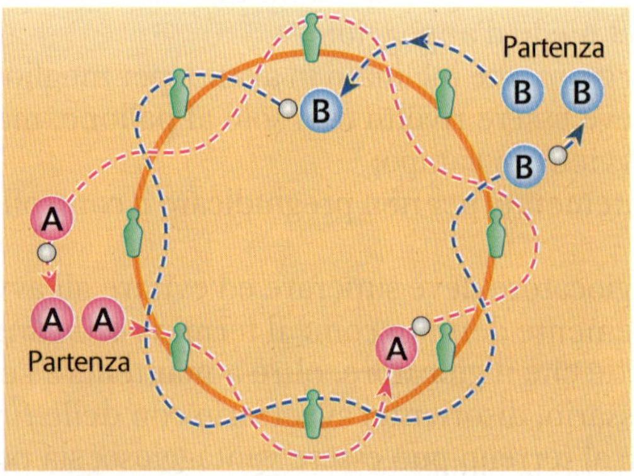

Trasporto veloce

La squadra A cerca di portare piú palloni possibile, avanzando palla al piede, all'esterno di un quadrato, mentre la squadra B li riporta dentro il quadrato, per un tempo determinato (1 o 2 minuti). Si prosegue a ruoli invertiti, e si decreta vincitrice la squadra che ha portato piú palloni nel quadrato.

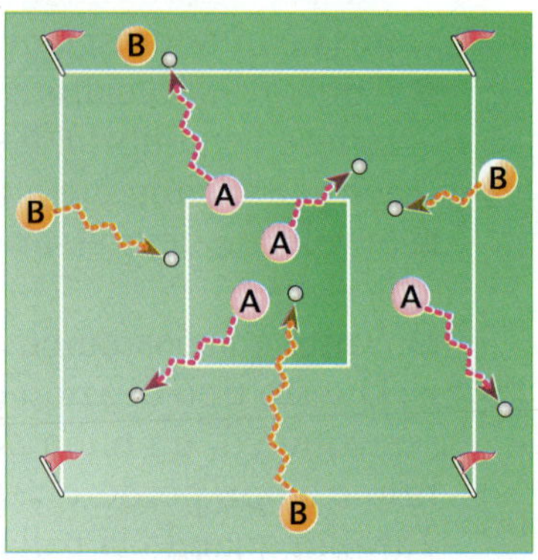

A che livello sei?

Controllo di palla

Predisporre un percorso con 10 birilli o clavette, che inizi da un'unica linea di partenza e di arrivo. A un metro dalla linea di partenza collocare in linea retta il primo di 5 birilli, distanti 2 metri uno dall'altro; dall'ultimo birillo sistemare ogni 2 metri sfalsati in diagonale altri 5 birilli, il primo 1 metro a destra, il secondo 1 metro a sinistra (come da disegno) del prolungamento immaginario dell'originale linea retta. Partire da sinistra ed effettuare uno slalom attorno ai birilli nel minor tempo possibile controllando il pallone con i piedi. Aggirare l'ultimo birillo e ritornare in direzione contraria verso l'arrivo. Il rilevamento cronometrico termina quando il pallone supera la linea dell'arrivo. Per agevolare chi non ha molto controllo di palla, quando l'allievo perde il pallone fermare il tempo: la prova riprende dal punto in cui si è usciti dal percorso. Partendo a sinistra del birillo si arriva dopo il decimo birillo dalla parte destra. Si consideri il miglior risultato su due tentativi.

DATI INDICATIVI DI RIFERIMENTO			
FEMMINE	MASCHI	GIUDIZIO	VOTO
25″	20″	eccellente	10
30″	25″	ottimo	9
35″	30″	buono	8
40″	35″	discreto	7
45″	40″	sufficiente	6
50″	45″	scarso	5
< 55″	< 50″	molto scarso	4

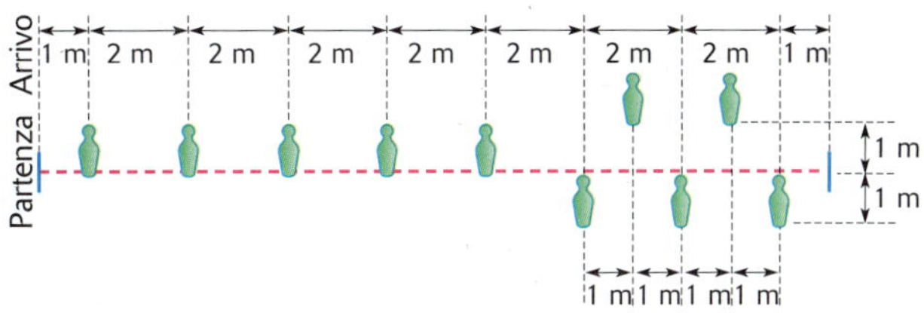

Come si riceve la palla

Comunemente definita **stop**, questa azione permette di attutire la velocità del pallone che viene accompagnato a terra e controllato con maggiore facilità. L'esecuzione corretta di uno stop richiede che il calciatore individui rapidamente la direzione da cui arriva la palla (dall'alto o dal basso) per trovarsi già predisposto a riceverla, adeguando a essa la posizione del suo corpo.

Uno stop si effettua:

- con la pianta del piede;
- con l'esterno del piede;
- con l'interno del piede;
- ricevendo il pallone e spostandosi con esso (stop a seguire);
- con il petto.

La parte del corpo che viene usata per fermare la palla deve essere meno rigida possibile. Prima di entrare in contatto con la palla, il corpo deve essere rivolto verso la palla. La parte del corpo che viene usata per fermare la palla al momento del contatto con essa deve retrarsi, assecondando l'arrivo della palla.
Un attimo prima di entrare in contatto con la palla, il corpo deve essere leggermente sollevato da terra mediante l'esecuzione di un leggero balzello.

Sul campo

Ricezione e passaggio

Per ricevere la palla occorre spostarsi (smarcarsi) e farsi trovare in un posto raggiungibile dal passaggio del compagno. Se c'è il tempo necessario si può avanzare o controllare la palla in modo da colpirla con calma e precisione, altrimenti con estrema velocità (al volo) si può passare la palla mantenendola bassa e veloce. La tecnica di dare la palla è un atto che si apprende alle prime esperienze, ma certamente non nella maniera piú corretta. Bisogna rendersi conto degli errori nell'esecuzione e sapersi correggere nelle occasioni successive.
Talvolta è meglio tenere la palla per qualche istante, se è impossibile passarla ai compagni che non sono riusciti a smarcarsi. Il passaggio va calibrato nella maniera migliore verso il compagno che lo aspetta: spesso è meglio se effettuato rasoterra. Il passaggio alto infatti, se non è colpito al volo, obbliga chi lo riceve a impiegare tempo prezioso per controllare la palla.

Come si calcia e si passa la palla

Il calcio e il passaggio di palla possono essere eseguiti a tre livelli – *rasoterra*, *a mezza altezza* o *verso l'alto* – e richiede comunque la massima precisione.
Vari sono i modi con cui il calciatore può colpire la palla:

- con l'interno del piede (1);
- con il collo del piede (2);
- con l'interno-collo del piede (3);
- con l'esterno del piede (4);
- con la punta del piede (solo per il tiro).

Affinché il tiro risulti preciso occorre che:

- il corpo del calciatore sia in perfetto equilibrio;
- il pallone venga colpito all'altezza della sua *zona mediana*;
- il piede che calcia la palla prosegua la sua traiettoria in modo naturale dopo aver effettuato il tiro;
- il piede di appoggio, cioè quello che non calcia la palla, sia allineato con la palla. Inoltre la distanza tra un piede e l'altro non deve superare i 30 cm.

Un tiro rasoterra richiede che l'impatto con il pallone avvenga appena al di sopra della sua *linea mediana* o in coincidenza con essa.
Se, per esigenze di gioco, il pallone necessita di essere alzato (per esempio per effettuare un pallonetto), l'impatto dovrà avvenire al di sotto della linea mediana.
La tecnica di impatto della palla è la stessa sia per il passaggio che per il tiro, varia solo la potenza che si imprime alla palla. Talvolta nel calcetto viene usato anche il tiro di punta che muove la palla velocemente ma in modo poco preciso.

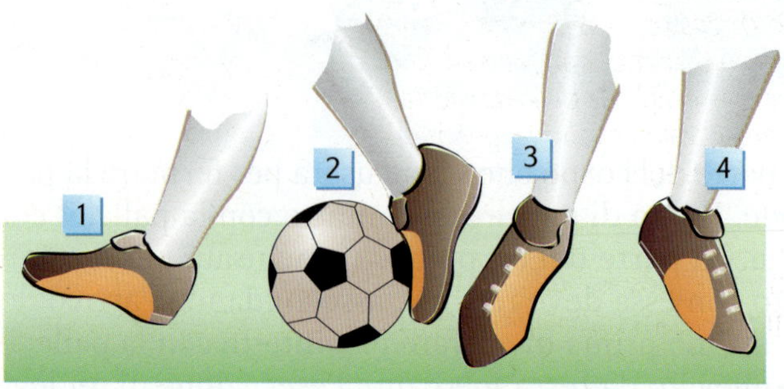

La palla va dove si vuole

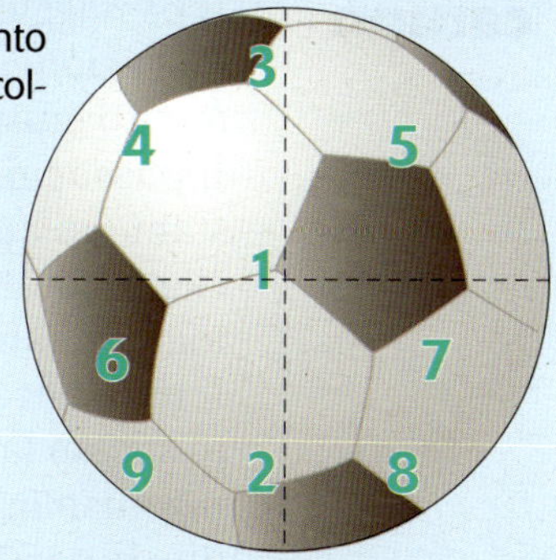

Nel passaggio e nel tiro il pallone acquista differenti traiettorie a seconda del punto nel quale viene colpito. Nel disegno sono indicati i diversi punti in cui può essere colpito.

1. Il pallone assume traiettoria rettilinea.
2. Il pallone tenderà ad alzarsi.
3. Il pallone tenderà ad abbassarsi.
4. Il pallone tenderà ad abbassarsi e a ruotare verso destra.
5. Il pallone tenderà ad abbassarsi e a ruotare verso sinistra.
6. Il pallone tenderà a ruotare verso destra, mantenendosi parallelo al terreno.
7. Il pallone tenderà a ruotare verso sinistra, mantenendosi parallelo al terreno.
8. Il pallone tenderà ad alzarsi e a ruotare verso sinistra.
9. Il pallone tenderà ad alzarsi e a ruotare verso destra.

Giochiamo con i tiri

Il bomber
È una gara di tiri in porta, da una distanza prestabilita. Il tiro va effettuato da fermi, o dopo uno stop al volo, o con altra modalità prestabilita dall'insegnante.

Tiro a segno
Si affrontano due squadre di quattro giocatori. Si dispone un pallone al centro di una piccola area (cerchio) in cui non si può entrare. Una squadra esegue passaggi con la palla e cerca di colpire il pallone al centro del cerchio, l'altra cerca di impedirlo. Dopo un po' si invertono i ruoli di attacco e di difesa.

Tira e scatta
Dopo aver sistemato diverse porte (larghe 1 metro circa) sul terreno di gioco, i giocatori procedono palla al piede. Al segnale dell'insegnante tirano attraverso una porta e scattano per recuperare il pallone. Vince chi raggiunge la palla per primo: si può anche organizzare una gara a punti di squadra.

Passa e scatta
Due giocatori, A e B, sono collocati a 10 metri di distanza uno dall'altro e disposti frontalmente. A calcia a B che gli ritorna la palla e gira rapidamente attorno a un ostacolo o bandierina posta alle sue spalle a 3-4 metri. Perché B sia pronto al successivo passaggio A può effettuare uno stop a seguire di destro (o di sinistro) e passaggio di destro (o di sinistro) o anche tirare al volo. Ciò che è importante è mantenere sempre la palla rasoterra. L'insegnante o un compagno valuteranno la precisione, la velocità e la destrezza nell'eseguire l'esercizio.

Il cecchino
Partendo palla al piede dalla posizione A (vedi figura) il giocatore deve aggirare, percorrendo la più breve traiettoria possibile, il birillo centrale (sempre dalla parte destra) e procedendo in direzione del materasso contrassegnato con il numero 1 arrivare fino alla linea di tiro (per i materassi 1 e 3, 3-4 m per le femmine e 5-6 m per i maschi; per i materassi 2 e 4, 5-6 m per le femmine e 7-9 m per i maschi) oltre la quale non si può effettuare il tiro (si considera la posizione del piede di appoggio).
Il giocatore cercherà di colpire il bersaglio, cioè il materasso: sia che lo abbia colpito, sia che lo abbia mancato recupererà velocemente il pallone per condurlo, sempre aggirando da destra il birillo centrale, di fronte alla linea di tiro per il materasso successivo (i quattro bersagli sono disposti, come si vede nella figura, in senso antiorario). Finito il primo giro se ne comincia un altro e si continua per 2 minuti cronometrati. Alla fine dell'esercizio si procede al conteggio: per ogni bersaglio colpito le femmine conquistano 1 punto, i maschi 0,8 punti.

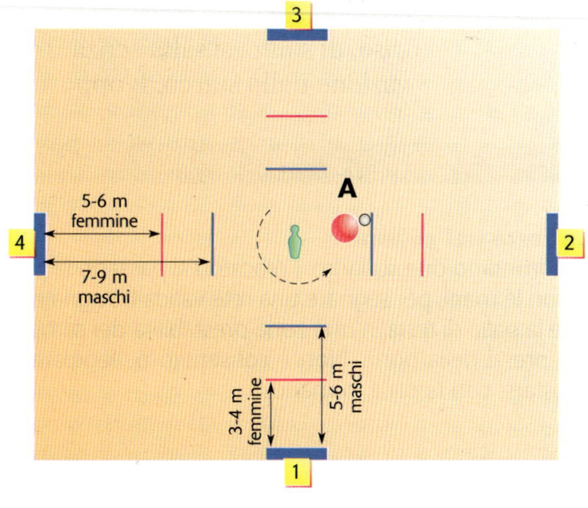

Sul campo

Quando passare e quando tirare

Il passaggio e il tiro risultano fondamentali per la costruzione e la finalizzazione dell'azione. Essi pertanto, per essere produttivi, devono essere eseguiti al momento giusto, con fantasia e precisione, e anche con un po' di astuzia.
Il **passaggio** va eseguito solo al compagno smarcato, tenendo conto dei suoi spostamenti (passaggio avanzato), imprimendo al pallone la giusta velocità, sufficiente da non permettere all'avversario di intercettarla o anticiparla facilmente, ma non tanto elevata da impedire il controllo da parte del compagno.
Il **tiro**, oltre che potente, deve essere indirizzato con la massima precisione: molto spesso la precisione è da privilegiare alla potenza. Non bisogna peccare di protagonismo; occorre saper rinunciare al tiro se c'è un compagno smarcato. Spesso una finta al tiro ben eseguita può ingannare difensori e portiere, e mettere il compagno nella situazione piú favorevole.
Se non bisogna essere egoisti, non bisogna neanche sottrarsi alle occasioni che si presentano: se la situazione è favorevole bisogna prendersi la responsabilità del tiro, senza rimandarlo o ricorrere al passaggio.

La tecnica del colpo di testa

Con la testa si può **ricevere**, **passare** e **tirare la palla**.
Il primo caso, lo *stop*, richiede ottima conoscenza della tecnica calcistica e si esegue con un movimento all'indietro, che tende ad *ammortizzare* la velocità della palla.
Il colpo di testa finalizzato al tiro diventa invece un fondamentale nell'attacco, nel passaggio, nella difesa; occorre una buona base coordinativa generale e muscolare per poterlo attuare con la *parte frontale* del cranio, con la testa che va incontro al pallone. Per inviare il pallone a destra si mantiene la gamba sinistra piú avanzata; viceversa per rinviarlo a sinistra; il busto deve essere orientato nella direzione in cui si vuole spedire il pallone. Molto spesso il colpo di testa deve essere eseguito in elevazione. Lo stacco dei piedi deve essere effettuato o su un piede (in velocità) o su entrambi (in questo caso, di solito, si salta senza rincorsa). La palla viene colpita nel punto di massima elevazione dello stacco. È opportuno esercitarsi nello stacco con entrambi gli arti.

Giochiamo di testa

La testa nel pallone
Si affrontano due squadre. I giocatori si passano la palla con le mani, per segnare una rete valida bisogna colpire la palla di testa in una zona prestabilita del campo, nei pressi della porta. Non è consentito palleggiare o spostarsi con la palla in mano.

Tiro al bersaglio
I giocatori si affrontano a coppie. Un giocatore si dispone nei pressi della linea di rigore, il compagno (posizionato all'intersezione fra la linea di fondo e la linea che delimita l'area di rigore) gli passa la palla con le mani. Scopo del gioco è, colpendo il pallone di testa, centrare un bersaglio (un materasso o altro di dimensioni circa 1 m × 2) posto vicino a uno dei pali della porta. I ruoli si invertono dopo 5 tiri.

La tecnica del portiere

La **tecnica del portiere** è assai complessa, e molto importante in quanto con appropriati gesti il portiere si oppone agli attacchi avversari e da tali gesti inizia la prima fase dell'azione di attacco. Qui non entreremo nel dettaglio, lasciando allo stile individuale questo impegnativo compito. Va ricordato però che ogni stile può essere efficace purché non sia pericoloso per se stessi o per gli altri: a differenza del calcio, il calcetto viene praticato su terreni duri, quindi occorre prestare massima attenzione alle cadute violente.

Posizione dei giocatori e ruoli

Anche per il calcetto è importante sapere che cosa si intende per posizione di gioco e ruolo dei giocatori, in modo da imparare a impostare schemi di gioco di squadra sia semplici che elaborati.
Disporsi in campo non è difficile, ma richiede concentrazione e pazienza, spostamenti mai casuali ma sempre dettati dall'analisi dei comportamenti degli avversari e dalle varie situazioni della partita, in collaborazione con i compagni.

Portiere
Le sue doti piú importanti sono agilità e coraggio. È richiesta una notevole prontezza di riflessi dovendo intervenire spesso a distanze ravvicinate su conclusioni potenti e veloci. Essenziali sono inoltre doti acrobatiche e forte personalità.

Laterale destro e laterale sinistro
L'agilità e la velocità di esecuzione sono le peculiarità principali dei laterali: inoltre, dovendo partecipare sia ad azioni difensive che offensive, essi devono avere un buon tiro con entrambi i piedi, capacità di creare e occupare gli spazi liberi, intelligenza e creatività.

Play (ultimo)
Tra tutti deve essere il difensore piú forte. Possiede velocità nel recupero e nell'anticipo; capacità di interdizione, di costruire il gioco e di trovare la posizione; intesa con il portiere; buona tecnica con entrambi i piedi per ben impostare il gioco.

Pivot
Deve possedere agilità e velocità oltre che buoni fondamentali come il tiro o la protezione di palla. Dovendosi proporre anche come «sponda» deve avere capacità di girarsi a destra e a sinistra per aprire spazi che i compagni possano sfruttare.

7.4 Le tattiche e il gioco

Tattiche di squadra

Le **tattiche di squadra** del calcio a cinque stanno subendo un'evoluzione continua. Pertanto gli schemi sono sempre piú numerosi, sia in fase difensiva che in fase offensiva. Ogni tattica ha vantaggi e svantaggi, pertanto deve essere adeguata al livello tecnico della squadra e alle situazioni di gioco, oltre che naturalmente al comportamento degli avversari. Vediamo ora alcune tattiche semplici e moderne.

Come nel calcio a undici anche nel calcio a cinque si può difendere marcando *a uomo* o *a zona* (quando la propria squadra non è in possesso di palla). Nel primo caso ogni giocatore avrà il compito di controllare direttamente un avversario stabilito, seguendolo in tutte le zone del campo, e interponendosi sempre fra l'avversario e la propria porta.

Nella difesa a zona ogni giocatore occuperà una parte stabilita del campo, e il suo compito sarà quello di intercettare la palla e toglierla agli avversari che nello svolgimento del gioco si troveranno nella sua zona di competenza. Sia difendendo a uomo che a zona nel calcetto è fondamentale la tecnica del **pressing**, che consiste, fin dal momento del rinvio del portiere, nell'esercitare pressione sull'avversario che è in possesso di palla, non lasciandogli il tempo per organizzare la manovra, contrastandolo, anche raddoppiando la marcatura, per indurlo in errore.

Sul campo

Smarcarsi e marcare

Nel calcetto, per le ridotte dimensioni del campo, è opportuno che ogni giocatore partecipi sia alle azioni di attacco che a quelle di difesa. Quando una squadra entra in possesso della palla, i giocatori con cambi di velocità e direzione devono spostarsi negli spazi liberi da avversari per poter cosí proporsi per ricevere eventuali passaggi (smarcarsi). Talvolta è tatticamente opportuno fare questo al solo scopo di farsi seguire dall'avversario, liberando cosí sia chi ha la palla che altri compagni. Quando si perde la palla è essenziale, oltre a contrastare l'avversario che la possiede, avvicinarsi a ogni avversario (marcare) senza la palla per non permettergli di ricevere passaggi (assist). È opportuno, per evitare di essere saltati o superati, interporsi sempre tra il giocatore e la propria porta, e restargli sempre molto vicino per poterlo anticipare qualora cercasse di venire in possesso di palla. Saper eseguire bene questa tattica permette di passare facilmente dall'attacco alla difesa, in particolare consente di creare situazioni di superiorità numerica e di concedere agli avversari solo attacchi 4 contro 4. È possibile mettere in atto questa tattica solo se si è capaci di:

- tornare in fretta dietro la linea della palla;
- ristabilire subito le marcature;
- contrastare (pressing) il portatore di palla;
- trovarsi sempre vicino a tutti i giocatori che potrebbero ricevere la palla (anticipo).

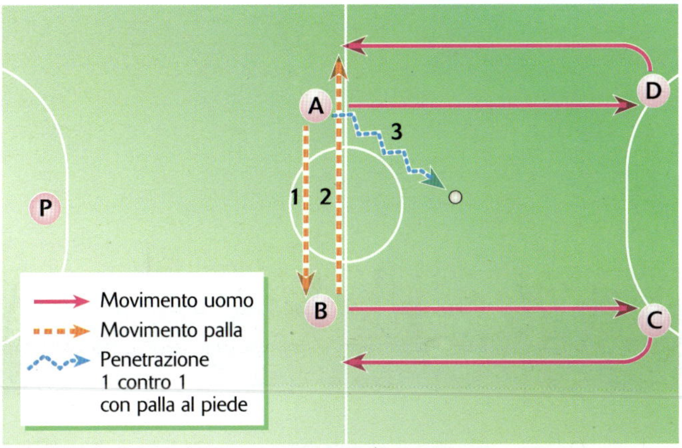

Difesa a quadrato.

Difesa a rombo.

Gli schemi di difesa e di attacco

Il quadrato (2-2). I giocatori si posizionano su 2 linee, una piú difensiva l'altra piú offensiva. Tutti però contribuiscono con veloci spostamenti verticali all'azione difensiva e offensiva, scambiandosi le posizioni. Questo schema si utilizza soprattutto nelle azioni di pressing contro difese chiuse.

Il rombo (3-1). Questa particolare disposizione in campo permette una rapida difesa. Anche il pivot retrocede in difesa facendo pressing sul portatore di palla e spostandosi poi al limite dell'area avversaria in fase di attacco. I laterali difendono le fasce e attaccano sui lati, mentre il play non partecipa all'azione di attacco, ma costruisce il gioco in modo tale da essere sempre pronto a chiudere in difesa. Pertanto questo schema offre piú possibilità offensive del 2-2 senza comportare grandi rischi in difesa.

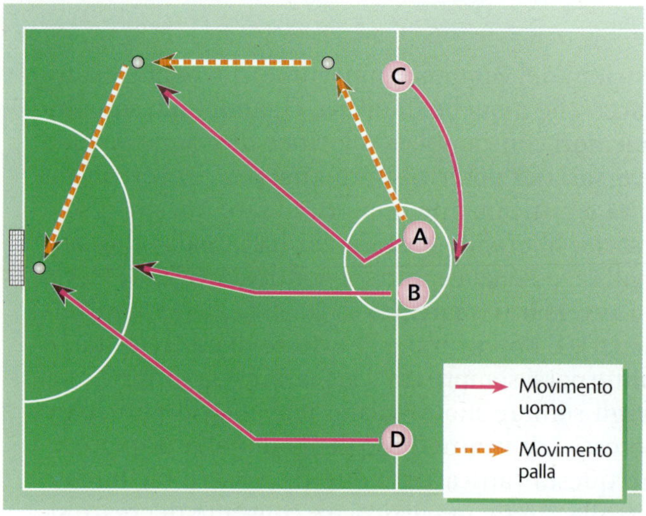

La partenza in linea (4-0). La partenza in linea prevede il movimento continuo di tutti i giocatori sulla stessa linea. Il movimento crea la possibilità di nuove giocate che sorprendono gli avversari, togliendo loro punti di riferimento. Questo schema è tra i piú dispendiosi in quanto porta tutti i giocatori sia ad attaccare che a difendere. Inoltre, se si perde palla gli avversari si trovano spazi molto ampi, facili da infilare in contropiede.

Difesa partenza in linea.

Logica di gioco

Quando gli allievi hanno raggiunto una sufficiente conoscenza del regolamento e sono in grado di applicare in modo accettabile i fondamentali e gli schemi di gioco piú semplici, gran parte delle ore programmate per il calcetto potranno essere dedicate al gioco con vere e proprie partite. Anche nel gioco è opportuno valutare, e far valutare dai compagni, l'esecuzione globale. Il giudizio, relativo alla «logica di gioco», deve comprendere la valutazione di: impegno, rispetto delle regole, autocontrollo, concentrazione, riflessi, scelta appropriata nelle esecuzioni, orientamento, senso tattico, dinamismo, decisione, espressioni tecniche, fantasia, efficacia degli spostamenti con e senza palla. Gli errori dovuti a carenza tecnica non saranno molto penalizzanti. La valutazione va adeguata alle capacità e alle competenze individuali e viene espressa in voti (4-10) o giudizi (insufficiente, sufficiente, buono, discreto, ottimo).

Verifica quanto appreso

1. Del calcio a cinque esponi brevemente

le sue origini ....

....

....;

la sua evoluzione ....

....

....;

la sua diffusione e i leader attuali ....

....

....

2. Descrivi ciò che il regolamento prevede per il passaggio al portiere.

....

....

....

....

....

3. Un campo da gioco regolare può essere largo dai 15 ai 25 m.

☐ Vero ☐ Falso

4. La durata di una gara è di due tempi di 25′.

☐ Vero ☐ Falso

5. Nel calcetto durante lo svolgimento di una gara sono consentite tre sostituzioni.

☐ Vero ☐ Falso

6. Cosa significa il segnale arbitrale della figura?

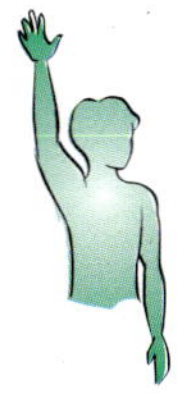

☐ Calcio di punizione diretto
☐ Conteggio dei 4 secondi
☐ Calcio di punizione indiretto
☐ Time out

7. Disegna in modo schematico il piede e indica i punti con cui si calcia o si passa la palla correttamente.

8. Descrivi in base alla tua esperienza scolastica o extrascolastica quali sono i concetti logici per eseguire ed eventualmente valutare *sul campo* lo «smarcarsi e marcare».

....

....

9. Quali sono i ruoli dei giocatori?

....

....

Descrivi le caratteristiche di un ruolo a tua scelta.

....

....

10. Sul campo qui riprodotto indica uno schema che conosci (di difesa o di attacco) e descrivilo.

....

....

11. Sviluppa i seguenti argomenti scegliendo una fra due delle modalità previste dalla terza prova: trattazione sintetica di argomenti o risposta a quesito singolo (rispettivamente in un massimo di 20 e 10 righe).

A Nel calcio a cinque quali sono gli schemi motori di base piú usati e quali le qualità motorie specifiche a essi collegati?

B Accorgimenti *sul campo* per espressioni logiche di gioco finalizzate all'esecuzione tecnica e tattica individuali e di squadra.

C Le regole piú importanti del calcio a cinque.

8 PALLACANESTRO

La **pallacanestro** (o **basket**) è uno degli sport piú diffusi nel mondo: sviluppa le capacità fisiche condizionali (velocità, forza, resistenza, coordinazione), ed è una disciplina altamente spettacolare. Il basket è un potente mezzo di educazione sportiva e al tempo stesso sociale: contribuisce ad accrescere l'esperienza corporea, la coscienza di sé e la capacità dell'individuo di adattarsi all'ambiente in cui vive.

8.1 La storia

La pallacanestro, anche se assomiglia per alcuni aspetti ad antichi giochi diffusi tra gli aztechi e gli olmechi, è stata pensata e ideata a tavolino nel **1891** da **James Naismith**, insegnante di educazione fisica presso un college del Massachusetts. Naismith era stato incaricato dal dipartimento dello sport di inventare un gioco con il quale i giocatori di football americano e di baseball potessero mantenersi in allenamento anche nel periodo invernale, e allo stesso tempo riuscissero a sviluppare la destrezza e le qualità fisiche evitando i pericoli del contatto fisico.

Sembra che Naismith abbia sviluppato l'idea del basket dopo aver gettato una palla di carta nel cestino; attaccò dunque due cesti per la raccolta della frutta al centro delle balconate delle pareti piú piccole della palestra: da qui il nome *basket-ball*, che in inglese significa «palla cesto». I contenitori erano collocati a 3,05 m dal suolo, l'altezza delle balconate, e tale distanza dal terreno è rimasta inalterata negli anni. Qualche tempo piú tardi Naismith mise a punto tredici regole fondamentali che diedero vita al nuovo gioco.

La prima partita si concluse con un solo canestro e, poiché i cesti avevano il fondo chiuso, per recuperare la palla fu necessario ricorrere a una scala. Nel 1892 i canestri furono sostituiti da reti di spago a forma di sacco anch'esse però chiuse sul fondo, cosí che dopo ogni canestro realizzato si doveva ancora ricorrere alla scala per recuperare la palla. Successivamente venne usata una pertica per far uscire il pallone dalla rete (solo a partire dal 1912 furono adottate reti senza fondo in modo da permettere al pallone di ricadere a terra dopo ogni canestro).

Il numero dei giocatori e le dimensioni del campo inizialmente venivano decisi di volta in volta. Fu cosí fino al 1897, anno in cui si stabilí per regolamento che i giocatori in campo per ciascuna squadra fossero cinque, com'è ancora oggi.

La prima partita ufficiale venne disputata a New Haven (USA) il 20 marzo 1897 e vide la vittoria della Yale University per 32 a 10 sulla Pennsylvania University. La pallacanestro si diffuse rapidamente nelle Università degli USA e del Canada. Giunse ben presto in Francia e in Inghilterra e poi ancora in Australia, Brasile, Cina, India e Giappone.
La pallacanestro diventò sport olimpico ufficiale ai Giochi di Berlino del 1936. La squadra statunitense vinse la medaglia d'oro che fu consegnata direttamente a Naismith.
In **Italia** la pallacanestro fu introdotta dalla Federazione di ginnastica nel **1907**, ma lo sport si diffuse solo alla fine della prima guerra mondiale (1918), quando gli americani giunti in Europa lo fecero conoscere ai soldati italiani. A Milano il 2 novembre del 1921 fu costituita la Federazione Italiana Basketball, che cambiò nome negli anni successivi fino a quello definitivo del 1931 di Federazione Italiana Pallacanestro (FIP). La nazionale italiana esordí contro la Francia il 4 aprile 1926: in quell'occasione gli azzurri s'imposero per 27 a 17.
La pallacanestro, anche grazie al cambiamento di alcune regole, divenne uno sport spettacolare che catturò l'interesse del grande pubblico. Partendo dalle formazioni di base delle High School (scuole superiori), si sviluppò nelle università a livello dilettantistico, trasformandosi quindi in popolarissimo sport professionistico e raggiungendo negli Stati Uniti la stessa popolarità del baseball.
Grandi club come Boston Celtics, Chicago Stags (poi Bulls), Minneapolis Lakers (poi Los Angeles), solo per citare i piú famosi, rappresentano la massima espressione di questo sport a livello mondiale.
Gli Stati Uniti sono da sempre la nazione leader del basket, che si è diffuso anche in America Latina (Portorico, Cuba, Brasile, Argentina) ed Europa (URSS e Jugoslavia), dove sono nate vere e proprie scuole che hanno prodotto, nell'ultimo decennio del Novecento, eccellenti giocatori di basket professionistico.
In Italia e Spagna, e poi in Grecia e Francia, grandi club professionistici rendono sempre piú popolare questo sport grazie a una continua evoluzione tecnica e tattica, e al contributo di tanti campioni provenienti dagli USA. Nel 1992, alle Olimpiadi di Barcellona, nasce il **Basket open**, formula che prevede anche la presenza dei professionisti. In quegli anni l'Italia acquisisce credibilità internazionale; nel 1983 vince il primo titolo europeo seguito poi da quello del 1999.

8.2 Il gioco e le regole fondamentali

Nella pallacanestro le squadre alternano nel giro di pochi secondi azioni **in attacco** e azioni **in difesa**, cercando di **centrare il canestro** (eludendo la difesa avversaria oppure intercettando la palla giocata dagli avversari).
Il basket si svolge al coperto. Il gioco all'aperto viene praticato (soprattutto negli Stati Uniti) dai ragazzi in piccoli campi (*playground*) situati nei diversi quartieri: è proprio su questi campi che hanno mosso i primi passi tanti giocatori diventati nel giro di pochi anni i grandi protagonisti nell'NBA (*National Basketball Association*), la lega professionistica americana.

Il terreno di gioco e la palla

La pallacanestro si gioca su **un campo rettangolare di 28 × 15 m**, diviso a metà nel senso della larghezza da una linea che delimita due zone corrispondenti alle zone di attacco e difesa. Alle estremità, in posizione centrale, sono segnate sul campo due aree di forma trapezoidale; alle estremità delle aree e al centro della linea centrale sono segnati tre cerchi; un'altra linea curva è tracciata a 6,25 m dal canestro (*linea dei tre punti*).
Al centro dei due lati corti del campo ogni squadra dispone di un canestro, costituito da un anello di ferro del diametro di 45 cm al quale è appesa una rete; tale struttura è fissata a un tabellone (180 × 120 cm) posto perpendicolarmente alla linea di fondo, che mantiene il canestro all'altezza di 305 cm dal terreno.
La pallacanestro si gioca con **un pallone di colore arancione** della circonferenza e del peso: maschi: 75-78 cm, 567-650 g; femmine: 72-74 cm, 500-540 g.
La superficie esterna del pallone, sulla quale sono disegnati 8 spicchi, deve essere di cuoio, gomma o materiale sintetico. La palla deve essere gonfiata a una pressione tale che, lasciata cadere sul terreno di gioco da un'altezza di circa 1,80 m misurata dalla parte inferiore della palla, rimbalzi a un'altezza compresa tra 1,20 m e 1,40 m (misurata dalla parte superiore).

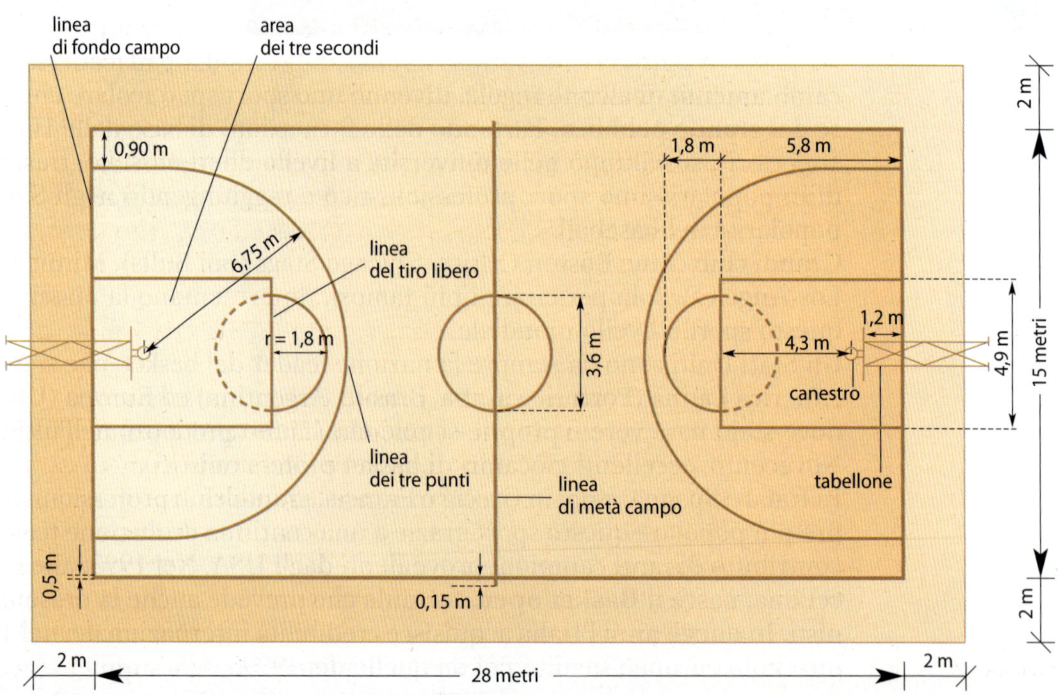

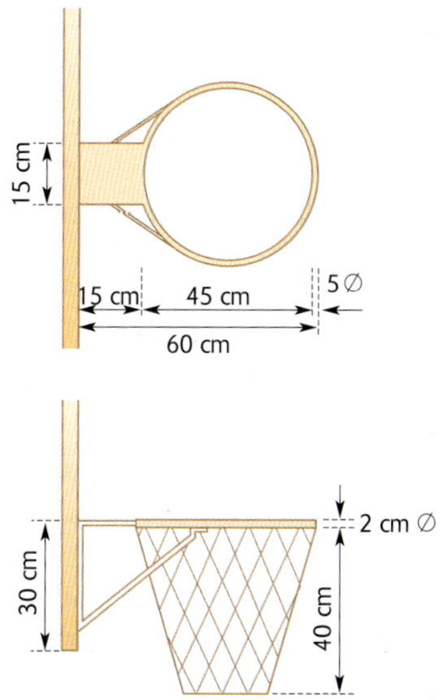

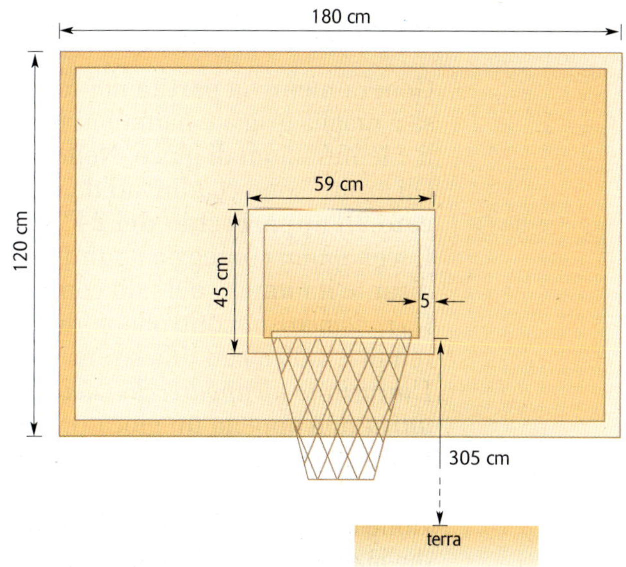

Le squadre e i ruoli

Sostituzione.

Ogni squadra si compone di un massimo di 10 giocatori; **durante il gioco sono in campo cinque giocatori per squadra**. Nelle categorie giovanili il numero dei giocatori può essere modificato.
Una squadra può effettuare un numero illimitato di sostituzioni, in qualsiasi momento della partita (ad eccezione della fase in cui avvengono i tiri liberi). Devono essere effettuate il piú rapidamente possibile. Il giocatore indicato dall'allenatore si presenta al segnapunti e chiede il cambio rimanendo all'esterno della linea di delimitazione fino a che l'arbitro lo invita a entrare.

La partita

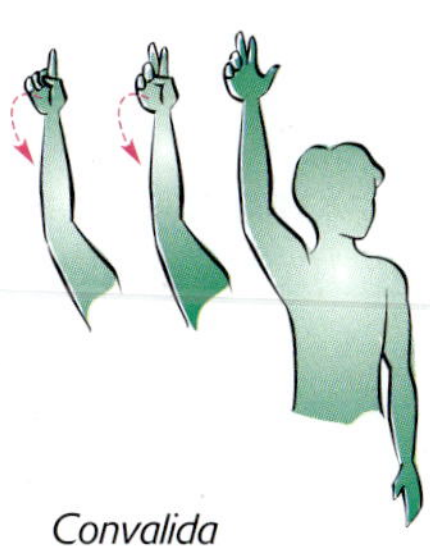
Convalida di un tiro da uno, da due, da tre punti.

Il gioco consiste nel **far entrare il pallone** dall'alto verso il basso **nel canestro** avversario, tirando da qualsiasi parte del campo, e nell'impedire alla squadra avversaria di impossessarsi della palla e fare altrettanto.
La palla può essere passata, tirata, battuta, rotolata o palleggiata in qualsiasi direzione.
Vince la squadra che realizza il maggior numero di *canestri* alla fine del tempo di gioco.
Il canestro può valere 1, 2 o 3 punti a seconda di come è stato realizzato:
- il canestro eseguito dal giocatore che si trova all'esterno della linea dei tre punti vale 3 punti;
- quello realizzato su azione di gioco ne vale 2;
- quello realizzato con un tiro libero a gioco fermo vale 1 punto.

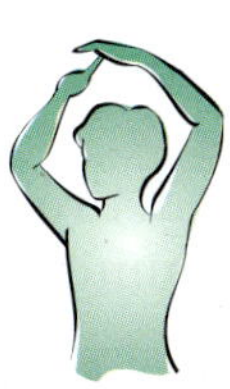
Minuto di sospensione.

La partita è suddivisa in quattro periodi di 10 minuti ciascuno. Tra il 1° e il 2° periodo (1° tempo), tra il 3° e il 4° periodo (2° tempo) e prima di ogni tempo supplementare l'intervallo è di 2 minuti, mentre l'intervallo di metà gara è di 15 minuti.
Se al termine dell'incontro regolamentare le squadre sono in parità, si effettuano uno o piú tempi supplementari di 5 minuti ciascuno, con un intervallo di 2 minuti, sino a che il risultato non permetta di determinare la squadra vincitrice.
Inoltre gli allenatori possono richiedere cinque sospensioni di 1 minuto (*time out*) nei periodi regolamentari: due a disposizione di ogni squadra nel 1° tempo e tre nel 2° tempo ed una ulteriore sospensione per ogni tempo supplementare.

Gli arbitri, le regole e le infrazioni

Generalmente la partita nei campionati nazionali è diretta da tre arbitri (la cui divisa è maglia grigia e pantaloni lunghi neri) che hanno il compito di rilevare tutti i falli e le infrazioni di gioco. Nelle altre categorie la partita è diretta da due arbitri.
Gli arbitri sono coadiuvati da **un segnapunti**, da **un cronometrista** e da **un incaricato all'apparecchio dei 24″**.
Il *segnapunti* conteggia i punti e i falli personali; a ogni fallo deve alzare la paletta indicante il numero dei falli commessi da quel giocatore.
Il *cronometrista* controlla la durata effettiva del tempo di gioco e gli intervalli tra i tempi e indica con una sirena la fine dei periodi.
L'*incaricato all'apparecchio dei 24″* aziona lo strumento secondo queste modalità: lo *attiva* non appena un giocatore acquisisce il controllo della palla e lo *azzera* quando la quest'ultima passa a un avversario.
Durante la gara, ciascuna squadra ha a disposizione 24″ per portare a buon fine un'azione di gioco. Il tempo non viene azzerato se la palla esce dal campo in séguito a una deviazione da parte di un giocatore della squadra avversaria. Il cronometro viene azzerato sia nel caso in cui la squadra in attacco, effettuando un tiro a canestro, riesca a realizzarlo, sia qualora il pallone tocchi il ferro e venga recuperato da un giocatore di una delle due formazioni.
Di séguito esaminiamo alcune **infrazioni**.

Fallo personale. La pallacanestro è, teoricamente, un gioco senza contatti. Ciononostante, risulta ovvio che i contatti personali non possono essere evitati completamente quando dieci giocatori si spostano velocemente su uno spazio limitato.
Se si verifica un contatto personale «in buona fede» a seguito di un evidente tentativo di giocare la palla, e tale contatto non provoca uno svantaggio all'avversario che lo subisce, il contatto può essere considerato accidentale e quindi non deve essere punito.
Un contatto da dietro non è un normale intervento di gioco. Il giocatore che è dietro è di solito considerato responsabile del contatto, a causa della sua posizione sfavorevole rispetto alla palla e al suo avversario.

Fallo personale.

Fallo personale è quello di un giocatore che implica un contatto con un avversario, con palla *viva*, in gioco o *morta*.
Un giocatore non deve bloccare, trattenere, spingere, caricare, sgambettare, o impedire l'avanzare di un avversario estendendo le sue braccia, spalle, fianchi, ginocchia o piedi, né piegare il suo corpo in modo non naturale, né deve praticare un gioco duro.
Se un giocatore commette piú di 4 falli personali o un fallo personale molto grave viene espulso e non può piú prendere parte alla partita.
Quando il fallo è provocato su un giocatore in azione di tiro a canestro:

- se il canestro viene realizzato, è convalidato e deve essere concesso un tiro libero aggiuntivo;
- se il tiro a canestro da 2 punti non viene realizzato, devono essere concessi due tiri liberi;
- se il tiro a canestro da 3 punti non viene realizzato, devono essere concessi tre tiri liberi.

Un tiro libero, due tiri liberi, tre tiri liberi.

Il tiro libero si effettua alle estremità delle aree situate frontalmente al canestro; gli avversari non possono ostacolarne l'esecuzione; al termine dell'ultimo tiro libero, nel caso in cui la palla non sia entrata nel canestro, essa si considera in gioco.
Se il fallo personale è stato provocato su un avversario che non è in azione di tiro, la squadra che subisce il fallo ha diritto di rimettere il pallone in gioco dal punto piú vicino al quale è stato commesso il fallo.
Quando una squadra ha commesso quattro falli, personali o tecnici, in un periodo di 10 minuti, esaurisce il suo bonus e tutti i successivi falli personali saranno san-

zionati con 2 tiri liberi effettuati da parte del giocatore avversario che ha subíto il fallo; inoltre quando un giocatore commette un fallo personale ha l'obbligo di alzare un braccio.

Fallo tecnico.

Fallo tecnico. Il fallo tecnico viene fischiato quando un giocatore, un allenatore o qualsiasi componente della panchina si rivolge in modo irriguardoso e offensivo nei confronti degli arbitri o degli avversari.
Sanzioni
Un tiro libero più rimessa da metà campo se il fallo tecnico è sanzionato ad un giocatore presente sul campo di gioco.
Due tiri liberi più rimessa da metà campo se il fallo tecnico è sanzionato ad un componente della panchina.
Espulsione e abbandono del campo se un allenatore commette due falli tecnici nell'arco della stessa gara.

Fallo antisportivo. Un fallo antisportivo è, a giudizio dell'arbitro, un fallo personale commesso da un giocatore, con o senza palla, deliberatamente contro un avversario. Il fallo antisportivo ricorre nei seguenti casi:
- se un giocatore non effettua legittimo tentativo di giocare la palla nello spirito e nell'intendimento delle regole;
- se, nel tentativo di giocare la palla, il giocatore provoca un contatto eccessivo e troppo violento;
- se un giocatore trattiene, colpisce o spinge intenzionalmente un avversario.

Sanzioni
Un fallo antisportivo è addebitato al giocatore che lo ha commesso e comporta uno o piú tiri liberi (se colui che subisce il fallo è in azione di tiro e realizza o meno il canestro).
Durante il tiro libero (o tiri liberi), tutti gli altri giocatori devono stare dietro il prolungamento della linea di tiro da tre. Dopo l'ultimo o unico tiro libero, realizzato o meno, la palla deve essere rimessa in gioco a metà campo dalla linea laterale opposta al Tavolo del Segnapunti, da un giocatore della stessa squadra che ha subíto il fallo.

Infrazione di passi.
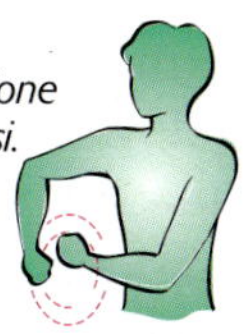

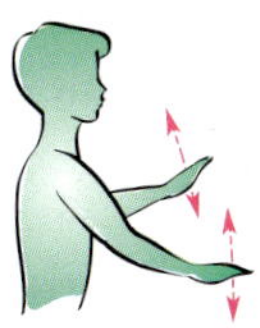
Infrazione di doppio palleggio.

Infrazione di passi. Si incorre in tale infrazione quando si effettuano piú di due passi con il pallone in mano. Non è infrazione di passi il movimento definito *giro*. Un giro si ha quando un giocatore in possesso di una palla viva si muove una o piú volte in una direzione qualsiasi con lo stesso piede, mentre l'altro piede, chiamato *piede perno*, viene tenuto fermo a contatto con il terreno di gioco.

Infrazione di palleggio. Nel gioco è obbligatorio che il trasporto della palla avvenga soltanto a determinate condizioni (*palleggio a una mano*). Si verifica infrazione di palleggio quando vengono effettuati uno o piú palleggi con entrambe le mani.

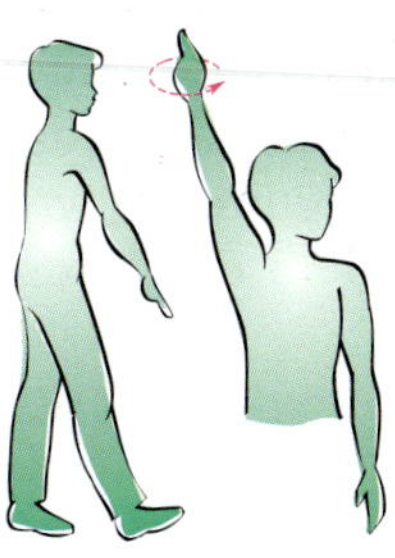
Infrazione di piede.

Infrazione di doppio palleggio. Viene rilevata dall'arbitro quando il giocatore, partito regolarmente in palleggio, interrompe tale azione, riprende il pallone con due mani e, anziché passarlo o tirarlo, riprende a palleggiare.

Infrazione di piede o di pugno. Vengono rilevate dall'arbitro quando il giocatore colpisce volontariamente il pallone con il pugno o con il piede.

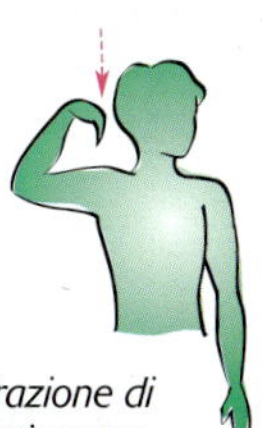
Infrazione di ventiquattro secondi.

Infrazioni di tempo. Il regolamento prevede *infrazioni di tempo* (che fra l'altro velocizza e rende il gioco piú spettacolare) quando:
- una squadra mantiene per piú di 24 secondi il possesso del pallone;
- una squadra che ha conquistato la palla in difesa non supera la propria metà cam-

po entro 8 secondi; a tale proposito bisogna ricordare che quando la palla è stata portata in zona d'attacco non può essere riportata in zona di difesa;
- un giocatore trattiene la palla per piú di 5 secondi senza palleggiarla, passarla o tirarla;
- gli attaccanti restano per piú di 3 secondi, con o senza palla, nell'area avversaria.

Naturalmente non si considera il tempo in cui la palla rimbalza sul tabellone o quello durante il quale è in volo a seguito di un tiro.

Rimessa a due.

È importante ricordare che quando l'arbitro fischia un'infrazione, escluso il tiro libero, la palla viene rimessa in gioco non dal punto in cui l'infrazione si è verificata ma dal punto piú vicino corrispondente sulla linea laterale. Nel caso in cui la palla esca dalla linea di fondo campo, viene rimessa in campo dallo stesso punto da cui è uscita.

Ancora qualche regola

Come si gioca la palla. Nella pallacanestro la palla viene giocata con le mani. Correre con la palla, colpirla deliberatamente con i piedi o con il pugno è una violazione. Colpire la palla «di piede» significa, piú in generale, colpirla o bloccarla con le ginocchia, con qualsiasi parte della gamba sotto il ginocchio o con il piede. Entrare in contatto o toccare accidentalmente la palla con il piede o con la gamba non costituisce violazione.

Salto a due. L'arbitro, tra due giocatori, lancia la palla in alto, verticalmente e a un'altezza superiore a quella che ciascun giocatore può raggiungere con un salto; la palla a quel punto dovrà essere toccata con la mano da uno o entrambi i giocatori, ma solo dopo che essa ha raggiunto la massima altezza.
Questo tipo di rimessa avviene: all'inizio della partita; all'inizio del terzo periodo (nel secondo e nel quarto periodo il possesso di palla spetterà alla squadra che ha perso l'iniziale rimessa a due); all'inizio di ogni eventuale tempo supplementare.

Possesso alternato. Nel secondo e quarto periodo, e in tutte le situazioni di palla contesa, vige la regola del *possesso alternato*.
La squadra che non ottiene il controllo della palla nei salti a due, darà inizio all'alternanza con il possesso della palla per una rimessa dal punto piú vicino a dove si verifica la situazione di salto a due. Una freccia posta sul tavolo degli ufficiali di gara segnalerà la squadra che ha diritto alla palla per la rimessa in gioco a seguito del *possesso alternato*.

Status della palla. La palla è *viva* quando:
- durante la rimessa a due lascia la mano dell'arbitro;
- durante un tiro libero un arbitro la mette a disposizione del giocatore che deve eseguire i tiri liberi;
- durante una rimessa in gioco dalle linee perimetrali, la palla è a disposizione del giocatore che effettua la rimessa.

La palla è *morta* quando:
- viene segnato un canestro o assegnato un tiro libero;
- un arbitro fischia mentre la palla è viva;
- il segnale acustico è azionato per indicare la fine di un periodo o tempo supplementare.

8.3 I fondamentali individuali con la palla

Come tutti gli sport di squadra, la pallacanestro richiede, durante la partita, il rispetto di alcuni accorgimenti tecnici e tattici finalizzati alla massima spettacolarità e velocità del gioco.
Vediamo dunque ora i gesti tecnici, definiti comunemente fondamentali individuali con la palla, che permettono un'espressione di gioco regolamentare e qualitativamente migliore: si tratta di *ricezione* e *presa*, *passaggio*, *palleggio*, *tiro*.

1 Passaggio
2 Presa
3 Palleggio
4 Tiro

La ricezione e la presa

La **ricezione** è il gesto che il giocatore compie quando prende possesso della palla. È di fondamentale importanza perché una cattiva ricezione può vanificare anche il passaggio piú geniale.
Per eseguire una ricezione ottimale bisogna effettuare un passo nella direzione di provenienza della palla o una flessione in avanti del busto, tenere le braccia semiflesse, le mani con dita larghe e distese in modo naturale, palmo in basso e pollici rivolti all'interno cosí che l'impatto delle dita con il pallone risulti attutito. Il movimento delle braccia e delle mani deve essere ben coordinato per ammortizzare la velocità della palla.
La **presa** è il modo di tenere il pallone dopo la ricezione. Si esegue sempre con due mani, in modo da poter passare, palleggiare o tirare meglio il pallone. Si effettua lateralmente al pallone, con i soli polpastrelli di tutte le dita, tenendo i pollici convergenti in direzione del centro superiore del pallone, le braccia semiflesse e i gomiti in basso. La presa può essere effettuata a varie altezze:

- nella *presa alta* (sopra il capo) i pollici sono rivolti all'interno, il palmo delle mani in avanti;
- nella *presa al petto* i pollici sono rivolti all'interno, il palmo delle mani in dentro;
- nella *presa bassa* (sotto le anche) i pollici sono rivolti in fuori, i mignoli all'interno e il palmo delle mani in avanti.

Giochiamo con la presa

1 Disposti in cerchio, 5 giocatori + 1 al centro (difensore) effettuano vari tipi di passaggio cercando di non far toccare il pallone al difensore. Se quest'ultimo lo intercetta, si unisce al cerchio e chi ha sbagliato il passaggio va la centro.

2 Si può fare lo stesso gioco ma con la presenza nel cerchio di due difensori.

3 Un altro gioco si svolge fra due squadre di tre giocatori utilizzando l'area dei tre punti, un tabellone e tre cerchi che vengono disposti su una linea (uno al centro e gli altri due ai lati; vedi figura).
La squadra che è in possesso di palla può segnare un punto se riesce a depositare la palla in uno dei cerchi soltanto dopo averla fatta rimbalzare sul tabellone. Gli avversari cercheranno di conquistare il pallone dopo il rimbalzo al tabellone oppure mettendo un piede dentro uno dei cerchi eviteranno il punto dell'avversario, ma non potranno andare in piú di un cerchio contemporaneamente.
Per iniziare un nuovo attacco si deve uscire dalla zona dei tre punti. È vietato palleggiare o eseguire piú di due passi con la palla in mano; la circolazione di palla avviene solo tramite passaggi.

Il palleggio

Durante il gioco, il giocatore non può avanzare sul terreno con la palla in mano per piú di due appoggi senza incorrere in infrazione di passi. Il regolamento permette però al giocatore di spostarsi sul campo con il pallone facendolo rimbalzare a terra, senza fermarlo e spingendolo con una sola mano per quanti passi vuole, cioè «palleggiando».
Il **palleggio** si inizia facendo ruotare la mano con cui si vuole spingere il pallone verso il polo superiore; il braccio semipiegato, estendendosi, permetterà alla mano coadiuvata dal polso di spingere il pallone dall'alto verso il basso (*fase di spinta*).

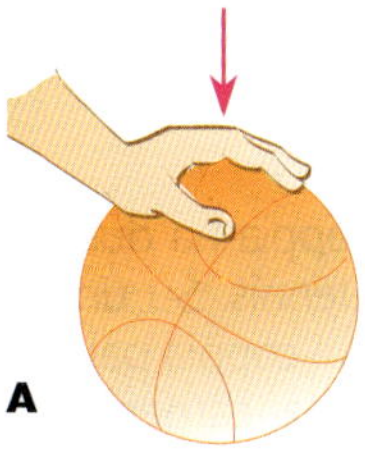

A

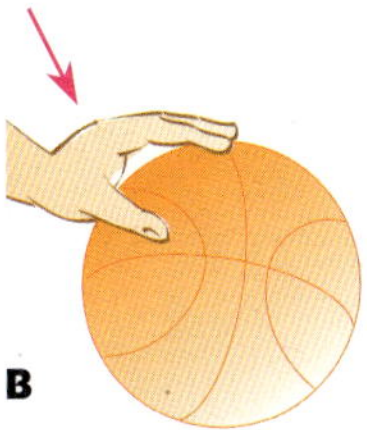

B

La spinta della mano sul pallone:
A *palleggio basso;*
B *palleggio alto.*

In tale azione le dita devono essere distese e aperte. Dopo il rimbalzo, quando il pallone ritorna alla mano, i polpastrelli ammortizzano il moto del pallone esercitando una continua azione a stantuffo dovuta alla ritmica azione dell'avambraccio sul braccio (*fase di ammortizzazione*). Per mantenere una buona posizione di equilibrio busto e gambe assecondano il movimento dell'arto superiore (gambe semipiegate, baricentro basso).
Se il palleggio viene eseguito stando fermi, la spinta della mano deve essere esercitata al centro della superficie superiore del pallone, in direzione verticale al terreno, e non deve superare il ginocchio: in questo caso si parla di **palleggio basso**, usato dal giocatore in presenza di ostacoli (avversari) che si frappongono nei suoi spostamenti. Nel caso in cui il palleggio si effettui in corsa, la spinta sarà esercitata in una zona piú bassa, nella parte posteriore del pallone, rispetto al polo superiore, con rimbalzo all'altezza del bacino, in modo da consentire lo spostamento della palla in avanti senza interrompere la corsa. Questo palleggio, detto **palleggio alto**, si usa quando non si è marcati da vicino da un avversario.
Il palleggio al quale si ricorre durante l'arresto di una corsa, quando si corre il rischio di perdere il possesso del pallone è il **palleggio protetto**, che consiste nel coprire la palla con il corpo e con il braccio dagli attacchi dell'avversario.
Nel momento in cui si inizia a palleggiare bisogna fare attenzione a non muovere il piede perno (per esempio quello posteriore nell'arresto a due tempi) per non incorrere nella infrazione di passi. Questo si potrà fare solo nel momento in cui il pallone tocca il suolo col primo rimbalzo e non prima.

Gli errori piú comuni nel palleggio

1. Palleggiare schiaffeggiando la palla o battendola in controtempo.
2. Palleggiare troppo in alto o troppo in basso.
3. Avanzare palleggiando con la palla troppo avanti o troppo indietro rispetto al busto.
4. Concentrare lo sguardo sulla palla e non sul campo e sulla disposizione dei giocatori.
5. Palleggiare usando sempre la stessa mano.

Gli errori 1-2-3-5 si correggono esercitandosi nel palleggio, sotto il controllo dell'insegnante.
Un buon esercizio per correggere l'errore 4 è il seguente: i ragazzi palleggiano sul posto ciascuno con un pallone. L'insegnante è posto davanti a loro: con un braccio in alto indica dei numeri con le dita. Gli alunni devono devono gridare ad alta voce i numeri segnalati, mantenendo lo sguardo e l'attenzione non solo sulla palla.

Sul campo

Spostarsi con la palla

L'esecuzione corretta di questo fondamentale movimento presuppone notevole sensibilità e automaticità, che si ottengono con esercitazioni costanti e continue. Spesso col palleggio si eseguono cambi di mano permessi dal regolamento; ciò mette l'avversario in difficoltà perché rende l'azione del palleggio meno prevedibile.
Chi palleggia non deve mai guardare la palla ma mantenere lo sguardo avanti. Il palleggio deve essere usato quando è necessario senza abbandonarsi a virtuosismi spettacolari e personali per dimostrare la propria bravura, che si rivela spesso negativa per la squadra a tutto vantaggio degli avversari.
Per diventare bravi giocatori di pallacanestro è importante imparare a distinguere quando è necessario palleggiare e quando non lo è.
Il palleggio viene utilizzato per spostare la palla dalla zona di difesa a quella di attacco e posizionarsi cosí in un punto da cui è piú facile tirare a canestro o per trovare piú spazio per effettuare un passaggio una volta che ci si è allontanati da un avversario.

Giochiamo a palleggiare

Il re del palleggio
Tutti i giocatori hanno un pallone, che palleggiano a terra cercando di costringere l'avversario a portare la propria palla al di fuori di un terreno di gioco delimitato. Si gioca su tre campi che corrispondono alle serie A, B e C: tutti i partecipanti iniziano in C; chi riesce a far commettere l'errore all'avversario è promosso in B e poi in A; chi sbaglia scende di categoria. Il corpo viene utilizzato a difesa del proprio pallone e non per attaccare l'avversario.

Passa e palleggia
I ragazzi si dividono in coppie; ciascuna coppia ha due palloni da pallacanestro e una pallina da tennis. Su un terreno di gioco prestabilito i ragazzi di ogni coppia palleggiano con il proprio pallone e contemporaneamente si passano la pallina da tennis. Si usano entrambe le mani: con la destra si palleggia a terra e con la sinistra si lancia, poi si cambia mano L'esercizio si può svolgere anche con un pallone da calcio al posto della pallina da tennis da passare rasoterra al compagno.

A che livello sei?

Abilità nel palleggio

Per svolgere questo test occorre predisporre un percorso in linea retta lungo 20 m. Sistemare a un metro dalla partenza il primo di dieci birilli (o clavette), distanti 2 m l'uno dall'altro. A un metro dall'ultimo birillo si segna la linea di arrivo. I ragazzi devono fare uno slalom tra i birilli nel minor tempo possibile. Partono tenendo la palla con due mani, palleggiano tra i birilli con una mano e al passaggio di ogni birillo eseguono un corretto cambio di mano (30 decimi di penalità ogni cambio errato). Il rilevamento del tempo terminerà quando il pallone in palleggio avrà superato la linea d'arrivo. Il test va eseguito su almeno tre prove valutando con i parametri di riferimento il miglior tempo ottenuto.

DATI INDICATIVI DI RIFERIMENTO

Femmine	Maschi	Giudizio	Voto
6″	5″	eccellente	10
6″50	5″50	ottimo	9
7″	6″	buono	8
8″	7″	discreto	7
9″	8″	sufficiente	6
10″	9″	scarso	5
11″	10″	molto scarso	4

Sul campo

Ricezione-presa-passaggio
Il passaggio va sempre eseguito con velocità e precisione; questa seconda componente non deve essere compromessa dalla prima. Pertanto l'azione del passaggio deve essere coordinata e regolata rispetto alle esigenze e alla posizione di colui che deve ricevere. Le traiettorie dei passaggi nella pallacanestro sono quasi sempre dirette e veloci, pertanto bisogna porre la massima attenzione nel ricevere la palla nel modo corretto, anche per evitare possibili traumi. Ogni passaggio termina con una ricezione e può essere considerato riuscito solo nel momento in cui viene effettuata quest'ultima. Perciò una cattiva ricezione può vanificare anche il passaggio migliore.

Il passaggio

Il **passaggio** è il gesto individuale piú importante per il gioco di squadra, infatti il pallone è sicuramente piú rapido in volo che quando viene portato in palleggio da qualsiasi giocatore, per quanto veloce negli spostamenti.
Per la buona riuscita di un passaggio è fondamentale saper cogliere:
- il *momento giusto*: passare il pallone quando il compagno è libero e chiede la palla;

- il *punto giusto*: passare la palla dove il compagno la vuole;
- il *modo giusto*: utilizzare il tipo di passaggio piú adatto al momento.

I passaggi possono essere eseguiti con tecniche differenti.

Passaggio a due mani dal petto. È un passaggio con traiettoria tesa adatto per distanze medio-brevi. Si porta il pallone al petto con gli avambracci flessi sulle braccia; il busto è eretto; le mani reggono lateralmente il pallone, con le dita rivolte verso l'alto; i gomiti rimangono naturalmente larghi, mentre gli arti inferiori devono essere leggermente piegati; la fronte è rivolta verso l'alto (*fase di caricamento*). Il movimento, dalla posizione appena descritta, ha inizio con una distensione degli arti inferiori contemporanea a una distensione degli arti superiori, che passano da una posizione breve a una posizione lunga, ed è completato da una frustata finale delle dita, con estrarotazione dei polsi (*fase di spinta*), palmo in fuori. In questo modo si imprime al pallone una rotazione in senso contrario alla direzione voluta, che faciliterà la ricezione da parte del compagno. Questo passaggio si usa quando non ci sono ostacoli tra chi lo effettua e chi lo riceve e per passaggi orizzontali.

Passaggio a due mani schiacciato. La dinamica è la stessa del passaggio dal petto, solo che la palla effettua un rimbalzo a terra prima di arrivare al compagno. Se i due giocatori sono vicini, la distanza di battuta deve essere minore dalla parte del passante; se sono lontani la palla dovrà rimbalzare circa 1,5 m prima del ricevente. È un passaggio lento ma molto valido perché assai difficile da intercettare. Colui che effettua il passaggio nella fase finale si deve trovare con il busto flesso in avanti, le braccia distese e le dita rivolte verso il punto di appoggio.

Passaggio sopra il capo. Il pallone viene portato sopra il capo, gli avambracci si flettono sulle braccia in modo che siano quasi perpendicolari al terreno; i gomiti pertanto saranno avvicinati fra loro (*fase di caricamento*). Una spinta degli arti superiori in alto-avanti, completata dalla frustata delle dita e dall'estrarotazione

dei polsi (*fase di spinta*), imprimerà forza al pallone. È importante che la traiettoria impressa al pallone sia il piú possibile rettilinea; infatti se risultasse eccessivamente parabolica agevolerebbe l'anticipo da parte dei difensori. Viene usato in caso di distanze molto ravvicinate e quando l'avversario è di statura piú bassa.

Passaggio a baseball. Consiste nell'effettuare il passaggio spingendo il pallone con una sola mano. Il pallone viene portato dalla parte corrispondente alla mano che dovrà spingere, generalmente all'altezza della testa; il braccio di spinta sarà in fuori, con l'avambraccio flesso e perpendicolare al terreno, il palmo della mano appoggiato dietro il pallone e le dita rivolte in alto; l'altro braccio farà da appoggio al pallone, sorreggendolo da sotto col palmo della mano, circa all'altezza della spalla (*fase di caricamento*). Alla fine del passaggio il palmo della mano e il pollice devono essere rivolti in basso, perché il pallone non entri in rotazione assumendo cosí una traiettoria curva che andrebbe a terminare troppo distante dal compagno.
In questo tipo di passaggio assume particolare importanza la posizione degli arti inferiori. Infatti inizialmente il peso verrà appoggiato prevalentemente sull'arto corrispondente alla posizione del pallone, per permettere un passo in avanti all'arto opposto, sul quale, dopo l'appoggio avanzato, si scaricherà gran parte del peso; unitamente a tale movimento si attueranno una distensione dell'arto superiore e la solita frustata del polso e delle dita per imprimere forza al pallone (*fase di spinta*).

È un passaggio che viene usato per coprire lunghe distanze perché il movimento globale che deriva dall'uso coordinato degli arti inferiori, del busto e del braccio permette di imprimere una forza maggiore.

Passaggio a una mano a uncino. La posizione iniziale è simile a quella del passaggio a baseball, anche se il movimento di lancio è differente: l'arto superiore con il pallone effettua una parabola laterale arcuata appena sopra l'altezza della spalla. Il pallone viene lanciato con una spinta in avanti del polso. È un passaggio che viene eseguito con rapidità per diminuire al massimo i rischi d'intercettamento.

Passaggio a due mani consegnato. Il pallone viene consegnato al compagno che deve avere già le mani in presa. Non esistono né traiettorie, né spinte, né tantomeno preparazione. I giocatori si passano il pallone nel modo piú naturale e sicuro, ma per riuscirvi devono essere molto vicini.

Passaggio a parabola o lob. È un passaggio a pallonetto che deve far giungere il pallone al compagno situato oltre il difensore. È lento e di non facile attuazione perché abbisogna di una traiettoria alta e precisa.

Giochiamo con il passaggio

Passa e gioca

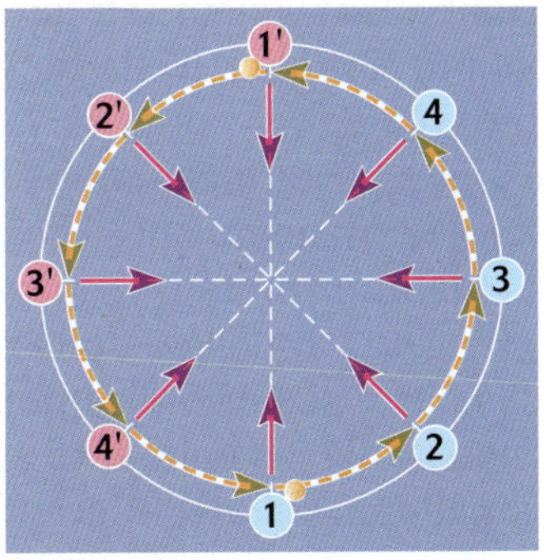

Otto allievi si dispongono regolarmente sulla circonferenza di un cerchio del diametro di 8 m alla distanza di 3 m circa l'uno dall'altro. I giocatori 1-2-3-4 si dispongono (vedi figura) su una mezza circonferenza, mentre i giocatori 1′-2′-3′-4′ occuperanno, di fronte ai rispettivi numeri, l'altra metà. Vengono dati due palloni da basket ai numeri 1 e 1′. Al fischio dell'insegnante i due giocatori effettueranno un passaggio al compagno alla loro destra (quindi 1 a 2 e contemporaneamente 1′ a 2′), senza far cadere la palla per terra, dopo di che correranno velocemente nella posizione del numero corrispondente (1 in posizione 1′), e cosí faranno successivamente anche gli altri. Il gioco può essere eseguito a tempo fra piú squadre di 8 ragazzi. Risulta vincente la squadra che riesce a far girare la palla piú a lungo possibile, senza farla cadere, rispettando sempre gli spostamenti indicati. (*Variante*: invertire il senso.)

Il semaforo

Due squadre, composte da un numero pari di giocatori, si dispongono dietro la linea di fondo, con un pallone per squadra. Sistemati dei birilli sul campo, al via dell'insegnante i primi di ogni fila partono in palleggio con la mano destra. Quando trovano il primo birillo (semaforo rosso) si arrestano ed eseguono tre palleggi sul posto, poi (semaforo verde) partono di nuovo fino al successivo birillo e cosí via. Concludono a canestro e ritornano in palleggio con la mano sinistra rifacendo il percorso inverso con i semafori. Quando i primi giungono all'altezza della linea di fondo campo eseguono l'arresto e passano la palla ai secondi che ricominciano e il gioco prosegue. Vince la squadra che termina per prima il percorso.

A che livello sei?

Passaggio

In piedi di fronte al muro, eseguire con il pallone una serie di passaggi a due mani dal petto mirando in un'area delimitata (larghezza 1 m, altezza 0,5 m) sulla parete a 1,5 m di altezza. La distanza dal muro è di 3 m (11-12 anni), 4 m (13 anni), 5 m (14-19 anni). Contare il numero di passaggi effettuati in 30 secondi. Per ogni passaggio che colpisce il muro al di fuori del bersaglio vengono sottratti due punti al totale dei passaggi corretti effettuati.

DATI INDICATIVI DI RIFERIMENTO

Femmine	Maschi	Giudizio	Voto
14-12	16-14	eccellente	10
12-11	13-12	ottimo	9
10-9	11-10	buono	8
8-7	9-8	discreto	7
6-5	7-6	sufficiente	6
4-3	5-3	scarso	5
2-0	2-0	molto scarso	4

Il tiro

Il **tiro** è l'atto fondamentale che conclude l'azione ed è finalizzato a far entrare il pallone nel canestro. Essendo il canestro notevolmente piú alto rispetto alla posizione di partenza del tiro, affinché il pallone entri dall'alto in basso nel cesto dovrà percorrere una parabola ascendente nella prima fase e discendente nella fase finale.
Il tiro a canestro può essere effettuato in vari modi:

- a una mano da sopra il capo 1 2;
- a due mani dal petto 3;
- a due mani da sopra il capo 4;
- a una mano in corsa (terzo tempo) 5.

1

Tiro a una mano da sopra il capo. È il piú usato sia da fermi, sia in sospensione, sia in corsa, per questo si tralascia la spiegazione tecnica dei tiri a due mani dal petto e da sopra il capo, piú semplici. Nella figura sono comunque illustrati tutti e tre i tiri.

Il pallone viene portato con ambedue gli arti superiori sopra la testa, leggermente spostato dalla parte dell'arto superiore che gli imprimerà la spinta. Entrambi gli arti superiori sono piegati; l'appoggio della mano che deve spingere scivola nella parte posteriore e inferiore del pallone mentre l'altra mano scivola lateralmente avanti permettendo l'appoggio del pallone. Gli arti inferiori sono entrambi piegati: se il tiro è effettuato a destra, avanza leggermente la gamba destra e viceversa. La spinta del tiro inizia a livello delle caviglie, continua con la distensione del ginocchio e si conclude con la distensione e la spinta dell'arto superiore e la relativa frustata finale del polso, che imprime la giusta parabola al pallone. Pertanto il pallone deve sempre trovarsi allineato sulla perpendicolare che dal dorso della mano passa per il gomito, il ginocchio e la pianta del piede.

2

4

3

Sul campo

Tirare al bersaglio

Il regolamento della pallacanestro prevede il caricamento al tiro con due appoggi, pertanto sarà opportuno usare quando possibile questa opportunità, esercitandosi alla precisione da qualsiasi posizione e distanza; tuttavia in partita sarà opportuno optare sempre per il tiro piú facile e dalla posizione piú vantaggiosa: ogni tiro sbagliato è un potenziale canestro degli avversari. Particolare attenzione bisognerà prestare alla posizione dei compagni: se c'è chi è piazzato meglio di noi, è preferibile passargli la palla per consentirgli di andare a *canestro*.

Tiro a una mano in corsa (terzo tempo). Il regolamento permette di sfruttare i due appoggi, prendendo il pallone con due mani per prepararlo. Coloro che intendono tirare con la mano destra devono entrare in possesso del pallone prima di appoggiare a terra il piede destro (*primo tempo*) ed eseguire un passo col sinistro (*secondo tempo*), notevolmente caricato in modo da potere sfruttare in modo particolare la componente verticale dello slancio; successivamente l'arto inferiore destro viene spinto e flesso in alto e contemporaneamente gli arti superiori portano il pallone nella posizione ottimale per il tiro; l'arto superiore destro imprimerà con una distensione la spinta al pallone (*terzo tempo*). I mancini eseguiranno gli stessi movimenti con braccia e gambe opposte.

Tap in. Il *tap in* è un tiro speciale che il giocatore in attacco può eseguire in sospensione dopo aver preso il rimbalzo offensivo. Può essere effettuato a due mani se l'azione a rimbalzo è stata sufficientemente indisturbata; se invece è stata molto concitata il *tap in* viene eseguito a una sola mano (schiaffetto sulla palla).

5

Gli errori piú comuni nel tiro

1 Quando la traiettoria risulta corta significa che non si è completamente disteso il braccio o è insufficiente la spinta delle gambe.
2 Quando la traiettoria risulta spostata occorre verificare le posizioni delle mani sulla palla o l'apertura del gomito dell'arto superiore che effettua il tiro.
3 Quando la parabola è poco pronunciata, la causa è la distensione incompleta dell'arto superiore o il gesto finale della mano che effettua il tiro dopo aver lasciato la palla (colpo di frusta).

Giochiamo a tirare

Gara di tiro detta «asino»
Due giocatori tirano da varie posizioni. Chi realizza il canestro può scegliere il punto successivo da cui effettuare il tiro. Se realizza nuovamente canestro, anche l'altro giocatore dovrà fare canestro, pena l'attribuzione della lettera «a» della parola *asino*, e cosí via fino a che, dopo cinque sbagli, completando la parola, avrà perso la gara.

Gioco del 21

Dietro le linee del tiro libero si formano due file di giocatori ciascuna con un pallone. Al segnale dell'insegnante iniziano a tirare i primi di ogni fila: se centrano il canestro totalizzano 2 punti, altrimenti vanno al rimbalzo e, recuperata velocemente la palla, tirano di nuovo a canestro e se realizzano totalizzano 1 punto. Se anche il secondo tentativo fallisce il giocatore torna in fondo alla fila in palleggio. La squadra che per prima arriva a 21 punti vince.

Staffetta con cambio di mano, incrocio e tiro in corsa

Si formano 2 squadre con una palla ciascuna. Si posizionano sul campo 4 birilli (vedi disegno). Al via il primo di ogni fila, palleggiando, incrocia su 2 birilli, effettua il cambio di mano e va al tiro; torna indietro per lo stesso percorso dopo un tiro a canestro. Vince la squadra che avrà totalizzato piú canestri. Come variante si potrà includere arresto e tiro, arresto a un tempo, oppure terzo tempo.

A che livello sei?

Palleggio, tiro e recupero

Questo esercizio serve per abituarsi alle regole e alle situazioni di gioco.
Si segnalano con dei birilli numerati cinque diverse posizioni dell'area dei 3 punti (vedi disegno). A ogni birillo corrisponde un segnale sulla linea dei 3 punti nell'immaginaria direzione del canestro. Aiutandosi con la fantasia bisogna immaginare questi segnali come avversari da evitare in qualsiasi momento.
Si parte dalla linea di fondo campo. Dirigersi, spalle al canestro, in direzione della segnalazione di fronte al birillo posto sulla linea dei 3 punti, evitarla eseguendo una finta a destra, un cambio di mano a sinistra e un nuovo cambio di mano per puntare direttamente correndo in palleggio verso il birillo 1; arrestarsi e tirare a canestro davanti a tale segnale.
Se si realizza il canestro, dopo aver recuperato il pallone, dirigersi spalle al canestro in direzione del segnale posto sulla linea dei 3 punti di fronte al birillo 2, superarlo come si è fatto con l'1, dirigersi al tiro davanti al birillo 2 e cosí via fino al birillo 5.
Se non si realizza il canestro, eseguire una seconda e una terza prova seguendo lo stesso percorso e le stesse regole.
Se si realizza il canestro al primo tentativo si ottengono 2 punti, al secondo tentativo 1 punto, al terzo mezzo punto. Dopo 3 errori si passa al birillo successivo.
Nell'esecuzione dell'esercizio bisogna sempre spostarsi in corsa con palleggio a una mano, evitare ostacoli, saper trovare il proprio percorso (per ogni errore si toglie mezzo punto).
Questo test può essere eseguito da piú allievi contemporaneamente (abituarsi al traffico), ma al momento della verifica, per favorire la concentrazione e la precisione, è opportuno che sul percorso ci siano al massimo due allievi.
La valutazione dipende dai punti totalizzati dopo i tiri previsti. Se nella prima prova il risultato è insufficiente si esegue una seconda prova e la valutazione finale risulterà dalla media dei punti ottenuti nelle due prove.

DATI INDICATIVI DI RIFERIMENTO

Femmine	Maschi	Giudizio	Voto
9	10	eccellente	10
8	$8\frac{1}{2}$	ottimo	9
7	$7\frac{1}{2}$	buono	8
6	$6\frac{1}{2}$	discreto	7
5	$5\frac{1}{2}$	sufficiente	6
4	$4\frac{1}{2}$	scarso	5
3	$3\frac{1}{2}$	molto scarso	4

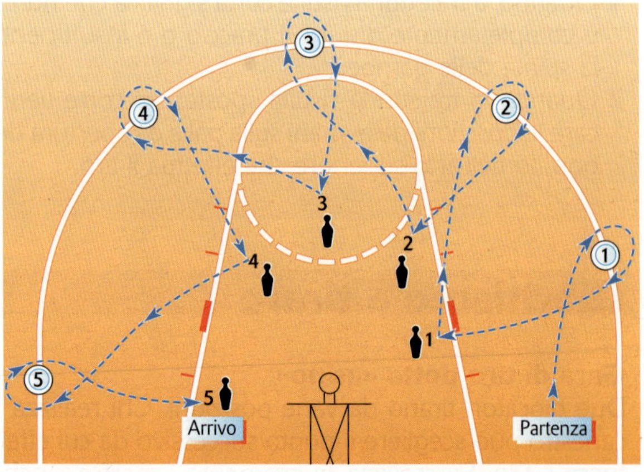

Posizione dei giocatori e ruoli

Ogni ruolo nel basket è identificato da un numero e con una sequenza di incarichi e di zone da coprire; vediamoli nel dettaglio (i numeri del disegno non si riferiscono ai numeri di maglia).

Playmaker (creatore del gioco)

È il regista della squadra. Egli rappresenta tatticamente l'allenatore in campo; sa quale ritmo dare alla partita, a quale compagno passare la palla, inventa occasioni per gli altri appoggiando la palla al giocatore smarcato dopo un'improvvisa penetrazione. Fino a qualche tempo fa per ricoprire il ruolo di playmaker non era necessario essere altissimi, oggi invece anche la statura di questi giocatori si è alzata.

Guardia

Costituisce una prima possibilità conclusiva di attacco della squadra. Deve essere tempestivo e veloce in contropiede e disporre di un ottimo tiro da fuori. Deve essere in grado di passare e creare gioco così da essere un valido appoggio al playmaker. In genere è alto e unisce le doti di un soggetto lungo alla velocità di uno piccolo.

Ala piccola

Molto spesso rappresenta la seconda possibilità conclusiva di attacco della squadra. Deve essere in possesso di un buon tiro da fuori. Opposto al lato della guardia, nel contropiede deve manifestare le sue doti di velocità. Importantissimo è il suo apporto nei rimbalzi durante i cambi difensivi. La notevole altezza di questi giocatori li rende pericolosissimi se riescono a sfruttarla sotto canestro.

Ala pivot

È un giocatore che in fase di attacco sovente si sposta dalla linea di tiro libero per entrare in penetrazione o tirare o passare il pallone e cercare il rimbalzo d'attacco. In fase difensiva è un jolly ed è in grado di marcare giocatori alti e forti e di chiudere le falle difensive. Determinante nelle fasi calde della partita è la conquista del rimbalzo o del pallone per la vittoria finale ed è in questi casi che deve mostrare uno spiccato senso di opportunismo.

Centro o pivot

Deve possedere un bagaglio tecnico notevole e grandi doti fisiche che mette a profitto nella conquista dei rimbalzi, nell'aprire al contropiede, nell'effettuare delle stoppate, nell'impedire canestri da sotto e nel far cambiare parabola di tiro agli avversari. È caratterialmente un combattente.

1 Playmaker
2 Guardia
3 Ala piccola
4 Ala pivot
5 Centro o pivot

8.4 Conoscenza e utilizzo dei gesti tecnici individuali

In questo paragrafo parleremo di quei gesti tecnici che permettono di gestire le situazioni continuamente mutevoli del gioco. Piú che al controllo della palla, l'attenzione è rivolta a una serie di **movimenti**, **atteggiamenti** e **posizioni del corpo**. Vediamo i principali.

Posizione fondamentale di massima reattività. Durante la gara il giocatore di pallacanestro è sottoposto a continui cambiamenti di posizione; ciò comporta una certa difficoltà nel mantenere l'equilibrio. È quindi indispensabile che sul campo di gioco egli adotti una posizione che gli permetta di stare perfettamente in equilibrio, da fermo e in corsa, e nello stesso tempo di effettuare sul terreno spostamenti repentini a seconda delle necessità di gioco. Questa posizione si definisce *posizione fondamentale di massima reattività*, ed è quella dalla quale si possono compiere nella maniera piú veloce possibile tutti i gesti tecnici e nella quale, anche stando fermi, si mantiene lo stato di massima reattività.

Le gambe sono divaricate e semipiegate, i piedi paralleli a una distanza pari all'incirca alla larghezza delle spalle; le punte dei piedi sono leggermente convergenti, con il peso del corpo che poggia sulla parte interna del piede (alluci); i talloni sfiorano terra (il peso del corpo non deve gravare su di essi). Un piede sarà leggermente piú avanzato dell'altro. Il busto è eretto e leggermente inclinato in avanti; anche la testa è eretta; le braccia sono semiflesse con i gomiti vicini al tronco; il palmo delle mani è rivolto in avanti, in atteggiamento tipicamente difensivo.
In tale posizione il baricentro cade esattamente al centro della base di appoggio e pertanto l'equilibrio è ottimale.
Questa posizione naturalmente varia con gli spostamenti e in relazione alla velocità e ai gesti eseguiti.

Corsa. Per mantenere il massimo equilibrio la corsa non deve essere eccessivamente veloce, ma naturale e stabile; la stabilità massima si ottiene abbassando il baricentro rispetto alla normale corsa atletica. Essa risulta inoltre assai condizionata dal gesto fondamentale del palleggio. Piú veloce è la corsa piú la palla deve essere spinta in avanti.

Cambio di velocità. Sovente il gioco richiede un cambio di velocità o uno scatto repentino, sia pur breve; in questo caso i piedi non devono essere eccessivamente sollevati dal suolo né la corsa deve essere eseguita sulle punte ma sugli avampiedi; la variazione dovrà dipendere, piú che da uno sbilanciamento del busto in avanti, da un aumento della frequenza del movimento degli arti, che verrà ottenuto caricando maggiormente le gambe, ferma restando la stabilità.

Cambio di direzione. Il cambio di direzione consiste nel cambiare improvvisamente la direzione dello spostamento (cioè la retta lungo la quale corre il giocatore) per ingannare l'avversario che ha intuito la nostra traiettoria e dunque smarcarci per ricevere la palla e sbilanciare la difesa concludendo un'azione di attacco.
Il peso del corpo viene portato sul piede piú avanzato, il busto è inclinato in avanti e leggermente ruotato dalla parte opposta alla direzione che si vuole seguire. La spinta per eseguire tale azione sarà a carico della parte interna del piede piú avanzato, mentre la gamba posteriore compirà successivamente un lungo passo nella direzione voluta con un'azione di spinta tacco-punta. Nell'esecuzione di questo movimento assume particolare importanza la finta di corpo; infatti se il giocatore vorrà «ave-

re la strada libera» nella direzione prescelta agirà come se volesse fare un cambio di direzione contrario, ingannando in tal modo l'avversario.
Per esempio, se si desidera effettuare un cambio di direzione verso sinistra, il giocatore porterà in avanti e in fuori il piede destro con una leggera torsione del busto e del capo verso destra e un relativo avanzamento della spalla e dell'arto sinistro; a questo punto, spingendo energicamente sul margine interno del piede destro, girerà bruscamente il capo e il busto verso sinistra, abbassando leggermente il baricentro per bilanciare tale rotazione senza perdere l'equilibrio; per concludere il movimento, l'arto sinistro eseguirà un lungo passo verso la direzione sinistra, cioè quella realmente desiderata.

Cambio di senso. Il cambio di senso è un'azione che si compie sulla stessa retta invertendo il senso di percorrenza. Serve per rientrare velocemente in difesa o se si è in difesa per andare velocemente in attacco, oppure per smarcarsi da una difesa eccessivamente aggressiva. Si esegue puntando su un piede posto perpendicolarmente alla direzione percorsa, e mentre si compie il caricamento della gamba si ha una torsione del busto che viene a trovarsi cosí rivolto nel senso opposto a quello precedente. La gamba che non spinge si allunga nel nuovo senso di percorrenza. Il giocatore effettua il cambio di senso girandosi dalla parte destra se si trova avanti con il piede sinistro e viceversa.

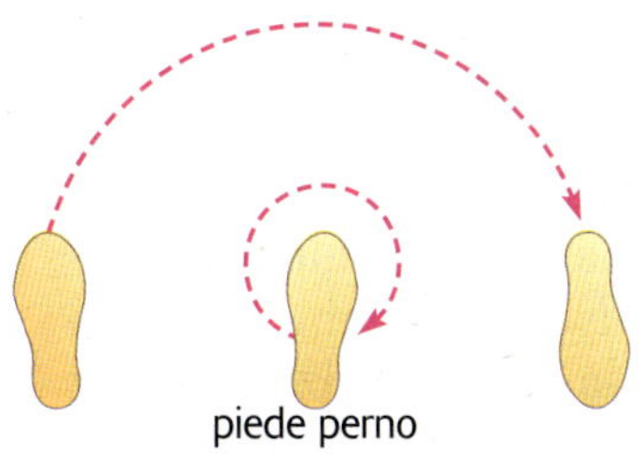

Piede perno. Si dice *fare perno* quando il giocatore si ferma con il pallone e vuole variare la direzione in cui si stava dirigendo. Il giocatore fa perno tenendo un piede a contatto col suolo (piede perno) e fa un passo con l'altro piede: in questo modo può ruotare in tutte le direzioni.

Giro da fermo e in corsa. Il giro serve per smarcarsi e per ricevere la palla eludendo il difensore. Può essere *frontale* o *dorsale*.
Il *giro da fermo* si esegue dalla posizione fondamentale ruotando frontalmente o dorsalmente sul piede perno e spingendo sull'altro piede che, dopo la spinta, deve muoversi radente al terreno e cercare il contatto nel punto voluto il piú rapidamente possibile. Il giro è anticipato da una torsione del collo in modo che la testa anticipi il corpo nella nuova direzione.
Per eseguire il *giro in corsa* (che è un cambio di direzione, anche se è fondamentalmente diversa la tecnica di esecuzione) si punta il piede corrispondente al lato dove ci si vuole dirigere, si carica la gamba e si abbassa molto il baricentro. A questo punto, in appoggio su un solo piede, si gira velocemente la testa e si esegue un giro dorsale spingendo forte sulla gamba caricata mentre la seconda gamba viene allungata nella nuova direzione.

Arresto. È l'immediata interruzione del movimento di traslocazione del giocatore, con conseguente arrivo a terra, in posizione di assoluto equilibrio. È un fondamentale importantissimo: infatti il giocatore che dopo un palleggio o a seguito di un passaggio ricevuto in corsa non si ferma (*arresta*) incorre nell'infrazione di passi, perdendo cosí il possesso di palla.
L'arresto è *a un tempo* quando il giocatore effettua la presa di contatto con il terreno contemporaneamente con i due piedi dopo un piccolo salto: i piedi sono paralleli, su una stessa linea e appena convergenti. La presa di contatto con il terreno avviene con le gambe piegate e relativo abbassamento del centro di gravità del corpo per attutire l'impatto e mantenere l'equilibrio; i gomiti sono in posizione arretrata.

L'arresto è *in due tempi* quando la presa di contatto con il terreno avviene prima con un piede e poi con l'altro a causa della maggiore velocità del giocatore. In questo tipo di arresto la gamba di appoggio è sempre quella posteriore.

Virata. Si esegue quando il portatore di palla non trova lo spazio per effettuare un cambio di direzione frontale e non intende interrompere il palleggio mentre avanza. Il piede perno è il piede che si trova in avanti, quello piú vicino all'avversario; il piede che compie il giro effettua il primo passo nella nuova direzione. Il baricentro è abbassato e la posizione è raccolta per facilitare l'azione senza perdere l'equilibrio.

Finta. È un movimento che serve al giocatore per trarre in inganno l'avversario, portarlo fuori equilibrio e porlo cosí in difficoltà. È una reazione spontanea del giocatore che si vede marcato da vicino dall'avversario e vuole liberarsene.
La finta deve essere credibile e viene utilizzata sia per il tiro (finta di tiro e partenza in palleggio), sia per il passaggio (finta di guardare a destra e passare la palla a sinistra), sia per il palleggio (finta di partenza in palleggio e tiro). È comunque un'azione da effettuarsi rapidamente cosí da sorprendere l'avversario.

Sul campo

Smarcarsi e marcare

Quando la nostra squadra è in possesso di palla, è opportuno occupare gli spazi in modo da trovarsi nella posizione giusta per ricevere il passaggio liberandosi dal diretto avversario con cambi di velocità, scatti e finte. Spesso per marcare si eseguono spostamenti in avanti e indietro con i piedi che scivolano sul terreno. Prima si muove l'arto inferiore che corrisponde al senso di marcia, poi l'altro, in modo simile a come fa il boxeur negli spostamenti sul ring. Non si devono effettuare spostamenti a passi alternati. Anche spostamenti laterali, utilizzabili per smarcarsi e marcare, vengono spesso eseguiti dal giocatore per stare dietro all'avversario. Nello spostamento laterale a destra si sposterà per primo il piede destro, poi il sinistro, che andrà a occupare il posto lasciato libero dal piede destro, e viceversa nel caso di spostamento a sinistra. È fondamentale non incrociare mai le gambe e mantenere il baricentro basso, per non provocare una situazione di disequilibrio.

Tagliafuori. È un movimento difensivo che ha lo scopo di tenere l'avversario lontano dal canestro o impedire all'attaccante di prendere posizione per andare a rimbalzo ed entrare in possesso di palla. Il tagliafuori può essere effettuato:
- sui giocatori che vanno al rimbalzo partendo da una certa distanza (1);
- sui giocatori che vanno al rimbalzo dopo il tiro o che sono vicini al canestro (2).

1

2

Nel primo caso, subito dopo che è stato effettuato il tiro il difensore arretra di uno o due passi tenendo d'occhio l'attaccante per capire in quale direzione si stia dirigendo per approssimarsi al canestro. Intuita la direzione, il difensore prende contatto con l'avversario effettuando un giro dorsale o frontale in modo da voltargli la schiena, con gambe leggermente divaricate e semipiegate, i piedi in presa totale plantare, le braccia allargate e i gomiti appena flessi e in fuori. Tutto questo con lo scopo di rappresentare un voluminoso ostacolo che impedisca all'attaccante di andare a canestro. Una volta eseguito il tagliafuori il difensore si troverà nella condizione di andare a rimbalzo ed entrare in possesso di palla.
Il secondo caso vede l'attaccante vicino al canestro o nella condizione migliore per andare al rimbalzo dopo aver tirato; il difensore deve andargli incontro appena scoccato il tiro ed effettuare il tagliafuori annullando ogni possibilità di avvicinarsi ancor piú al canestro.

Rimbalzo. Spesso i tiri invece di entrare nel canestro rimbalzano contro il tabellone o sull'anello. La palla è sempre in gioco e compito dei giocatori è quello di impadronirsene: dei giocatori in attacco per ribadire la palla a canestro, di quelli in difesa per dar vita ad una nuova azione di gioco.
Pertanto il rimbalzo può essere d'attacco o difensivo.
Il *rimbalzo d'attacco* è una situazione che si presenta ogni volta che un attaccante tira ma non realizza il canestro. Ha lo scopo di correggere lo sbaglio di chi ha tirato o quello di riguadagnare il possesso del pallone: infatti piú sono i palloni recuperati maggiori sono le possibilità di creare nuove situazioni di attacco e dunque di andare a canestro.
Il *rimbalzo difensivo* viene eseguito dopo aver effettuato il tagliafuori. Il difensore deve impadronirsi del pallone saltando verso di esso e cercando di afferrarlo nel punto piú alto. Una volta entrato in possesso della palla, riprende contatto con il terreno a gambe divaricate per avere un miglior equilibrio e occupare quanto piú spazio possibile.

8.5 Alcune azioni fondamentali

Durante una partita di pallacanestro il palleggiatore segnala ai compagni di squadra lo **schema di gioco** da adottare con un numero o con una parola. Gli schemi possono essere tantissimi ma tutti sono composti da azioni e combinazioni fondamentali. Quando la squadra è in possesso di palla è opportuno che i suoi giocatori occupino gli spazi giusti per ricevere il passaggio smarcandosi dal diretto avversario con cambi di velocità, scatti e finte.

1

2

In attacco

Uno contro uno 1. Durante il gioco si verificano situazioni in cui un giocatore deve cimentarsi direttamente con il singolo avversario, soprattutto quando non può passare la palla a un compagno; in casi simili, sfruttando al meglio le tecniche individuali di base, si cerca di «battere» l'avversario grazie alla velocità e all'astuzia, ricorrendo a una serie di finte o anticipando il suo intervento.
Vediamo un esempio. Il difensore rimane in posizione di attesa e l'attaccante, per costringerlo a prendere una posizione definita, alza la palla per tirare. Al movimento di tiro il difensore reagisce avvicinandosi all'attaccante per ostacolare il tiro. Ottenuta la reazione del difensore, l'attaccante interrompe il movimento di tiro ed entra a canestro.

Dai e vai 2. Un giocatore in possesso di palla passa a un compagno piú avanti di lui in posizione laterale, riceve il passaggio di ritorno e tenta di andare a canestro. È il movimento piú immediato ed efficace contro una difesa molto aggressiva.

3

Blocco 3. È l'azione offensiva compiuta da un attaccante che si pone anticipatamente sul percorso di un difensore, per costringerlo a cambiare direzione o a ritardare l'azione difensiva cosí da favorire lo smarcamento di un proprio compagno. Se l'attaccante però va a posizionarsi davanti al difensore all'ultimo istante, senza lasciargli lo spazio (1 m) e il tempo occorrente per fermarsi o evitarlo, commette infrazione e l'arbitro gli attribuisce fallo personale. Il blocco è indispensabile nella difesa a uomo ma può risultare molto utile anche contro la difesa a zona.

4

Dai e segui 4. Consiste nel passare il pallone a un compagno e andargli incontro mentre il compagno effettua un blocco sul suo marcatore; libera cosí il giocatore, che può andare a canestro. È uno schema d'attacco usato contro la difesa a zona.

5

Dai e cambia 5. Si passa la palla al compagno e ci si sposta immediatamente, cambiando all'improvviso posizione, cosí da non impedire il suo movimento in attacco, originare un'azione di uno contro uno e creare piú spazio per il tentativo a canestro.

In difesa

Quando una squadra perde palla, nel minor tempo possibile deve disporsi in modo da difendere il canestro dagli attacchi avversari. I difensori devono essere capaci di effettuare nella maniera ottimale le azioni descritte di seguito.

Buttafuori ①. I difensori devono «costringere» gli attaccanti ad andare verso le linee laterali, obbligandoli in spazi ridotti da dove risulta piú difficile costruire attacchi pericolosi, o verso un altro difensore al fine di favorire il «raddoppio di marcatura». Questa azione viene eseguita solo quando la difesa è a uomo (vedi p. 119).

①

②

Cambio difensivo ②. Si effettua quando un difensore viene superato dal rispettivo attaccante; un altro difensore abbandona la propria marcatura e va a contrastare l'attaccante.

Raddoppio di marcatura ③. La marcatura viene effettuata contemporaneamente da due difensori sull'attaccante in palleggio per costringerlo all'errore o all'infrazione dei 5 secondi.

③

Oltre a queste azioni dobbiamo ricordare il *tagliafuori* e il *rimbalzo*, che abbiamo già analizzato nei fondamentali senza palla.

Sul campo

Una difesa asfissiante

Qualora la nostra squadra non sia in possesso di palla occorre spostarsi con una certa organizzazione per poter marcare gli avversari e intercettare la palla prima che possano concludere l'azione.

Ecco qualche importante consiglio per una difesa «asfissiante»:

- disturbare l'avversario muovendo le braccia e le mani per ostacolargli la vista e cercando in ogni modo di impedirgli facili passaggi;
- esercitarsi a eseguire delle finte di aiuto veloci per sorprendere l'avversario che ha superato il nostro compagno e costringerlo cosí a passare il pallone;
- comunicare sempre con i compagni: comunicare in campo è fondamentale per avere una buona intesa;
- se superati, chiamare aiuto e nel caso di un blocco avvertire il compagno per evitare che si ritrovi imprigionato;
- mai concedere all'avversario una facile penetrazione al centro e cercare di mandarlo sempre sul lato della sua mano «debole» per costringerlo a palleggiare con la mano non preferita;
- spostarsi con movimenti rapidi delle gambe (orizzontali, verticali, diagonali).

8.6 Alcune semplici tattiche di squadra

Gli schemi di attacco

Gli **schemi di attacco** possono essere vari, dai piú semplici ai piú complessi ed elaborati, tutti devono essere studiati e sviluppati per mettere gli attaccanti in soprannumero rispetto ai difensori. Per esempio contro una difesa a uomo (vedi p. 119) si useranno molti blocchi e marcamenti senza palla, tattiche individuali, dai e vai, uno conto uno, ecc. D'altra parte, se si deve contrastare una difesa a zona lo schema dovrà essere finalizzato allo scopo di tirare dalle linee esterne e da lontano o dai punti piú deboli della zona.

Anche nella pallacanestro, come in altri sport, assume particolare importanza nel gioco d'attacco la tecnica del **contropiede**.

Contropiede. È un'azione d'attacco basata sulla velocità di esecuzione: non appena la squadra in difesa prende possesso del pallone deve portarsi con uno o piú giocatori verso il canestro opposto cosí velocemente da lasciare la squadra avversaria scoperta in difesa e mettere l'attacco in soprannumero, facilitando una conclusione vantaggiosa. Le occasioni per iniziare il contropiede sono diverse: rimessa laterale, intercettamento di un passaggio, rimbalzo difensivo conseguente a un tiro sbagliato, canestro subíto. Uno dei presupposti del contropiede è dunque il rimbalzo; realizzato questo e quindi conquistata la palla in difesa, l'*apertura* (che è il primo passaggio nel contropiede) deve avvenire verso un giocatore che si trova all'ala; questo a sua volta cerca di far arrivare il pallone al giocatore che palleggerà verso il canestro. Se ciò non è possibile la palla deve giungere al portatore di palla che palleggerà e passerà la palla a uno degli altri due attaccanti che si trovano piú avanti di lui, uno a destra e uno a sinistra del campo lungo le fasce laterali; tutti corrono verso il canestro in modo che l'attacco sia disposto su tre file (questa è la tipica azione di attacco 3 *contro 2*) e convergono verso il centro quando si trovano all'altezza del tiro libero. Il portatore di palla procede in palleggio fino a che non viene affrontato da un difensore; a questo punto può passare a destra o a sinistra al compagno di attacco. Il compagno che riceve il passaggio converge verso l'area: se non viene affrontato dal difensore va a canestro, se invece viene contrastato dal secondo difensore passa la palla al compagno libero che sta giungendo dall'altra parte e che può, essendo libero, andare facilmente a canestro.

Giochiamo 3 contro 3

Questo gioco viene svolto anche a livello studentesco in tornei nazionali.

Le regole

Si gioca a un solo canestro e in una sola metà campo per disputare due partite contemporaneamente (con canestri e palloni regolamentari).

- Le squadre sono composte da 3 giocatori in campo e una riserva fuori. Non esistono limiti al numero dei cambi.
- Quando cambia il possesso di palla (rimbalzo difensivo, intercettazione) il gioco riparte oltre la linea del tiro da tre punti.
- Prima di ogni tiro la palla deve essere toccata da almeno due giocatori in attacco, altrimenti il canestro viene annullato e la palla rimane a chi attacca.
- Vince chi arriva a 21 punti o è in vantaggio dopo 12 minuti di gioco. In caso di parità si disputano tempi supplementari di 3 minuti ciascuno. Si può chiedere un time out per ogni partita.
- Il referto gara può essere compilato dagli allievi.
- Alcuni tornei prevedono, a differenza del basket normale, 1 punto per i tiri liberi e anche per i canestri normali (entro i m 6,25), 2 punti per i canestri da oltre 6,25 m.
- I giocatori solitamente chiamano i falli e le infrazioni da soli, c'è però un arbitro che dovrebbe intervenire solo in caso di controversie.
- Sono abolite le regole dei 3 secondi e 24 secondi (non ci sono limiti quindi alla permanenza in area e al possesso di palla).
- Ogni fallo comporta, per chi lo ha subíto, la rimessa da fuori campo, anche se su tiro o entrata a canestro.
- Dal settimo fallo di squadra in poi, il giocatore che ha subíto fallo ha a disposizione un tiro libero per cui non è previsto rimbalzo, e mantiene poi il possesso di palla.
- In caso di fallo antisportivo o di fallo tecnico, sono assegnati due tiri liberi e possesso di palla alla squadra avversaria. Il giocatore che commette due falli intenzionali nella stessa partita viene espulso.

Gli schemi di difesa

Ogni squadra sceglie solitamente la tattica che meglio si adatta alle caratteristiche dei propri giocatori oppure quella che pare piú indicata per contrastare gli attacchi avversari. Gli schieramenti piú comuni per la **difesa** sono **a uomo** e **a zona**. Vi è poi la cosiddetta **difesa combinata** o **mista**.

Difesa a uomo. Questo tipo di difesa è detta anche *individuale*: ogni difensore controlla un attaccante che gli si adatti per caratteristiche fisiche, seguendolo nei vari spostamenti e cercando di rendere difficile la sua partecipazione all'attacco. Il difensore deve trovarsi sempre tra avversario e canestro. Uno sviluppo della difesa a uomo è la cosiddetta *difesa aggressiva* o *pressing*, che ha un'impostazione appunto piú aggressiva: si cerca infatti di fare pressione sull'attaccante in modo da costringerlo all'errore.

Difesa a zona. Con questa tattica si presidia una parte del campo intervenendo sugli attaccanti che tentano di penetrare da quella zona. I difensori pongono la massima attenzione alla palla e cercano di intercettarla o impediscono che venga tirata a canestro. In questo particolare tipo di difesa i 5 difensori si possono schierare di fronte al proprio canestro con diversi schemi:

- *schema* 2-3: è il piú usato e il piú semplice. I due difensori meno alti ma piú agili si mettono davanti ai lati della lunetta, i tre difensori piú alti si dispongono dietro sulla stessa linea, presidiando l'area. È uno schema difensivo molto buono per il rimbalzo ed efficace sotto il tabellone, al fondo campo e agli angoli. È vulnerabile con le conclusioni da fuori;
- *schema* 2-1-2: è simile al precedente; in questo caso i due difensori meno alti si pongono piú avanti, uno dei giocatori piú alti si pone subito dietro la linea del tiro libero, gli altri due si schierano piú indietro verso la linea di fondo. È una difesa buo-

na per la cattura dei rimbalzi e difficilmente penetrabile dentro l'area. Punti deboli sono i lati per le conclusioni degli esterni;

- *schema* 3-2: in questo caso tre difensori sono allineati davanti alla linea di tiro libero, gli altri due si dispongono piú dietro, ai lati del canestro. Ottima difesa per contrastare i tiratori dalla distanza e dare avvio al contropiede. Punti deboli sono gli angoli e la difesa sul pivot;
- *schema* 1-3-1: un giocatore si mette davanti alla lunetta e cerca di disturbare l'azione degli avversari; tre difensori si mettono sulla stessa fila all'altezza del tiro libero; l'ultimo giocatore si pone vicino al canestro e controlla la fascia posteriore. È un'ottima difesa per contrastare gli attacchi degli avversari e aprire in contropiede, ma può essere attaccata con un certo successo dai tiratori posti negli angoli.

Schema 2-3

Schema 2-1-2

Schema 3-2

Schema 1-3-1

Schema di difesa mista

Difesa combinata o mista. Si tratta di un «mix» tra la difesa individuale e quella a zona. L'esempio piú comune è quello che vede un difensore porsi di fronte alla lunetta e difendere a uomo sul migliore tiratore della squadra avversaria, mentre gli altri quattro difensori si dispongono a zona in modo da formare un quadrato intorno all'area. I primi due sono all'altezza del tiro libero, gli altri due un paio di metri piú indietro (questa difesa è detta *box and one*).

Logica di gioco

Una volta raggiunta una sufficiente conoscenza del regolamento si possono applicare i fondamentali e gli schemi di gioco piú semplici. Almeno metà delle ore programmate per la pallacanestro dovrebbe essere dedicate al gioco, con vere e proprie partite, per poter acquisire una competenza globale sulla disciplina. Durante la partita l'insegnante, o eventualmente i compagni, valuteranno: impegno, rispetto delle regole, autocontrollo, concentrazione, riflessi, velocità di esecuzione, orientamento, senso tattico, dinamismo, decisione, espressioni tecniche, fantasia, efficacia degli spostamenti con e senza palla. La valutazione terrà conto dell'esecuzione tecnica del fondamentale in relazione al livello di chi lo esegue, alle sue qualità fisiche, alle capacità e competenze acquisite e sarà espressa con un voto (4-10) o un giudizio (non sufficiente, sufficiente, buono, distinto, ottimo).

Verifica quanto appreso

1. Della pallacanestro esponi brevemente

le sue origini ....

....;

la sua evoluzione ....

....;

la sua diffusione e i leader attuali ....

....

2. Descrivi ciò che il regolamento prevede sul valore dei punti attribuiti ai vari tiri a canestro.

....

....

3. Il campo da gioco regolare può essere lungo 30 m.

☐ Vero ☐ Falso

4. La partita è prevista su 2 tempi di 20′.

☐ Vero ☐ Falso

5. Nella pallacanestro si possono effettuare un numero illimitato di sostituzioni.

☐ Vero ☐ Falso

6. Che cosa significa il segno arbitrale in figura?

☐ fallo personale
☐ infrazione di passi
☐ fallo tecnico
☐ infrazione di doppio palleggio
☐ infrazione dei 24″

7. Disegna schematicamente sul pallone di basket la giusta posizione delle mani in azione di tiro e indica quale delle due spinge il pallone e quale ne permette l'appoggio.

8. Descrivi in base alla tua esperienza scolastica o extra-scolastica quali sono gli elementi per eseguire ed eventualmente valutare *sul campo* lo «spostarsi con la palla».

....

....

9. Quali sono i ruoli dei giocatori?

....

....

Descrivi le caratteristiche principali di un ruolo a tua scelta.

....

....

10. Sulla metà campo qui riprodotta traccia uno schema di difesa che conosci e poi descrivilo con parole tue.

....

....

11. Sviluppa i seguenti argomenti scegliendo una fra due delle modalità previste dalla terza prova: trattazione sintetica di argomenti o risposta a quesito singolo (rispettivamente in un massimo di 20 e 10 righe).

A Nella pallacanestro quali sono gli schemi motori di base piú usati e quali le qualità motorie specifiche ad essi collegati?

B Accorgimenti *sul campo* per espressioni logiche di gioco finalizzate all'esecuzione tecnica e tattica individuali e di squadra.

C Le regole piú importanti della pallacanestro.

9 PALLAMANO

La pallamano è uno sport che per la sua semplicità ha avuto una notevole diffusione, soprattutto a livello scolastico, ed è senza dubbio uno sport di base nell'educazione fisica scolastica assieme alla pallavolo e alla pallacanestro, al calcio e al calcetto. Ha il vantaggio di non aver bisogno di attrezzature particolari (il campo può essere allestito ovunque vi sia un po' di spazio: palestre, cortili ecc.), ha regole facili da imparare ed è divertente e spettacolare.
Rispetto ad altri sport la pallamano non è derivata da giochi tradizionali, ma è nata dall'idea di riunire in un solo gioco piú discipline quali il basket, il calcio e la pallavolo.

9.1 La storia

L'origine della pallamano è incerta, ma già nel 1892 un cecoslovacco di nome Klenker inventa un gioco simile sia al calcio che alla pallacanestro.
In Danimarca conobbe una grande diffusione grazie al maestro di sport Hans Nielsen che nel 1892 aveva ideato un gioco detto «*Handbolt*», molto simile alla pallamano. È però in Germania, nel **1915**, che un insegnante di educazione fisica, Max Heiser, elabora un gioco che può essere considerato il progenitore dell'odierna pallamano: il *Torball* (palla in porta), che inizialmente veniva praticato soprattutto dalle squadre femminili. Nel giro di poco tempo il *Torball* iniziò a essere giocato anche fra gli uomini in campi grandi come quelli di calcio, con squadre di 11 giocatori.
La formulazione del regolamento tuttora vigente nella pallamano è dovuta al tedesco Karl Diem (1919); egli, all'inizio degli anni Venti del Novecento, modificò e unificò le norme di un nuovo gioco che chiamò *Handball*. Il gioco si diffuse con rapidità in Germania e poco dopo in Svezia e in Norvegia (dove per il clima particolarmente freddo divenne sport di palestra, con un ridotto numero di giocatori, 7 invece di 11).
La prima gara ufficiale di questo sport risale al 1926 in occasione dei Giochi Internazionali dei Lavoratori Sportivi, che videro vittoriosa la squadra della Germania. Nelle Olimpiadi di Amsterdam del 1928 fu ammesso come gioco dimostrativo e nel 1936 fece il suo debutto nelle Olimpiadi di Berlino, dove la Germania conquistò la medaglia d'oro. Nel 1938 furono istituiti i primi campionati del mondo con squadre a 7 e a 11 giocatori. Nel 1946 fu costituita a Copenaghen la **Federazione Internazionale Handball** (FIH) oggi chiamata IHF.
Il riconoscimento ufficiale nel programma olimpico avvenne nel 1972 a Monaco di Baviera, ben 35 anni dopo la sua apparizione alle Olimpiadi di Berlino. In quell'oc-

casione la vittoria arrise alla squadra jugoslava che s'impose grazie a un sistema di gioco innovativo e molto funzionale. Alle Olimpiadi di Montreal (1976) venne ufficialmente inserito il torneo femminile.
Questo sport ha avuto una forte diffusione nei paesi dell'Europa orientale, soprattutto nei paesi che facevano parte dell'URSS, nella Jugoslavia e nel nord Europa; discreta diffusione ha avuto anche in Estremo Oriente (Cina, Giappone, Corea).
In **Italia** questo sport si è diffuso recentemente e si fa risalire al **1967** la prima data ufficiale dell'attività agonistica, anche se già nel 1940 a Pavia era stata fondata la prima società sportiva chiamata Gruppo Italiano della Pallamano. Il 20 dicembre **1969** fu fondata la **Federazione Italiana Gioco Handball** (FIGH) regolarmente riconosciuta dal CONI e dall'IHF. La pallamano è entrata a far parte dei programmi scolastici come terzo gioco ufficiale con la pallavolo e la pallacanestro; inoltre è sempre piú praticata come attività complementare e di allenamento per la pratica di altre discipline sportive.

9.2 Il gioco e le sue finalità

La pallamano è uno sport di squadra, giocato con una palla, che fa proprie alcune caratteristiche del calcio e della pallacanestro (di quest'ultima disciplina ne ha ereditato il gioco con le mani).
Lo scopo del gioco consiste nel far entrare la palla in rete. La squadra che al termine dell'incontro realizza piú reti vince la partita. È un gioco molto veloce, basato su continui spostamenti da una parte all'altra, che impegna i giocatori non solo a livello fisico, con corse, scatti, salti, lanci, ma anche a livello mentale, richiedendo tempi brevi di reazione, rapidità di ragionamento e di scelta, doti tattiche, spirito di gruppo.

Il terreno di gioco e la palla

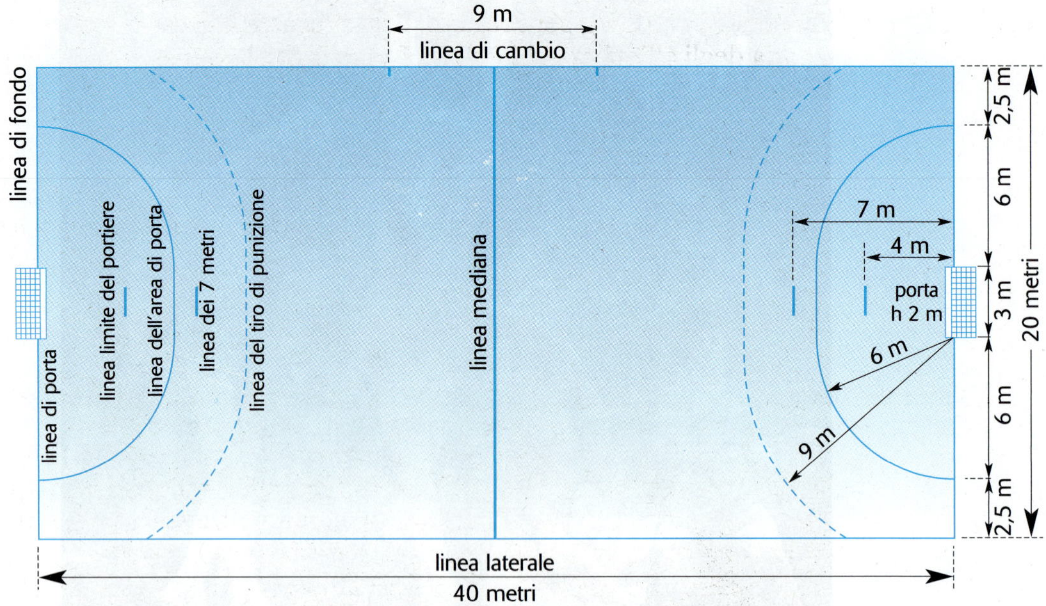

Il campo di gioco e, sotto, la porta.

La pallamano si gioca su un campo rettangolare di 40 × 20 m. È consigliabile che il terreno sia circondato da una fascia di sicurezza dell'ampiezza di almeno 1 m lungo le linee laterali e di 2 m dietro le linee di fondo. Il campo è diviso nel senso della lunghezza dalla linea mediana; a m 4,50 da essa, dall'uno e l'altro lato, sono tracciate due linee di 15 cm che delimitano lo spazio in cui avviene il cambio. Dietro le linee che delimitano il fondo campo (*linee di fondo*), in posizione centrale si trovano due porte di 3 m di larghezza per 2 m di altezza (a eccezione delle porte di *minihandball*, di 3 m di larghezza per 1,6 m di altezza). I pali e la traversa sono di sezione quadrata, di 8 cm di lato, e le varie facce sono dipinte di due colori, in genere di bianco e di nero alternati, che contrastano nettamente con lo sfondo. A 6 m dalla linea di porta si trova una linea semicircolare continua che delimita l'area di porta. Parallelamente a tale linea, a una distanza di 3 m, si trova un'altra linea tratteggiata, detta *linea dei 9 m* (*linea del tiro di punizione)*. La linea del rigore, lunga 1 m, si trova a 7 m dalla porta ed è situata parallelamente alla porta in posizione centrale. Un segno di limitazione per il portiere della lunghezza di 15 cm è tracciato davanti al centro di ciascuna porta, parallelamente a essa, a una distanza di 4 m dal lato esterno della linea di porta. Questa linea indica il limite massimo che il portiere, in caso di rigore, non può superare. Tutte le linee fanno parte della superficie che esse delimitano; misurano 5 cm di larghezza e devono essere tracciate in modo visibile. La linea tracciata tra i pali (*linea di porta*) è di 8 cm, cioè della stessa larghezza del palo.

Le partite possono essere effettuate al coperto o all'aperto, su terreni di legno, di asfalto o materiale sintetico.

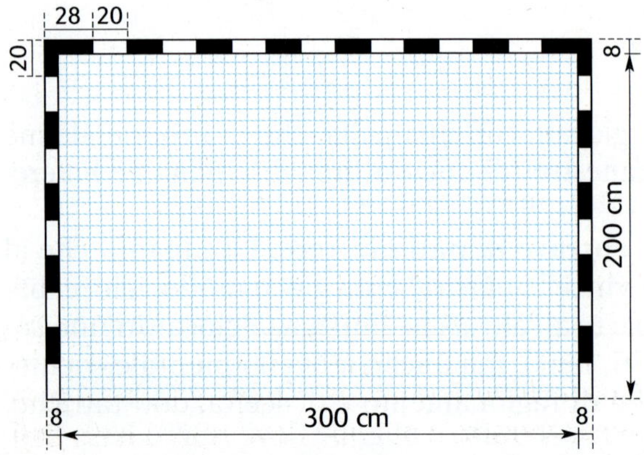

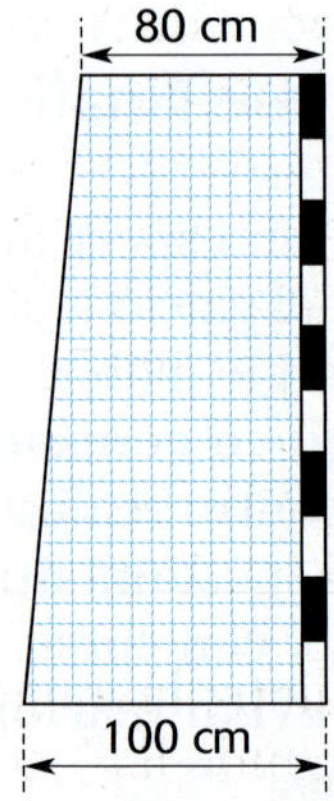

La **palla** utilizzata nella pallamano è in cuoio o di materiale sintetico. Per regolamento non sono ammessi palloni lucidi o scivolosi. Misura 58-60 cm di circonferenza e pesa dai 425 ai 475 g per i ragazzi. Per le ragazze e la categoria degli allievi maschi è di 54-56 cm di circonferenza e pesa 325-400 g. I ragazzi dagli 8 ai 12 anni e le ragazze dagli 8 ai 14 anni usano il pallone n. 1; nel miniball si usa il pallone n. 0.

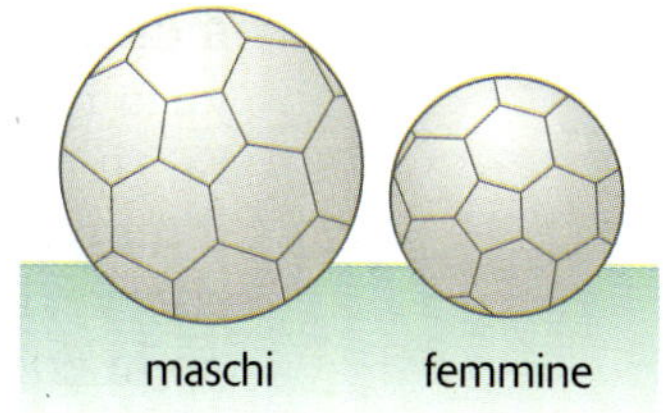

Come già detto, il **gioco** consiste nel far entrare il pallone in rete, tirando da qualsiasi parte del campo. Si considera valido il punto quando la palla supera completamente la linea di porta.

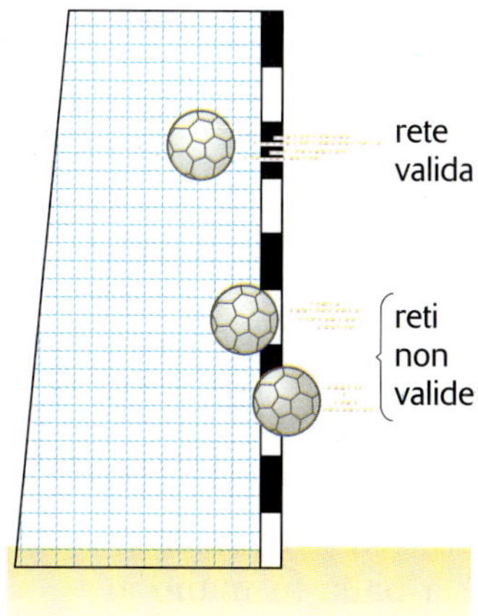

Convalida della rete.

Come si gioca

Inizio del gioco. Quando comincia la gara, il tiro d'inizio viene eseguito dalla squadra che, dopo il sorteggio, ha scelto il pallone; l'altra squadra ha diritto a scegliere il campo. Il tiro d'inizio è eseguito dal centro del campo in qualsiasi direzione entro 3 secondi dal fischio.

La durata dell'incontro. È di due tempi di 30 minuti ciascuno, con 10 minuti di intervallo per le squadre maschili e femminili seniores. Le partite disputate nei Giochi Sportivi Studenteschi, cosí come gli incontri delle squadre giovanili dai 12 ai 16 anni, sono divise in due tempi di 25 minuti con 10 minuti di intervallo per i ragazzi, e di 20 minuti con 10 minuti di intervallo per le ragazze, cosí come per le squadre dagli 8 ai 12 anni. Se un incontro termina con un punteggio di parità deve essere continuato, fino a determinare una squadra vincente, dopo un intervallo di 5 minuti. I tempi supplementari per tutte le categorie sono due e durano ciascuno 5 minuti; il cambio di campo sarà effettuato senza intervallo. Se l'incontro è ancora in parità alla fine dei primi tempi supplementari, dopo un intervallo di 5 minuti si effettueranno altri due tempi supplementari di 5 minuti ciascuno e con un cambio di campo senza intervallo.
Ogni squadra ha diritto a usufruire di un time out di squadra della durata di un minuto per ciascun tempo di gioco.

I giocatori. Ogni squadra è composta da 12 giocatori; sul terreno di gioco possono trovarsi contemporaneamente al massimo 7 giocatori per squadra (6 giocatori di campo e 1 portiere). Gli altri giocatori fungono da riserve. Perché una partita sia valida una squadra deve avere almeno 5 giocatori sul terreno di gioco all'inizio dell'incontro, mentre possono essere anche meno durante la partita, a discrezione dell'arbitro che può invece decidere la sospensione dell'incontro. I portieri portano i numeri 1, 12 e 16 e hanno l'uniforme completamente diversa dagli altri giocatori. Un portiere non può sostituire un giocatore di campo, mentre un giocatore di campo può sostituire il portiere. La divisa dei giocatori di campo di una squadra è uguale per tutti e deve chiaramente distinguersi sia per il colore che per il disegno da quelle degli avversari. I giocatori devono portare dei numeri da 1 a 20 sulle maglie, che devono essere numerate davanti e dietro.

Gli arbitri. Le partite sono dirette da due arbitri, coadiuvati da un segretario e da un cronometrista (nei campionati minori e studenteschi l'arbitro può essere anche uno solo). Uno degli arbitri prende posizione dietro la squadra in difesa (*arbitro di linea di porta*), l'altro dietro la squadra in attacco (*arbitro di campo*); soltanto gli arbitri possono decidere quando il gioco deve essere interrotto e quando deve riprendere. Essi indicano al cronometrista il momento in cui fermare il cronometro e quello in cui farlo ripartire. Il segretario controlla l'elenco dei giocatori e compila il referto di gara, riportando reti, ammonizioni, squalifiche, espulsioni. Il cronometrista controlla il tempo di gioco, l'uscita e l'entrata dei giocatori attraverso la linea di cambio delle riserve, il tempo d'esclusione dei giocatori penalizzati; deve inoltre annotare il tempo in cui avverrà il rientro nonché il numero della maglia del giocatore.

Alcune regole fondamentali

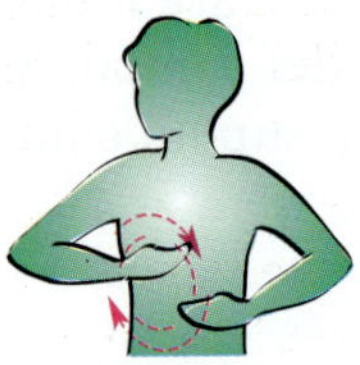

Infrazione di passi o dei tre secondi.

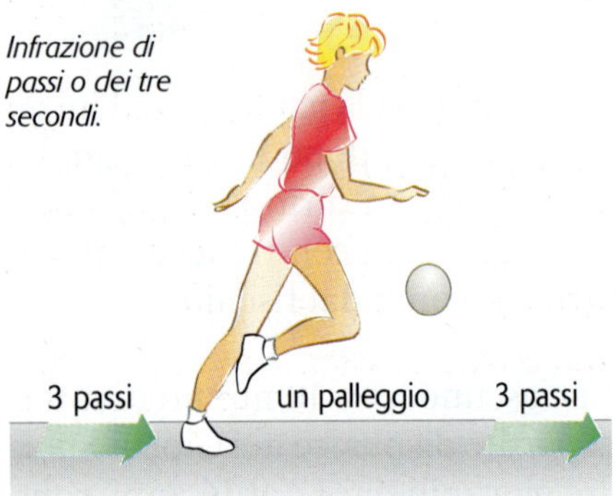

Azioni del giocatore in possesso di palla. Il giocatore in possesso di palla può:

- lanciare, spingere, colpire con il pugno, arrestare e afferrare il pallone con l'aiuto delle mani, delle braccia, del tronco, delle cosce e delle ginocchia (vedi figura a destra);
- trattenere la palla non piú di 3 secondi;
- palleggiare senza limiti di tempo;
- effettuare tenendo la palla in mano al massimo 3 passi; gli è permesso inoltre di eseguire 3 passi, 1 palleggio, 3 passi.

Il giocatore non può passare la palla al proprio portiere quando questi si trova nell'area di porta, né gettarsi su una palla che rotola a terra.

Come ci si comporta con l'avversario. È proibito strattonare l'avversario, cinturarlo, colpirlo, sgambettarlo, sbarrargli la strada con le mani o con le braccia, strappargli la palla di mano e lanciargliela contro con l'intenzione di colpirlo. È consentito invece sbarrargli la strada con il busto e togliergli la palla con la mano aperta.

Alcune azioni irregolari. A sinistra, cintura. Al centro e a destra fallo sul braccio.

L'area di porta. Solo il portiere può stare nell'area di porta; quando un difensore la víola con chiaro intento di difesa, viene concesso il rigore; negli altri casi viene concesso il tiro da 9 m. Quando un attaccante víola l'area di porta (compresa la linea) con una qualunque parte del corpo viene penalizzato con un tiro di punizione. Se l'area viene violata da un giocatore che vi entra dopo aver lanciato la palla l'infrazione non viene punita.

Il portiere. All'interno dell'area, il portiere ha la possibilità di muoversi con la palla in ogni direzione e può intercettarla con il corpo o fermarla. Diventa come un altro giocatore quando esce dalla propria area e prende parte alle azioni di attacco della propria squadra. Il portiere non può afferrare la palla fuori dall'area tenendo i piedi all'interno di essa.

Tiro di punizione.

Il tiro franco e il tiro di punizione dai 9 m. Il tiro franco viene concesso ogni qual volta si compie un fallo nei confronti dell'avversario: viene effettuato nel punto in cui è stato commesso e si esegue senza fischio dell'arbitro. L'avversario non può ostacolare colui che beneficia del tiro franco e deve mantenersi a una distanza di 3 m. Per i falli commessi nelle immediate vicinanze dell'area di porta (6 m), viene battuta la punizione dai 9 m.

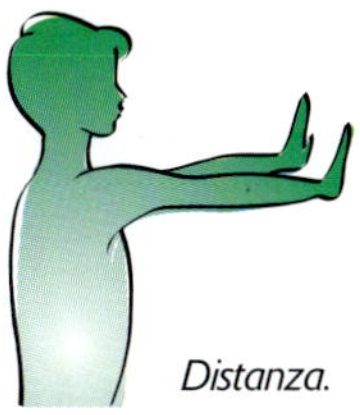

Distanza.

Il rigore. Viene concesso per un fallo grave su un giocatore o per il passaggio intenzionale del pallone al proprio portiere nell'area di porta; è diretto in porta e viene effettuato dall'apposita linea dei 7 m, che non deve essere toccata dal piede di chi tira; durante il tiro il piede non deve oltrepassare la linea di rigore, pena l'annullamento.

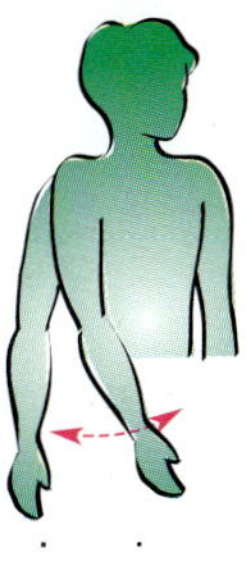

Invasione.

Sostituzioni. Durante la gara, senza bisogno di avvisare il segretario/cronometrista, le riserve possono essere impegnate in qualsiasi momento e in maniera ripetuta. Solo dopo che i giocatori da sostituire hanno lasciato il terreno di gioco, le riserve sono autorizzate a entrare sul terreno di gioco, ma soltanto attraverso la propria linea di cambio. Ogni cambio irregolare è penalizzato con il tiro di punizione eseguito dal punto in cui il giocatore che ha commesso il fallo ha attraversato la linea laterale. Il giocatore colpevole viene inoltre punito con l'esclusione dal gioco per 2 minuti.

Le sanzioni. L'ammonizione viene attribuita per comportamento irregolare nei confronti dell'avversario; l'arbitro estrae il cartellino giallo, indicando il giocatore punito. Quando il fallo è ripetuto, si ha l'esclusione del giocatore dal campo per una durata di 2 minuti. Il giocatore escluso non può essere sostituito. Per lo stesso giocatore scatta la squalifica, come nei casi dei falli particolarmente gravi. L'arbitro alza gli avambracci incrociati sopra la testa, mostra il cartellino rosso e il giocatore lascia il terreno di gioco per il resto della partita (espulsione e squalifica). Può comunque essere sostituito da un altro giocatore della panchina dopo 2 minuti.
Quando viene espulso l'allenatore, un dirigente o un giocatore della panchina, l'arbitro decreta l'esclusione di un giocatore per 2 minuti dal campo. L'allenatore deciderà chi della propria squadra far uscire.

Ammonizione (cartellino giallo).

Esclusione.

Espulsione.

Squalifica (cartellino rosso).

9.3 I fondamentali individuali

I **gesti tecnici fondamentali** della pallamano sono la *presa* e la *ricezione*, il *palleggio*, il *passaggio* e il *tiro*.

È sufficiente imparare questi elementi di tecnica di base (molto immediati e semplici) per iniziare a giocare a pallamano. La semplicità di questi gesti è dovuta alla capacità di unire gli schemi motori di base (correre, saltare, lanciare) alle regole del gioco.

La presa

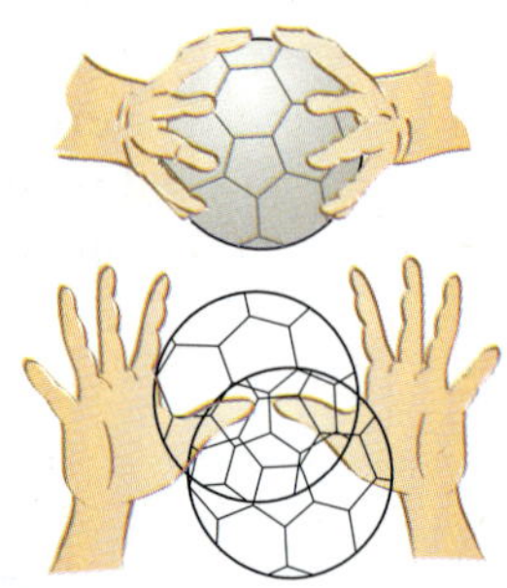

A norma di regolamento per **presa** si intende «il rapporto della mano con la palla, in particolare la disposizione delle dita, l'appoggio di parte del palmo della mano».

Nella presa **a due mani** le dita aperte si collocano lateralmente sul pallone. Da una buona presa dipende la possibilità di effettuare un passaggio o un tiro.

Questo gesto è molto importante nelle fasi in cui si entra in possesso del pallone o quando è indispensabile difendere la palla da attacchi degli avversari. Dalla presa iniziale a due mani si passa successivamente, nello stesso movimento, a quella **a una mano** che viene utilizzata per il passaggio e il tiro. È evidente che una solida presa a una mano dipende dalla grandezza della mano (in particolare dalla distanza fra il pollice e il mignolo) e dall'allenamento. Si può migliorare anche con l'uso di sostanze adesive, come ad esempio la pece. Le dita che afferrano il pallone sono il pollice, il mignolo e l'anulare; l'indice e il medio trasmettono la forza del braccio per la realizzazione del tiro o del passaggio.

Giochiamo con la presa

Gimkana

Si organizza una gimkana utilizzando i vari attrezzi della palestra. Il gioco consiste nell'eseguire il percorso tenendo sempre il pallone in mano, anche quando si devono superare ostacoli (panca, cavallina, trave) o si effettuano le capovolte. Vince chi riesce a eseguire un percorso netto, senza mai lasciare la palla.

La ricezione

A norma di regolamento per **ricezione** si intende «un'azione composta da una serie di movimenti atti a favorire l'entrata in possesso della palla». Andiamo ora ad analizzare nel dettaglio come questa avviene; distinguiamo **tre momenti**.

- Il primo è quello della **preparazione**. Nel momento in cui il pallone giunge al giocatore, egli allunga gli arti superiori flettendo il dorso delle mani, i pollici sono in alto e formano con gli indici un angolo di 90°. Il pollice destro e quello sinistro internamente sono molto vicini, mentre le altre dita sono ben divaricate; il palmo è rivolto in avanti nella direzione della palla.
- Il secondo momento è quando il giocatore entra in **possesso** della palla. Non appena la palla prende contatto con i pollici, questi si serrano su di essa facilitando la chiusura delle altre dita che si collocano con un movimento simultaneo (presa), ben aperte, sugli emisferi opposti.
- Il terzo momento si ha quando le braccia si flettono verso il busto per **ammortizzare** la velocità della palla.

Naturalmente il giocatore non deve mai attendere passivamente l'arrivo del pallone, ma si prepara fin dal momento in cui il compagno sta per lanciarglielo.
La ricezione può essere: *alta*, *bassa* e *a terra*, in riferimento all'altezza della traiettoria del pallone.

Ricezione di una palla alta (al di sopra del petto). Gli arti superiori sono distesi verso la direzione di arrivo della palla, le mani sono aperte con le dita leggermente inclinate indietro, sopra la testa. Lo sguardo è rivolto verso la palla. Quando questa viene a contatto con i pollici le dita si serrano e si asseconda, con una lieve flessione degli arti superiori, la velocità del pallone portandolo verso la spalla destinata all'esecuzione del tiro. Questo tipo di ricezione è adottato per «intercettare» passaggi lunghi e alti; può anche essere eseguito in salto per anticipare l'avversario.

Ricezione di una palla bassa (al di sotto del bacino). Gli arti inferiori sono piegati in funzione della traiettoria del pallone, mentre gli arti superiori si distendono in avanti basso, con il palmo rivolto verso la palla e con le dita in basso; il bordo esterno dei mignoli e dei palmi si sfiora a formare una «conca». Nel momento in cui il pallone prende contatto con le mani si serrano le dita sugli emisferi opposti mentre i pollici sono in alto. A questo punto si effettua una lieve flessione degli arti superiori assecondando la velocità del pallone e portandolo rapidamente in direzione della spalla destinata all'esecuzione del tiro; successivamente si raddrizzano le gambe e il busto.

Ricezione di una palla a terra. Il giocatore si pone di fianco con gli arti inferiori semipiegati e divaricati in senso antero-posteriore in funzione della parabola della palla. Flette il busto in avanti e porta il braccio che sta dietro (ad esempio il destro) verso il terreno con la mano a cucchiaio; l'altra mano (la sinistra), che si trova piú avanti e piú alzata su un fianco rispetto alla traiettoria, viene posta sopra la palla. A questo punto la mano destra ferma il pallone, mentre quella sinistra, dopo aver assecondato la palla che arriva, si serra su di essa ponendosi davanti. Poi si raddrizzano il busto e le gambe, sempre portando la palla velocemente in direzione della spalla destra destinata all'esecuzione del tiro. Destra e sinistra si invertono per i mancini.

Gli errori piú comuni nella ricezione

1. Non seguire il pallone con lo sguardo quando viene lanciato.
2. Contrarre esageratamente le dita della mano, l'articolazione del polso, le braccia, senza ammortizzare il colpo.
3. Rimanere statici con gli arti inferiori, superiori e il busto mentre arriva la palla.

Giochiamo con la ricezione

Due contro uno

Il gioco riproduce una situazione che spesso si crea durante una partita: due attaccanti e un difensore. In uno spazio limitato i due attaccanti A e B effettuano passaggi fra loro, mentre il difensore C tenta l'intercettazione del pallone. Quando il difensore intercetta, diventa attaccante, mentre chi ha effettuato il passaggio intercettato diventa difensore.

Varianti piú facili: ingrandire la zona d'attacco; chiedere al difensore di essere «semi-attivo» soprattutto per facilitare l'azione del giocatore al centro.

Varianti piú difficili: ridurre la zona d'attacco; concludere l'azione in un tempo limite; limitare a tre il numero dei passaggi autorizzati; giocare due contro due.

A che livello sei?

Tecnica di ricezione

Alla distanza di 3 metri dal muro, al via lanciare con una mano la palla n. 2 contro il muro, e riprenderla effettuando la ricezione a due mani. Cercare di eseguire in 20 secondi il maggior numero possibile di lanci. Prima di effettuare il tiro è necessario portare la palla dietro la testa. Se la palla cade, la prova va ripetuta. Si effettuano due prove valutando la migliore.

DATI INDICATIVI DI RIFERIMENTO

FEMMINE		MASCHI		GIUDIZIO	VOTO
14-17 anni	*18-19 anni*	*14-17 anni*	*18-19 anni*		
18	19	20	21	eccellente	10
17	18	19	20	ottimo	9
16	17	18	19	buono	8
15	16	17	18	discreto	7
14	15	16	17	sufficiente	6
12	13	14	15	scarso	5
10	11	12	13	molto scarso	4

Il palleggio

Il **palleggio** viene utilizzato solo in particolari condizioni perché spesso rallenta l'azione di norma molto veloce in questo gioco; d'altra parte è bene acquisire questo fondamentale che, usato con criterio, si rivela di grande efficacia. Può essere eseguito **sul posto** o **in movimento**:

- *sul posto* si esegue con una flessione seguita da una estensione dell'avambraccio sul braccio, con la mano che si appoggia aperta sul pallone, a dita larghe; il gesto termina con la spinta della mano verso il basso con una flessione evidente del polso, imprimendo la forza necessaria affinché la palla ritorni alla mano. Il palleggio viene fatto di lato in avanti-fuori all'arto superiore che compie il movimento.
Ogni movimento che tende ad «accompagnare» la palla, spingendola da dietro o da sotto, è considerato infrazione. Una volta che viene interrotto, il palleggio non può essere ripreso.

- *in movimento* si esegue spingendo il pallone con decisione in basso e in avanti, cosí da evitare un eccessivo numero di contatti con la palla e correre piú velocemente. Questo tipo di palleggio è usato per il contropiede individuale e in quelle azioni di attacco in cui si deve «attendere» il piazzamento dei compagni.

Gli errori piú comuni nella ricezione

1 Schiaffeggiare la palla, senza accompagnarla adeguatamente.
2 Non coordinare la spinta sul pallone con la forza ad esso impressa.
3 Non tenere la testa in alto quando si palleggia ma guardare la palla.

Sul campo

Spostarsi con la palla
Talvolta è opportuno controllare la palla in palleggio, per esempio quando si presenta lo spazio libero oppure quando non ci sono compagni cui passare la palla o dobbiamo difenderla «uno contro uno».
Bisognerà allora essere in grado nel minor tempo possibile di spostarci seguendo le traiettorie piú brevi, saper evitare l'avversario senza perdere palla (proteggendola col corpo). È comunque consigliabile non eccedere in questa tecnica perché, se si impiega troppo tempo, ciò potrebbe essere tatticamente svantaggioso per la nostra squadra.

Giochiamo con il palleggio

Caccia al serpente
Tutti i giocatori palleggiano a terra trascinando una cordicella fissata dietro la schiena che arriva fino al suolo. Palleggiando si deve tentare di calpestare la corda degli altri.

Varianti piú facili: con palloni piú grandi; con un cerchio all'estremità della corda (bersaglio piú grande).
Varianti piú difficili: con palloni piú piccoli; ampliare il terreno di gioco; imporre la tecnica di palleggio (ad esempio solo laterale).

A che livello sei?

Palleggi in slalom

Percorrere in slalom tra i birilli in palleggio il percorso indicato dalla figura, con ritorno al punto di partenza. Il test si esegue su due prove e si registra il miglior risultato.

DATI INDICATIVI DI RIFERIMENTO					
FEMMINE		MASCHI		GIUDIZIO	VOTO
14-17 anni	*18-19 anni*	*14-17 anni*	*18-19 anni*		
18″	17″	16″	15″	eccellente	10
19″	18″	17″	16″	ottimo	9
20″	19″	18″	17″	buono	8
21″	20″	19″	18″	discreto	7
23″	22″	21″	20″	sufficiente	6
25″	24″	23″	22″	scarso	5
27″	26″	25″	24″	molto scarso	4

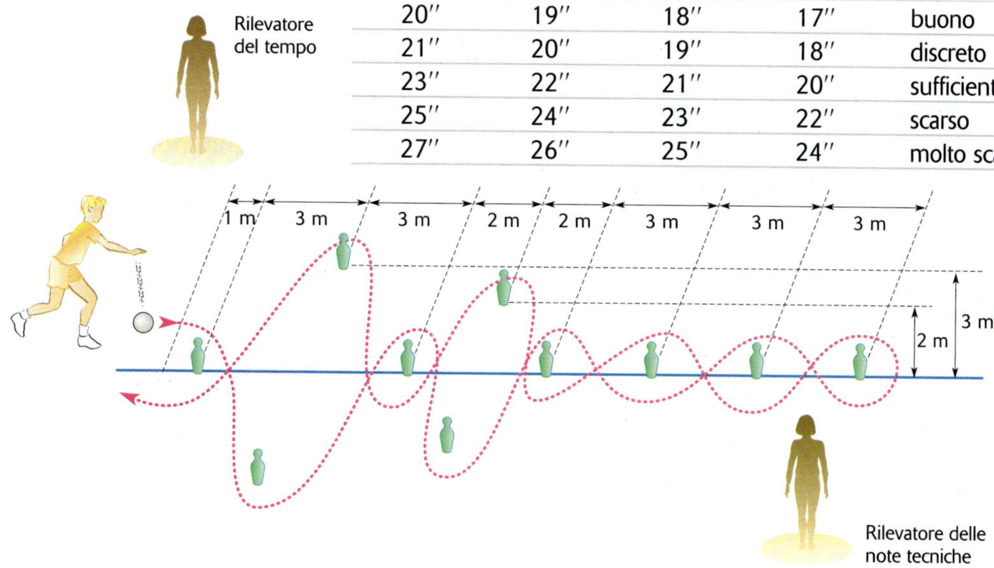

Il passaggio

Un passaggio eseguito nel modo corretto è **la premessa indispensabile per eseguire un'efficace azione d'attacco.** Deve essere effettuato con traiettoria tesa, ma non troppo violenta, e all'altezza del petto, poiché questo è il punto migliore del corpo per ricevere la palla.

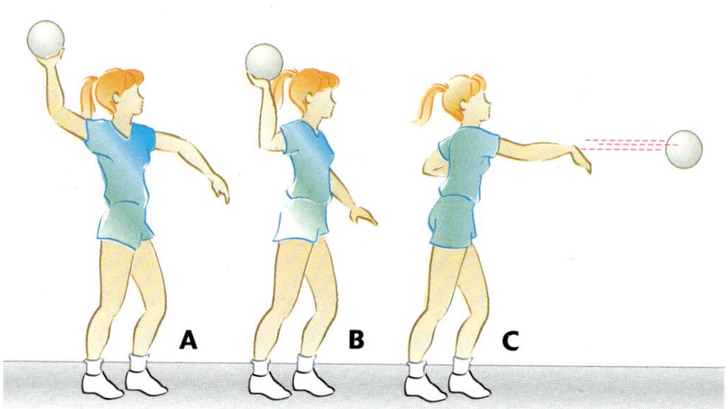

Passaggio fondamentale. I destri lo effettuano portando in avanti il piede sinistro, con torsione del busto a destra; la palla viene portata con la mano destra indietro in alto, con semiflessione del braccio, cosicché il gomito viene a trovarsi in linea con l'orecchio (A).

Il movimento nella sua globalità parte dall'arto inferiore destro, si sviluppa in avanti con le anche, con la torsione del busto, con lo spostamento in avanti del gomito (B) e infine con il movimento della mano che termina l'azione con un «colpo di frusta» cosicché la mano risulta flessa in basso (C). Durante l'effettuazione del colpo di frusta è importante curare il corretto movimento del polso.

Gli errori piú comuni nel passaggio

1. Difettosa valutazione della *misura del passaggio*, che risulta troppo alto o troppo basso.
2. Scarso *senso della posizione* su passaggio del compagno, per cui ci si trova troppo avanti o eccessivamente indietro rispetto alla palla.
3. *Passaggio «telefonato»*, cioè troppo lento, cosicché l'avversario capisce chiaramente a chi e dove verrà diretto.
4. Difetto nel *controllo della corsa*, per eccessiva inclinazione del busto, che non permette la preparazione per effettuare il passaggio.

Vi sono molti altri tipi di passaggio: da dietro la schiena, all'altezza del ginocchio, lateralmente, tipo rugby, sopra la testa. Sono gesti tecnici spesso complessi, la descrizione dei quali esula dagli obiettivi di questo testo.

Sul campo

Ricezione e passaggio

Una volta che la nostra squadra si è impossessata della palla, non basta sperare che il compagno ce la passi, ma dobbiamo muoverci, proporci al compagno, spostandoci nelle posizioni piú vantaggiose per ricevere il passaggio. Dobbiamo fare attenzione a non avvicinarci troppo al portatore di palla. In tal modo porteremmo in quella zona anche gli avversari che ci marcano rischiando cosí di far perdere palla. Cercheremo inoltre di usare poco il palleggio, preferendo il passaggio, regolandone la velocità ed eseguendo traiettorie piú precise possibile. È consigliabile, se possibile, ricevere la palla con due mani e passarla con una, effettuando finte per trarre in inganno gli avversari. In attacco sarà opportuno mantenere la posizione nelle zone di competenza, per allargare piú possibile il fronte di attacco e mettere in difficoltà la difesa avversaria.

Giochiamo con il passaggio

Passaggi a coppie

Si formano delle coppie, che si affrontano su un campo piccolo (circa 3 × 3 m) in partite due contro due. Una coppia cerca di eseguire in un tempo stabilito il maggior numero possibile di passaggi. Ambedue le coppie possono segnare punti; per chi è in possesso di palla si contano i passaggi effettuati, per gli altri quelli intercettati.

Varianti piú facili: terreno piú grande; per chi difende valgono anche i passaggi soltanto deviati.

Varianti piú difficili: terreno di gioco piú piccolo; limitare le tecniche per eseguire il passaggio al compagno.

A che livello sei?

Tecnica del passaggio

Ci si posiziona a una distanza di 3 metri dal muro; al via si comincia a lanciare la palla contro la parete (passaggio fondamentale con una mano), effettuando poi la ricezione sul rimbalzo. Prima di effettuare il passaggio è necessario portare la palla dietro la testa. Se la palla cade la prova va ripetuta un'altra volta. Si contano i passaggi riusciti nell'arco di 20 secondi.

DATI INDICATIVI DI RIFERIMENTO

Femmine		Maschi		Giudizio	Voto
14-17 anni	*18-19 anni*	*14-17 anni*	*18-19 anni*		
18	19	20	21	eccellente	10
17	18	19	20	ottimo	9
16	17	18	19	buono	8
15	16	17	18	discreto	7
14	15	16	17	sufficiente	6
12	13	14	15	scarso	5
10	11	12	13	molto scarso	4

Il tiro

Questo fondamentale è alla base della vittoria di una squadra; si tratta di proiettare la palla verso la porta avversaria con gran velocità e forza, allo scopo di «fare rete».

Distinguiamo il tiro classico, cioè quello con **appoggio** dei piedi al terreno, dal **tiro in elevazione**, effettuato durante la fase di volo.

Il tiro ripropone, da un punto di vista tecnico, gli stessi movimenti del passaggio, solo che in questo caso l'azione è molto piú energica e rapida, in modo da dare al pallone la massima accelerazione possibile.

Tiro classico in appoggio. Si esegue dopo una rincorsa di 3 passi, necessaria per acquistare l'energia adeguata da trasmettere nel lancio e per ottenere una posizione del corpo stabile. Esso ha la sequenza che segue.

- La ricezione della palla avviene con l'appoggio sul piede destro, il sinistro avanti leggermente sollevato. Il primo passo è col piede destro e coincide con la conclusione della fase di ricezione; la palla non viene ammortizzata al petto, ma portata direttamente verso la spalla di tiro, accompagnandola in un primo momento con le due mani. Inizia quindi il caricamento, con la distensione del braccio verso dietro-alto.
- Il secondo passo è col piede sinistro; l'appoggio a terra del piede coincide con l'inizio del tiro. Segue quindi la torsione del busto sul piano frontale; il braccio e la mano con il pallone terminano il movimento concludendo il tiro con scarico sul piede destro. Destra e sinistra si invertono per i mancini.

Tiro in elevazione. È l'equivalente del tiro in appoggio con la differenza che sull'ultimo passo sinistro il giocatore salta e tira quando è sospeso in aria. La spinta per il salto è impressa dall'arto inferiore che stacca, aiutato in quest'azione dalla simultanea spinta col ginocchio flesso dell'altro arto. Al momento dell'elevazione, il busto è girato dalla parte del braccio con la palla; il braccio si trova in posizione arretrata e in alto. Al culmine dell'elevazione il giocatore effettua il tiro. La ricaduta al suolo avviene sul medesimo piede di battuta. Per il tiro classico in elevazione la sequenza è analoga a quella del tiro classico, ma preceduta da una rincorsa di tre passi (sinistro, destro, sinistro, stacco e tiro). Destra e sinistra si invertono per i mancini.

Tiri speciali. Esistono anche altri tipi di tiro detti «speciali» che sono però bagaglio tecnico di atleti evoluti quali: il tiro con caduta in avanti, il tiro con caduta laterale (*eret*, mezzo *eret*), il tiro basso, il tiro rovesciato.

Gli errori piú comuni nel tiro

1 *Flettere troppo il braccio* al momento dell'esecuzione del tiro e tenere il gomito troppo basso e vicino al busto: in questo modo si origina una «spinta» tipo lancio del peso.
2 *Non effettuare il tiro in opposizione*, cioè gamba destra-braccio destro anziché gamba sinistra-braccio destro.
3 Tenere il *busto eccessivamente inclinato* in avanti e lateralmente dal lato del braccio libero: questo comporterà un tiro debole e impreciso.
4 *Non effettuare una spinta adeguata* con la gamba di stacco: questo determinerà un salto basso che non permetterà al giocatore di lanciare la palla prima del ritorno a terra.

Sul campo

Tirare al bersaglio

Il regolamento della pallamano permette il **caricamento al tiro con tre appoggi**. Quando è possibile sarà vantaggioso eseguire questo tipo di rincorsa che permette di saltare e tirare in volo penetrando all'interno dell'area avversaria, oppure di arrivare al limite dell'area con uno slancio sufficiente a tirare da fermi o in elevazione. Tiri eseguiti da piú lontano avranno pochissima possibilità di successo. Inoltre sarà sempre meglio evitare il tiro se lungo la traiettoria ci sono difensori: ogni tiro sbagliato dà l'opportunità di impostare un nuovo attacco all'avversario. Talvolta è piú efficace fingere il tiro per liberare il compagno ad un'azione di tiro. Questi movimenti nel loro complesso richiedono velocità, destrezza, agilità, equilibrio, il tutto accompagnato da un buon senso del ritmo del gioco.

Giochiamo con il tiro

Abbattere la clavetta

I giocatori sono divisi in due squadre. Sul fondo campo si sistemano due «porte» formate da due supporti alti 1 m, distanti fra loro 80 cm, su cui vengono poste due clavette. I giocatori delle due squadre cercano di abbattere la clavetta avversaria per realizzare il punto. Vince la squadra che, applicando le regole della pallamano, totalizza piú punti in un tempo determinato.

A che livello sei?

Potenza di tiro in appoggio

Lanciare la palla da pallamano n. 2 con una mano dalla zona dei 4 metri all'interno dell'area cercando di raggiungere la massima distanza possibile. Il tiro deve essere eseguito senza rincorsa. La lunghezza del lancio si misura per praticità dalla metà campo in poi. Si effettuano tre prove e si considera il miglior risultato. La misura deve essere arrotondata al metro superiore se i cm sono piú di 50.

DATI INDICATIVI DI RIFERIMENTO

Femmine		Maschi		Giudizio	Voto
14-17 anni	*18-19 anni*	*14-17 anni*	*18-19 anni*		
21	23	28	30	eccellente	10
19	21	26	28	ottimo	9
17	19	24	26	buono	8
15	17	22	24	discreto	7
13	15	20	22	sufficiente	6
11	13	18	20	scarso	5
9	11	16	18	molto scarso	4

Il ruolo del portiere

Il **ruolo del portiere** è fra i piú importanti in questo gioco: l'ultimo baluardo a difesa della porta. Il portiere può prendere parte ad azioni di attacco come qualsiasi altro giocatore; non «si tuffa» come il portiere; nel gioco del calcio: le ridotte dimensioni della porta e il tempo necessario a rialzarsi (sottratto a un contropiede o ad altre azioni di attacco) rendono superfluo il «tuffo». Prerogative di questo ruolo sono capacità di coordinazione, scioltezza articolare, velocità di spostamento, equilibrio nervoso, coraggio e senso della posizione.

Le posizioni che il portiere assume durante la fase di gioco sono in relazione alla direzione della palla. La posizione fondamentale di attesa è con i piedi paralleli, gambe leggermente divaricate e piegate, busto appena inclinato in avanti, braccia semiflesse in alto. Per effettuare decisi spostamenti il peso del corpo deve trovarsi sugli avampiedi. A seconda della sua statura varia la distanza che egli dovrà tenere rispetto alla linea di porta che, comunque, non deve essere superiore a un metro. Durante l'azione di gioco il portiere può muoversi da un palo all'altro descrivendo un semicerchio.

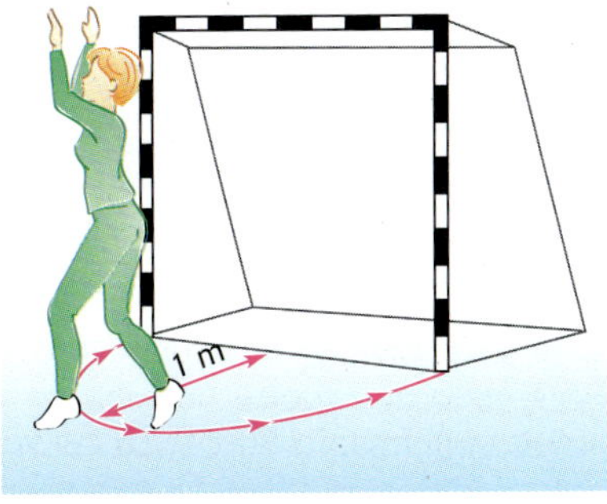

La parata. Dalla posizione fondamentale il portiere effettuerà spostamenti per parate:

A) su palloni alti;

B) su palloni a mezza altezza (l'azione coordinata braccia-gamba è di fondamentale importanza);

C) su palloni bassi;

D) sui tiri dai 6 metri (il portiere deve «uscire» per diminuire lo spazio di tiro dell'attaccante; le gambe vengono slanciate in fuori contemporaneamente alle braccia; questa parata è detta in gergo «a pelle d'orso»);

E) sui tiri dalla posizione di ala. Il portiere si dispone con un braccio vicino al palo in alto e flesso sopra la testa, con l'altro semiflesso in fuori per difendere il rimanente specchio della porta; i piedi vengono tenuti in modo da coprire il settore basso della rete, per evitare che il pallone passi fra le gambe.

A lato, i cerchi indicano le zone della porta da coprire con le varie tecniche di parata: **1** *e* **4** *per i palloni alti (****A****);* **2** *e* **5** *per i palloni a mezza altezza (****B****);* **3** *e* **6** *per i palloni bassi (****C****).*

A

B

C

D

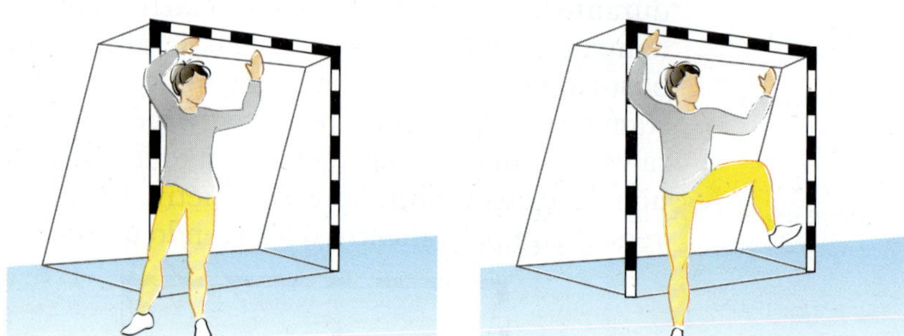

E

Posizione dei giocatori e ruoli

Anche per la pallamano, come per gli altri sport di squadra, è indispensabile sapere che cosa s'intende per *posizioni di gioco* e *ruolo* dei giocatori, cosí da impostare una minima organizzazione di gioco. Mentre la posizione di gioco è una caratteristica riferita alla posizione del giocatore sul campo, il ruolo è riferito al giocatore.
Durante una partita un giocatore può cambiare diverse posizioni di gioco, quindi assumere temporaneamente ruoli diversi, ma non può modificare le caratteristiche che lo contraddistinguono per quel ruolo.
Un'*ala* può spostarsi nella posizione di *terzino* per giocare, ma le sue caratteristiche di base rimangono, comunque, quelle di *ala*.

Posizione dei giocatori in una fase di attacco.

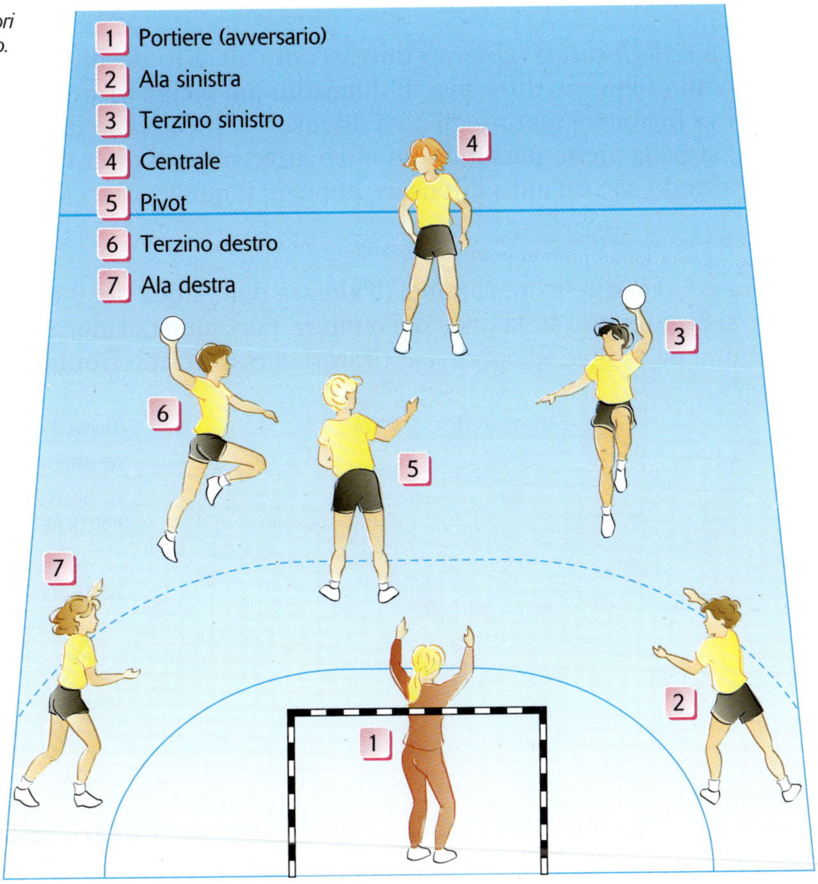

Portiere
La sua dote piú importante è il coraggio: il portiere non deve temere la palla ma essere rapido e reattivo. La sua statura è elevata. Deve possedere una forte personalità.

Ala sinistra e ala destra
La rapidità di esecuzione e l'ottima elevazione sono le peculiarità principali dell'ala. Altrettanto importanti sono il cambio di velocità e l'abilità nel tiro.

Terzino sinistro e terzino destro
Dev'essere di notevole altezza e possedere una grande potenza sia negli arti inferiori sia in quelli superiori: infatti deve essere in grado di realizzare reti anche a notevole distanza.

Centrale
È il regista della squadra. Caratteristica fondamentale è la visione del gioco e la precisione nel tiro. È di statura elevata, resistente e con grande forza negli arti inferiori e in quelli superiori.

Pivot
Caratterialmente è un lottatore, è di notevole peso e abile nel tiro; tra le altre qualità sono da ricordare la resistenza e la potenza negli arti inferiori.

9.4 Schemi fondamentali di gioco

Gli schemi di difesa

La **difesa** è la fase di gioco in cui una squadra non è in possesso del pallone. Compito della difesa è impedire alla squadra avversaria di segnare la rete e cercare di riconquistare il pallone con azioni individuali o di gruppo.
Tre sono i sistemi di difesa: **a zona**, **individuale** e **combinata**.
Analizzeremo ora quella piú usata a livello scolastico, cioè la difesa a zona. Gli schemi di difesa a zona possono essere: 6-0; 1-5; 2-4; 3-3.

Schema 6-0. I giocatori schierati uno accanto all'altro davanti alla linea dei 6 metri formano uno schermo difensivo. Il difensore piú vicino all'attaccante in possesso di palla gli va incontro, mentre gli altri difensori si incaricano di chiudere lo schermo. Appena la palla viene passata a un altro attaccante, il difensore torna al posto iniziale lasciando che un altro difensore impegni il nuovo attaccante in possesso di palla.

Schema 1-5. Un difensore si pone all'altezza della linea dei 9 metri, mentre gli altri cinque si dispongono sulla linea dei 6 metri. Funzione del giocatore avanzato è di intercettare i passaggi e di opporsi ai tiratori che avanzano frontalmente.

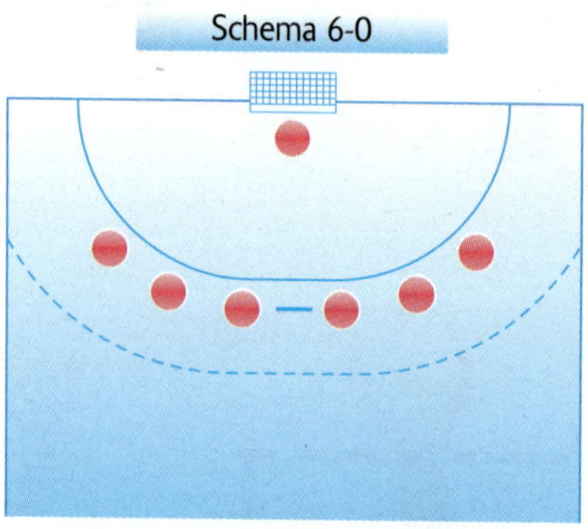

Schema 2-4. Due difensori si pongono sulla linea dei 9 metri, mentre gli altri quattro sono davanti alla linea dei 6 metri. Funzione dei difensori avanzati è quella di pressare ai lati l'attaccante in possesso di palla.

Schema 3-3. Tre difensori si dispongono sulla linea dei 9 metri e tre su quella dei 6 metri.

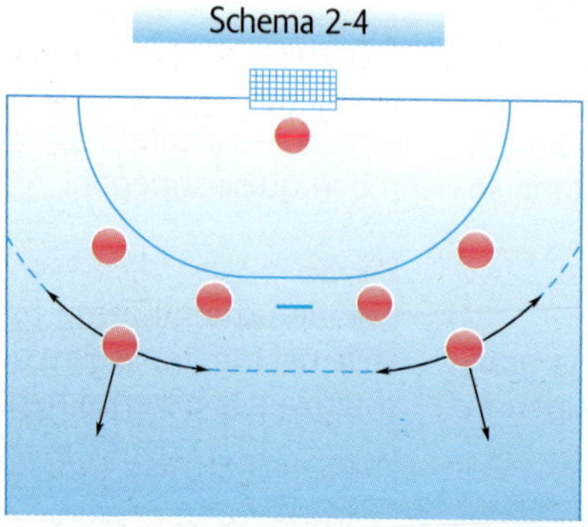

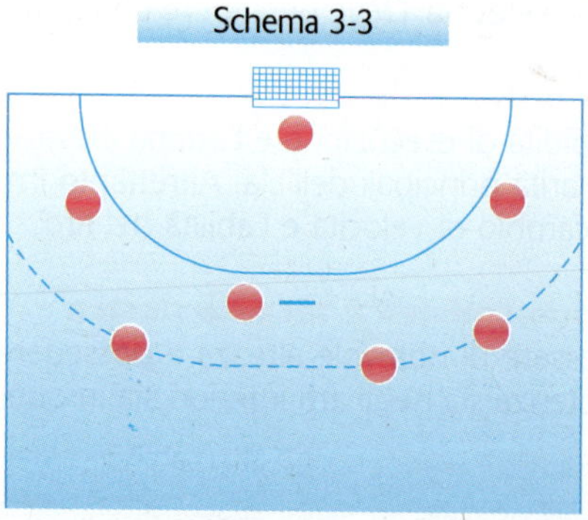

Sul campo

Come difendersi dal tiro e opporsi all'avversario

Durante il gioco si alternano velocemente fasi di difesa e fasi di attacco. Quando la nostra squadra è in fase difensiva è opportuno indietreggiare rapidamente. Per difendere la zona di nostra competenza si esegue il «flottaggio laterale».

Quando la palla passa nelle nostre vicinanze sarà essenziale cercare di impossessarsene effettuando movimenti appropriati di intercettazione del tiro.

Chi si trova nelle vicinanze dell'avversario deve cercare di rubargli palla opponendosi a esso in modo regolare.

Gli schemi di attacco

Anche in **attacco** è fondamentale organizzarsi affinché ogni giocatore possa individuare la zona dove attaccare con e senza la palla. Di grande importanza è la capacità di smarcarsi senza palla e l'esecuzione di blocchi allo scopo di concludere l'azione in sovrannumero nei punti piú sguarniti della difesa avversaria. Analizziamo tre semplici **moduli di gioco** per iniziare il gioco d'attacco.

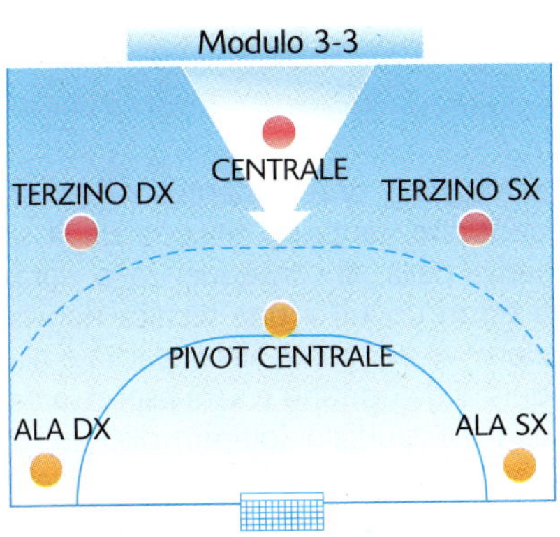

attaccanti di prima linea
attaccanti di seconda linea

Modulo 3-3. È uno schema che permette a tutta la squadra di attaccare disponendosi su due linee poste a diversa distanza dalla linea di porta. Nel modulo 3-3 vengono occupate tutte e cinque le posizioni esterne piú la posizione del pivot. È chiamato anche *attacco con un pivot.*

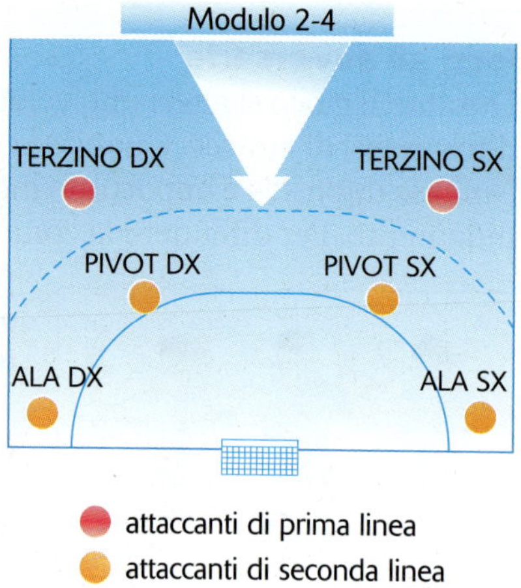

Modulo 2-4. Due giocatori (terzino destro e sinistro) attaccano partendo da una posizione piú distante dalla linea di porta o da posizioni piú vicine; al centro si attacca con due pivot lasciando vuota la posizione di centrale. Questo schema è anche chiamato *attacco a due pivot*.

Il contropiede. Dopo il tiro di un attaccante, una palla persa o recuperata, la prima azione offensiva della squadra in difesa è il contropiede.

Il contropiede è un'azione estremamente rapida e semplice nella sua struttura. Al momento del tiro dell'attaccante i giocatori incaricati, piú avanzati e i piú rapidi, partono velocemente verso la porta avversaria cercando di sopravanzare tutti gli avversari. Il portiere cerca di recuperare la palla altrettanto velocemente, e con un lungo lancio, la passa al compagno piú avanzato e libero che riceve e tira in corsa.

Il contropiede è chiamato *diretto* quando il lancio viene effettuato direttamente dal portiere, mentre è *indiretto* quando il lancio viene effettuato da un compagno dopo la rimessa in gioco del portiere.

Sul campo

Smarcarsi e marcare

Quando la nostra squadra è in possesso di palla è opportuno trovarsi nella posizione migliore per ricevere o effettuare il passaggio, eseguendo finte, scatti, cambi di direzione per liberarci da una eventuale marcatura, o portandoci nella zona dove la difesa avversaria lascia dei varchi e non oppone ostacoli. Quando la nostra squadra invece perde palla si deve cercare rapidamente di difendere dall'esterno l'area di nostra competenza, con spostamenti laterali e azione di muro, per evitare il contropiede avversario. Per ostacolare i passaggi dell'avversario si cercherà poi, nelle altre zone del campo, di frapporci tra lo stesso e la palla per intercettarne le traiettorie. Ognuno cercherà sempre di trovarsi vicino a colui che deve marcare.

Logica di gioco

Quando avremo raggiunto una sufficiente conoscenza del regolamento e saremo in grado di applicare i fondamentali e gli schemi di gioco piú semplici, almeno metà delle ore programmate per la pallamano potrà essere dedicata al gioco con vere e proprie partite. Nel gioco sarà opportuno valutare, o meglio far valutare agli stessi allievi, l'esecuzione globale. Il giudizio, che chiamiamo «logica di gioco», deve comprendere la valutazione di: impegno, rispetto delle regole, autocontrollo, concentrazione, riflessi, scelta appropriata nelle esecuzioni, orientamento, senso tattico, dinamismo, decisione, fantasia, efficacia degli spostamenti con e senza palla; di conseguenza, si darà poca importanza a errori dovuti a una tecnica non perfetta. La valutazione va adeguata alle capacità e alle competenze acquisite da ognuno e sarà espressa da un voto (4-10) o con un giudizio (ottimo, distinto, buono, sufficiente, non sufficiente). Solo quando il livello di tutti i giocatori sarà valutato con giudizi alti si terrà conto anche delle espressioni tecniche piú specifiche.

Verifica quanto appreso

1. Della pallamano esponi brevemente:

le sue origini ....

....;

la sua evoluzione ....

....;

la sua diffusione ....

....

2. Descrivi ciò che il regolamento prevede quando un giocatore è «in possesso di palla».

....

....

3. La distanza minima dalla porta per effettuare un eventuale stacco per il tiro è di 5 metri.

☐ Vero ☐ Falso

4. Si possono eseguire 3 passi, 1 palleggio e 3 passi senza incorrere in infrazione.

☐ Vero ☐ Falso

5. Il portiere può afferrare la palla fuori dell'area tenendo i piedi all'interno di essa.

☐ Vero ☐ Falso

6. Che cosa significa il segnale arbitrale della figura?

☐ tiro franco
☐ trattenuta
☐ invasione
☐ fallo indiretto

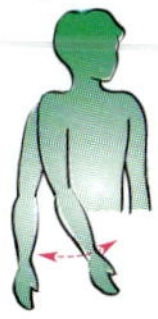

7. Descrivi le varie fasi dell'esecuzione del tiro in elevazione nella sequenza qui riportata.

8. Descrivi in base alla tua esperienza scolastica o extrascolastica quali sono gli elementi per eseguire ed eventualmente valutare *sul campo* il «tirare a bersaglio».

....

....

9. Quali sono i ruoli dei giocatori?

....

....

Descrivi le caratteristiche principali di un ruolo a tua scelta.

....

....

10. Sulla parte di campo qui riprodotta disegna uno schema difensivo e descrivilo.

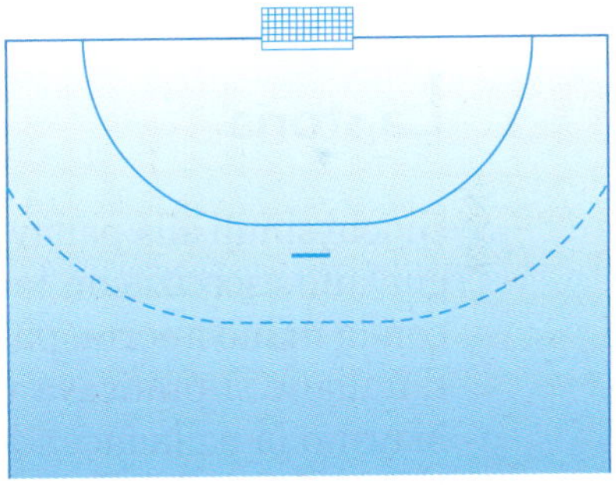

....

....

11. Sviluppa i seguenti argomenti scegliendo una fra due delle modalità previste dalla terza prova: trattazione sintetica di argomenti o risposta a quesito singolo (rispettivamente in un massimo di 20 e 10 righe).

A Nella pallamano quali sono gli schemi motori di base piú usati e quali le qualità motorie specifiche ad essi collegati?

B Accorgimenti *sul campo* per espressioni logiche di gioco finalizzate all'esecuzione tecnica e tattica individuali e di squadra.

C Le regole piú importanti della pallamano.

10 PALLAVOLO

Fra gli **sport ricreativi** che si possono praticare senza distinzione di età e sesso, divertenti anche se giocati con tecnica approssimativa, la **pallavolo** occupa sicuramente una posizione di preminenza. Può essere adattata a tutte le situazioni, variando il numero dei giocatori oppure le dimensioni del campo. Palestre, spazi all'aperto, cortili, spiagge, possono essere adibiti a campo di gara con un minimo di attrezzatura: basta una palla e una corda tesa al posto della rete. Il gioco si presta anche ad essere giocato in due, tre persone, palleggiando o eseguendo altri fondamentali (bagher, battuta, ecc.). Per questi motivi la pallavolo è uno degli sport piú praticati a livello scolastico.

10.1 La storia

Giochi simili alla pallavolo hanno **origini molto antiche**. I Romani, per esempio, eseguivano esercizi con la palla a scopo di divertimento e svago: la palla veniva colpita con la mano aperta, palmo rivolto verso l'alto. Anche durante il Medioevo nelle corti italiane si praticava un gioco in cui due squadre, divise da una barriera, si scambiavano la palla facendo sí che essa non toccasse il suolo.
Un gioco simile alla pallavolo era in gran voga all'epoca del Re Sole: aveva il lezioso nome di *minouette* (da *minou*, micio).
La pallavolo è nata ufficialmente negli Stati Uniti nel **1895**, ideata da William Morgan, direttore di educazione fisica in un college del Massachusetts, sulla base di un gioco già esistente e praticato in Germania con il nome di *Faustball* («pallapugno»). Mentre però nel Faustball la palla poteva toccare terra, nella sua evoluzione americana il pallone doveva essere giocato sempre in volo.
Il gioco inventato da Morgan diventò ben presto popolare: meno faticoso del basket, poteva essere giocato da persone di ogni età, con diverso grado di preparazione e qualsiasi livello di abilità, e soprattutto non prevedeva contatto fisico fra i giocatori; questo cambiava totalmente la dimensione agonistica mettendo particolarmente in risalto l'aspetto tecnico e psicologico.
Il gioco, denominato in seguito *volleyball*, che significa letteralmente «palla sparata», (*volley* in inglese significa «raffica, colpo violento») si diffuse presto in tutti gli Stati Uniti: nelle scuole, sulle spiagge, persino nei luoghi di lavoro dove veniva praticato dagli uomini d'affari che volevano mantenersi in forma. Fu esportato poi in Canada e in America latina.

Nel 1898 la pallavolo giunse a Manila, nelle Filippine, grazie a un insegnante di educazione fisica americano; proprio ai filippini viene attribuita l'invenzione di un fondamentale d'attacco altamente spettacolare: la «schiacciata».
In Cina e in Giappone ottenne un successo strabiliante.
In Europa arrivò durante la prima guerra mondiale al seguito delle truppe americane sbarcate in territorio francese: i soldati americani erano soliti giocare a pallavolo nei momenti di pausa.
Quando il conflitto finí, la pallavolo invase rapidamente il Vecchio Continente passando dalla Francia ai Paesi Bassi, al Portogallo, alla Spagna, alla Grecia, all'Italia, ma soprattutto ai paesi dell'Est, fra cui l'Unione Sovietica, dove divenne ben presto lo sport nazionale.
Nella prima metà del Novecento la pallavolo veniva dunque giocata in larga parte del mondo, con regole che però variavano in relazione alle esigenze delle singole realtà e che modificavano l'originale gioco ideato da Morgan. Particolari differenze vi erano fra il modo di giocare in Oriente rispetto all'Occidente: per esempio, mentre in Occidente per rimandare la palla nel campo avversario si potevano fare sino a 20 tocchi, gli asiatici inventarono la *regola dei tre tocchi*, che rese la pallavolo molto piú dinamica e spettacolare; in Oriente si giocava con nove giocatori per squadra che avevano ruoli fissi, mentre in Occidente i giocatori erano sei ed era prevista la rotazione; nei paesi asiatici la partita si chiudeva a 21 punti, in quelli occidentali a 15; infine anche le dimensioni del campo erano diverse. Possiamo quindi dire che per un lungo periodo la pallavolo è stata giocata in due modi differenti: all'occidentale e all'orientale.
Nel **1938** venne introdotto un fondamentale che rivoluzionò il modo di giocare: il «muro». Furono soprattutto i paesi dell'Est che lo utilizzarono con sistematicità grazie anche alla potenza muscolare dei propri giocatori.

Nel **1947** i rappresentanti di 15 federazioni nazionali si ritrovarono a Parigi e crearono la **Federazione Internazionale di Volleyball** (FIVB), siglando un regolamento internazionale di gioco a cui aderirono successivamente Unione Sovietica, Bulgaria, Giappone, Germania Federale. Nello stesso anno in Italia fu fondata la **FIPAV** (**Federazione Italiana Pallavolo**). Nel 1949 si disputò il primo campionato del mondo, ma solo nel 1964, ai Giochi di Tokyo, la pallavolo entrò a far parte degli sport olimpici.
Come abbiamo visto, dalla sua nascita a oggi le tecniche e le tattiche della pallavolo sono notevolmente cambiate e si sono evolute, anche in funzione di una maggiore spettacolarità del gioco. Fra le tante innovazioni ricordiamo l'introduzione nel 1958 del *bagher* o «scavatrice», detto cosí dal movimento che compiono le braccia per eseguirlo. Questo fondamentale, che aveva lo scopo di arginare le schiacciate di potenza, venne presto adottato da tutte le squadre che parteciparono al mondiale del 1962.
Nel corso del tempo anche i regolamenti sono cambiati per esigenze di spettacolarità e hanno portato a sostanziali modifiche delle dinamiche di gioco (battute, schemi, modi di colpire la palla, ecc.). In questa evoluzione la «parte del leone» è stata svolta nel decennio 1980-1990 da Unione Sovietica e Giappone, che in quegli anni vantavano primati a livello mondiale.
È seguito un predominio della scuola americana, presto contrastato dalla scuola italiana che in pochi anni è diventata, unitamente a nazione emergenti come Cuba, Jugoslavia e Brasile, una delle piú forti al mondo.
Il successo della nazionale femminile italiana ai campionati mondiali disputati nel 2002 in Germania ha contribuito ad aumentare la popolarità di questo sport nel nostro paese e ad allargare sempre piú la base dei praticanti.
Proveniente dagli Stati Uniti, in questi ultimi tempi è in forte espansione anche in Italia il **beach volley**, che non è altro che la pallavolo giocata sulla spiaggia o su campi con sabbia. È diventata in pochi anni un vero e proprio sport autonomo, con tanto di federazione a sé.

10.2 Il gioco e le regole fondamentali

Nella pallavolo **due squadre si affrontano su un campo diviso da una rete**. Il gioco consiste nel far toccare alla palla un punto qualsiasi del campo avversario, dopo averla fatta passare al di sopra della rete. La palla deve essere respinta dalle mani dell'atleta o da qualsiasi altra parte del corpo, con un colpo netto e unico. Ogni atleta ha la possibilità di toccare una sola volta nella stessa azione il pallone (due volte se a muro) e ciascuna squadra ha a disposizione al massimo tre tocchi per rinviare la palla, generalmente effettuati con l'ordine seguente: difesa (bagher), palleggio e attacco; se la palla durante i tre tocchi batte nella rete si considera ancora in gioco. Il gioco ha inizio con la battuta di una delle due squadre. Ogni errore o infrazione al regolamento dà un punto all'avversario; la squadra che raggiunge per prima un determinato numero di punti vince un *set* e quella che vince il maggior numero di set si aggiudica la partita.

Il terreno di gioco e la palla

La pallavolo si gioca su un campo della lunghezza di 18 m e della larghezza di 9 m, circondato da una zona libera larga almeno 3 m; tale superficie viene divisa in due quadrati (9 × 9), da una rete e da una linea centrale.
La rete è delimitata verticalmente, ai lati, da due bande bianche perfettamente allineate alle linee laterali; sopra le bande (ne sono praticamente il proseguimento) sono poste due asticelle flessibili (antenne) che delimitano lo spazio aereo sopra la rete entro il quale deve passare il pallone da una metà campo all'altra.
L'altezza della rete varia a seconda della categoria degli atleti. Per i ragazzi (11-15 anni) la rete è posta a 2,10 m di altezza dal suolo (femminile) e 2,24 m (maschile); nelle categorie superiori ai 15 anni l'altezza è di 2,24 m (femminile) e di 2,43 m (maschile).

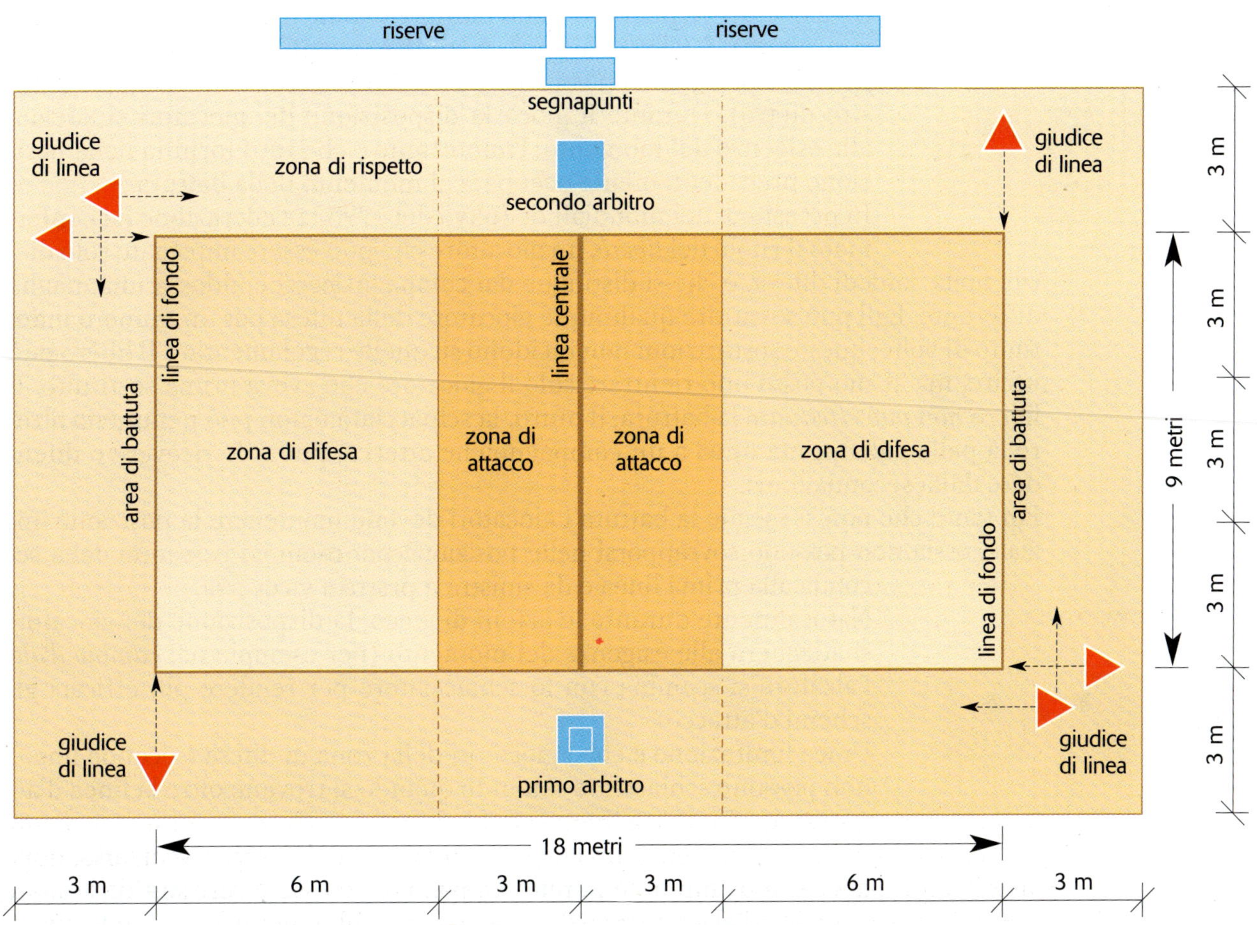

Su ogni metà del campo, alla distanza di 3 m dalla linea centrale, sopra la quale si trova la rete, e a essa parallela, è tracciata una linea che delimita la zona di attacco da quella di difesa; tale linea è prolungata oltre le linee laterali con una linea tratteggiata ed è detta *linea d'attacco* (detta anche *linea dei tre metri*). Tutte le linee segnate sul campo sono colorate in contrasto con il colore della superficie di gioco.
La zona di servizio (*area di battuta*), larga 9 m, è situata oltre la linea di fondo (esclusa); questa zona è delimitata da due linee di 15 cm, tracciate a 20 cm dalla linea di fondo, sul prolungamento delle linee laterali, entrambe incluse nella larghezza della zona; in profondità la zona di servizio si estende fino al termine della zona libera.
Tutta la superficie del campo deve essere libera in altezza da ogni ostacolo per almeno 7 m.
La pallavolo si gioca con un pallone che deve avere la circonferenza di 66 cm e pesare 260-280 g, con pressione interna di 0,30-0,325 kg/cm cubo.

Le squadre e le zone

Ogni squadra è composta da un massimo di 12 giocatori, 6 dei quali si dispongono in campo con un preciso ordine e con il compito di difendere la porzione di campo a loro circostante.
Generalmente si usa suddividere il campo mediante linee immaginarie in sei zone, ognuna di competenza del giocatore che in essa risiede.

I giocatori si dispongono su due linee, ognuno di essi in un punto preordinato della zona; ne risultano pertanto tre in zona d'attacco o prima linea e tre in zona di difesa o seconda linea. Nel regolamento i tre giocatori vicini a rete sono definiti *avanti* e occupano i posti 2 (destro avanti), 3 (centro avanti), 4 (sinistro avanti); gli altri tre sono i *difensori*, e occupano i posti 1 (destro dietro), 6 (centro dietro), e 5 (sinistro dietro). Durante il gioco la disposizione dei giocatori si adegua alle esigenze del momento; l'importante è che tutti tornino nella posizione precedentemente occupata al momento della battuta.
In occasione dei mondiali di Tokyo del 1998 la Federazione ha confermato il ruolo del *libero*, un giocatore che può essere impiegato solo dietro, nella zona di difesa, e che si distingue dai compagni perché indossa una maglia differente. Egli può sostituire qualunque giocatore della difesa per un numero indefinito di volte; queste sostituzioni non incidono su quelle regolamentari. Il libero può uscire, ma al suo posto può rientrare solo il giocatore che aveva prima sostituito. Il libero *non può effettuare* la battuta, il muro, la schiacciata e non può nemmeno alzare la palla dalla prima linea a un compagno che attacca; può solo ricevere o difendere dalla seconda linea.
Fin tanto che non si esegue la battuta i giocatori devono mantenere la posizione iniziale, ossia non possono sovrapporsi nelle posizioni, per esempio passando dalla seconda alla prima linea e da sinistra a destra e viceversa.

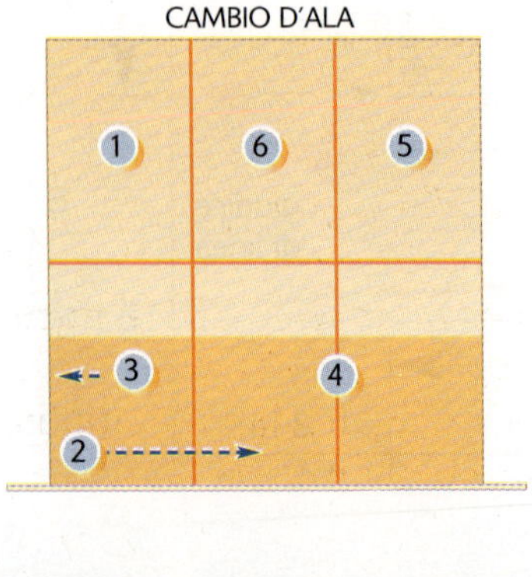

Naturalmente durante le azioni di gioco, la disposizione dei giocatori si adeguerà alle esigenze del momento (per esempio nel *cambio d'ala* l'alzatore si scambia con lo schiacciatore per rendere piú efficaci gli schemi d'attacco).
Unica limitazione è che i giocatori della zona di difesa (seconda linea) non possono schiacciare saltando quando si trovano oltre la linea d'attacco, cioè in prima linea.
Durante il set si possono fare un massimo di sei cambi e se un giocatore di riserva è entrato in campo durante il gioco può essere sostituito a sua volta solo dal compagno di cui aveva preso il posto. In caso di infortunio

sono possibili sostituzioni eccezionali. Nel caso in cui la squadra rimanga con cinque giocatori (per espulsioni o infortuni) la partita viene sospesa ed è considerata persa dalla squadra in inferiorità numerica.

La partita

Il gioco ha inizio con la battuta di una delle due squadre (*sorteggio di battuta*) che ha lo scopo di inviare il pallone nel campo avversario. Il servizio va eseguito dall'apposita zona di battuta entro 8 secondi dal fischio dell'arbitro. Viene effettuato dal giocatore del posto 1 che colpisce la palla con una sola mano. Una volta lanciata in aria la palla deve essere colpita per la battuta, pena la perdita del punto.
Se la palla cade a terra nel campo avversario, la squadra che ha battuto ottiene un punto e ha il diritto di battere nuovamente con lo stesso giocatore; se invece la squadra che riceve la battuta riesce, dopo una o piú azioni di gioco, a far cadere il pallone nel campo della squadra che ha battuto, ottiene a sua volta un punto e il diritto di battere. Se la palla finisce fuori dal campo o sulla rete o sul proprio campo l'errore è della squadra che ha giocato per ultima.
La battuta è valida anche se tocca la rete purché giunga nel campo avversario.
Ogni volta che la squadra conquista la battuta i giocatori si spostano in senso orario (*rotazione*); infatti il giocatore che deve andare alla battuta deve essere sempre colui che presiede la zona 2 del campo, cioè il giocatore a destra sotto rete.

ROTAZIONE

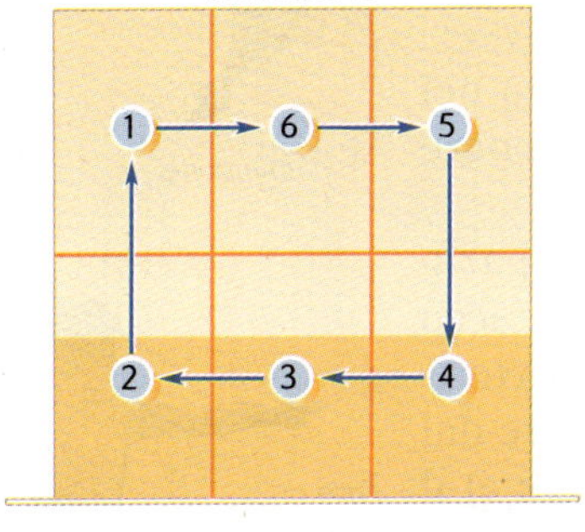

Ogni errore comporta l'attribuzione di un punto alla squadra avversaria (*Rally-point system*). Il giocatore alla battuta commette fallo se non manda il pallone nel campo avversario.
Ogni partita si articola in vari set (5 o 3); vince l'incontro chi si aggiudica il maggior numero di set (3 su 5 o 2 su 3). Vince il set la squadra che per prima raggiunge 25 punti. In caso di parità ai 24 punti, vince la squadra che per prima si porta a due lunghezze di vantaggio. In caso di parità di set (2-2 o 1-1) si gioca un set decisivo finale (*tie break*): la squadra che per prima arriva a 15 punti vince l'incontro (con lo scarto di almeno 2 punti, senza limiti di punteggio).
Ogni squadra ha diritto a un massimo di due tempi di riposo per ogni set. La durata dei tempi di riposo è di 30″.
Per le competizioni internazionali e nazionali maschili e femminili (A1, A2, B1, B2), nei primi quattro set sono applicati automaticamente due *tempi di riposo tecnici* per set, della durata di 60″ ciascuno, quando la squadra al comando raggiunge gli 8 ed i 16 punti. Nel set decisivo (5°) non sono previsti *tempi di riposo tecnici*; ogni squadra può richiedere solo i due tempi di riposo regolamentari della durata di 30″.
In caso di infortunio leggero è concesso un tempo di recupero di 3 minuti.
Gli intervalli tra i set hanno una durata di 3 minuti; durante l'interruzione si effettua il cambio di campo e si registra il nuovo ordine di formazione sul referto di gara.
Ciascuna squadra ha a disposizione tre tocchi (con alcune eccezioni che vedremo) per rimandare la palla nel campo avversario.

Gli arbitri, le infrazioni e le regole

La partita di pallavolo è diretta da due arbitri, coadiuvati da quattro giudici di linea e da un segnapunti.
Abbiamo visto schematicamente le regole del gioco della pallavolo; descriviamo in breve le **infrazioni** piú comuni in cui si può incorrere durante la partita.

Infrazioni sul tocco di palla

Infrazione di doppia.

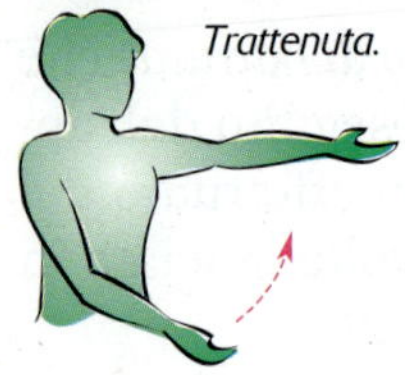

Trattenuta.

Il regolamento della pallavolo specifica che il pallone deve essere respinto con un tocco unico e che non deve fermarsi o essere trattenuto sulla parte del corpo che lo colpisce. Quando il gesto non viene eseguito correttamente si può incorrere in queste infrazioni:

- *infrazione di doppia*: il giocatore respinge il pallone con due diverse parti del corpo, oppure con una mano e poi con l'altra, oppure colpisce l'attrezzo per due volte consecutive;
- *infrazione di trattenuta*: il pallone è malamente respinto e non si stacca immediatamente dal punto di contatto, risultando, anche per breve tratto, accompagnato.

Infrazioni di attacco

Quattro tocchi.

Il gioco della pallavolo delimita l'azione di ogni squadra su un campo ben distinto; ogni giocatore può (durante l'azione di gioco) spostarsi all'interno del proprio campo e all'esterno di esso per prendere il pallone ma non può disturbare con la sua azione il gioco avversario. Se ciò accade si possono verificare le seguenti infrazioni:

- *fallo di invasione*: se durante un'azione un giocatore invade il campo avversario, o appoggiando tutta la superficie del piede oltre la linea della rete o superando con le mani la linea immaginaria superiore alla rete, sia che intervenga sia che non intervenga sul pallone, l'arbitro fischierà il fallo. Durante l'azione di «muro» i giocatori possono invadere il campo avversario da sopra la rete, solo però dopo che la palla diretta nel proprio campo sia stata rinviata con il terzo tocco (in genere la *schiacciata*) dagli avversari;

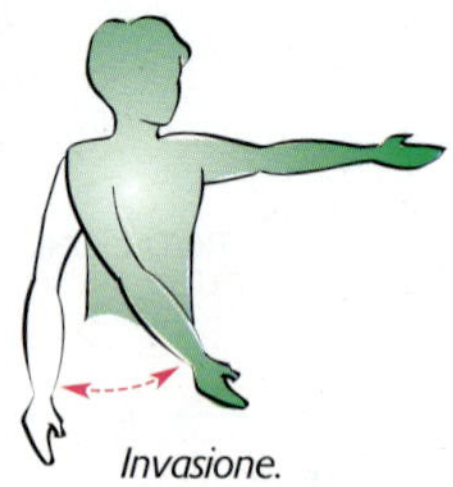

Invasione.

Falli di muro.

- *falli di muro*: *a*) il giocatore a muro tocca la palla nello spazio avversario prima o contemporaneamente al colpo d'attacco avversario; *b*) un difensore effettua muro effettivo o partecipa a muro effettivo; *c*) il muro tocca la palla proveniente dal servizio degli avversari; *d*) il muro invia la palla «fuori»; *e*) il muro tocca la palla nello spazio avversario al di fuori dell'antenna;
- *fallo di rete*: è punito con il fallo qualsiasi contatto dei giocatori con la rete.

Fallo di rete.

Infrazioni di zona

Le infrazioni di zona sono relative alla posizione in campo dei giocatori. Si può incorrere in:

- *fallo di posizione*: la squadra commette un fallo di posizione se ogni giocatore non è in posizione corretta nel momento in cui la palla è colpita dal giocatore al servizio; tale posizione può invece variare durante l'azione di gioco;
- *fallo di rotazione*: si determina un fallo di rotazione quando il servizio non è effettuato secondo l'ordine di rotazione. In seguito a fallo di rotazione la squadra perde l'azione e l'ordine di rotazione viene rettificato. Il segnapunti deve determinare il momento esatto in cui è stato commesso il fallo e tutti i punti realizzati dalla squadra in fallo successivamente all'errore devono essere annullati. I punti conseguiti dalla squadra avversaria sono mantenuti. Se questo momento non può essere determinato, non si procede all'annullamento di punti e la perdita dell'azione in corso è la sola sanzione da adottare.

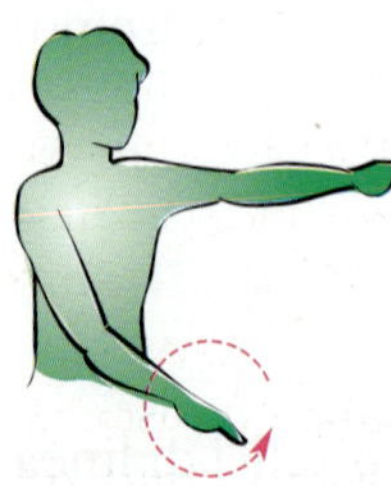

Fallo di rotazione.

Regole della battuta

- Nel momento in cui colpisce la palla o nel momento dello slancio, in caso di salto, il giocatore non deve essere a contatto con il terreno di gioco (linea di fondo inclusa) né con il suolo all'esterno della zona di servizio. Dopo aver colpito la palla può ricadere su qualunque punto dell'area di gioco.
- Il giocatore al servizio deve colpire la palla entro gli 8 secondi seguenti il fischio di autorizzazione del primo arbitro.
- Il servizio eseguito prima del fischio dell'arbitro è annullato e deve essere ripetuto.
- La palla deve essere colpita nettamente con una mano o con qualsiasi parte del braccio, dopo essere stata lanciata o lasciata comunque prima che essa tocchi il suolo.

Altre regole

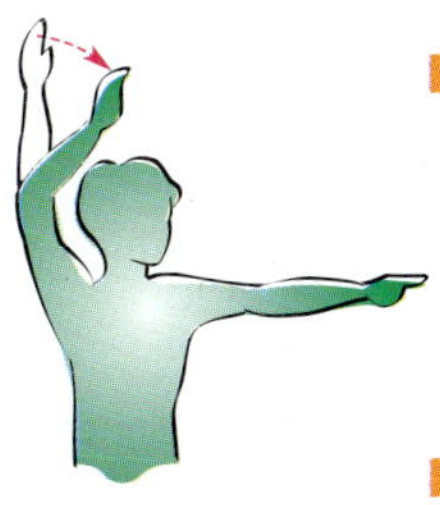

Schiacciata dalla seconda linea.

- Se due o piú falli sono commessi contemporaneamente, viene sanzionato un «doppio fallo» e l'azione è rigiocata. La collisione fra giocatori non costituisce fallo. I giocatori avanti possono completare un attacco a qualsiasi altezza a condizione che il contatto con la palla avvenga entro il proprio spazio di gioco; nel muro un giocatore può toccare la palla oltre la rete avversaria a condizione che non interferisca nel gioco avversario prima o durante l'ultimo colpo di attacco.
- Un difensore (a eccezione del libero) può completare un attacco a qualsiasi altezza dietro la zona di attacco. Al momento del balzo, i suoi piedi (neppure uno dei due) non devono toccare o aver superato la linea di attacco. Dopo il colpo egli può cadere nella zona di attacco.

Altre segnalazioni dell'arbitro

Cambio di battuta.

Fuori.

Pallone fuori campo toccato.

Tempo di riposo.

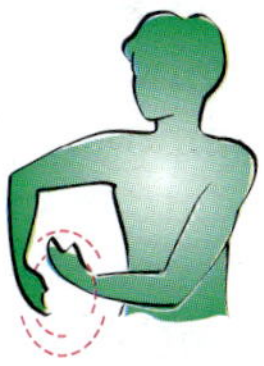

Sostituzione.

Fine del set.

10.3 I fondamentali individuali

Analizziamo ora i principali **gesti tecnici individuali** che sono alla base del gioco della pallavolo. In partita i giocatori devono essere in grado di eseguire i seguenti gesti tecnici, che in genere si presentano nella successione indicata: *battuta* o *servizio*, *bagher* (ricezione e difesa), *palleggio* (alzata), *schiacciata* o *pallonetto* (attacco), *muro* (difesa).

Ricordiamo che l'espressione dei fondamentali dipende non solo dalla conoscenza tecnica degli stessi ma anche dall'utilizzo e dall'interazione delle capacità condizionali (velocità, forza, mobilità, equilibrio) con quelle coordinative e psichiche (spazio-tempo o anticipazione motoria, valutazione delle traiettorie, ritmo e fantasia motoria).

Per raggiungere un valido apprendimento e buoni risultati è bene che il gesto tecnico (fondamentale) venga diviso in due fasi ben distinte: l'*intercettazione* e il *cambio di direzione*. Esse sono alla base di tutti i fondamentali della pallavolo anche se con cadenze diverse. L'intercettazione è la capacità che ha il corpo di spostarsi in funzione della palla con il fine di intercettarla (I fase) e coinvolge principalmente i piedi, le gambe e le cosce. Successivamente la palla dovrà essere rimandata in un'area del campo stabilita: è questo il cambio di direzione (II fase), che coinvolge principalmente mani, avambracci e braccia.
Per la pratica della pallavolo assume una grande importanza la cosiddetta **anticipazione motoria**. Si intende per anticipazione motoria «*la capacità che un soggetto evidenzia nel muovere il corpo o parte di esso in funzione di un evento che non si è ancora verificato, ma che il soggetto stesso si è già prefigurato e di cui ha già finalizzato il significato*» (Zanon).
Altro fattore di fondamentale importanza è la *corretta posizione del corpo*. Nella pallavolo ci sono tre gradi diversi: **posizione del corpo alta**, **media** e **bassa**.

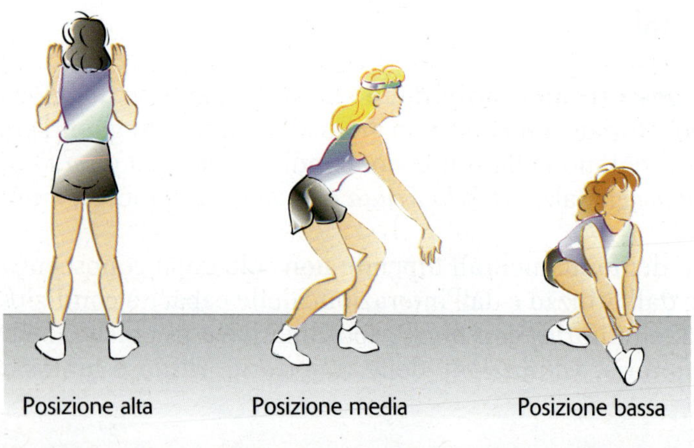
Posizione alta Posizione media Posizione bassa

La *posizione alta* si assume quando il corpo si stacca da terra ed esegue un salto per murare, schiacciare, battere o quando rimane sul posto come nel caso del palleggio. Nella *posizione media* le gambe sono piegate, le ginocchia sono poste piú avanti dei piedi, le spalle inclinate in avanti sullo stesso asse delle ginocchia e il giocatore è in presa sul terreno con il peso del corpo distribuito sui piedi; le braccia sono distese e le mani unite sono situate sopra le ginocchia e distaccate dal corpo. Sicuramente la posizione media è fra le tre la fondamentale in quanto viene utilizzata nella ricezione, nell'alzata e in una fase della schiacciata (anche se gli arti superiori in questi ultimi due casi sono in posizione diversa). Nella *posizione bassa* le gambe formano con le cosce un angolo superiore ai 90°; gli arti superiori sono al di sopra delle ginocchia e distaccati dal corpo; il peso è trasportato avanti. Questa posizione viene usata nelle azioni difensive singole quali tuffo e copertura allo schiacciatore: in questo caso si colpisce prima la palla e poi si tocca terra.

Il servizio

Il **servizio** è l'azione che consente di mettere in gioco la palla; **è la prima mossa d'attacco** di ogni squadra e come tale deve risultare precisa e potente in modo da mettere in difficoltà la ricezione della squadra avversaria. Chi è alla battuta deve posizionarsi dietro la linea di fondo e dopo averla eseguita deve rientrare velocemente in campo per essere pronto alle successive azioni di gioco.
Poiché sbagliare la battuta significa concedere direttamente un punto all'avversario l'esecuzione di questo gesto è in genere carica di tensione emotiva e richiede grande concentrazione.
La battuta può essere eseguita colpendo il pallone con una mano dal basso o dall'alto. Ogni giocatore, nell'eseguire la battuta, sfrutta la tecnica e gli accorgimenti piú idonei alle proprie caratteristiche. Varie sono le tecniche applicate: ne analizziamo tre fra le piú semplici.

Battuta di sicurezza

A Preparazione **B** Esecuzione **C** Accompagnamento

Le gambe sono disposte l'una avanti all'altra, le ginocchia leggermente piegate (fig. A-1). Se il battitore è destro avanzerà la gamba sinistra e viceversa. Il pallone viene tenuto appoggiato sulla mano (aperta) corrispondente al lato della gamba in avanti e sulla traiettoria della gamba arretrata (fig. A-5). Il busto deve risultare leggermente inclinato in avanti (fig. A-4). Le spalle sono parallele alla rete (fig. A-3) (**fase di preparazione**).
L'arto superiore che deve colpire il pallone esegue prima un'ampia oscillazione all'indietro con un movimento a pendolo (fig. B-1) e poi in avanti (fig. B-2) a colpire la palla tenuta davanti al corpo e lasciata subito prima dell'impatto con l'arto che colpisce (fig. B-3); non si deve gettare la palla in alto ma lasciarla cadere. È essenziale che gli occhi fissino il pallone (fig. B-4) e che l'impatto con il pallone avvenga all'altezza dell'anca con la parte piú regolare della mano (base del palmo e mano aperta, a cucchiaio) che colpirà sulla parte posteriore e inferiore in modo da imprimergli una parabola ascendente che superi la rete e ricada sul campo avversario (**fase di esecuzione**), mentre il peso del corpo si sposta dall'arto posteriore all'arto anteriore (**fase di accompagnamento**) (fig. C-1). Questo tipo di servizio è molto facile da eseguire; produce traiettorie alte, facili da ricevere per l'avversario, e può opportunamente essere usato per indirizzare il servizio in zone scoperte. È inoltre consigliabile per i principianti o per coloro che trovano ancora troppa difficoltà nell'eseguire la battuta *da sopra*.

A Preparazione **B** Esecuzione **C** Accompagnamento

Battuta da sopra (o battuta a tennis)

Il giocatore si pone dietro la linea di fondo, frontalmente alla rete, con una gamba leggermente piú avanti rispetto all'altra. Sposta in avanti la gamba sinistra se colpisce col braccio destro e viceversa (fig. A-1); le spalle devono essere parallele alla rete. Gli arti inferiori sono leggermente piegati e il peso del corpo è su di essi ugualmente ripartito (fig. A-2). La mano aperta che non colpisce la palla la sorregge. L'altra viene posta sulla palla (fig. A-3) (**fase di preparazione**). Gli occhi guardano la palla (fig. A-4).

Il pallone è lanciato in verticale davanti alla spalla dalla parte della battuta, dalla mano che lo sostiene (fig. B-1).

L'arto superiore che deve colpire il pallone si flette velocemente (fig. B-2) mentre sale, all'indietro; il gomito è in fuori e la mano dietro.

Quando la palla ricade, distendendo il braccio la mano la colpisce col braccio teso nel punto piú alto possibile con un'energica frustata del polso, imprimendo una parabola tesa e veloce (fig. B-3), difficile da intercettare per gli avversari se correttamente eseguita. È importante seguire il pallone con gli occhi fino al contatto, al momento del quale il peso del corpo va in avanti trasferendo indirettamente potenza al servizio (**fase di esecuzione**). Dopo l'impatto continua naturalmente il gesto iniziato verso l'avanti per riprendere il perfetto equilibrio (**fase di accompagnamento**) (fig. C-1-2).

Questa battuta è piú difficoltosa da eseguire rispetto a quella di sicurezza, e spesso, specie se troppo forzata, può mancare di precisione; va eseguita in partita solo quando la tecnica ci permette di raggiungere un'alta percentuale di realizzazioni.

La tecnica di questa battuta si è notevolmente evoluta. Soprattutto a livello maschile si esegue spesso la *battuta al salto*, molto potente e difficile tanto da eseguire quanto da intercettare. La battuta al salto utilizza la potenza in elevazione delle gambe e consiste nel lanciare la palla un metro circa dentro il campo e nel colpirla in volo con una vera e propria schiacciata.

Battuta flottante (o liftata)

L'esecuzione della battuta flottante è molto simile a quella del servizio precedente. Anche essa è eseguita da sopra il capo, ma alla partenza il piede corrispondente all'arto superiore che batte è leggermente piú avanti dell'altro (fig. A-1). Le ginocchia piegate (fig. A-2) col peso del corpo ugualmente ripartito (**fase di preparazione**). La mano aperta colpisce la palla, che viene sorretta dall'altra. Nella prima fase le spalle sono leggermente girate verso un lato. Il pallone viene lanciato sempre in verticale ma leggermente piú indietro rispetto alla spalla dell'arto che colpisce la palla. L'impatto della mano, sempre col braccio disteso, avviene all'altezza del quarto posteriore ed inferiore della palla, imprimendole un leggero effetto. Al momento del contatto la palla viene colpita estendendo velocemente il polso e il palmo della mano la «pettina» colpendola nella parte inferiore posteriore (fig. B-3-4). Gli occhi fissano attentamente la palla, per colpirla nel punto giusto (fig. B-5) (**fase di esecuzione**). Dopo l'esecuzione il braccio viene riportato velocemente lungo il corpo (fig. C-2)
Il peso del corpo dopo l'impatto viene trasferito sul piede avanti (fig. C-1). La gamba avanti, se staccata, si riappoggia leggermente dietro per mantenere l'equilibrio (**fase di accompagnamento**). Questo servizio, se ben eseguito, conferisce alla palla traiettorie particolari, che nell'ultima parte diventano rapidamente discendenti, difficilmente controllabili e che possono ingannare il difensore. Va eseguito quando si ha una conoscenza tecnica appropriata o quando si ha il controllo del gioco, perché la percentuale di errore è alta e potrebbe essere tale da non risultare vantaggiosa.

A Preparazione **B** Esecuzione **C** Accompagnamento

Giochiamo con la battuta

Copro e attacco

Si gioca 2 contro 2, utilizzando solo un terzo del campo (18 × 3 m) diviso dalla rete. I due giocatori che ricevono si collocano uno accanto all'altro, nel punto centrale della zona che difendono, e non possono prendere posizione finché l'avversario non batte. Una volta intuita la traiettoria della palla, il piú vicino andrà in ricezione, mentre l'altro si sposterà rapidamente sotto rete in diagonale preparandosi a fungere da alzatore, occupando la posizione opposta rispetto a chi riceve. Il gioco si svolge con il cambio-palla per permettere a entrambi i giocatori di andare al servizio. Sono obbligatori tre passaggi.

Io e il muro contro tutti

A turno un giocatore, in veste di battitore, gioca da solo contro una squadra in difesa. La palla viene battuta contro una parete sulla quale viene tracciata una riga che rappresenta la rete (e lateralmente le bande laterali); davanti alla rete si disegna per terra un rettangolo che corrisponde a metà campo; in questa metà campo prende posto la squadra avversaria, faccia contro la parete, che dovrà ricevere la palla una volta che ha toccato il muro.

Il battitore esegue 10 battute (5 di sicurezza, 5 a tennis o liftate). Chi batte conquista un punto se la palla ritornata sul campo non è difesa in bagher o palleggio dalla squadra avversaria e passata all'alzatore in zona 3. Il punto viene invece assegnato alla squadra che difende se la palla viene correttamente passata all'alzatore e questo la ferma sopra la testa senza dover uscire dalla zona 3.

Finito il turno di 10 battute uno dei giocatori che ha difeso prenderà il posto del battitore, e cosí via a rotazione. Vince colui che fra i sette giocatori ha totalizzato piú punti. Il gioco può coinvolgere tutta la classe, costruendo piú campi in parallelo.

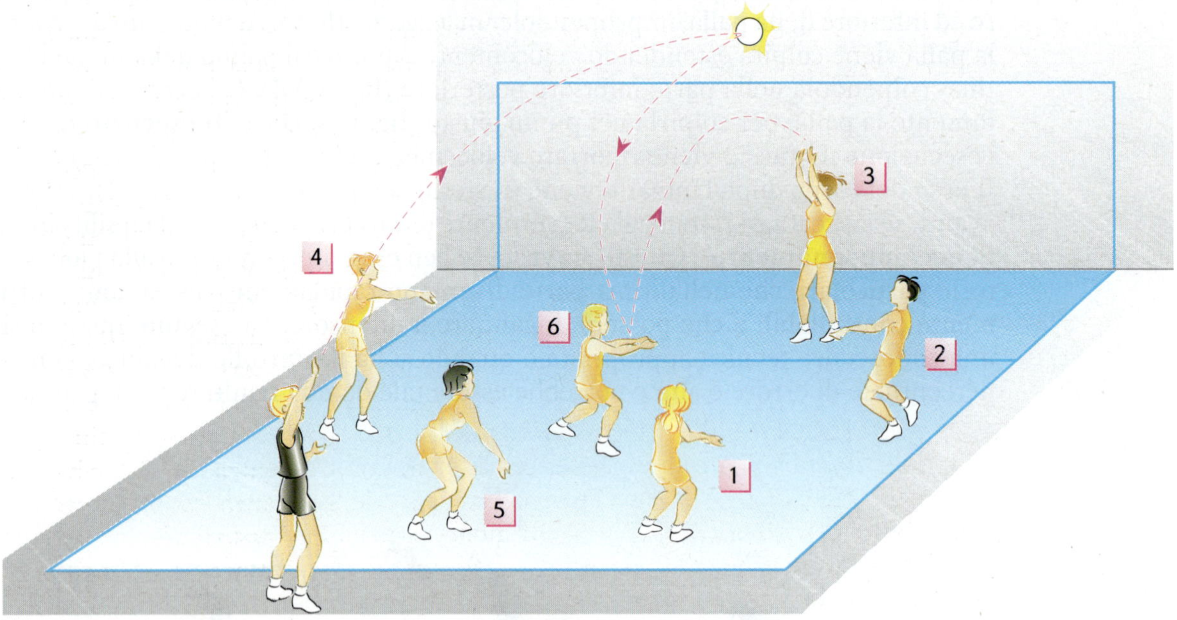

A che livello sei?

La battuta

Ogni allievo esegue 20 battute (10 di sicurezza, 10 da sopra) a 9 m dalla rete. Ogni volta che la palla finisce regolarmente nel campo avversario registrare su una scheda appositamente predisposta un +; se va fuori o in rete un –.

DATI INDICATIVI DI RIFERIMENTO

RISULTATO	GIUDIZIO	VOTO
20	eccellente	10
18	ottimo	9
16	buono	8
14	discreto	7
12	sufficiente	6
10	scarso	5
> 8	molto scarso	4

Il bagher

Il **bagher** è una delle prime tecniche che vanno apprese nel gioco della pallavolo. È quel fondamentale difensivo che **permette di riprendere palloni che hanno traiettorie basse e veloci**, diminuendo fra l'altro l'incidenza di errori nel palleggio. La precisione nella sua esecuzione sarà fondamentale sia nel recupero del servizio che nelle azioni di difesa durante le successive fasi di gioco, per dirigere il pallone verso l'alzatore. Qualsiasi respinta in bagher deve risultare alta e il piú precisa possibile per agevolare il compagno; è l'azione fondamentale che trasforma una palla difficile in una facile a giocarsi, idonea quindi alla costruzione dell'attacco. Tuttavia poiché la respinta in bagher è spesso poco precisa, quindi imprevedibile e rischiosa, va usata solo quando è indispensabile.
È un gesto che, essendo estremamente veloce, va eseguito mantenendo una posizione idonea (*posizione di attesa*) busto leggermente inclinato in avanti (fig. A-1), ginocchia piegate (appena piú avanti dei piedi; fig. A-2), spalle ancora piú avanzate delle ginocchia, gambe leggermente divaricate, una avanti all'altra (fig. A-3). Le braccia devono essere distese, vicine tra loro e supinate (con i palmi rivolti verso l'alto; fig. A-4), in modo da costituire un piano d'impatto il piú regolare possibile (fig. B-4). La posizione delle mani non ha importanza purché le braccia risultino vicine e distese (**fase di preparazione**). È importante seguire la traiettoria del pallone con gli occhi (fig. A-5), in modo da prendere posizione rapidamente: il contatto col pallone avviene con la parte finale degli avambracci, all'incirca all'altezza dell'ombelico.
Gli arti inferiori, piegandosi, abbassano il bacino e svolgono la funzione di ammortizzare il colpo (fig. B-1-2); estendendosi esercitano invece un'azione di spinta (alzando il bacino), che deve essere calibrata in base alla forza del pallone e alla velocità che a esso si vuole imprimere. Evidentemente, piú il pallone è veloce piú dovrà accentuarsi il piegamento, mentre la direzione impressa alla palla dal bagher dipenderà dalla posizione delle braccia al momento dell'impatto (fig. B-4). Infatti, se gli arti superiori sono orientati verso il basso, la parabola risulterà avanti alta; se sono paralleli al terreno, ne risulterà una parabola orientata verso l'alto; se infine le braccia sono orientate verso l'alto, ne risulterà una parabola all'indietro. Segue una veloce distensione degli arti inferiori che trasferiranno il peso del corpo in avanti, e con l'avanzamento delle anche (fig. B-3) la potenza delle gambe sarà caricata sulla palla mentre la posizione del busto e delle braccia le imprimeranno la direzione voluta (**fase di esecuzione**).
Dopo il contatto si completa la distensione delle gambe, trasferendo il peso del corpo in direzione del bersaglio senza staccare i piedi da terra (fig. C-1-2) (**fase di accompagnamento**).

A Preparazione **B** Esecuzione **C** Accompagnamento

Sul campo

Ricezione e passaggio

Per poter eseguire una corretta ed efficace ricezione occorre innanzitutto trovarsi, in fase di attesa della palla, nella corretta posizione, al centro della propria **zona di copertura**. Non sempre la palla arriva dov'è il giocatore, e per questo egli deve fare il possibile, con veloci spostamenti, per arrivare a ricevere in tutti i punti di sua competenza. La tecnica di ricezione – generalmente il bagher, ma anche il palleggio su palle lente e alte – è efficace solo se si valuta correttamente la velocità della palla e la sua traiettoria, e la si anticipa con appropriati spostamenti. L'azione difensiva di ricezione diventa cosí la prima fase della costruzione dell'attacco, col passaggio all'alzatore; questo passaggio deve essere preciso e con traiettoria alta, in modo da dare tempo all'alzatore di organizzare la fase di attacco, e agli avanti di predisporsi alla schiacciata.

Giochiamo con il bagher

Partita contro il muro

Il gioco consiste nell'effettuare quanti piú bagher contro il muro sia possibile, sia da vicino (3 metri) che da lontano (oltre i 3 metri). Vince chi riesce a eseguire piú bagher di seguito senza che la palla tocchi terra. Questo esercizio è ottimo per velocizzare il movimento con le gambe e con i piedi, per prendere posizione, e per apprendere a regolare l'inclinazione delle braccia in relazione alla distanza dal muro (e quindi alla velocità e direzione della palla).

Sfida all'ultimo bagher

Gli alunni si sfidano uno contro uno; il gioco inizia con una battuta di sicurezza da fondo campo: la palla può poi essere rinviata solo in bagher, direttamente o dopo un rimbalzo. Conquista un punto chi induce l'avversario all'errore e vince chi per primo arriva a 10 punti.
Si può variare la larghezza del campo a seconda delle capacità che si vogliono sviluppare:

- campo stretto e lungo per gli spostamenti in avanti e indietro;
- campo largo e corto per gli spostamenti laterali;
- campo con forme variabili, anche irregolari, per le capacità di orientamento.

A che livello sei?

Il bagher

Far posizionare cinque giocatori nelle zone di difesa 1-2-4-5-6 e un alzatore al centro della zona 3 (preferibilmente segnalata con materassini o evidenziatori). Gli altri eseguono una serie di battute in successione. Registrare l'efficacia del gesto valutando scrupolosamente la traiettoria di ogni esecuzione. Se l'allievo riesce con un bagher a inviare la palla nella zona dell'alzatore e questo riesce a fermarla nelle vicinanze della fronte (posizione ovvia per un eventuale successivo palleggio), registrare con un + in un'apposita scheda l'avvenuta costruzione dell'azione; segnare un – se la palla viene colpita ma la traiettoria è sbagliata; se il pallone non viene toccato da nessuno attribuire un – al giocatore competente alla copertura di quella zona; qualora la palla da recuperare fosse estre-

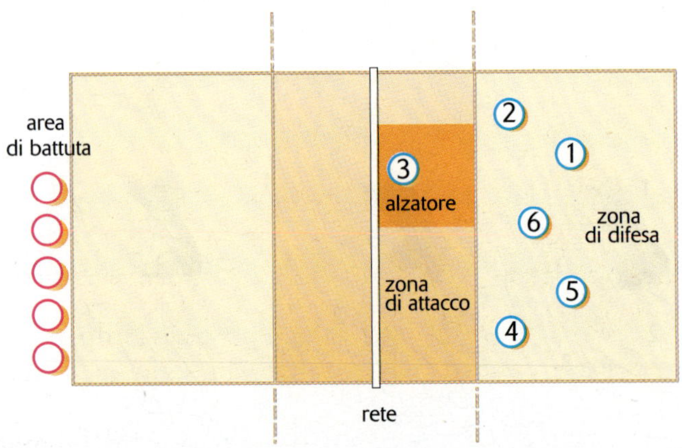

mamente difficile si possono attribuire 2 + per la stessa palla, ma solo se la traiettoria all'alzatore risulta perfetta. Dopo 10-15 battute far girare i ragazzi in modo da abituarli a difendere in diverse posizioni. Prima di eseguire questo test è opportuno spiegare ai ragazzi minimi concetti tattici di difesa (zone di competenza, posizioni ecc.). Un giudice (se possibile un giovane) individua gli errori. Un altro ragazzo registra i + e i – su una tabella predisposta appositamente. Dopo 12 valutazioni parziali, ogni allievo cede il posto a un altro allievo. La valutazione definitiva viene effettuata in base alla tabella a fianco.

DATI INDICATIVI DI RIFERIMENTO

RISULTATO	GIUDIZIO	VOTO
12	eccellente	10
10	ottimo	9
8	buono	8
7	discreto	7
6	sufficiente	6
5	scarso	5
< 4	molto scarso	4

Il palleggio

Il **palleggio** è senza dubbio l'azione fondamentale piú importante della pallavolo, quella che **consente di passare la palla** ad un compagno con precisione ed efficacia. In genere è usata per trasformare un'azione difensiva in una offensiva (*alzata*) e dunque viene eseguita in genere dagli *alzatori*. Tuttavia tutti i giocatori devono essere in grado di palleggiare e servire la palla al compagno con parabola alta (in modo che questi abbia il tempo di portarsi a rete e schiacciare) oppure di effettuare un passaggio dietro, laterale o corto.

Tale fondamentale consiste nel respingere con entrambe le mani il pallone, nel modo fissato dal regolamento, senza trattenerlo né accompagnarlo. Servirsi delle mani in questo modo non è naturale, pertanto l'azione dovrà essere provata e riprovata finché il movimento non sia coordinato e acquisito.

La tecnica del palleggio di per sé è semplice ma la sua applicazione risulta spesso difficile. Difficoltose sono infatti la valutazione della posizione, della distanza e della velocità del pallone.

Prima di eseguire il palleggio bisogna spostarsi correttamente nel punto preciso in cui arriverà il pallone, in modo da averlo di fronte al termine della posizione di attesa; a questo scopo ci si deve muovere rapidamente in tutte le direzioni.

A Preparazione **B** Esecuzione **C** Accompagnamento

Gli arti inferiori devono essere leggermente piegati e divaricati (fig. A-2), un arto piú avanzato dell'altro (fig. A-1); per avere un migliore equilibrio il peso del corpo deve essere ripartito equamente sugli arti inferiori, pronti a effettuare movimenti in qualsiasi direzione.

Le braccia sono flesse in modo naturale, i gomiti leggermente staccati dal corpo (fig. A-3), le mani flesse dorsalmente sugli avambracci all'altezza del petto, con le dita appena divaricate in leggera tensione (fig. A-4). È indispensabile che lo sguardo sia sempre rivolto verso il pallone in arrivo (fig. A-5) (**fase di preparazione**).

Nel momento che precede l'impatto col pallone gli arti inferiori iniziano una distensione simultaneamente al busto e agli arti superiori che ricercano il pallone (fig. B-1-2-3).

A questo punto la posizione delle mani è fondamentale per l'esecuzione del palleggio e per regolarne correttamente la traiettoria. Le mani sono orientate con il palmo

rivolto verso l'interno e assumono la forma di conca; le mani avvicinate (senza toccarsi) formano con gli indici e i pollici quasi un triangolo equilatero. Infatti, affinché tutti e dieci i polpastrelli tocchino simultaneamente il pallone la mano deve disporsi a calotta.

L'impatto deve avvenire in posizione avanti alto rispetto alla fronte (fig. B-4). La spinta maggiore al pallone è trasmessa dal pollice, dal medio e dall'indice di ogni mano in modo da respingerlo con un tocco netto e non subirne l'inerzia. La respinta è la risultante dell'estensione coordinata delle braccia, del busto e delle gambe in un movimento continuo nella direzione in cui si vuol dirigere il pallone (**fase di esecuzione**). All'inizio del palleggio il peso del corpo è maggiormente appoggiato sul piede che sta piú indietro; al termine del palleggio graverà maggiormente sull'altro. Al termine di questa fase segue un movimento di completa distensione degli arti inferiori (fig. C-1), l'avanzamento delle anche (fig. C-2) e la completa distensione delle braccia (fig. C-3) (**fase di accompagnamento**).

Il palleggio potrà essere adattato con opportuni spostamenti, flessioni, rotazioni, ma la tecnica di spinta dovrà essere sempre la stessa.

Gli errori piú comuni nel palleggio

Il movimento del palleggio è assai complesso e presuppone una perfetta coordinazione e sincronia. Talvolta la sua esecuzione non buona è dovuta alla posizione scorretta delle mani. Alcuni fra gli errori piú frequenti sono riportati qui a fianco.

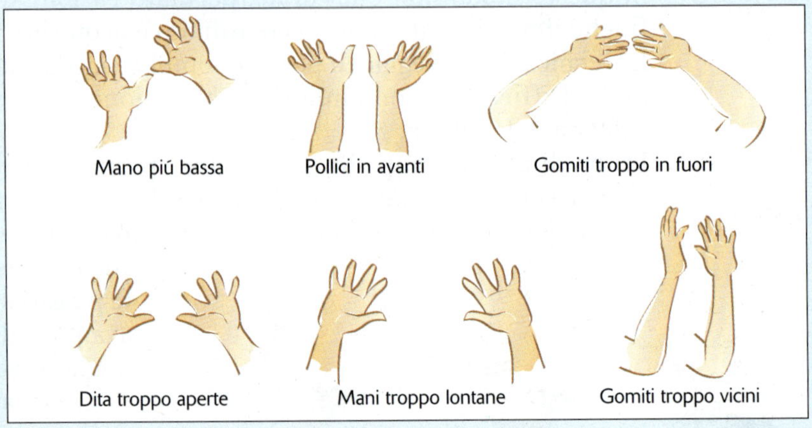

Sul campo

Passaggio d'attacco

Il passaggio d'attacco è la prima fase dell'azione offensiva e si esegue geralmente col palleggio dell'alzatore. Questo dovrà imprimere alla palla una traiettoria alta e precisa, in modo da permettere al compagno di predisporre l'esecuzione del fondamentale di attacco scelto (schiacciata, pallonetto, ecc.). Il ruolo dell'alzatore richiede creatività e fantasia, per indurre gli avversari in errore. Inoltre occorrono velocità e agilità, per poter recuperare e giocare in modo efficace anche i palloni che gli giungono dai compagni con meno precisione. Questo ruolo nell'economia della partita risulta di fondamentale importanza; chi lo ricopre dovrà avere una visione di gioco generale, per poter sfruttare al meglio le opportunità che sono sempre diverse e imprevedibili.

Giochiamo con il palleggio

L'orologio

Si gioca in tre. Disegnare in terra un cerchio nel quale, come fosse un orologio, si segnano le posizioni delle ore 3, 6, 9, 12. A e C sono fuori dal cerchio. B è nel cerchio. C ha il compito di chiamare ad A il punto in cui indirizzare il palleggio e B si sposta velocemente in quel punto per effettuare con precisione il palleggio di risposta. Dopo una serie di palleggi si cambiano le posizioni dei giocatori.

Gara di palleggi

Si gioca su un campo ridotto delle dimensioni di 9 m di lunghezza per 3 m di larghezza, diviso da una rete alta 2-2,5 m. Con tali misure si potrà suddividere la metà campo di pallavolo in tre campi impegnando contemporaneamente piú ragazzi.

1. *Uno contro uno.* Il gioco consiste nel far cadere la palla nel campo avversario utilizzando solo il palleggio.
2. *Due contro due.* I giocatori di una squadra inviano la palla nel campo avversario con un palleggio, alternandosi, con l'obiettivo di indurre gli avversari all'errore.
3. *Due o tre tocchi.* Come l'esercizio precedente, ma i compagni prima di inviare il pallone nel campo avversario devono passarsi la palla una o due volte.

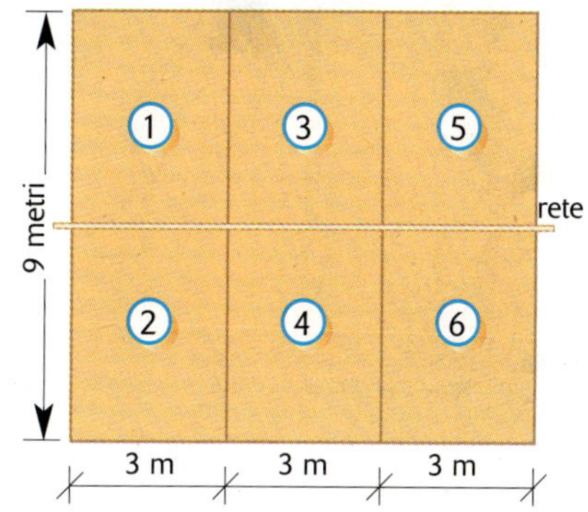

A che livello sei?

Il palleggio

Palleggi a muro

Da dietro una linea posta a 2,30 m da una parete, palleggiare di seguito facendo rimbalzare la palla al di sopra di una linea segnata a 2,50 m di altezza (o sopra una spalliera o un materasso). Contare il numero di palleggi effettuati consecutivamente in una o tre prove (piú prove si fanno piú il test è attendibile); effettuare almeno due tentativi di una o tre prove ciascuno. La miglior prestazione sarà valutata con i parametri riportati nella tabella (sarà opportuno considerare la prova unica solo per risultati medio-alti).

DATI INDICATIVI DI RIFERIMENTO

Totale 1 prova	Totale 3 prove	Giudizio	Voto
100	250-230	eccellente	10
90	200-160	ottimo	9
80	130-100	buono	8
70	90-50	discreto	7
–	30-25	sufficiente	6
–	20-15	scarso	5
–	10	molto scarso	4

La schiacciata

La **schiacciata** è, fra i diversi fondamentali di attacco volti a finalizzare l'azione, quello piú spettacolare (anche se non necessariamente il piú efficace).
Per esprimere al meglio questo gesto atletico è fondamentale avere un'ottima coordinazione tra salto e contatto con la palla.

Lo schiacciatore, in genere sotto rete ma talvolta anche da posizioni piú distanti dalla rete, colpisce con la mano il pallone, con forza e velocità, quando questo si trova ancora al di sopra dell'altezza della rete, imprimendogli una direzione tesa e lo scopo di dirigerlo direttamente sul campo avversario.

Analizziamo la realizzazione di questo fondamentale suddividendolo in tre parti ben distinte.

A Preparazione **B** Esecuzione **C** Accompagnamento

La rincorsa. Prepara la schiacciata. Il primo passo è breve con la gamba destra, di indirizzo, in funzione del luogo ove verrà colpito il pallone; il secondo passo, con la gamba sinistra, è piú dinamico e lungo del primo e permette di ottenere la velocità necessaria per il terzo passo. Il terzo passo è detto *speciale*, è lungo e sfiora il suolo; con esso aumenta la velocità della rincorsa orizzontale che tramite lo stacco viene trasformata in verticale. Si esegue con la gamba destra che viene immediatamente riunita alla sinistra (destra e sinistra si invertono per i mancini). Perché la rincorsa sia efficace è fondamentale che derivi da un'azione continua a velocità progressiva; questo permette a chi la esegue di portarsi sotto la traiettoria di ricaduta della palla (fig. A-1-4).

Lo stacco. Preparato dal terzo passo si esegue a piedi pari (per ottenere una maggiore elevazione) (fig. A-3-4-5) ed è il momento in cui la spinta in avanti viene trasformata in slancio verso l'alto. La rincorsa permette quindi all'atleta di esercitare una spinta sul terreno col caricamento provocato dalla flessione sulle caviglie e sulle ginocchia e la successiva estensione e contrazione dei muscoli posteriori degli arti inferiori (**fase di preparazione**): da questa azione riceve una spinta esercitando una rullata su entrambi gli arti (talloni-piedi-punte) in verticale verso l'alto. Lo scopo è di ottenere la massima elevazione, raggiungendo il pallone e colpendolo il piú in alto possibile al di sopra della rete. È importante seguire sempre con lo sguardo il pallone, per controllarne la traiettoria (fig. A-6).

Colpo sulla palla. Le braccia, durante la fase di volo, si spostano nella direzione avanti alto e in particolare l'arto che effettua la schiacciata si flette sulla spalla e si distende verso l'alto (fig. B-1).
Il contatto col pallone dopo aver raggiunto la massima estensione (fig. B-2) avviene tramite il palmo della mano e sulla parte superiore del pallone e la forza su esso scari-

cata è frutto del veloce movimento del braccio dall'alto al basso e di una coordinata e potente frustata di tutto il busto, assecondata dalla contrazione dei muscoli addominali, che incrementano la potenza del colpo. Le dita della mano perfezionano il direzionamento della palla, e l'eventuale conferimento di effetti di rotazione (**fase di esecuzione**).

Dopo il contatto va ricercata di nuovo una posizione di equilibrio; la ricaduta sul terreno sarà accompagnata da una elastica flessione sulle ginocchia (fig. C-1) allo scopo di ammortizzare l'impatto; le braccia tornano distese lungo i fianchi (fig. C-2) (**fase di accompagnamento**).

Giochiamo con la schiacciata

Il martello d'oro

I ragazzi eseguono 10 schiacciate ciascuno (da zona 4 o 2) scegliendo un alzatore di fiducia a cui il giocatore che esegue la schiacciata passa la palla; un giudice o una giuria assegnerà ad ogni schiacciata valida da 1 a 5 punti (0 se sbagliata) valutandone l'efficacia e la pericolosità. Vince chi totalizza il punteggio piú alto.

A che livello sei?

Schiacciata di mano

Eseguire una serie di schiacciate (di mano) (12) in zona 4 di attacco su alzata del compagno, valutandone l'efficacia. Si ottiene un + se la schiacciata finisce nel campo avversario, un – se va sulla rete o fuori, 2 + se è eseguita con estrema precisione e potenza. Registrare solo se l'alzata è effettivamente trasformabile in un'azione efficace d'attacco. L'altezza della rete è quella regolamentare.

DATI INDICATIVI DI RIFERIMENTO

RISULTATO	GIUDIZIO	VOTO
12	eccellente	10
10	ottimo	9
8	buono	8
7	discreto	7
6	sufficiente	6
5	scarso	5
> 4	molto scarso	4

A

Il pallonetto

Nella fase di attacco, per eludere il muro o ingannare gli avversari dopo la finta di una schiacciata, si usa talvolta una particolare tecnica che nelle fasi preparatorie e di accompagnamento è simile alla schiacciata: il **pallonetto**. È un colpo soffice, eseguito abitualmente con una mano. Il braccio è disteso (fig. A-1) e un momento prima del contatto con la palla decelera, imprimendo non potenza ma una traiettoria atta a scavalcare il muro e a ricadere dietro ad esso in direzione della parte meno difesa del campo avversario. Le dita della mano, aperte, toccano la palla (fig. A-2) poco sotto la zona mediana posteriore sospingendola in alto, in avanti, di lato. Dopo il gesto si atterra su due piedi ammortizzando il salto.

Sul campo

Potenza o precisione?

Nella pallavolo lo scopo finale dell'azione non consiste nel far giungere la palla in una zona ben delimitata come in molti altri sport (una porta, una linea di meta, ecc.), ma nel far toccare la palla in qualsiasi punto del campo avversario. Tutto sarebbe molto semplice se non ci fosse la difesa avversaria, che può essere molto efficace. Pertanto non basterà inviare la palla nel campo opposto, sperando magari in un errore della difesa, ma l'azione di attacco dovrà tentare di mettere la difesa in difficoltà o nelle condizioni di sbagliare.

L'azione dovrà essere precisa, veloce, imprevedibile. Occorrerà però non forzare eccessivamente l'esecuzione tecnica; infatti ciò porta a un aumento della percentuale di errore, permettendo agli avversari di fare punto senza neanche il bisogno di difendersi.

Nell'attacco non è sempre giusto optare per la conclusione di potenza, talvolta piú prevedibile e piú difficile da eseguire: spesso precisione e fantasia, e anche un po' di astuzia, sono armi piú efficaci della potenza pura.

Il muro

Il **muro** è l'azione fondamentale con cui ci si oppone alla schiacciata e consiste nell'intercettare il pallone schiacciato dall'avversario facendolo ricadere sul campo avversario; permette inoltre di «coprire» una parte del campo consentendo alla difesa di organizzarsi. Il regolamento prevede regole specifiche per l'esecuzione del muro: può essere eseguito solo se la palla è inviata in direzione del proprio campo; dopo aver effettuato il muro è possibile eseguire altri tre tocchi prima di inviare il pallone verso il campo avversario e il giocatore che ha toccato la palla al muro può nuovamente ritoccarla; i giocatori di seconda linea non possono partecipare all'azione del muro.

Il muro può avvenire opponendo al pallone il contrasto di entrambe le mani. Naturalmente l'impatto con il pallone deve avvenire piú in alto della rete, sopra di essa o anche sul campo avversario.

Spesso il muro è preceduto da una fase di piazzamento che si effettua con spostamenti laterali sotto rete. Effettuato il muro il giocatore deve ricadere verticalmente senza toccare la rete, pronto a qualsiasi altra azione di gioco. Per una buona esecuzione di questo fondamentale ha molta importanza la perfetta scelta di tempo nel salto che dovrà essere in relazione al salto dello schiacciatore avversario: chi esegue il muro deve infatti cercare di trovarsi con le mani alla massima altezza nel momento in cui il pallone «schiacciato» dall'avversario sta per oltrepassare la rete (generalmente lo stacco viene eseguito con un brevissimo ritardo rispetto a quello dello schiacciatore).

La posizione di partenza prevede che il giocatore si trovi a non piú di trenta centimetri dalla rete. I piedi sono paralleli, le gambe leggermente piegate, il busto appena inclinato in avanti; le braccia sono flesse al petto, con gli avambracci paralleli alla rete, i pollici vicini e le dita uniformemente divaricate.
Raggiunta la massima altezza, le braccia si distendono rapidamente al di sopra della rete, le mani sono molto vicine fra loro, i polsi si flettono velocemente cercando di chiudere la traiettoria del pallone.
Il muro può essere effettuato da un giocatore solo (*muro a uno*) o da due o tre giocatori (*muro collettivo*): in questo caso il gesto tecnico è complesso perché presuppone fra i giocatori intesa e sincronie assai evolute. Naturalmente un muro collettivo ben eseguito può ottenere risultati di una efficacia «disarmante».

Le fasi del muro collettivo:
A *posizionamento;*
B *salto;*
C *ricaduta.*

Giochiamo con il muro

Sfida ad alta quota

I ragazzi si dividono in gruppi della stessa altezza e si sfidano per realizzare:

1. Il *muro piú alto*. Eseguire 3 muri valutando l'altezza delle mani.
2. Il *muro piú a ritmo*. Eseguire 3 muri a 2 valutando la sincronia di entrambi i salti.
3. Il *muro piú potente*. Saltare e ricadere piú volte a muro: le mani devono sempre superare la rete (solo per chi è allenato).

A che livello sei?

Tecnica del muro

Durante la partita l'insegnante o un compagno assegna a ciascun ragazzo:
1 punto se salta a muro con i tempi giusti ma non tocca la palla;
2 punti se salta e tocca la palla;
5 punti se respinge la palla sul campo avversario.

Il test è valido se sono registrati dati attendibili e se l'allievo ha avuto almeno 10 opportunità.

DATI INDICATIVI DI RIFERIMENTO

Risultato	Giudizio	Voto
15 punti	eccellente	10
12 punti	ottimo	9
10 punti	buono	8
8 punti	discreto	7
6 punti	sufficiente	6
3-5 punti	scarso	5
0-2 punti	molto scarso	4

Sul campo

Spostarsi senza palla

Nella pallavolo non si può prendere la palla e spostarsi con essa come in altri sport, pertanto occorre ancor piú che in altre discipline anticipare e prevedere i movimenti di compagni e avversari, spostandosi opportunamente nei momenti in cui non si sta giocando la palla.
Gli spostamenti senza palla sono importanti fin dalla prima fase **difensiva** (bagher); dovranno poi adeguarsi alla fase di **costruzione** dell'attacco (alzata) e a quella della **finalizzazione** dell'azione offensiva (schiacciata, pallonetto, ecc.). Al tempo stesso gli spostamenti senza palla saranno importantissimi anche nella fase di organizzazione della difesa, cercando di intuire le giocate dell'avversario e di anticipare le contromosse opportune (muro, copertura difensiva, ecc.). È un modo efficace di «marcare» l'avversario anche in uno sport dove non esiste il contatto diretto.

In difesa o in attacco

La pallavolo richiede nella costruzione del gioco l'esecuzione di gesti tecnici fondamentali (battuta, bagher, alzata, schiacciata) finalizzati a trasformare un'azione di difesa in un'azione di attacco. Pertanto in ogni azione il giocatore parteciperà alla costruzione dell'azione in maniera diversa a seconda della sua posizione in campo.
Nella pallavolo vi sono quattro specializzazioni: *alzatore*, *centrale*, *schiacciatore* e *libero* (cui va aggiunto l'*universale*, che può in teoria ricoprire tutti e quattro i ruoli).
A differenza di altri sport, nella pallavolo i giocatori non hanno un ruolo definito dalla posizione in campo e, dovendo ruotare, i compiti che essi devono svolgere nell'esecuzione dell'azione saranno diversi a seconda che siano in difesa o in attacco.
In ogni momento della rotazione si troveranno in avanti un alzatore e due potenziali schiacciatori, con il compito di costruire e finalizzare l'azione o di difendere a rete (muro) su attacco degli avversari, mentre quelli che giocano in zona difensiva avranno prevalentemente il compito di difendere e impostare l'azione. Con la rotazione tutti i giocatori si troveranno a dover svolgere compiti diversi in attacco e in difesa. In attacco l'alzatore giocherà al centro o dalla parte sinistra, l'universale al centro o dalla parte destra. Dopo ogni rotazione si cercherà di ricreare con spostamenti le stesse situazioni, ma una volta assegnato il punto si dovrà tornare nelle corrette posizioni di rotazione.

Alzatore
Gioca prevalentemente nella zona destra o centrale dell'attacco, costruisce l'azione offensiva. È il regista della squadra. Deve possedere ottima tecnica e molta precisione nel palleggio, buona mobilità, destrezza e fantasia.

Centrale
Gioca prevalentemente al centro o dalla parte destra. È utilizzato sia per l'attacco (schiacciata) che per la difesa (muro). In fase difensiva può essere specializzato nella ricezione. Deve avere potenza, scelta dei tempi, agilità e capacità di prevedere il gioco degli avversari.

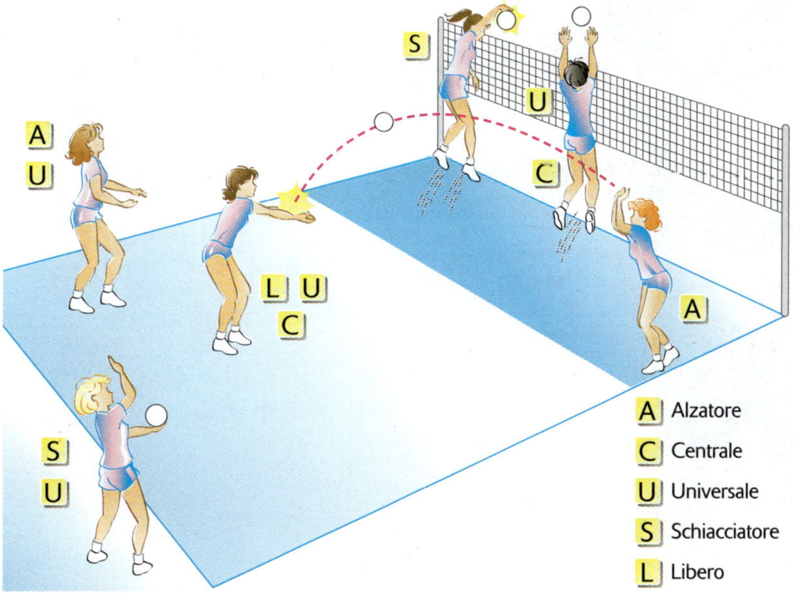

Schiacciatore
In attacco può giocare in tutte le posizioni. La sua specializzazione è finalizzare l'azione con la schiacciata. Viene impiegato a muro e in difesa in ricezione. Deve avere buona tecnica per la schiacciata, freddezza di esecuzione e velocità.

Libero
Può giocare solo nella zona di difesa. Il suo compito principale è eseguire i fondamentali difensivi; deve avere prontezza di riflessi e senso della posizione.

10.4 Gli schemi di gioco

Nella pallavolo si succedono attacchi e difese in cui sono esaltati i fondamentali di squadra: **ricezione**, **difesa**, **attacco**; quest'ultimo non sarà trattato, perché le sue combinazioni sono moltissime e collegate alle capacità individuali di ciascun giocatore.

La ricezione

Ci sono diverse possibilità per **ricevere la battuta degli avversari**. Una delle piú usate, soprattutto a livello scolastico, è quella detta «a W», che permette di coprire una porzione maggiore del campo schierando ben cinque giocatori in ricezione.
Se la squadra è composta da due alzatori e quattro schiacciatori, potremo utilizzare lo schema con l'alzatore centrale (fig. sotto a sinistra): questo rimarrà al centro della rete eseguendo l'alzata al secondo tocco. In caso di alzatore laterale (fig. sotto a destra), se l'alzatore si trova nella posizione laterale, zona 2, nella ricezione rimarrà fermo, altrimenti potrà scambiarsi con un compagno per assumere la posizione laterale (cambio d'ala o penetrazione). Questo schema prevede che gli altri giocatori (quattro o tre) assumano posizioni di attesa diverse affinché tutto il campo sia coperto in modo efficace, rispettando le norme previste dal regolamento sui falli di posizione.

Le figure a fianco rappresentano: lo schema «a W» (fig. a sinistra); lo schema di una squadra composta da quattro schiacciatori e due alzatori (fig. a destra); in questo caso l'alzatore è laterale. Con questa formazione si ha la costante presenza di due schiacciatori in attacco.

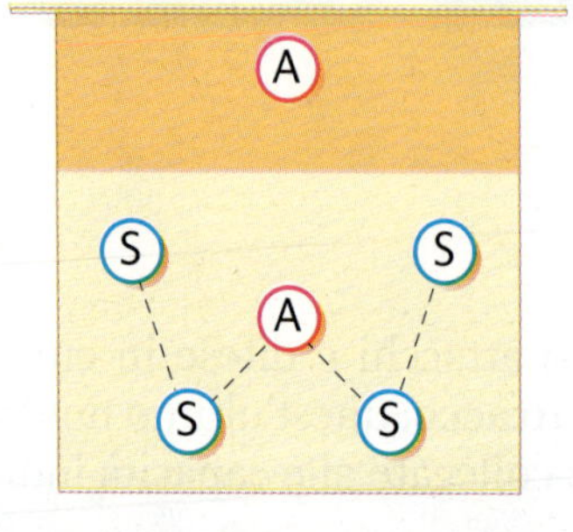

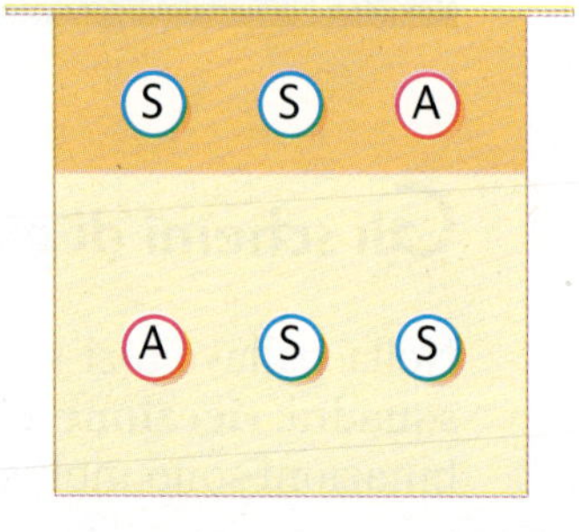

La difesa

Gli **schemi difensivi** sono gli spostamenti che i difensori effettuano in rapporto alle singole azioni offensive degli attaccanti avversari. Tra i numerosi schemi di difesa illustriamo il 3-2-1 e il 3-1-2, con muro a due su schiacciata d'ala o dal centro con relativa copertura.

A *Posizione iniziale.*
B *e* **C** *Muro a due su schiacciata d'ala.*
D *Muro centrale.*

Copertura difensiva nello schema 3-2-1

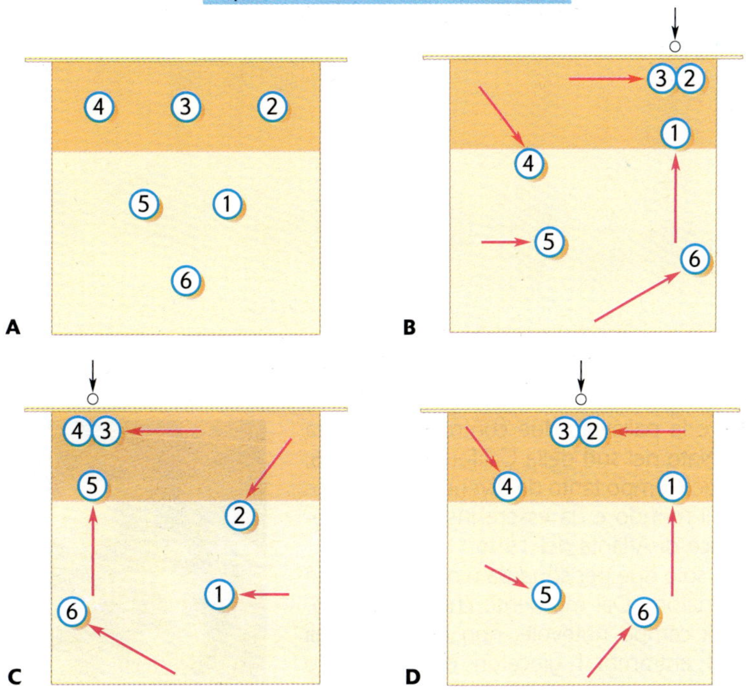

A *Posizione iniziale.*
B *e* **C** *Muro a due su schiacciata d'ala.*
D *Muro centrale.*

Copertura difensiva nello schema 3-1-2

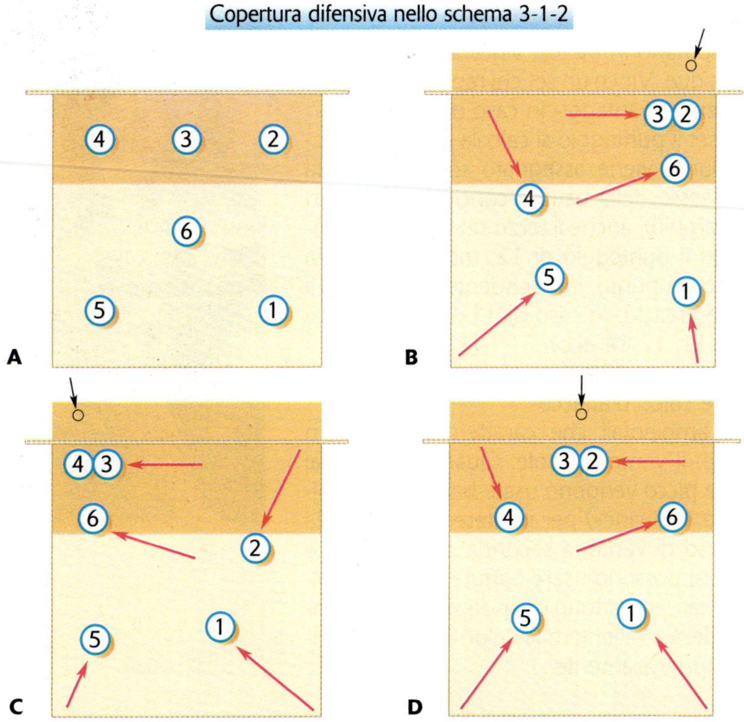

Logica di gioco

Una volta raggiunta una sufficiente conoscenza del regolamento si possono applicare i fondamentali e gli schemi di gioco piú semplici. Almeno metà delle ore programmate per la pallavolo dovrebbe essere dedicata al gioco con vere e proprie partite. Durante la partita l'insegnante, ed eventualmente i compagni, valuteranno la «logica di gioco», che comprende: impegno, rispetto delle regole, autocontrollo, concentrazione, riflessi, scelta appropriata nelle esecuzioni, orientamento, senso tattico, dinamismo, decisione, espressioni tecniche, fantasia, efficacia degli spostamenti con e senza palla. La valutazione terrà conto dell'esecuzione tecnica del fondamentale in relazione al livello di chi lo esegue, alle sue qualità fisiche, alle capacità e competenze acquisite e sarà espressa con un voto (4-10) o un giudizio (ottimo, distinto, buono, sufficiente, non sufficiente).

Beach volley

Il *beach volley* è la pallavolo due contro due giocata sulla spiaggia. Nato nel sud della California nel 1936, è cresciuto in poco tempo tanto da diventare molto popolare in tutto il mondo e da essere inserito nel programma olimpico di Atlanta del 1996.

I giocatori sono solo due per squadra e non ci sono né sostituti né allenatore. Dal momento che devono coprire un'area di campo notevole, non esistono ruoli specializzati ed entrambi i giocatori devono avere un'ottima padronanza dei fondamentali.

I giocatori si posizionano in una qualsiasi parte del campo, sono a piedi nudi e possono indossare occhiali da sole e cappello.

Le partite si disputano in tre set; vince la squadra che se ne aggiudica due. Vince un set chi raggiunge il punteggio di 12, senza «vantaggi» in caso di 11-11.

Nei primi due set il punteggio si calcola con il cambiopalla (cioè il punto viene assegnato solo quando la squadra in possesso della battuta conclude a proprio vantaggio lo scambio); anche il terzo set termina quando si raggiunge il punteggio di 12, ma ogni giocata viene assegnato un punto, indipendentemente da chi è in battuta (tie-breack); in caso di 11-11 si ricorre ai «vantaggi» (13-11, 12-14 ecc.).

Sono previsti 4 time out per ciascun set ed è vietato il pallonetto come colpo d'attacco.

Le condizioni ambientali che caratterizzano questo gioco sono due: il vento e il sole. Quando in special modo il sole è a picco vengono usate battute molto alte (le cosiddette «coreane») per mettere in difficoltà la ricezione. In caso di vento, a seconda dell'intensità e della direzione, si possono usare battute in salto o colpi in attacco forzati, soprattutto quando si è contro vento; questo tenderà a rallentare la velocità e a far scendere la palla improvvisamente.

Verifica quanto appreso

1. Della pallavolo esponi brevemente:

le sue origini ....

....;

la sua evoluzione e la sua diffusione ....

....;

....

2. Descrivi ciò che il regolamento prevede per le infrazioni di attacco.

....

....

3. Le posizioni 5 e 2 fanno parte della zona di attacco.

☐ Vero ☐ Falso

4. Durante un set si possono eseguire solo cinque cambi.

☐ Vero ☐ Falso

5. Che cosa significa il segnale arbitrale della figura?

☐ invasione
☐ fallo di rete
☐ attacco irregolare eseguito avanti alla linea di attacco al momento del balzo
☐ trattenuta

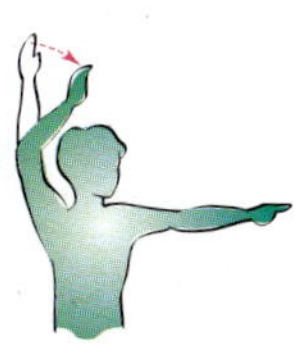

6. Osserva la figura e scrivi accanto ai numeri corrispondenti le varie fasi della corretta dinamica del bagher.

A1 ....

A2 ....

A3 ....

A4 ....

A5 ....

B1 ....

B2 ....

B3 ....

B4 ....

C1 ....

C2 ....

7. Descrivi in base alla tua esperienza scolastica o extrascolastica quali sono i concetti logici per eseguire ed eventualmente valutare *sul campo* «ricezione e passaggio».

....

8. Quali sono i ruoli dei giocatori?

....

Descrivi le caratteristiche principali di uno a tua scelta.

9. Sulla metà campo qui sotto indica in uno schema difensivo a tua scelta le posizioni dei vari giocatori con il numero corrispondente alla zona di competenza, segnalando gli eventuali loro spostamenti.

10. Sviluppa i seguenti argomenti scegliendo una fra due delle modalità previste dalla terza prova: trattazione sintetica di argomenti o risposta a quesito singolo (rispettivamente in un massimo di 20 e 10 righe).

A Nella pallavolo quali sono gli schemi motori di base piú usati e quali le qualità motorie specifiche ad essi collegati?

B Accorgimenti *sul campo* per espressioni logiche di gioco produttive all'esecuzione tecnica e tattica individuali e di squadra.

C Le regole piú importanti della pallavolo.

MUOVERSI NELLA MUSICA

Nell'educazione fisica moderna grande è l'importanza di tutti i **movimenti e forme gestuali che si abbinano alla musica**, quali la danza, la ginnastica ritmica e le moderne tecniche di allenamento impostate su ritmi musicali. In questa parte conosceremo i movimenti fondamentali e gli attrezzi della ginnastica ritmica, le fasi principali e numerosi esercizi della ginnastica aerobica, e infine i passi base della disciplina chiamata step.

Obiettivo generale

- Sviluppare le capacità motorie in relazione alla musica.

Prerequisiti

- Conoscenza basilare delle attività espressive basate sulla musica.
- Conoscenza essenziale delle diverse qualità motorie.
- Disponibilità a sviluppare le proprie capacità motorie.

Obiettivi specifici

- Ascoltare e riconoscere le sequenze musicali.
- Individuare e rappresentare i ritmi musicali.
- Interpretare brani musicali.
- Conoscere gli attrezzi e gli esercizi della ginnastica ritmica.
- Sperimentare i vari esercizi della ritmica.
- Organizzare una breve sequenza di esercizi con un attrezzo della ritmica (palla, cerchio ecc.).
- Conoscere l'aerobica e i suoi esercizi.
- Sperimentare i vari esercizi di aerobica.
- Organizzare una breve sequenza di esercizi di aerobica.
- Conoscere lo step e i suoi esercizi.
- Sperimentare i vari esercizi con lo step.
- Organizzare una breve sequenza di esercizi con lo step.

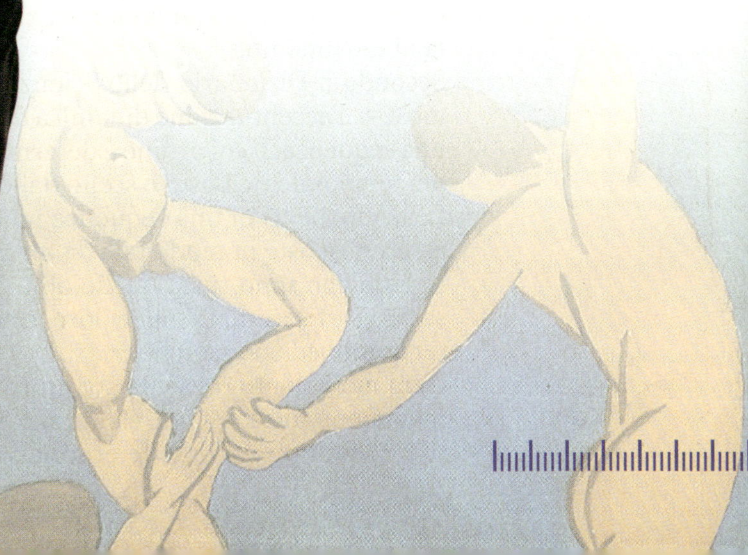

11 LA MUSICA E IL CORPO

L'educazione fisica non può non dare importanza a tutte le forme gestuali che traggono ispirazione o semplicemente si abbinano alla musica.
Con la gestualità spesso tradiamo il nostro vero stato d'animo che invece, per autocontrollo, inibizione o riservatezza, vorremmo talvolta mascherare. Se ci lasciamo andare e permettiamo al corpo di tradurre in gesti le emozioni, le passioni e i ricordi, piú forti delle nostre inibizioni, che la musica riesce a suscitare in noi, e lasciamo quindi che il corpo parli di noi e per noi, troveremo un modo per «liberarci» dallo stress, dalle tensioni, dalle preoccupazioni che ci affliggono. Il gesto motorio che ne deriva non sarà dunque legato a prestazioni sportive e competitive, ma potrà consistere in interpretazioni individuali di un brano musicale, congeniali anche a chi non ha molta predisposizione per le classiche attività sportive.

11.1 Movimento e ritmo

Ogni movimento ha il suo ritmo, pertanto il ritmo è l'anima nascosta del movimento. Il termine «ritmo» deriva dal greco *rythmós*, parola composta da *reho* che significa «scorrere, fluire» e da *thmo* che comporta l'idea di misura. Nel suo complesso il termine indica una azione ordinata, armonica, regolata e misurata. Vediamo adesso cosa si intende per ritmo quando si parla di movimento.
Secondo il Dizionario delle Scienze dello Sport il ritmo è: «...l'accentuazione dinamica delle componenti di una sequenza, il cui ordine è determinato da uno schema temporale richiesto o scelto dallo stesso individuo. Le componenti di una sequenza motoria che possono essere disposte in modo tale da formare delle strutture ritmiche sono tutte quelle abilità motorie riconoscibili e delimitabili nelle loro espressioni spaziali, temporali ed energetiche».
Ogni movimento presenta strutture ritmiche: anche i movimenti di base come camminare, correre, saltellare e saltare prevedono determinati schemi ritmici. Il

ritmo è una sorta di filo conduttore che ritroviamo tanto in una lezione di educazione fisica quanto in un allenamento sportivo. Ogni gesto ha una sua durata temporale, e può essere eseguito lentamente o velocemente, pur mantenendo la stessa la struttura ritmica. Nell'imporre un determinato ritmo al movimento, un ruolo importante viene svolto anche dall'energia e dalla forza che vengono impiegate: esse sono il presupposto dinamico e fisico che ci permette di ottenere una adeguata ritmizzazione.

Gli **schemi ritmici** si evidenziano nelle applicazioni sportive dei movimenti fondamentali, per esempio nella marcia, nella corsa veloce e a ostacoli, nel salto in lungo e in alto e nei lanci. Sono poi alla base di altre abilità sportive, per esempio del terzo tempo nella pallacanestro. Vi sono strutture ritmiche che una volta individuate possono essere allenate fino a diventare quasi automatiche.

Ritmo ed educazione fisica

Durante le lezioni di educazione fisica si ricorre al termine *ritmo* in diverse situazioni.

Spesso si dice...	*... si deve intendere*
Vai a ritmo	Vai a tempo (segui il battito, scandito per es. dall'insegnante o da una base musicale)
Cambia ritmo	Aumenta o diminuisci la velocità
Sei fuori ritmo	Sei troppo veloce o troppo lento
Cerca di rompere il ritmo	Interrompi la fluidità del movimento

Giochi ritmici

Gli esercizi che proponiamo stimolano diversi aspetti dell'educazione al ritmo.

1 Saltelli ritmici, su una sola gamba o su ambedue, alternati, seguendo il proprio ritmo oppure quello di una musica.
2 Saltelli (di qualsiasi tipo) tra gli elastici.
3 Corsa (alla massima velocità possibile) su una serie di cerchi. Il numero di cerchi aumenta (e di conseguenza aumenta la frequenza dei passi) o diminuisce (con aumento della lunghezza dei passi).

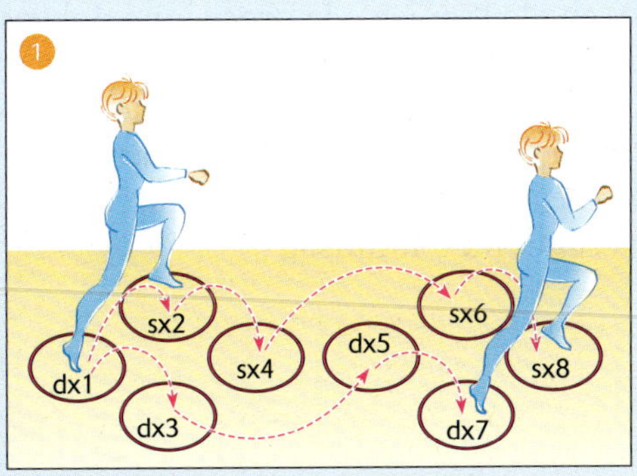

La simbiosi musica-movimento

La musica ha la magica capacità di toccare il nostro ritmo interiore e condizionare positivamente l'emotività: in questo senso può aiutarci a esprimerci con i gesti e a liberare la nostra motricità istintiva. Per riuscire a esprimere tutto questo dobbiamo però saper **interpretare la musica** e comprenderne il linguaggio.
La «materia prima» di cui è fatta la musica è il *suono*. I suoni sono acuti o gravi, forti o deboli, brevi o lunghi e hanno un *timbro*, che è il «colore» del suono.
Ogni brano musicale ha una sua metrica, composta di sequenze nelle quali le *note* (cioè i suoni) e le *pause* (cioè i silenzi) si susseguono seguendo, oltre alle regole dell'armonia, anche quelle del ritmo, che potremmo definire come l'«impalcatura» del brano musicale.
La danza è strettamente legata alla musica: da essa trae ispirazione e nello stesso tempo le dà concretezza e forza di comunicazione. Per danzare è necessario imparare a comprendere i «segnali» che la musica invia e adeguare a essi i propri movimenti: le onde sonore raggiungeranno l'orecchio, che invierà messaggi al cervello; il cervello elaborerà una risposta che si tradurrà nel gesto motorio piú appropriato al ritmo e alle emozioni che la musica suscita in noi. Comprendere il codice musicale ci permette di capire se sia piú corretto eseguire movimenti brevi o lunghi, veloci o lenti, drammatici o gioiosi e via dicendo. Non è dunque la musica che commenta il movimento ma il movimento che si adegua e segue la musica.
È soprattutto nella danza che il ritmo trova la sua piú completa manifestazione, determinando una successione di gesti.
Ma come si impara a danzare? La risposta dipende da quale tipo di danza, da quale stile si vuole apprendere. Il balletto classico, per esempio, ha molte regole ben precise e costituisce la base di molti tipi di danza: per apprenderne la tecnica, e quindi imparare a eseguire i «passi» singolarmente oppure combinati in sequenze e coreografie, bisogna frequentare una scuola di danza. Lo stesso vale per molti altri tipi di danza.
In realtà, quella che a noi interessa trattare in questa sede è una forma di danza piú «primitiva», in cui piú che la tecnica e la precisione del gesto sono importanti la creatività e la fantasia individuali, la capacità di ascoltare la musica e di interpretarla attraverso il corpo, di «sentire» il ritmo e di seguirlo, di coordinare e sincronizzare il proprio movimento con quello degli altri. In questo tipo di danza è fondamentale saper interpretare la musica a livello soggettivo (non imitativo); ciò è possibile solo sviluppando la propria creatività e fantasia.

11.2 La danza

La danza, intesa come insieme di movimenti e di gesti eseguiti al ritmo di una musica, è senza dubbio, fra i linguaggi elaborati dall'uomo, uno dei piú comunicativi ed efficaci.
In tutte le culture la danza è sempre stata una forma di espressione privilegiata, perché è un mezzo per trascendere la realtà e per vivere una dimensione piú spirituale.
In tutte le lingue europee il termine *danza* deriva dalla radice *tan*, che in sanscrito, l'antica lingua indiana da cui deriva la famiglia delle lingue indoeuropee, vuol dire «tensione». La danza era dunque vissuta fin dalle origini come tensione spirituale fra l'uomo e la natura, fra l'uomo e il mondo.
L'uomo ha danzato sin dai tempi piú antichi. Antichi documenti testimoniano come la danza rappresentasse presso le civiltà primitive un momento importante della vita collettiva: accompagnava i matrimoni, le veglie, i riti funebri; celebrava il

Rappresentazione del *Bolero* del balletto di Tokyo.

sorgere del sole e i movimenti degli astri; propiziava la caccia. Con la danza si sottolineavano i periodi piú significativi del calendario contadino per propiziare un buon raccolto o per festeggiare una messe abbondante, oppure si esorcizzava la realtà quotidiana legata al duro lavoro nei campi.

Nata come azione mimica e simbolica, la danza si è evoluta nei secoli, diventando di volta in volta espressione delle mutate tendenze culturali e dei cambiamenti della società. Attraverso la danza, che nelle sue innumerevoli espressioni è un patrimonio culturale universale, possiamo dunque scoprire tradizioni, usanze e costumi dei popoli.

Se ti muovi con la musica...

Se ti muovi con la musica migliori...
- le *potenzialità fisiologiche* di: apparato articolare, sistema muscolare, apparato cardiocircolatorio, apparato respiratorio, sistema nervoso;
- le *qualità motorie*: forza, resistenza, mobilità, equilibrio, coordinazione.

Se ti muovi con la musica bruci...
- 500 kcal per 1 h di attività.

Consigli operativi
- Ascolta un brano musicale e cerca di coglierne il ritmo.
- Mettiti davanti a uno specchio e prova a interpretare danzando un breve brano musicale.
- Memorizza una breve progressione di passi su una base musicale e ripetila piú volte.
- Prova con amici i passi di un ballo (codificato) che già conosci o fatti insegnare un ballo che loro conoscono.

Hai predisposizione a muoverti con la musica se...
- la musica ti trasmette forti emozioni e sensazioni;
- quando balli ti diverti, ti senti libero e ti concentri sui movimenti che compi;
- riesci a sentire il ritmo;
- sei creativo e sciolto nell'usare il tuo corpo;
- esprimerti con questo linguaggio non suscita in te imbarazzo o una eccessiva sensazione di ridicolo.

11.3 La ginnastica ritmica

La **ginnastica ritmica** è un vero e proprio sport entrato a far parte delle discipline olimpiche nel 1984. In Italia i primi campionati risalgono al 1970.
La sua pratica è esclusivamente femminile.
La ginnastica ritmica consiste nell'esecuzione in una progressione continua, al suono della musica, di una sequenza di esercizi ginnici piú o meno complessi che prevedono l'uso di piccoli attrezzi. La musica ha funzione di guida e di aiuto psicologico nell'esecuzione di figure che vengono giudicate per la difficoltà tecnica oltre che per la grazia e l'eleganza della ginnasta.
Quando si parla di ginnastica ritmica molto spesso si è portati a pensare esclusivamente all'educazione al ritmo. In realtà questa disciplina richiede varie abilità di base:

- movimenti naturali di base;
- continuità di azione;
- diversificazione e dinamismo negli spostamenti;
- alternanza di contrazione e decontrazione.

Le gare sono **individuali** o **a squadre**. Le atlete che gareggiano individualmente non possono partecipare alla prova a squadre. Nella gara individuale la ginnasta presenta un esercizio della durata di 75-90 secondi, che si basa su salti, giri, posizioni di equilibrio, ecc. Le posizioni vanno mantenute per pochi istanti e anche l'attrezzo non può restare fermo se non per pochi secondi. Nella gara a squadre l'esercizio ha una durata massima di 2 minuti e mezzo e deve contenere almeno quattro scambi di attrezzo.
Nelle gare a squadre si eseguono due esercizi: uno con attrezzi uguali e uno con attrezzi diversi. Nella gara individuale l'atleta si esibisce con quattro attrezzi (escluso quello usato nella gara a squadre).
Durante l'esecuzione dell'esercizio l'attrezzo, come si è detto, deve essere sempre in movimento e maneggiato secondo le sue caratteristiche specifiche; ogni movimento dell'attrezzo è abbinato a un movimento del corpo. Al termine della gara la giuria assegna un punteggio a ogni ginnasta per ciascuna delle quattro discipline messe a concorso; la somma dei punteggi determina la vincitrice.
Gli **attrezzi** utilizzati nella ritmica sono **cerchio**, **fune**, **palla**, **clavette** e **nastro**:

- il *cerchio* è rigido, in legno o materiale sintetico, e ha diametro di 60-90 cm e peso di circa 300 g;
- la *fune* è in canapa o materiale sintetico e ha lunghezza variabile proporzionata all'altezza della ginnasta. Per stabilirne la lunghezza l'atleta sta a gambe divaricate: la fune passa sotto i suoi piedi e deve arrivare alle ascelle;
- la *palla* è in gomma o materiale sintetico, ha un diametro di 18-20 cm e pesa circa 400 g;

- le *clavette* (se ne usano sempre due) sono in legno o materiale sintetico; sono lunghe 40-50 cm e pesano ciascuna 150 g;
- il *nastro* è formato da una bacchetta di legno o materiale sintetico alla cui estremità è applicato un nastro di raso lungo fino a 6 m.

Una delle principali differenze fra ginnastica artistica e ginnastica ritmica consiste proprio nell'uso degli attrezzi: mentre nella ginnastica artistica è il corpo dell'atleta che «ruota» attorno agli attrezzi, nella ginnastica ritmica sono gli attrezzi che devono «girare» intorno al corpo dell'atleta. Questo comporta una sostanziale differenza anche nei movimenti che la ginnasta compie in relazione all'attrezzo.
L'uso dei piccoli attrezzi porta ad acquisire una raffinata sensibilità, una valida coordinazione e arricchisce il «bagaglio» degli schemi motori, valorizzando la destrezza e le attitudini personali e migliorando contemporaneamente la mobilità articolare.

Cerchio

Con il *cerchio* si eseguono varie tipologie di esercizi:
- *giri*: possono essere effettuati sui tre piani dello spazio con tutte e due le mani o con passaggio del cerchio da una mano all'altra;
- *lanci*;
- *rotolamenti* avanti, di ritorno e sul corpo;
- *oscillazioni*;
- *circonduzioni*;
- *salti*.

Fune

Con la *fune* si possono eseguire esercizi di:
- *slanci* e *giri* sui tre piani dello spazio impugnando la fune con una o due mani, nella sua parte finale o in mezzo;
- *salti*: la tecnica del salto piú semplice (con un solo passaggio della fune) prevede che il semipiegamento degli arti inferiori coincida con la verticalità della fune sopra il corpo e che braccio e avambraccio formino un angolo ottuso; si possono eseguire anche salti piú complessi, con doppia rotazione della fune o a braccia incrociate;
- *lanci*: si possono eseguire con giro della fune o senza giro durante la fase di volo. Un'altra tecnica è quella di eseguire lanci con uno degli arti inferiori.

Palla

Gli esercizi con la *palla* prevedono soprattutto:
- *slanci* e *oscillazioni*: si eseguono a una o due mani;
- *onde*: vale a dire rotolamenti;
- *palleggi*: possono essere verticali o obliqui;
- *lanci*: devono essere collegati alla ripresa della palla e al suo controllo.

Gli arti inferiori devono lavorare in perfetta sincronia con l'elevazione sui piedi per permettere, insieme al braccio, un'ascesa alta della palla.

Clavette

Le esercitazioni con le *clavette* vanno eseguite lavorando con entrambi gli attrezzi contemporaneamente. Esse sono costituite da un pomo, un collo e un corpo. Il centro di gravità dell'attrezzo è vicino al collo, nella parte iniziale del corpo. Le impugnature degli attrezzi possono essere *dure* o *libere*. Nel primo caso l'attrezzo rappresenta la «continuazione» dell'arto superiore, il pomo poggia sul palmo della mano e l'indice rappresenta il prolungamento della clavetta. Nell'impugnatura libera il collo della clavetta ha modo di muoversi liberamente. Questa impugnatura può essere eseguita con il palmo della mano in posizione alta o bassa.

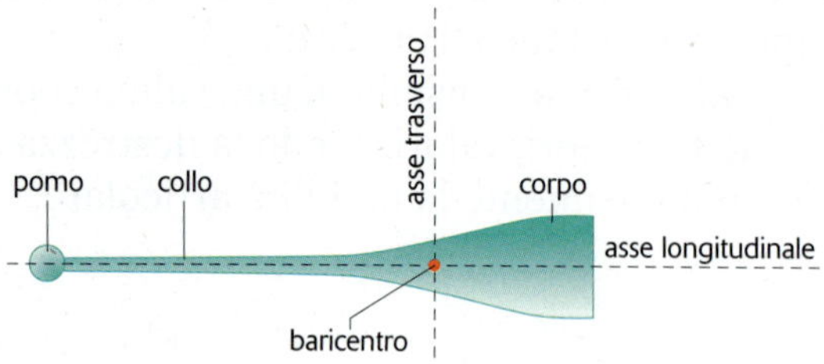

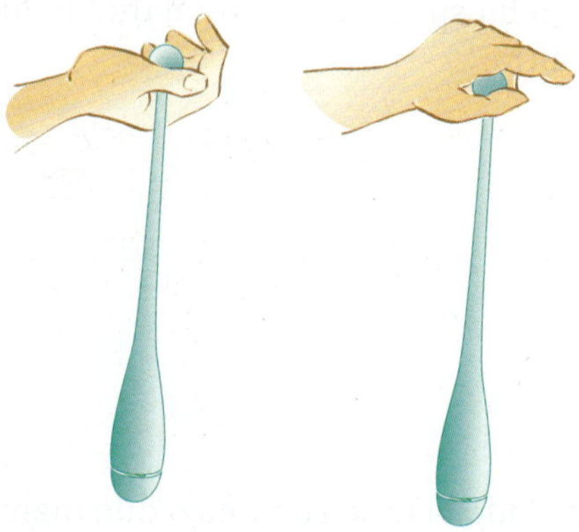

Impugnatura dura — Impugnatura libera

Con le clavette la ginnasta può eseguire:
- *slanci*;
- *giri/circonduzioni*;
- *mulinelli*;
- *piccoli giri*;
- *lanci*, del tipo di quelli che si eseguono con il cerchio. In questi lanci si distingue una fase di oscillazione, una fase di velocizzazione e una fase di lancio. Importante dopo il lancio è la *ripresa* dell'attrezzo, che deve avvenire con un sicuro arresto.

Nastro

Con il *nastro* si eseguono esercizi di:
- *slanci*;
- *circoli* (a serpentina, a spirale) sui tre piani;
- *lanci*.

Il nastro, che deve sempre restare in movimento affinché rimanga aperto, si impugna con le prime tre dita e l'indice costituisce il prolungamento della bacchetta. Per certi esercizi, come i lanci, la bacchetta può anche essere impugnata all'estremità agganciata al nastro.

Alleniamo la ginnastica ritmica

L'avvicinamento alla ginnastica ritmica passa attraverso gli **esercizi di riporto**, che sono esercizi di familiarizzazione con i piccoli attrezzi. Tali esercizi si possono eseguire individualmente o a coppie, terziglie, quadriglie e cosí via.
Il lavoro in collaborazione con gli altri, sia con attrezzi che senza, è una delle caratteristiche metodologiche piú significative della ritmica e il suo valore educativo va oltre la specificità della disciplina.

Proponiamo di seguito una serie di esercizi di riporto con fune, cerchio, palla e nastro. Gli esercizi devono essere eseguiti dopo un riscaldamento generale, con particolare attenzione alla mobilità articolare.

CERCHIO

lancio su salto
e ripresa in una posizione di equilibrio

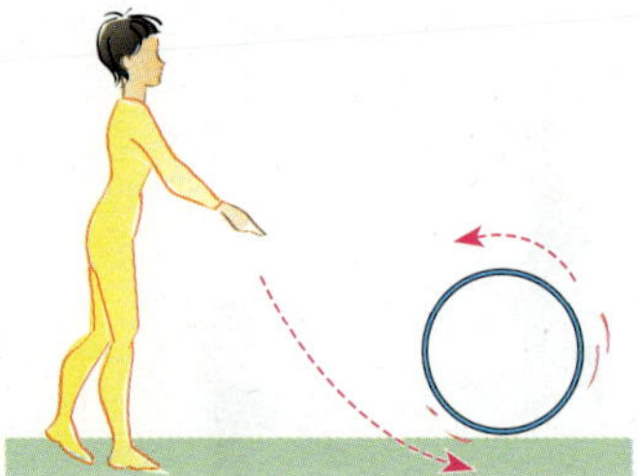

rotolamento ritornato

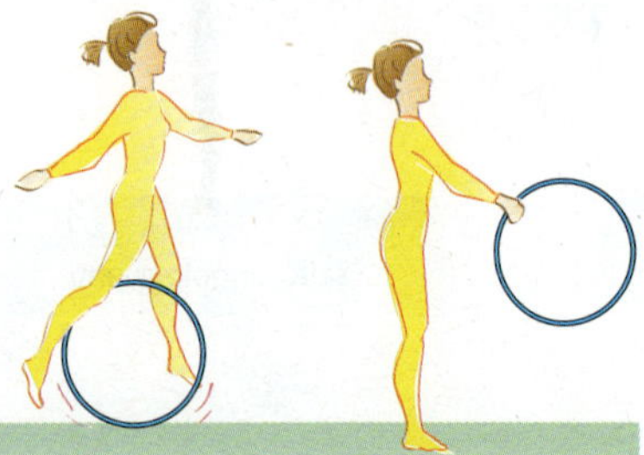

rotolamento del cerchio e saltello

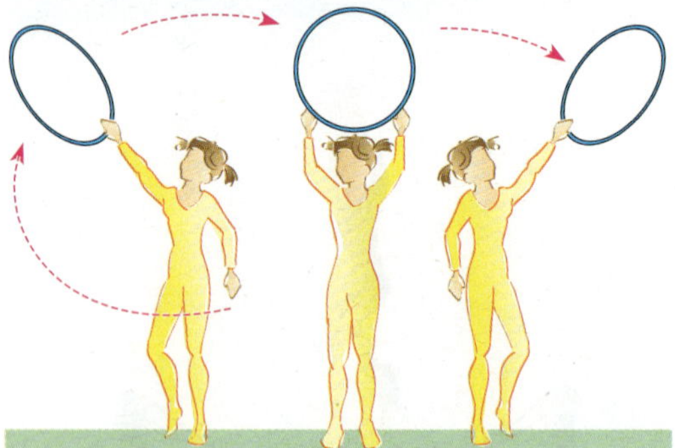

giri del cerchio sul piano sagittale con cambi di mano

saltelli a piedi uniti attraverso il cerchio

salto e giro del cerchio

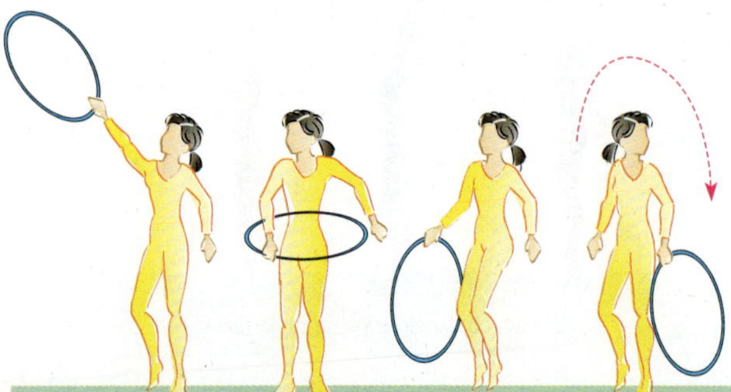

passaggio attraverso il cerchio con saltello

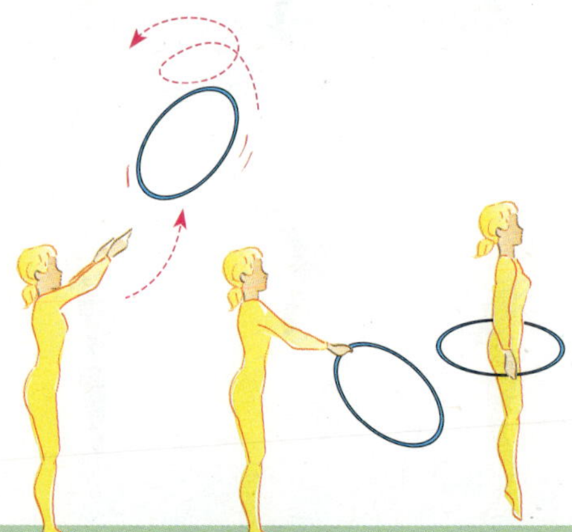

lancio del cerchio, ribaltamento in volo
e ripresa a due mani

PALLA

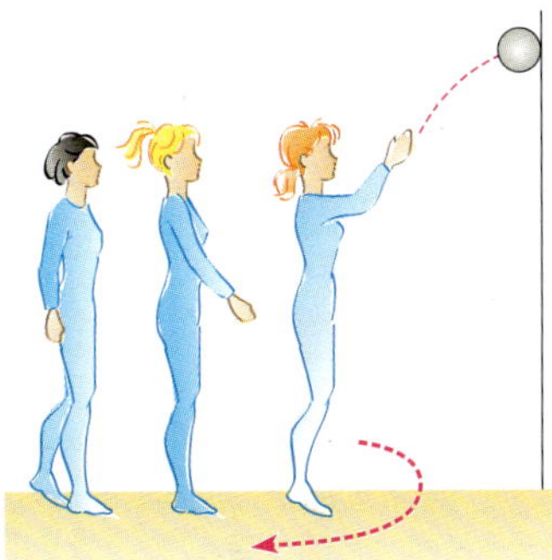

lanci al muro

passaggi a coppie

lanci e riprese in varie posizioni

lancio, salto e ripresa

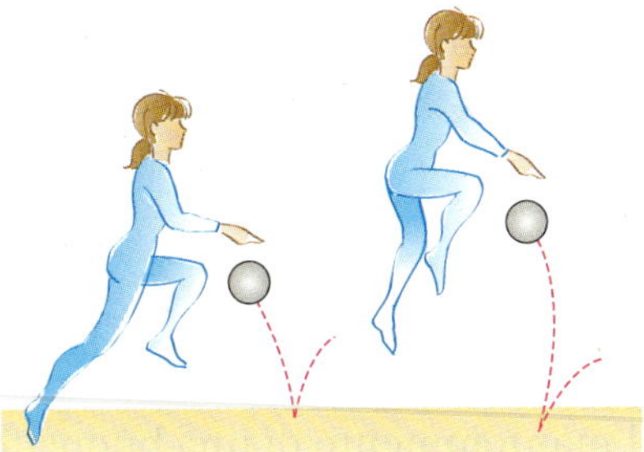

palleggi in corsa con salto

lancio e ripresa in equilibrio

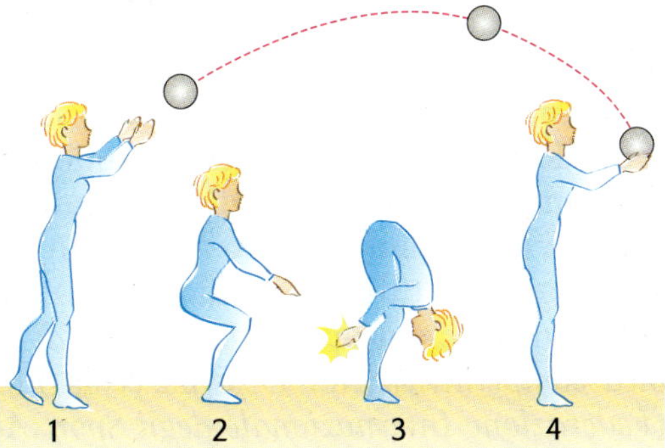

lancio, seguito da esercizi 2-3 e ripresa

rotolamento guidato sulla lunghezza delle braccia

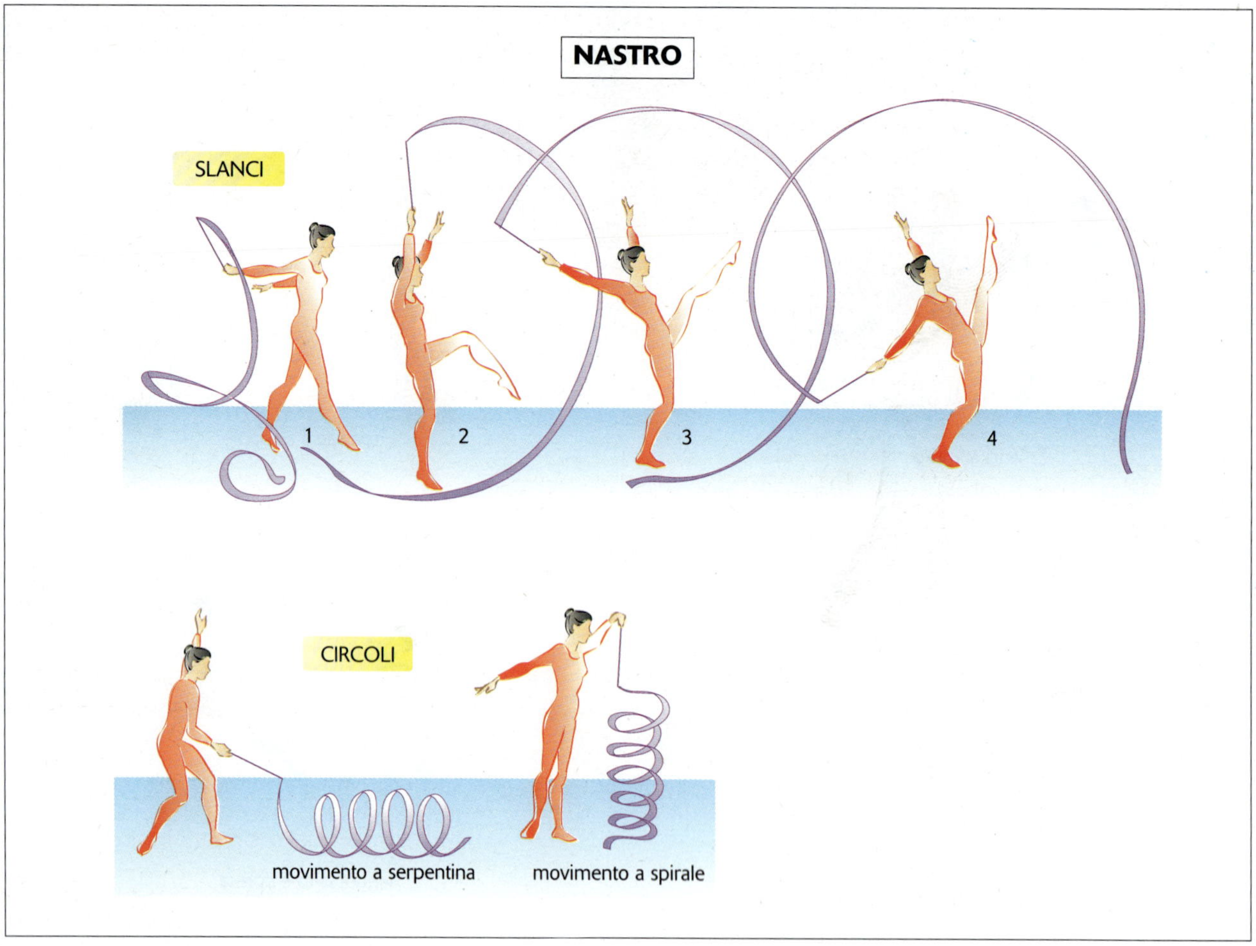

Gli esercizi rappresentati nelle figure, possono costituire una base per elaborare sequenze ritmiche di esercizi, organizzati in relazione a un brano musicale.

11.4 La ginnastica aerobica

L'**aerobica**, finalizzata al raggiungimento e al mantenimento di una buona forma fisica, consiste nell'esecuzione a suon di musica di una sequenza di movimenti. È una ginnastica che impegna tutte le capacità condizionali del soggetto (forza, resistenza, velocità, mobilità, equilibrio, coordinazione) e sfrutta essenzialmente il meccanismo aerobico di produzione di energia.

Nasce nel 1968 ad opera del medico statunitense Kenneth Cooper come metodo di addestramento fisico per gli astronauti, gli aviatori americani e le loro mogli e in breve si diffonde in tutto il mondo. Nel 1983 diventa un vero e proprio sport (*Sport di aerobica competitiva*). Nel 1996 nasce la FISAF (*Federazione Internazionale degli Sport Aerobici e Fitness*), che disciplina tutta l'aerobica mondiale.

In ogni seduta di ginnastica aerobica deve essere seguito un percorso graduale per intensità che procede attraverso quattro fasi: **riscaldamento**, **fase cardiovascolare**, **condizionamento muscolare**, **defaticamento**.
Prima di esaminarle vediamo però qual è la **posizione fondamentale** da assumere tanto nel riscaldamento quanto nelle fasi successive come posizione di partenza per l'esecuzione degli esercizi.

La posizione prevede:
- gambe divaricate e un po' extraruotate;
- ginocchia leggermente flesse per non caricare l'articolazione del ginocchio e quella vertebrale;
- bacino in «retroversione» controllata, cioè col pube spinto in avanti per addolcire il carico lombare;
- glutei e addominali in contrazione;
- spalle naturalmente abbassate;
- testa in linea col dorso tenuto in estensione.

Riscaldamento

Dura circa 10-15 minuti e ha lo scopo di preparare ogni parte dell'organismo alle fasi di maggior intensità. Va eseguito, per evitare traumi, a velocità non elevata, e con un carico di lavoro progressivo.

Tanto stretching e attenzione a...
Durante il riscaldamento è bene ricercare tutte le possibilità di movimento di una data articolazione, tenendo conto di alcune indicazioni preventive:
- per quanto riguarda la **colonna vertebrale**, le flessioni e soprattutto le flessioni laterali non devono essere spinte al massimo; anche le torsioni del busto vanno eseguite con le ginocchia leggermente flesse e mai abbinate a flessioni in avanti;
- per quanto riguarda gli **arti inferiori**, negli eventuali «affondi» bisogna controllare che il ginocchio dell'arto in affondo non sopravanzi il piede ma conservi la perpendicolarità rispetto ad esso.

Nella fase del riscaldamento si ricorre ampiamente anche allo stretching.

Fase cardiovascolare

La **fase cardiovascolare** è la fase di massima intensità lavorativa. È caratterizzata da un'attività a carattere generale che coinvolge tutte le grandi masse muscolari e le articolazioni. In questa fase intensità, durata e frequenza degli allenamenti variano in relazione alle condizioni del soggetto.

Intensità. Per svolgere un lavoro di potenziamento aerobico si deve lavorare all'incirca sul 60-85% della propria **frequenza cardiaca massima**, che si ottiene togliendo da 220 il numero degli anni di età.
Calcoliamo per esempio la frequenza cardiaca massima di una persona di 20 anni:
FCM = 220 − 20 = 200.

Questo significa che per migliorare la potenza aerobica il soggetto deve lavorare con pulsazioni comprese fra il 60% e l'80% di 200 (cioè fra 120 e 160 pulsazioni al minuto).
Le pulsazioni vanno prese sull'arteria carotidea (al lato del collo), circa 10 minuti dopo la fine della fase aerobica. Si rilevano per 15 secondi e poi si moltiplicano per 4. Le condizioni migliori di ossigenazione si verificano fra i 120 e i 140 battiti al minuto.

Durata. La durata della fase cardiovascolare va da un minimo di 20 a un massimo di 30 minuti per i soggetti principianti e poco allenati, fino a 50-60 minuti per i piú allenati.

Frequenza. Le sedute settimanali di aerobica vanno dalle 3 alle 5-6, a seconda del grado di preparazione fisica di ciascuno. È importante non farsi prendere dalla frenesia di «bruciare» quando si è poco allenati ma si ha fretta di ottenere risultati visibili: come tutti gli sport, l'aerobica dà i suoi frutti se praticata razionalmente, divertendosi senza sottoporsi a sforzi esagerati, curando la correttezza delle posture e rispettando i «limiti» del proprio corpo.

Basso impatto, alto impatto e impatto misto. Durante la fase cardiovascolare si può procedere attraverso tre metodiche di allenamento: basso impatto, alto impatto e impatto misto. La differenza fra le metodiche sta nel contatto o meno dei piedi con il terreno.
Nel **basso impatto** un piede rimane sempre a contatto col terreno. Questa metodica è ideale per principianti, persone di età avanzata e donne in gravidanza. L'intensità degli esercizi può essere aumentata utilizzando spostamenti nello spazio e ampi movimenti articolari.
Nell'**alto impatto** i piedi perdono, durante gli esercizi, il contatto col suolo. Si usano salti, saltelli e corse. È una metodica molto impegnativa a livello cardiorespiratorio e osteoarticolare, che può essere usata da atleti già preparati e non da principianti. Se non si ha sufficiente preparazione atletica l'impegno richiesto può causare infortuni di vario tipo.
L'**impatto misto** utilizza nella stessa sessione entrambe le tecniche, per esempio alternando una musica a basso impatto con una ad alto impatto o impiegandole entrambe in una stessa coreografia.

In genere i principianti, una volta appresi i passi base, eseguono facili sequenze in 8 tempi.
Occorre comunque porre attenzione alla progressione dell'intensità di lavoro; per esempio, in ordine crescente:
- si può marciare sollevando appena le ginocchia;
- si può marciare sollevando di piú le ginocchia;
- si può aggiungere alla marcia il movimento degli arti superiori;
- si può passare dalla marcia alla corsa.

Condizionamento muscolare

Nella fase del **condizionamento muscolare** si opera sulla forza resistente dei maggiori distretti muscolari: spalle, petto, dorso, arti superiori e inferiori, addominali. Il ritmo di esecuzione è lento e controllato, con grande cura nel mantenimento della postura corretta durante le esecuzioni.
Il condizionamento muscolare può avvenire con piccoli o medi sovraccarichi e utilizzando anche altre resistenze esterne (elastici ecc.);

Quattro passi... con l'aerobica

Alcuni passi base del basso impatto

- *camminata* (in tutte le direzioni);
- *marcia sul posto* a piedi uniti, divaricati o in sequenza;
- *step toe touch* (tocco di punta): da gambe divaricate, si sposta il peso del corpo sul piede destro e si tocca terra con la punta del piede sinistro. Poi si sposta il peso a sinistra e cosí via;

- *step touch* (passo e tocco): da piedi uniti, si fa un passo laterale a destra e si riunisce con la gamba sinistra; passo laterale a sinistra e si riunisce con la destra;

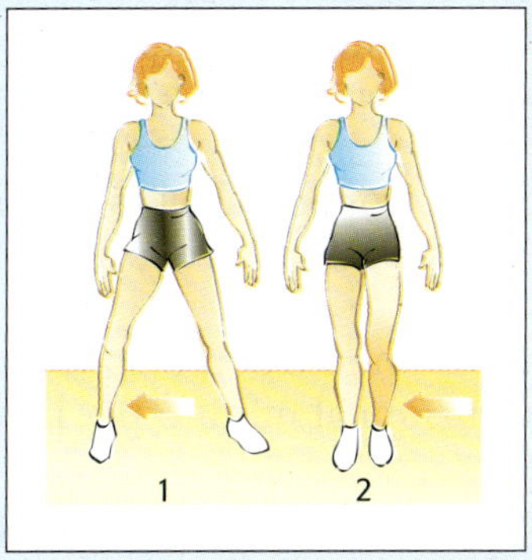

- *touch out* (tocco fuori): da gambe unite, si porta fuori la gamba destra toccando con la punta del piede a terra; si riunisce e si esegue lo stesso con la gamba sinistra;

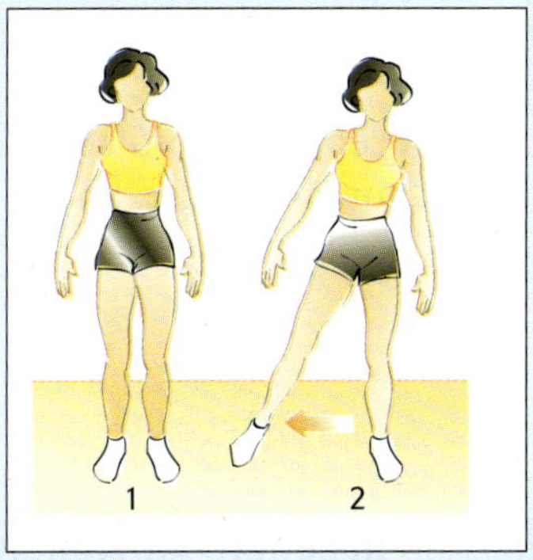

- *V step* (passo a V): da gambe unite, passo destro avanti fuori, passo sinistro che si porta sulla stessa linea del destro e divaricato da questo; passo destro dietro, si riunisce di sinistro;
- *grapevine*: da piedi uniti, passo destro fuori, passo sinistro incrociato dietro, passo destro fuori, si riunisce il sinistro al destro;

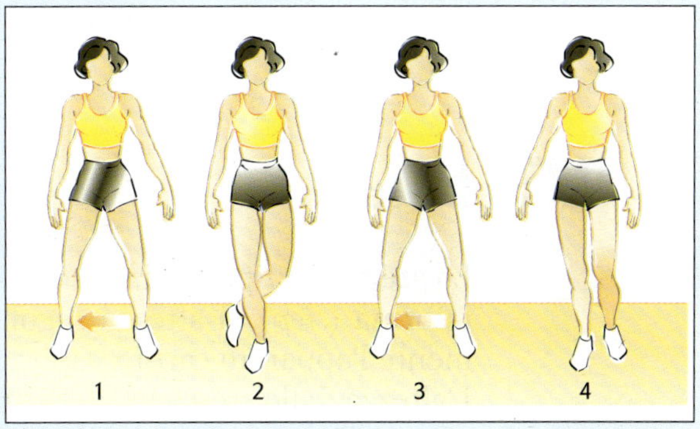

- *knee up* (ginocchio in su): flessione alternata delle gambe in avanti;
- *leg curl* (gamba dietro): flessione alternata delle gambe dietro;
- *pivot* (giro): è un giro di 360° che si compie facendo perno sui piedi. Per esempio, da piedi uniti, passo destro avanti, mezzo giro verso sinistra ruotando su entrambi gli avampiedi, ancora passo destro avanti, mezzo giro verso sinistra tornando alla posizione di partenza.

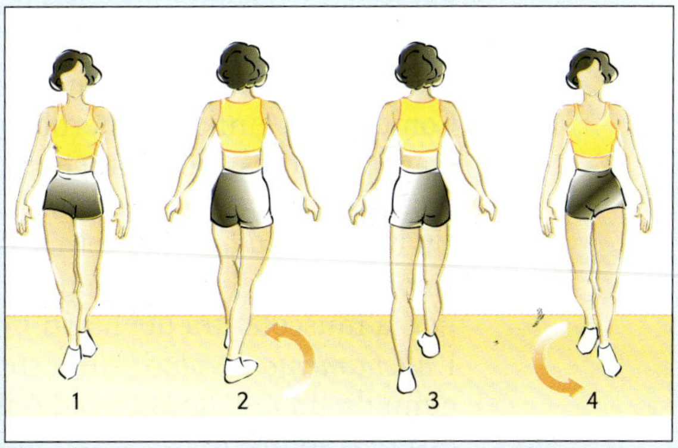

Alcuni passi base dell'alto impatto

- *jumping jack*: da gambe unite, un saltello a gambe divaricate e poi riunire;
- *air jack*: saltello con divaricata in volo e arrivo a piedi uniti, gambe in ammortizzamento (semipiegate);
- *cross over* (incrocio sopra): due *knee up* eseguiti con lo stesso arto con incrocio sull'altro arto.

Defaticamento

Il **defaticamento** dura una decina di minuti e non deve mai essere tralasciato o eseguito malamente o in fretta. Serve all'organismo per ristabilire i suoi ritmi «naturali».
Lo **stretching** è una metodica essenziale per decontrarre e rilasciare i muscoli affaticati. Il tempo di mantenimento degli allungamenti muscolari, piú lungo di quello usato nel riscaldamento (10 secondi), va dai 20 ai 30 secondi. Durante lo stretching non bisogna sentire dolore. La respirazione deve essere calma e controllata.
Tutti i distretti muscolari devono essere allungati. Molto piacevole, quando l'ambiente lo consente, il rilassamento con sottofondo musicale soft.

11.5 Lo step

Lo **step** è un tipo di ginnastica aerobica che sfrutta la salita e la discesa da una piattaforma (*step*) di altezza regolabile e antiscivolo. Può arrivare a impegnare fortemente l'apparato cardiorespiratorio oltre a quello muscolo-scheletrico.
L'altezza dello step varia e va stabilita in relazione alle capacità e al grado di allenamento di ciascuno (dai 10 cm ai 25 cm per i piú esperti).
Nel salire sulla pedana bisogna curare che il piede vi si appoggi in ogni sua parte (e non solo con l'avampiede); nella discesa invece si anticipa sempre con l'avampiede. In genere (e questo vale soprattutto per i principianti) si scende dietro lo step, e non davanti.
Sia in salita che in discesa le ginocchia non devono mai essere iperestese e lo step deve avere un'altezza tale che l'angolo che si forma fra la gamba e la coscia dell'arto che sale sia compreso fra 90° e 120°.
Il lavoro allo step è eseguito su basi musicali non troppo veloci (al massimo 128 battute al minuto) per non incorrere nel rischio di sovraffaticare le articolazioni del ginocchio e assumere posizioni scorrette.
Per garantire la migliore ossigenazione e potenziamento aerobico, il battito cardiaco deve essere mantenuto fra le 120 e le 130 pulsazioni al minuto per i meno allenati e fra le 130 e le 160 per i piú giovani e allenati.
Come per la ginnastica aerobica, la scelta della calzature deve essere appropriata: la scarpa deve essere avvolgente, ben ammortizzante, con un plantare debitamente strutturato e con paratendine.
Un buon *riscaldamento* (circa 10 minuti) deve sempre precedere l'allenamento sullo step. Durante il riscaldamento è particolarmente indicato lo stretching, soprattutto per la muscolatura degli arti inferiori.
L'*allenamento aerobico* sullo step ha una durata che va dai 20 ai 40 minuti ed è seguito da un *defaticamento* di circa 10 minuti che, come nell'aerobica, non deve mai essere trascurato.
L'uso degli arti superiori accompagna anche le coreografie piú semplici; in questo modo, oltre alla potenza aerobica si migliorano notevolmente anche la forza resistente e la coordinazione.

I passi base sullo step

Per costruire brevi e facili coreografie si utilizzano in genere movimenti di 4 tempi e multipli. Rispetto allo step, il corpo dell'esecutore può essere posto: di fronte, di lato, a cavallo, sopra, all'estremità.

Nelle figure che seguono sono rappresentati alcuni passi base dello step. L'immagine in pianta dello step è vista dal punto di vista del ginnasta.

Basic step

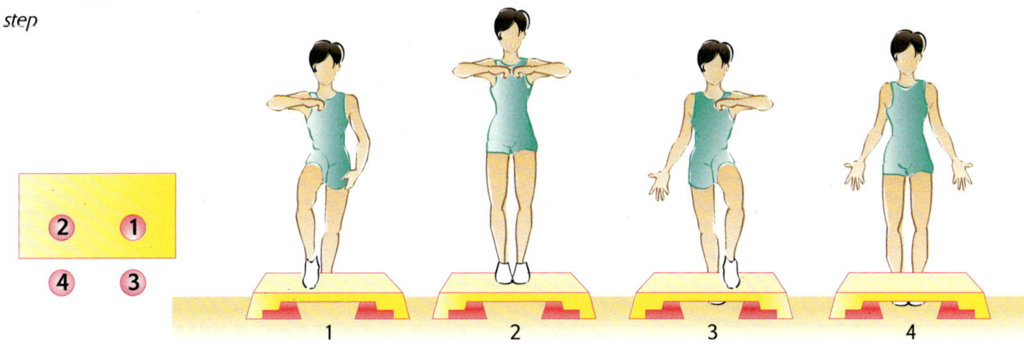

V step

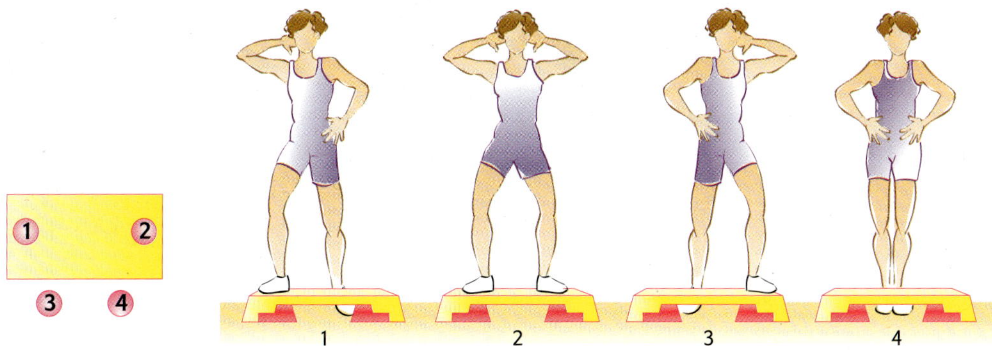

Over the top

Turn step

Lift step (knee up)

Corner to corner (permette di spostarsi da un angolo all'altro dello step)

Verifica quanto appreso

1. Tradurre in gesti ciò che la musica «trasmette» che cosa consente di percepire e affinare?

....

....

2. Che cosa s'intende per ritmo e in quali applicazioni sportive assume particolare importanza?

....

....

3. Che cos'è la danza?

....

Quali sono le ragioni che ne hanno motivato la nascita?

....

Che cosa può esprimere oggi?

....

Che cosa significa per te danzare?

....

4. La metrica è una sequenza di note e pause.

☐ Vero ☐ Falso

5. In un'ora di danza si bruciano 1000 calorie.

☐ Vero ☐ Falso

6. Nelle danze il movimento deve sempre abbinarsi alla musica e seguirla.

☐ Vero ☐ Falso

7. La ginnastica ritmica è una progressione di movimenti
- ☐ spontanei
- ☐ a corpo libero
- ☐ con piccoli attrezzi
- ☐ di acrobatica

8. Le gare di ginnastica ritmica sono
- ☐ individuali maschili e femminili
- ☐ a coppie
- ☐ individuali e a squadre femminili
- ☐ individuali femminili

9. Descrivi gli esercizi che si possono eseguire con un attrezzo a tua scelta.

....

....

....

....

10. Analizza la sequenza e poi descrivi le fasi dell'esercizio.

1 ....

2 ....

3 ....

4 ....

11. Disegna l'impugnatura della clavetta.

12. Sviluppa i seguenti argomenti scegliendo una fra due delle modalità previste per la terza prova: trattazione sintetica di argomenti o risposta a quesito singolo (rispettivamente in un massimo di 20 e 10 righe).

A Partendo da una tua esperienza scolastica o extrascolastica sulla musica o sulla danza descrivi le competenze e le conoscenze acquisite.

B Qual è la musica che preferisci? Descrivine le origini e parla dei suoi interpreti piú famosi. Descrivi le sensazioni e le espressioni corporee che l'ascolto stimola e suggerisce.

MUOVERSI NELL'ACQUA

Muoversi nell'acqua significa in primo luogo ritrovare la naturale acquaticità del nostro corpo, cioè la innata familiarità con questo elemento. Questa parte inizia proprio dall'ambientamento nell'acqua, con giochi ed esercizi specifici.
Il nuoto è la principale disciplina sportiva acquatica; saranno analizzati i quattro stili: **stile libero**, **dorso**, **rana** e **delfino**, con particolare attenzione ai movimenti fondamentali degli arti inferiori e superiori e alle tecniche di allenamento per migliorare il movimento.
Sono forniti elementi della tecnica natatoria del **salvamento**, ed elementi base della ginnastica nell'acqua, l'**aquagym**.

OBIETTIVO GENERALE

- Sviluppare le capacità motorie in relazione all'acqua.

PREREQUISITI

- Conoscenza basilare delle attività acquatiche.
- Conoscenza essenziale delle diverse qualità motorie.
- Disponibilità a sviluppare le proprie capacità natatorie.

OBIETTIVI SPECIFICI

- Percepire e riconoscere le sensazioni derivanti dal contatto con l'acqua.
- Orientarsi e muoversi in acqua.
- Individuare e assecondare i propri limiti cardiorespiratori.
- Ambientarsi e rilassarsi in acqua.
- Controllare la propria motricità in acqua.
- Apprendere le tecniche natatorie fondamentali.
- Conoscere e praticare lo stile libero.
- Conoscere e praticare lo stile dorso.
- Conoscere e praticare lo stile rana.
- Conoscere e praticare lo stile delfino.
- Conoscere e padroneggiare il tuffo in acqua.
- Conoscere le tecniche del soccorso in acqua.

12 ACQUATICITÀ E NUOTO

L'acqua è un elemento «magico», ricco di valenze positive, che liberandoci dal peso ci fa sentire leggeri e ci permette di eseguire movimenti altrimenti impossibili.

12.1 Caratteristiche del movimento in acqua

L'acqua è per l'uomo **un ambiente «naturale»**. Lo dimostrano i bambini appena nati, che dopo aver trascorso nove mesi nel liquido amniotico se immersi nell'acqua si muovono senza paura in maniera del tutto spontanea.
Questa familiarità con l'elemento «acqua» può però perdersi nel corso della vita. Per riacquisire l'acquaticità perduta (e quindi rieducarsi a stare in acqua in modo naturale e tranquillo, a galleggiare e respirare correttamente, a muoversi con sicurezza) bisogna innanzitutto imparare a rilassarsi e a superare quelle paure irrazionali e quelle tensioni che nel momento in cui ci immergiamo in acqua portano a irrigidire la muscolatura.
Acquisire una buona acquaticità è il primo passo verso l'apprendimento delle tecniche che ci permettono di spostarci in acqua in modo efficace e produttivo o di svolgere in acqua le attività fisiche piú varie e divertenti, come l'aquagym o i tuffi.
Naturalmente in acqua il movimento assume connotazioni molto diverse da quelle che ha sulla terraferma. Due sono gli aspetti che ci interessano in particolare: la **riduzione del peso corporeo** e la **maggior resistenza che l'acqua oppone al movimento**.
Secondo il principio di Archimede, un corpo immerso nell'acqua subisce una spinta dal basso verso l'alto pari al peso del volume del liquido spostato. Questo significa che quel corpo risulterà tanto piú leggero quanto piú è immerso. Il principio si applica naturalmente anche al corpo umano, determinando un'apparente riduzione del suo peso che è tanto maggiore quanto piú esso è immerso. Per esempio, il peso del nostro corpo immerso verticalmente è ridotto al 95% del suo peso reale quando è immerso fino ai polpacci, al 50% quando l'acqua arriva all'ombelico, al 20% nell'immersione fino alle ascelle, al 3% se l'immersione è totale. Il corpo in acqua, liberato dal suo peso, può dunque muoversi con maggior facilità senza gravare sulla colonna vertebrale e sugli arti. È per questo che in tutti i casi in cui sia necessario ridurre il peso d'appoggio (per esempio, se si sono riportate delle fratture o si sono subiti in-

terventi chirurgici a carico degli arti inferiori) si ricorre alla **riabilitazione** in acqua. Avendo una densità piú elevata di quella dell'aria, l'acqua oppone al movimento una maggior resistenza. La resistenza in acqua è determinata da diversi parametri. Fra questi, se diamo per scontato che l'acqua sia ferma (quindi che, per esempio, non vi siano correnti come potrebbe accadere in un fiume), ha particolare importanza la velocità del corpo immerso: un corpo o un arto che si muove lentamente incontrerà una modesta resistenza; se si incrementa la velocità (a parità di altre condizioni), aumenta la resistenza e di conseguenza l'impegno muscolare necessario per vincerla. La resistenza può essere aumentata secondo le necessità anche modificando la superficie frontale di spostamento, ricorrendo a strumenti quali pinne, manubri, tavolette, guanti palmati.

I benefici del movimento in acqua

Diversi sono i benefici che il corpo ottiene dal movimento in acqua.
L'**assenza di carichi** e di pressioni elevate **previene i danni alle ossa e alle articolazioni**, la cui mobilizzazione è favorita da attività come il nuoto.
In acqua si possono eseguire esercizi localizzati senza gravare sulla colonna vertebrale. La resistenza opposta dall'acqua al movimento costringe i muscoli a un maggior impegno, permettendo di ottenere un miglior tono muscolare.
Se l'attività viene svolta in acqua fredda, si ha un effetto di vasocostrizione (con conseguente miglioramento dell'elasticità dei vasi sanguigni) e un maggior consumo di calorie: il corpo deve infatti cercare di mantenere la sua temperatura e dunque l'organismo deve accelerare il proprio metabolismo basale. In questo senso l'attività svolta in acqua favorisce la perdita di peso. Una temperatura piú calda produce invece un rilassamento muscolare.
Attività come il nuoto contribuiscono a curare l'ipertensione di lieve entità: alcuni studi hanno dimostrato che sport di durata (e fra essi, appunto, il nuoto) riducono

notevolmente i valori della pressione massima e minima. Anche per l'asma, che si presenta nei giovani soprattutto dopo uno sforzo, il ritmo della respirazione sviluppato nell'esecuzione dei vari stili agisce come una valida ginnastica respiratoria correttiva.
La pratica del nuoto è fondamentale per i portatori di handicap. In acqua i disabili hanno la possibilità di superare i limiti fisici e psicologici imposti dall'handicap: il corpo trova nuove forme di adattamento e nuovi equilibri e in assenza di costrizioni e di barriere ognuno è libero di muoversi a seconda delle proprie capacità.

12.2 L'ambientamento

L'**ambientamento** consiste in una serie di esercizi (molti dei quali si presentano sotto forma di gioco) che hanno lo scopo di aiutare chi non sa nuotare o piú in generale chi vuole prendere confidenza con l'acqua, elemento per lui «nuovo».
Nell'avvicinarsi all'acqua l'aspetto psicologico è fondamentale: spesso la sola idea di immergersi suscita in chi non ha familiarità con questo ambiente una vera e propria sensazione di panico, di impotenza, di incapacità a gestire e controllare i movimenti. Attraverso gli *esercizi di ambientamento*, che presentano diversi gradi di difficoltà, si acquisisce una crescente tranquillità che conduce a muoversi nell'acqua con sempre maggior sicurezza e autocontrollo, vincendo la sensazione di panico e prendendo consapevolezza che si tratta di un ambiente naturale come quello aria-terra.

Esercizi di ambientamento

In acqua bassa (dove si tocca)

- Trasferirsi da una parte all'altra della vasca camminando, per poi passare alla corsa sul posto, a ginocchia alte, e successivamente in avanti.

- *Battaglia con gli schizzi*
  Due squadre, poste l'una di fronte all'altra alla distanza di 2 metri, si schizzano l'acqua cercando di far girare le spalle agli avversari. L'esercizio ha lo scopo di abituare al fastidio che lo spruzzo d'acqua provoca (soprattutto in faccia), cercando di eliminare quell'iniziale senso d'irritazione e talvolta repulsione che nasce spontaneo in chi non è abituato.

In acqua alta

Eseguire gli esercizi che seguono dalla posizione di partenza verticale, con mani in presa al bordo vasca.

- *Immersioni in apnea*
  Immergere bocca, naso, fronte, nuca trattenendo l'aria per per 5-6 secondi.
  Immergere bocca, naso, fronte, nuca espirando sott'acqua l'aria per 5-6 secondi.

- *Le bolle*
  Immergere la bocca ed espirare sott'acqua l'aria facendo le bolle per 5-6 secondi.
  Immergere bocca e naso ed espirare sott'acqua l'aria facendo le bolle per 5-6 secondi.
  Immergere bocca, naso, fronte ed espirare sott'acqua l'aria facendo le bolle per 5-6 secondi.

Esercitarsi «a secco»

Il passo successivo nell'apprendimento dell'apnea è quello di effettuare l'immersione a occhi aperti; questo permette di non perdere l'orientamento e, stavolta, la calma. A tal proposito si consiglia di mettere in pratica gli *esercizi in acqua alta* descritti eseguendoli a occhi aperti. Ricordate di non stropicciare gli occhi quando si esce dall'acqua per non irritarli.

Gli esercizi suddetti sono quelli che creano maggiori difficoltà ai principianti.

Un suggerimento da seguire può essere quello di effettuare l'esercizio «a secco» immergendo la testa in un catino: s'inspira tramite la bocca e s'immerge appena il viso nell'acqua tiepida ripetendo piú volte. Gradatamente s'immerge il viso nell'acqua sempre di piú e per piú tempo (5 secondi) fino a toccare il fondo del catino. Contemporaneamente si deve espirare l'aria sia col naso che con la bocca, senza soffiare con forza, tenendo le labbra morbide e gli occhi aperti. Quando ci si è abituati alla sensazione dell'acqua che copre completamente il viso i progressi diventeranno piú rapidi e si riuscirà a galleggiare e a muoversi nell'acqua con piú disinvoltura.

- *La stella marina*

  È un esercizio fondamentale che unisce i vari esercizi di ambientamento al galleggiamento. Distendersi nella posizione di decubito supino immergendo la testa in acqua, trattenendo il respiro e divaricando le braccia e le gambe al massimo, senza compiere alcun gesto brusco bensí rilassandosi. Mantenere la posizione per qualche secondo. Uno degli errori piú comuni è quello di non abbassare la testa in modo che l'acqua sia al livello dell'orecchio. Questo errato sollevamento della testa porta a una sbagliata posizione del bacino e delle gambe e di conseguenza di tutto il corpo. Lo stesso esercizio può essere eseguito in posizione di decubito prono. Inizialmente l'insegnante (nel decubito supino) può aiutare a compiere l'esercizio ponendo una mano sotto la nuca e l'altra sotto la schiena, per poi toglierle quando appare evidente che l'allievo è completamente rilassato; può facilitare tenere gli occhi chiusi.

- *Scivolamento frontale*

  Mettersi con la schiena alla parete e porre il piede destro in appoggio al muro mentre il sinistro preme sul pavimento della vasca. Con le braccia distese in avanti parallele al fondo della piscina e con le mani a pelo dell'acqua, inspirare e lasciarsi scivolare in avanti dopo aver spinto e riunito le gambe; in questa fase la faccia è immersa nell'acqua. Rimanere in posizione orizzontale e in apnea fin tanto che dura la spinta; è da evitare, per la buona riuscita dell'esercizio, qualsiasi movimento violento o forzato.

- *Scivolamento dorsale*

  Mettersi di fronte alla parete e appoggiarvi le piante dei piedi, tenendosi con le mani al corrimano o sfioratoio, inspirare e scivolare all'indietro dopo aver spinto con le gambe finché il corpo non assume la posizione orizzontale. Le braccia sono distese lungo i fianchi, la testa è in appoggio sull'acqua che sfiora le orecchie. Per una buona riuscita dell'esercizio è fondamentale che il bacino non affondi e la testa non venga sollevata dall'acqua; anche per questo scivolamento non si devono compiere movimenti né bruschi né forzati e bisogna cercare di essere completamente rilassati.

Giochiamo nell'acqua

Pescatori e pesci
Gli alunni si dividono in due squadre, una di pescatori l'altra di pesci. I pescatori catturano i pesci se riescono a colpirli con palloncini di gommapiuma, i pesci possono difendersi immergendosi. Dopo un tempo stabilito si invertono i ruoli. Vince la squadra che cattura piú pesci in un tempo stabilito.

Giostra medioevale
I componenti di due squadre si affrontano seduti su tavolette da nuoto. Partono dai due lati opposti della vasca e devono raggiungere l'altra sponda. Quando si incrociano devono cercare di far cadere l'avversario dalla tavoletta. Vince la squadra che raggiunge il bordo opposto della vasca con piú «cavalieri» non disarcionati dalla tavoletta.

Dichiarazione a cronometro
Ogni allievo dichiara il tempo che pensa di impiegare a coprire una distanza determinata (ad esempio 25 o 50 metri). Senza poter controllare il tempo su un orologio percorre la distanza stabilita, cercando di coprirla nel tempo previsto. Vince chi totalizza la minore differenza fra il tempo dichiarato e il tempo effettivo.

Battaglia navale
Si gioca come alla normale battaglia navale, con la differenza che chi fallisce il bersaglio dovrà percorrere una vasca prima di poter rigiocare.

Nuoto d'azzardo
Si gareggia utilizzando la piscina nel senso della larghezza. Servono due dadi e una lavagnetta e un pennarello per segnare i punti. Il gioco funziona come una staffetta cui partecipano due squadre: ogni volta che un concorrente ha percorso la vasca si lanciano i dadi e si registra il punteggio. Vince la prima squadra che totalizza 100 punti. Conta la fortuna, ma contano anche le vasche che si percorrono!

12.3 Il nuoto

Il modo di avanzare in acqua esercitando spinte e trazioni con braccia e gambe è stato codificato in tecniche diverse che hanno originato gli **stili del nuoto**:
- *stile libero* (o *crawl*).
- *dorso*;
- *rana*;
- *delfino*.

Lo stile libero e il dorso si definiscono *stili asimmetrici* poiché l'azione degli arti superiori fra loro e quella degli arti inferiori fra loro si esegue in tempi diversi; inoltre le braccia effettuano il movimento in modo alternato (una compie la rotazione subacquea mentre l'altra recupera in fase aerea). La rana e il delfino si considerano invece *stili simmetrici* poiché le braccia e le gambe compiono ognuna contemporaneamente lo stesso movimento.
In campo internazionale il nuoto è regolato dalla FINA, alla quale aderisce la FIN (Federazione Italiana Nuoto).

La piscina olimpionica

La vasca olimpica
Misura 21 m di larghezza per 50 di lunghezza ed è formata da 8 corsie della larghezza di 2,5 m ciascuna. La profondità in genere è di 1,80 m e il fondo ha una pendenza del 2%. La temperatura dell'acqua non deve essere inferiore ai 24°C.

I blocchi di partenza
I blocchi sono posti sul bordo vasca, al centro delle corsie, e sono numerati sulle quattro facce. Sono alti 50-70 cm rispetto al livello dell'acqua.

I pannelli elettronici di controllo
I pannelli sono posti sul lato piú corto della vasca dove si prevede l'arrivo. L'atleta che conclude la gara deve infatti toccare con la mano il pannello determinando cosí l'ordine di arrivo.

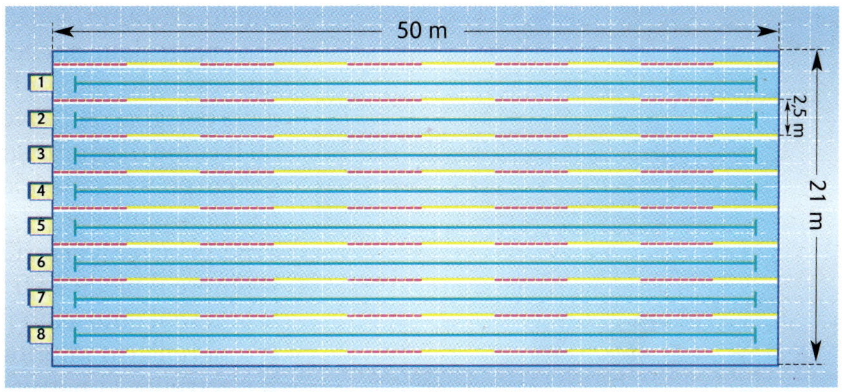

SPECIALITÀ OLIMPICHE*	
Stile libero	50 m, 100 m, 200 m, 400 m, 800 m donne, 1500 m uomini, staffetta 4 × 100 m, 4 × 200 m
Dorso	50 m, 100 m, 200 m
Rana	50 m, 100 m, 200 m
Delfino	50 m, 100 m, 200 m
Misti individuali**	400 m staffetta 4 × 100 m misti

* Queste gare si disputano in vasche lunghe 50 m e larghe non meno di 21 m (vasca olimpica).
** Sono i quattro stili eseguiti secondo questo ordine: delfino, dorso, rana, stile libero.

GIOCHI SPORTIVI STUDENTESCHI (PROVE MASCHILI E FEMMINILI)*	
Stile libero	50 m, staffetta 4 × 50, staffettone misto 6 × 50 m**
Dorso	50 m
Rana	50 m
Delfino	50 m

* Queste gare si disputano in vasche lunghe 50 m.
** Le squadre sono composte da 6 alunni, di cui 3 maschi e 3 femmine.

Stile libero (o crawl)

Lo **stile libero** è uno stile caratterizzato da un movimento alternato di gambe e braccia.

Posizione del corpo

Affinché il movimento sia efficace, il corpo deve essere il piú orizzontale possibile, con gli arti inferiori che non devono uscire dall'acqua e i piedi che affondano in maniera non eccessiva. Nuotare con un leggero innalzamento del corpo sull'acqua, alzando lievemente la testa e le spalle, farà inclinare in modo troppo accentuato la schiena, con conseguente affondamento delle gambe e delle anche e maggiore resistenza dell'acqua.

Ogni variazione della posizione del corpo può dunque procurare maggiore resistenza alla velocità di avanzamento, determinando un effetto frenante.

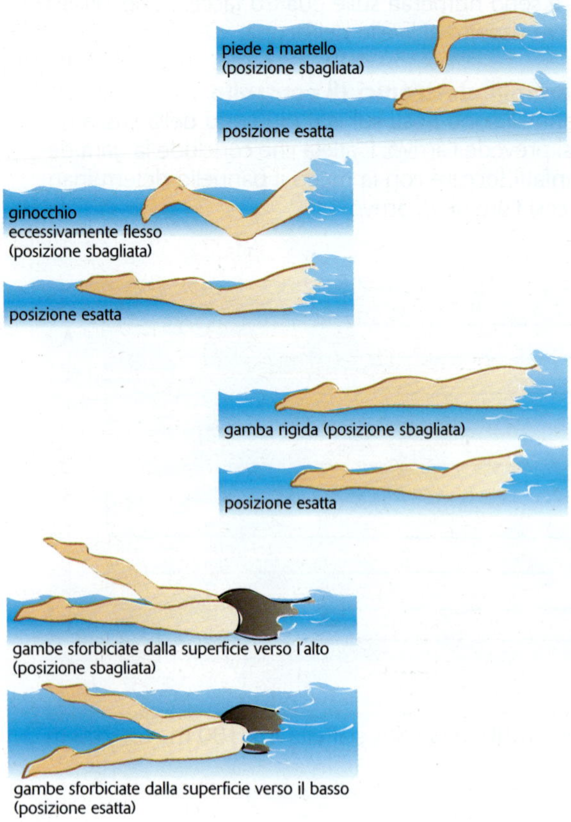

Movimento degli arti inferiori

Gli arti inferiori sono distesi ma non rigidi e i piedi appena intraruotati.

La battuta si effettua in modo alternato dall'alto verso il basso e viceversa, cosí che all'estremità i piedi percorrono, sotto il pelo dell'acqua, una traiettoria ad arco di 20-30 cm circa; il movimento deve essere fluido, costante, senza interruzioni.

Esso parte dalle anche (articolazione coxo-femorale), interessando anche l'articolazione del ginocchio e della caviglia, che deve essere molto flessibile e sciolta. Il colpo di gambe serve per mantenere l'equilibrio del corpo e il galleggiamento e genera una certa capacità propulsiva.

Tra i principali errori ricordiamo:

- tenere il piede a 90° (a martello);
- tenere il ginocchio flesso;
- tenere l'arto inferiore troppo teso;
- effettuare la battuta delle gambe dalla superficie dell'acqua in alto verso l'aria.

Movimento degli arti superiori

Gli arti superiori permettono l'avanzamento in modo molto piú marcato delle gambe, aiutano a mantenere una posizione idrodinamica ed è fondamentale che il loro movimento sia continuo, senza interruzioni o punti morti. Esso viene tradizionalmente diviso in **due fasi**: **una aerea**, detta di «recupero», e **una subacquea**.

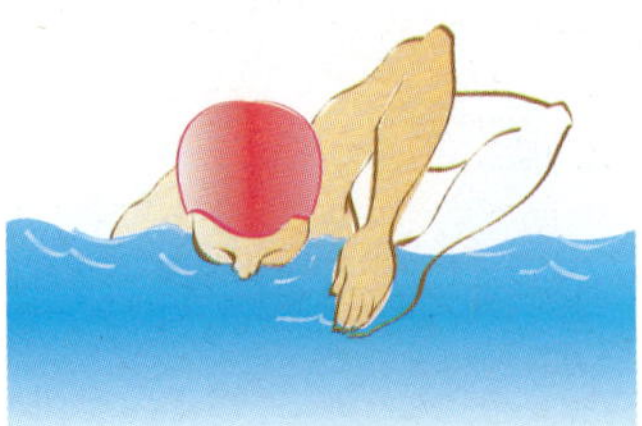

Posizione esatta (in colore) e scorretta nella fase aerea.

Fase aerea. Il recupero del braccio avviene fuori dall'acqua e deve essere il piú vicino possibile al busto; per far sí che questo avvenga, il braccio deve essere flesso all'altezza del gomito e la mano rilassata. Il gomito a sua volta compie un tragitto semicircolare che deve essere il piú alto possibile rispetto alla superficie dell'acqua e tale da provocare un ridotto spostamento del braccio in fuori. Dal punto piú alto del gomito, quasi in verticale sulla spalla, l'avambraccio e la mano proseguono il movimento in avanti precedendo il braccio, poi la mano penetra nell'acqua sulla distensione dell'avambraccio. Il movimento del recupero deve essere completamente rilassato e sotto controllo.

Fase subacquea. La fase subacquea a sua volta si divide in **presa d'acqua**, **trazione** e **spinta**.

- *presa d'acqua*: le dita della mano sono le prime a entrare in acqua, seguite dall'avambraccio. Il palmo della mano è indirizzato diagonalmente verso il basso mentre il gomito è appena flesso;
- *trazione*: non appena il braccio si distende in modo naturale (il gomito dunque è

teso o quasi) inizia la *trazione*. Il palmo della mano ruota verso l'interno, le dita sono rivolte verso il basso e si muovono in una direzione possibilmente parallela al verso dell'avanzamento. Nel momento in cui il braccio viene tirato sotto il corpo, il gomito inizia a flettersi e avambraccio e braccio sono perpendicolari, cosí come il braccio è (quasi) perpendicolare al corpo. Tutto ciò ha lo scopo di esercitare un efficace appoggio sull'acqua;

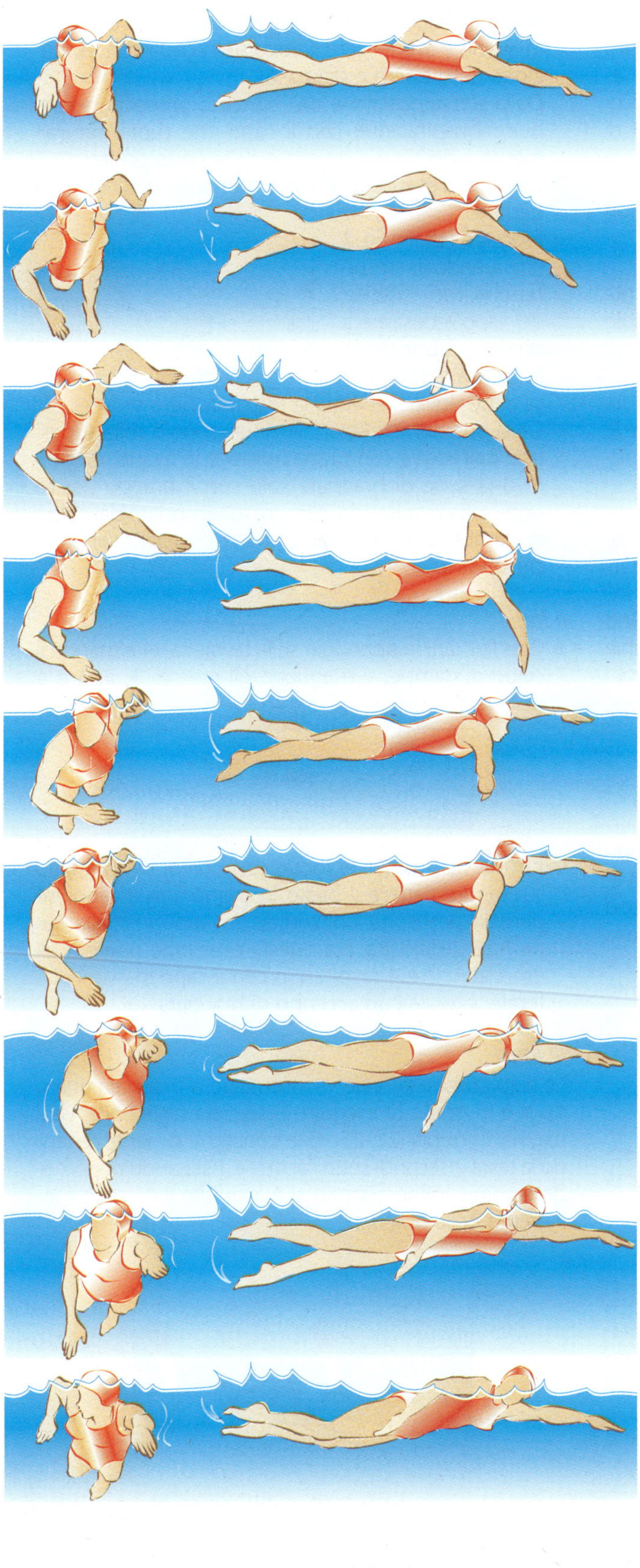

- *spinta*: dopo che l'avambraccio è arrivato al massimo della flessione, e comincia ad estendersi, inizia la fase di *spinta*. L'avanzamento in acqua è dovuto alla posizione della mano aperta, con dita unite ma non strette, che nel suo movimento fino alla coscia «spinge» l'acqua all'indietro.

La coordinazione e la continuità fra la spinta e il recupero sono fondamentali. Una loro pausa può infatti compromettere il ritmo della bracciata e farle perdere gran parte della sua efficacia.
Una volta effettuata la traiettoria, il braccio completa il movimento aereo per entrare nuovamente in acqua davanti al corpo allo stesso livello delle spalle.

Respirazione

La regolarità nella respirazione è fondamentale: un minor apporto di ossigeno al sangue provoca infatti l'immediato affaticamento.
Non appena il nuotatore ha eseguito l'inspirazione e ha immerso la bocca nell'acqua, deve incominciare l'espirazione mandando fuori costantemente e a lungo l'aria sia dalla bocca che dal naso, fino a che la bocca è pronta a uscire lateralmente dall'acqua, al momento in cui il braccio del lato in cui avviene la respirazione ha terminato la fase di spinta e sta cominciando la fase di recupero.
Da notare che l'espirazione dell'aria non deve completarsi troppo rapidamente, perché questo porterebbe a esaurire l'accumulo d'aria prima che il capo ritorni in posizione per l'inspirazione successiva.
La respirazione deve essere eseguita guardando appena la spalla, in modo tale da creare un'onda fra la testa e la bocca che faciliti l'inspirazione.
Fra gli errori piú comuni in questa fase ricordiamo quello di alzare la testa troppo in alto, il che comporta una perdita di velocità e di coordinazione.

Alleniamo lo stile libero

Esercizi per il potenziamento degli arti inferiori

1 Dalla posizione orizzontale, mani al bordo vasca, effettuare il movimento alternato delle gambe.

2 Dalla posizione orizzontale, mani in appoggio sulla tavoletta, eseguire la battuta delle gambe. Nell'esecuzione di questo esercizio uno degli errori piú comuni, dovuto alla rigidità delle spalle, è quello di spingere la tavoletta: ciò provoca l'affondamento delle gambe e la relativa fuoriuscita del corpo dall'acqua, posizione completamente sbagliata che non si deve mai assumere durante la nuotata.

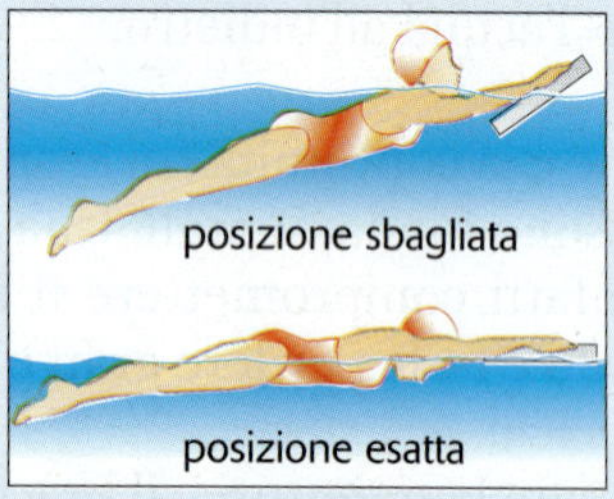

3 Eseguire la battuta delle gambe solo con le braccia distese in avanti.

4 Eseguire la battuta delle gambe con le braccia distese lungo i fianchi.

Importante: in tutti gli esercizi descritti deve essere posta massima attenzione alla posizione delle gambe (articolazione coxo-femorale), a quella del ginocchio e infine a quella della caviglia. Per questo sarà opportuno che l'insegnante ponga una mano sotto le ginocchia onde evitare un'eccessiva flessione e, nel caso in cui i piedi escano dall'acqua, metta la mano sopra i talloni, a pelo dell'acqua stessa.

Esercizi per il miglioramento della bracciata

1 Dalla posizione orizzontale, in appoggio sulla superficie dell'acqua con braccia distese in avanti, eseguire delle bracciate con il braccio sinistro e successivamente con il braccio destro. Per esempio, il braccio destro è disteso in avanti mentre il sinistro effettua la bracciata. Terminata la bracciata il braccio sinistro si distende in avanti accanto al destro. A questo punto il braccio destro si muove per effettuare la bracciata mentre il sinistro rimane disteso, e cosí via. L'esercizio va eseguito in apnea.

2 Eseguire l'esercizio precedente con l'aggiunta della respirazione laterale.

3 Senza effettuare la respirazione si eseguono una serie di bracciate veloci, eliminando qualsiasi attimo di pausa durante il movimento delle braccia.

Esercizi per la respirazione

I fase

Il principiante ha già imparato la tecnica della respirazione eseguendo i vari esercizi di ambientamento (immersione completa del capo con gli occhi aperti ed espirazione nella immersione). Tali esercizi, eseguiti prima verticalmente con l'appoggio e senza l'appoggio dei piedi a terra, vengono adesso effettuati in posizione orizzontale.

1 Con il corpo disteso in posizione orizzontale, mani al bordo vasca, eseguire l'inspirazione, flettere il capo in avanti e immergere il volto nell'acqua con espirazione dalla bocca e dal naso.

2 Dalla stessa posizione dell'esercizio precedente eseguire l'inspirazione con il capo che ruota naturalmente a destra e a sinistra o dalla parte preferita.

3 Eseguire l'esercizio 2 con l'aggiunta del colpo di gambe.

4 Eseguire l'esercizio 2 effettuando la respirazione con torsione del capo a destra e a sinistra, abbozzando la bracciata dalla stessa parte dove si effettua la respirazione.

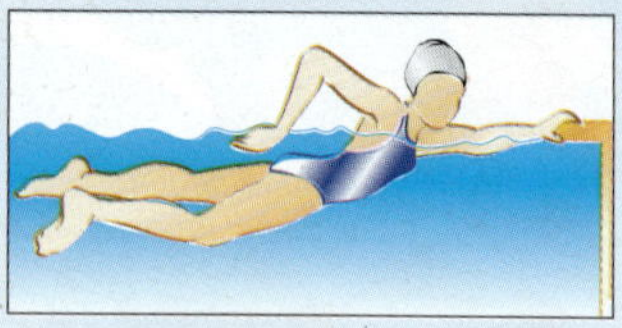

5 Dalla posizione orizzontale, in appoggio sulla superficie dell'acqua con braccia distese in avanti, eseguire una serie di bracciate solo con il braccio destro ogni volta respirando, sempre assecondato dal colpo di gambe. Eseguire poi lo stesso esercizio col braccio sinistro.

II fase

6 Con le mani in appoggio sulla tavoletta, effettuando il colpo di gambe, si eseguono gli esercizi 1, 2, 3 e 4 della fase I.

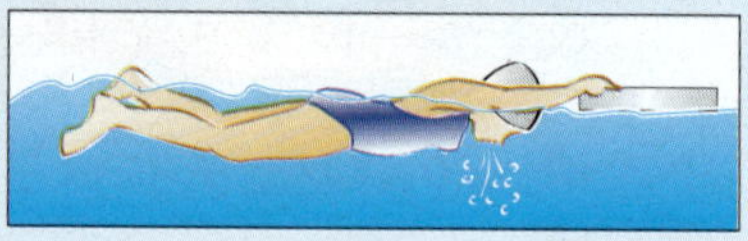

7 In una vasca dove si tocca, con i piedi in appoggio sul fondo, flettere il busto in avanti fino a raggiungere la posizione orizzontale in appoggio alla superficie dell'acqua. Da questa posizione ripetere gli esercizi 1, 2 e 4 respirando con il capo in avanti, laterale, laterale con accenno di bracciata.

III fase

La respirazione laterale va inserita nella bracciata quando si è in grado di eseguire l'esercizio delle *bolle* (vedi pagina 196) per 20-25 volte consecutivamente tenendo la testa 2 secondi sotto l'acqua e 1 secondo per prendere aria, e infine quando si è acquisito il corretto movimento delle braccia.

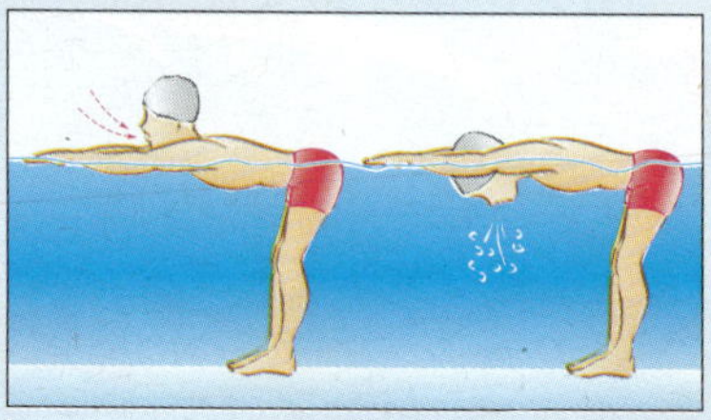

Dorso

Il **dorso** è solitamente lo stile che viene insegnato per primo poiché la sua tecnica consente di tenere la testa fuori dall'acqua evitando le difficoltà della respirazione. L'affinamento dello stile è comunque complesso.
Il dorso è chiamato anche *crawl rovesciato* perché ha diversi punti in comune con il crawl.

Posizione del corpo

Il corpo è completamente disteso in posizione supina ed è il piú orizzontale possibile sull'acqua. La testa appoggia nell'acqua con le orecchie immerse ed è leggermente flessa in avanti cosí che gli occhi aperti guardano in verticale verso l'alto o in leggera inclinazione verso i piedi; essa rimane fissa durante il movimento delle braccia. Le spalle sono rilassate e lievemente affioranti dall'acqua.

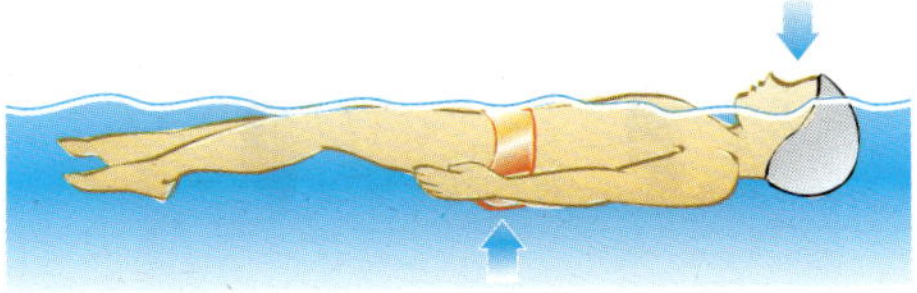

Un errore molto comune nei principianti è quello di tenere il bacino troppo basso; in questo modo il corpo assume una posizione «seduta», poco naturale e negativa per lo spostamento. Dal momento che la posizione del bacino risulta fondamentale nel galleggiamento, questo errore può essere eliminato modificando l'assetto della testa e del torace: infatti affondando maggiormente il capo si innalzerà il bacino ottenendo una posizione piú favorevole allo spostamento. Le gambe sono distese con i piedi in estensione.

Movimento degli arti inferiori

Il colpo di gambe, diversamente dallo stile libero, avviene dal basso verso l'alto. Il movimento inizia dall'articolazione dell'anca e coinvolge anche quella del ginocchio e della caviglia.
Nella **fase attiva**, che è quella che va dal basso verso l'alto, il ginocchio è leggermente flesso, la caviglia è del tutto rilassata in estensione e il piede disteso ma non rigido e ruotato all'interno.

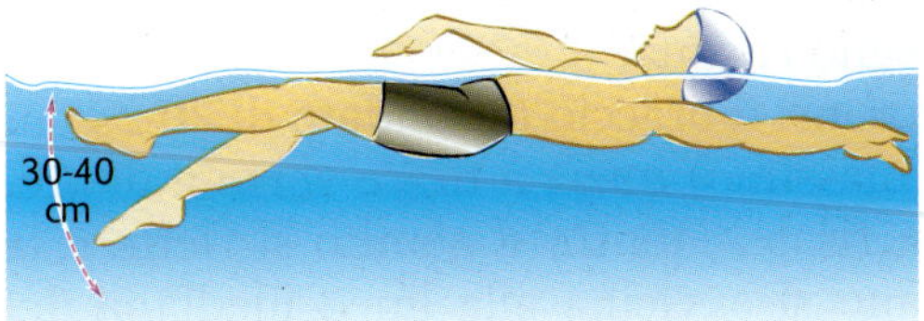

Nella successiva **fase di discesa**, il ginocchio non è flesso e l'arto è quindi completamente disteso. Gli arti inferiori e i piedi decontratti originano un movimento alternato in alto e in basso a forbice di 30-40 cm sotto la superficie dell'acqua.
Quando le ginocchia emergono dall'acqua siamo in presenza di un'eccessiva flessione del ginocchio. È perciò fondamentale evitare di «pedalare» o di «scalciare» l'acqua con le piante dei piedi. Se fatto in maniera corretta il gesto dovrebbe produrre sopra i piedi una schiuma «densa» e senza schizzi, tipica dell'acqua che bolle.

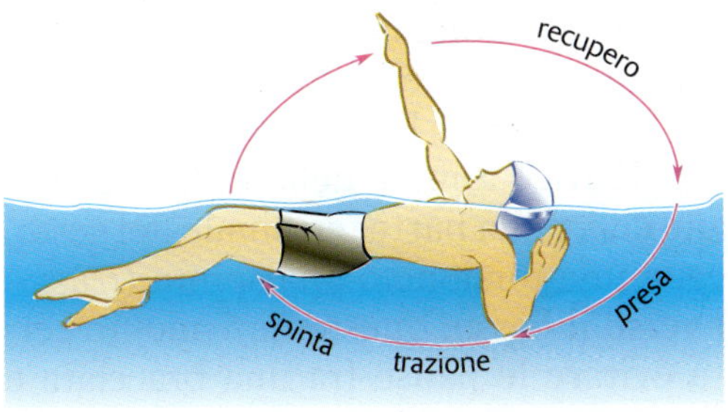

Movimento degli arti superiori

Come nello stile libero, la bracciata si compone di **due fasi**: una **aerea**, detta di *recupero*, e una **subacquea**, distinta in *presa*, *trazione* e *spinta*.

Fase aerea. Il braccio emerge con il pollice in alto e percorre una traiettoria aerea perpendicolare alla superficie dell'acqua e parallela alla linea di avanzamento (una semi-

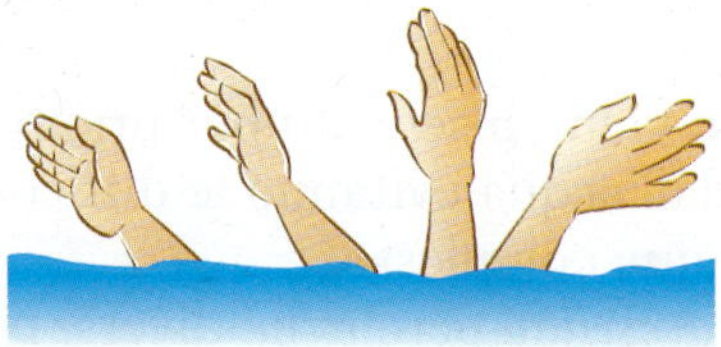

circonferenza). In questo tragitto la mano effettua una torsione in fuori del palmo che permette al mignolo di rompere per primo l'acqua.
Un errore frequente è quello di entrare in acqua con il braccio troppo esterno rispetto alla linea delle spalle. Tale errore è dovuto o a una ridotta capacità dell'articolazione della spalla (scapolo-omerale) o a una sbagliata posizione in acqua del bacino («seduta»).

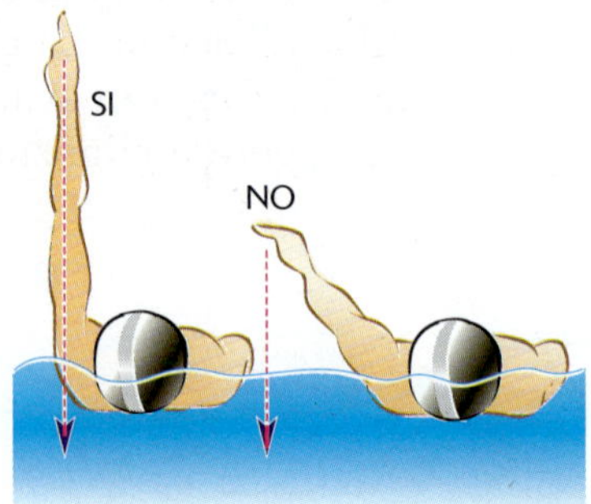

Fase subacquea. Come si è detto, questa fase si divide in *presa*, *trazione* e *spinta*:

- *presa*: comincia quando il braccio teso in linea con le spalle prende contatto con la superficie dell'acqua. La mano entra in acqua prima con il dito mignolo e con il palmo ruotato in fuori; una volta entrato in acqua, il palmo della mano viene flesso verso il polso. Le dita della mano sono unite ma non serrate, mentre la superficie interna (concava) ha lo scopo di «afferrare» meglio l'acqua;
- *trazione*: il braccio (affondato di 20-25 cm al massimo) inizia a tirare verso il dietro, poi risale, mentre il gomito si flette e la mano si avvicina alla linea mediana del corpo. Nel momento in cui la mano giunge all'altezza della spalla, il gomito raggiunge un angolo di circa 90°, mentre tutto l'arto superiore, compresa la spalla, si trova sullo stesso piano;
- *spinta*: è l'ultima fase della bracciata subacquea ed è molto importante per la propulsione; si ottiene con la totale distensione del braccio e la relativa flessione del polso. Finisce a metà della coscia, con la mano che, nella parte terminale del gesto, esegue una torsione e una spinta (*frustata*) verso il basso: questo movimento serve a evitare le pause fra una bracciata e l'altra.

Respirazione

Non presenta alcuna difficoltà, visto che il volto è fuori dall'acqua. Generalmente si inspira al recupero del braccio destro e si espira con la bocca al recupero del braccio sinistro.

Alleniamo il dorso

Esercizi per il potenziamento degli arti inferiori

1 Dalla posizione orizzontale di decubito supino con le braccia lungo il corpo, sguardo in alto, effettuare una serie di sforbiciate senza emergere con le gambe sulla superficie dell'acqua, stando bene attenti alla sensazione che l'acqua faccia pressione, soprattutto sullo stinco e sul collo del piede.

2 Ripetere lo stesso esercizio solo con le braccia distese in alto, sopra la testa, con i gomiti vicino alle orecchie. Assicurarsi che il bacino sia sempre vicino alla superficie dell'acqua, evitandone l'affondamento, e che solo la punta dei piedi rompa la superficie dell'acqua.

Esercizi per il miglioramento della bracciata

1 Dalla posizione di decubito supino, effettuare ritmiche bracciate alternate con aiuto da parte delle gambe.

2 Dalla posizione di decubito supino, con battuta di gambe effettuare una bracciata completa e continuare solo con il braccio destro. Eseguire poi lo stesso esercizio solo con il braccio sinistro.

3 Eseguire l'esercizio effettuando le bracciate con tutte e due le braccia contemporaneamente.

Rana

Nella espressione piú elementare la **rana** è uno stile di facile acquisizione, grazie anche alla respirazione, che non presenta particolari problemi e mette il nuotatore a proprio agio. Diventa invece raffinato e difficile a livello agonistico.
La propulsione viene data sia dalla **spinta delle gambe** che dalla **trazione delle braccia**.

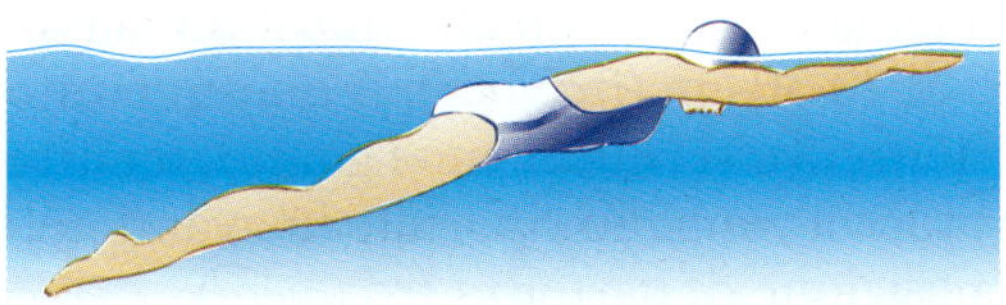

Posizione del corpo

In questo stile l'assetto in acqua è particolarmente importante: per favorire il colpo di gambe, il bacino deve affondare rispetto alle spalle (non deve essere sollevato) e il corpo risulta dunque lievemente inclinato.

Movimento degli arti inferiori

I movimenti delle gambe, come della bracciata, devono essere **simmetrici** e **contemporanei**.

Gli arti inferiori sono distesi e immersi completamente. In questa fase il bacino affonda appena e gli arti inferiori vengono riuniti con una flessione delle gambe propriamente dette sulle cosce, in modo che i talloni si avvicinino ai glutei; le ginocchia formano con il bacino un angolo di 120°. Dopo aver eseguito una rotazione con le punte dei piedi in fuori (piede a martello), gli arti inferiori si distendono con una traiettoria semicircolare fino a raggiungere la posizione di massima estensione, con le gambe unite e i piedi allungati naturalmente.

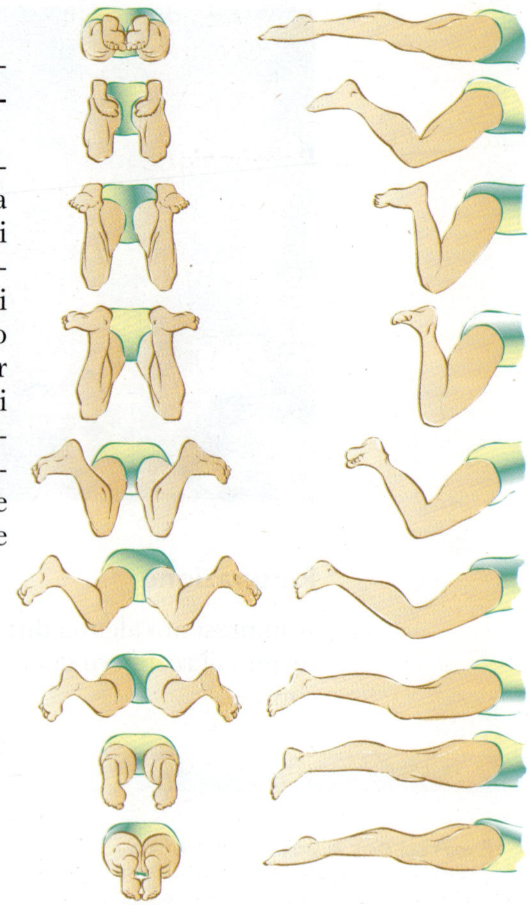

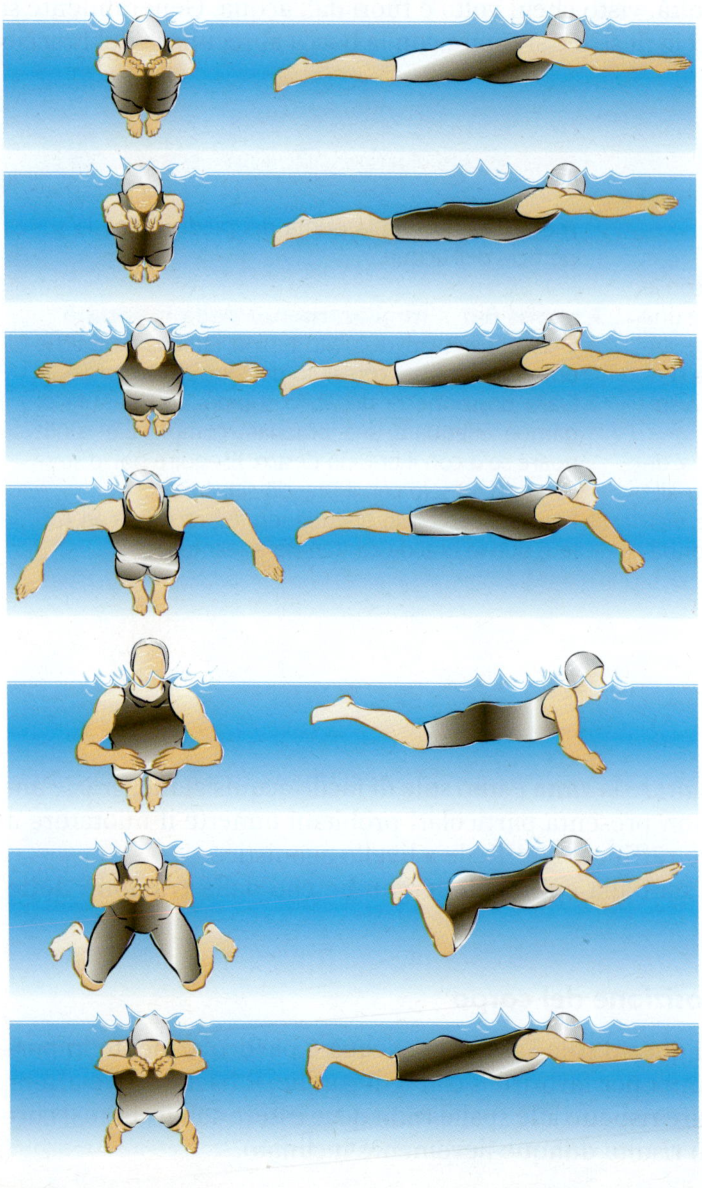

Movimento degli arti superiori

È costituito da tre fasi:

- *recupero*: l'allungamento delle braccia in avanti avviene completamente in acqua (e questa è la caratteristica fondamentale della bracciata a rana);
- *presa*: in questa fase non esiste la spinta;
- *trazione*: è l'azione propulsiva vera e propria.

Tutti i movimenti devono avvenire nello stesso tempo e in modo simmetrico.

All'inizio della fase di *presa* gli arti superiori del nuotatore sono distesi in avanti, il palmo della mano è rivolto verso il fondo con i pollici in dentro. Si ruotano gli arti superiori di circa 45° verso l'esterno, si affondano per circa 25-30 cm, dopo di che si allargano in fuori-basso fino a un massimo di 40-50 cm (*trazione*). A questo punto si flettono e si riuniscono i gomiti, mentre le braccia vengono riportate in avanti nella posizione di partenza (*recupero*).

È importante ricordare che la trazione delle braccia non deve superare l'altezza delle spalle, punto in cui si avvicinano i gomiti per riportare avanti le braccia in distensione.

Respirazione

Per regolamento la testa non può affondare completamente nell'acqua, per cui il capo è appena emergente. L'inspirazione avviene quando le braccia sono nella posizione di massima apertura o quando i gomiti si chiudono. Il capo si flette appena indietro e frontalmente per effettuare la respirazione e, subito dopo, si riabbassa per trovare il miglior allineamento ed espirare l'aria sott'acqua durante l'azione di spinta delle braccia.

Coordinazione

Dalla posizione orizzontale con braccia distese in avanti e gambe allungate, per prime iniziano a muoversi le braccia. Non appena è finita la trazione, gli arti inferiori iniziano a flettersi, per poi eseguire la spinta nello stesso momento del recupero delle braccia, affinché il corpo riassuma la posizione orizzontale.

Alleniamo la rana

Esercizi per il potenziamento degli arti inferiori

1 Dalla posizione di decubito prono leggermente inclinato in acqua, con le braccia distese lungo i fianchi, eseguire un colpo di gambe e cercare di toccare con le punte dei piedi (a martello), ruotate verso l'esterno, le punte delle dita della mano.
2 Dalla posizione di decubito prono leggermente inclinato in acqua, con mani in appoggio sulla tavoletta, effettuare una serie di colpi di gambe guidate dall'insegnante per acquisire il movimento esatto.
3 Dalla posizione di decubito prono leggermente inclinato in acqua, tenendo le braccia avanti distese, come per lo scivolamento, effettuare in apnea una serie di colpi solo con le gambe, faccia in basso.

Esercizi per il miglioramento della bracciata

1 Dalla posizione orizzontale, alternare un movimento di gambe a una bracciata.
2 Dalla stessa posizione dell'esercizio precedente effettuare una serie di bracciate mentre le gambe distese eseguono una leggera battuta a stile libero.

Delfino

Per la sua complessità la tecnica del **delfino** viene acquisita dopo una lunga pratica natatoria degli altri stili. Il nome deriva dal movimento «ondulatorio» del corpo, simile a quello compiuto dal delfino.
Cosí come per la rana, anche per il delfino la **sincronia** e la **coordinazione** fra il movimento degli **arti inferiori** e quello degli **arti superiori** sono fondamentali.

Posizione del corpo

Il corpo è prono e si mantiene il piú orizzontale possibile rispetto alla superficie dell'acqua, con la testa immersa nell'acqua e lo sguardo leggermente in avanti; i fianchi sono molto prossimi alla superficie dell'acqua; le punte dei piedi sono distese e rilassate; gli arti superiori sono allungati in avanti e racchiudono la testa.

Quando il nuotatore avanza nell'acqua, i movimenti simmetrici e simultanei degli arti superiori e di quelli inferiori provocano un movimento ondulatorio di complessa coordinazione. La bracciata prevede l'ingresso delle mani in acqua distese e molto vicine l'una all'altra, palmo in fuori; le mani poi effettuano sotto l'acqua un'azione analoga a quella dello stile libero con una traiettoria detta a «clessidra» o a «buco di serratura».

La respirazione viene effettuata con una flessione indietro del capo mentre si cerca di tenere le spalle basse sull'acqua. A questo punto si esegue il primo colpo di gambe, detto *di sostegno*, mentre le braccia fuoriescono dall'acqua continuando il loro movimento in avanti. Esse si spostano sopra la linea delle spalle per ritornare nella posizione di partenza seguendo il capo che penetra nell'acqua per primo. Nello stesso tempo si effettua l'entrata delle mani e il secondo colpo di gambe, chiamato *propulsione*.

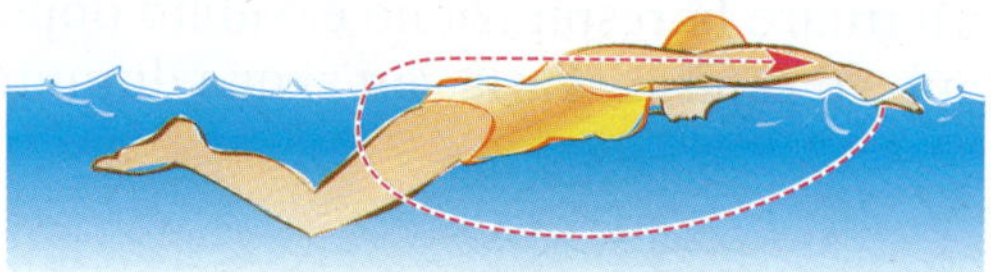

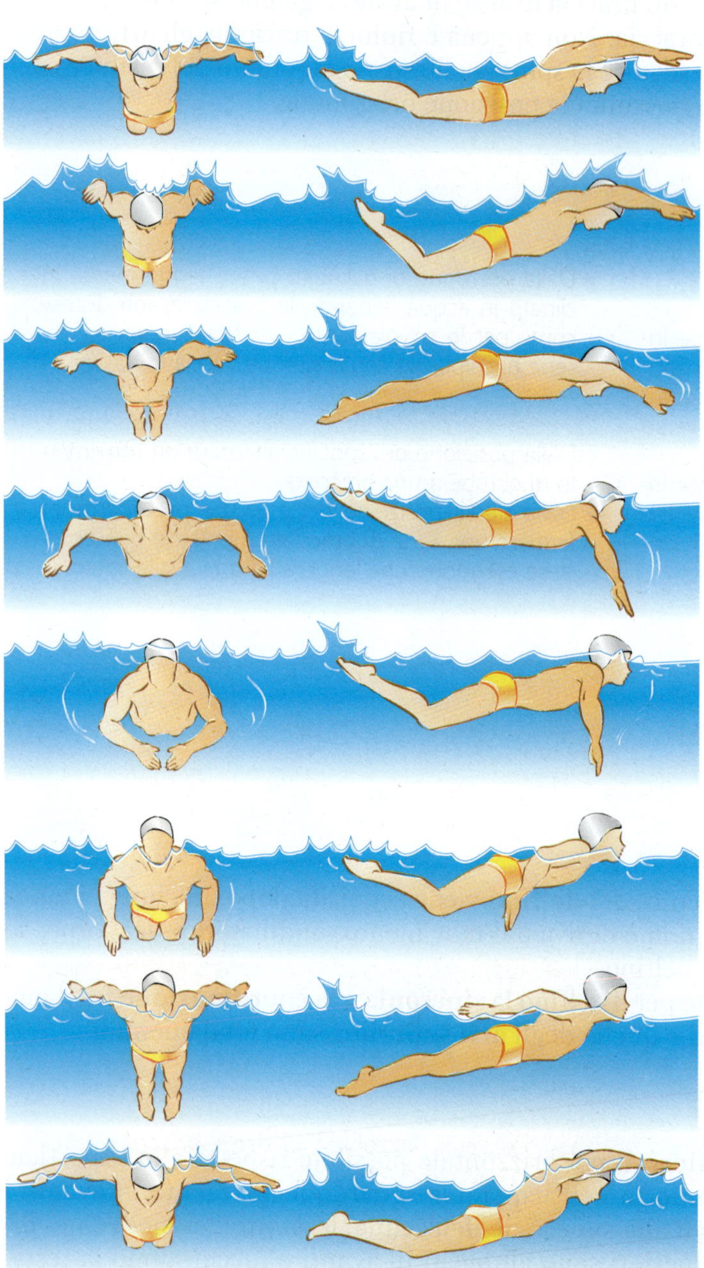

Movimento degli arti inferiori

Richiede una buona scioltezza articolare di caviglie, ginocchia e anche. Dalla posizione orizzontale, gli arti inferiori (che si muovono in modo simmetrico e contemporaneo) vengono semiflessi cosí da formare fra gambe e cosce un angolo di 140°; quindi effettuano un colpo verso il basso distendendosi completamente per una profondità di battuta di circa 60 cm. La spinta verso il basso è fondamentale in quanto da questa azione deriva la fase della propulsione e il conseguente avanzamento. I colpi delle gambe sono due per ogni ciclo di bracciata: il primo viene eseguito nel momento in cui gli arti superiori sono in presa e il secondo alla fine della spinta.

Movimento degli arti superiori

Possiamo dividere il movimento degli arti superiori in **due fasi**: quella **subacquea** e quella **aerea**.

Fase subacquea. Si suddivide nelle fasi di *presa*, *trazione*, *spinta*:

- *presa*: comincia con gli arti superiori distesi in avanti che prendono contatto con l'acqua e si immergono per 5-10 cm;
- *trazione*: dopo la presa inizia la trazione degli arti superiori che, muovendosi in modo simmetrico sulla linea mediana del corpo, si flettono progressivamente fino a porsi ad angolo retto rispetto alla superficie dell'acqua, nel momento in cui le mani transitano sotto l'allineamento delle spalle; importante è la posizione dei gomiti che devono essere sempre tenuti alti;
- *spinta*: la terza e ultima fase prevede la distensione lungo il corpo delle braccia con una vigorosa spinta indietro.

Fase aerea (o recupero). Avviene con un'azione laterale e parallela degli arti superiori che sono quasi distesi dietro, al di sopra del pelo dell'acqua e con le mani rivolte indietro. Il movimento termina con le braccia che vengono riportate in avanti, in linea con le spalle.

Respirazione

L'**inspirazione** avviene per una iperestensione dei muscoli del collo che permettono di sollevare solo il capo e di mantenere le spalle basse. Finita quest'azione i muscoli del collo si rilassano e il capo viene immerso nell'acqua allineandosi con il corpo. Quando le mani entrano in acqua inizia l'**espirazione**. L'inspirazione completa si effettua fra la fine della trazione e l'inizio della spinta, momento in cui le spalle si trovano nel punto piú elevato.

Coordinazione

La **coordinazione degli arti superiori con quelli inferiori** è il momento piú difficile e delicato: essa prevede una bracciata e due battute di gambe. Solo dopo un intenso allenamento si è in grado di eseguire questo complesso movimento.

Alleniamo il delfino

Esercizio per il miglioramento della bracciata

Effettuare il movimento con i soli arti superiori, senza respirazione, per 3 bracciate consecutive, focalizzando l'attenzione sulla bracciata in modo che le mani escano completamente dall'acqua e successivamente distendendo bene le braccia in avanti.

Esercizi per il potenziamento degli arti inferiori

1. Dalla posizione orizzontale di decubito prono, arti superiori distesi in avanti, effettuare una serie di battute a gambe unite.
2. Eseguire l'esercizio 1 con braccia e mani distesi lungo i fianchi.
3. Dalla posizione di decubito supino, arti superiori distesi, effettuare una serie di battute di gambe unite.
4. Eseguire l'esercizio 3 con mani lungo i fianchi.
5. Dalla posizione orizzontale di decubito prono, impugnare la tavoletta tenendo gli arti superiori distesi in avanti e le spalle sotto l'acqua (fare attenzione a non spingere la tavoletta su e giú). Effettuare quindi una serie di battute di gambe a delfino. In seguito lo stesso esercizio può essere eseguito anche con 2-3 tavolette una sopra all'altra.

Esercizio per la coordinazione

Dalla posizione orizzontale di decubito prono, effettuare un tratto solo con la battuta delle gambe e il tratto successivo inserire su questo movimento quello della bracciata, il tutto eseguito a ritmo sostenuto.

La partenza nei vari stili del nuoto

La **partenza** avviene con un tuffo, che per lo stile libero, la rana e il delfino si effettua dai blocchi (il cosiddetto tuffo «di testa»), per il dorso invece direttamente dall'acqua.

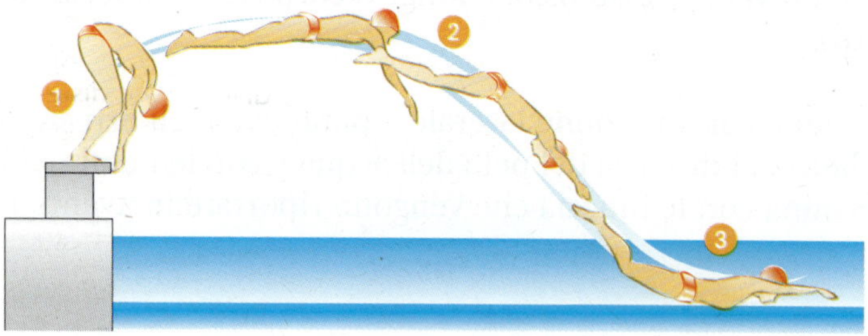

Nel **tuffo di partenza** possiamo distinguere tre fasi che ritroviamo tanto nella partenza dai blocchi quanto in quella dall'acqua: 1 *caricamento*, 2 *spinta* e 3 *entrata in acqua*. In generale possiamo dire che un tuffo è corretto e ben eseguito se mette il nuotatore nella condizione di essere subito pronto per iniziare a nuotare; il tuffo di partenza dovrà essere non troppo profondo e tale da permettere di riaffiorare il piú velocemente possibile.

Tuffo di partenza dai blocchi

1 In posizione di partenza le gambe sono leggermente piegate e il busto è flesso in avanti. Le braccia sono distese verso il basso.
2 La spinta è rivolta in avanti alto; le braccia sono distese e la testa è fra le braccia; le gambe si distendono e le braccia sono dirette verso l'acqua.
3 Durante l'entrata in acqua il corpo deve essere il piú allungato possibile cercando di ridurre al minimo l'attrito con l'acqua.

Tuffo di partenza dall'acqua

1 Nella fase di caricamento il nuotatore piega le braccia e poggiando i piedi al muro si solleva dall'acqua.
2 Nella fase di spinta le mani si staccano dal sostegno fissato al bordo della vasca e gli arti superiori vengono slanciati con forza indietro.
3 Il corpo in volo si estende ad arco, mentre le braccia si avvicinano fra loro, sopra la testa. Queste penetrano nell'acqua con la migliore angolazione possibile per diminuire l'attrito e rendere efficace l'entrata.

La ginnastica prenatatoria

Sottovalutata, se non addirittura sconosciuta o non eseguita per mancanza di tempo, la ginnastica prenatatoria in realtà è indispensabile prima di entrare in acqua sia per riscaldare e allungare i vari settori muscolari, sia perché aiuta ad acquisire confidenza con i gesti del nuoto. In genere sono sufficienti 10 minuti di ginnastica. Vediamo alcuni esercizi.

1 Gambe incrociate, mani alle spalle, gomiti bassi, effettuare delle circonduzioni dei gomiti in dietro-alto-avanti-basso.

2 Gambe incrociate, allacciare le dita e far ruotare le mani di 180°. Portare le braccia in alto ed eseguire dei molleggi all'indietro tenendo le braccia distese.

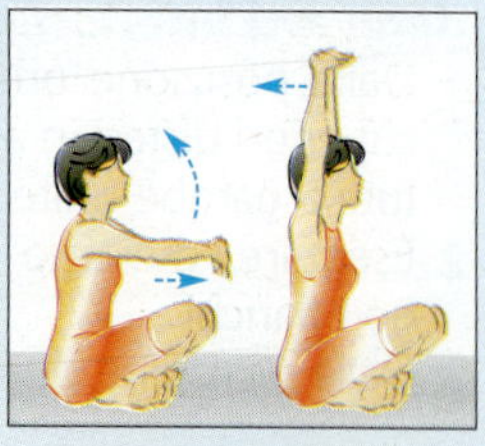

3 Gambe incrociate, mani sulle ginocchia, busto eretto, ruotare la testa a destra e a sinistra.

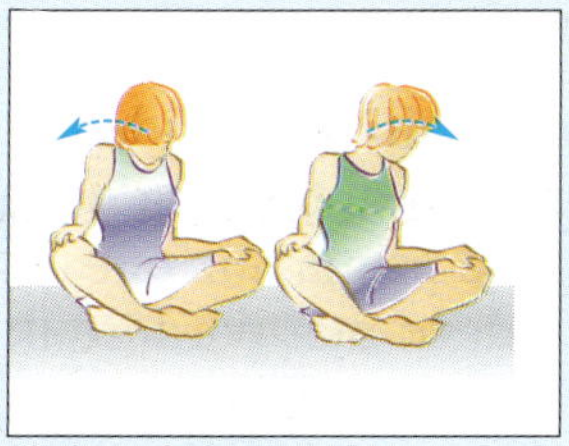

5 In ginocchio, piedi distesi dietro, mani sulle ginocchia, molleggiare il tronco dall'alto verso il basso in modo da toccare i talloni con i glutei.

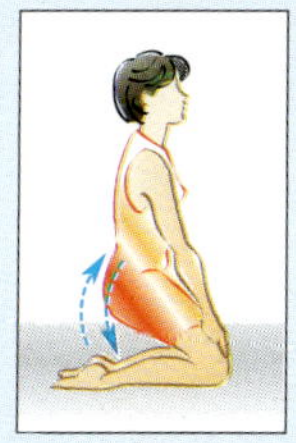

4 Avambracci in appoggio al terreno, gambe distese in avanti, sollevare una gamba ed estendere e flettere piú volte il piede sollevato.

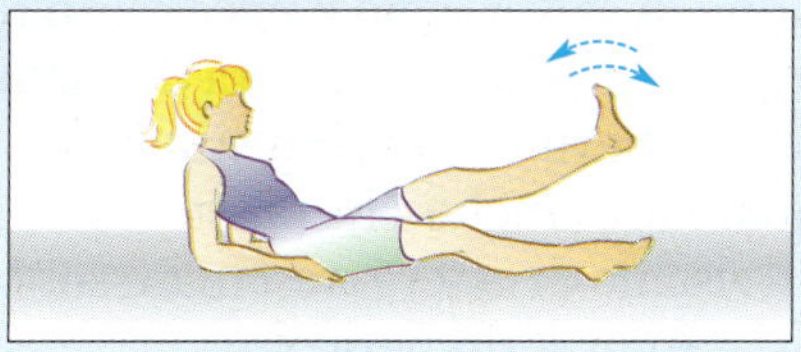

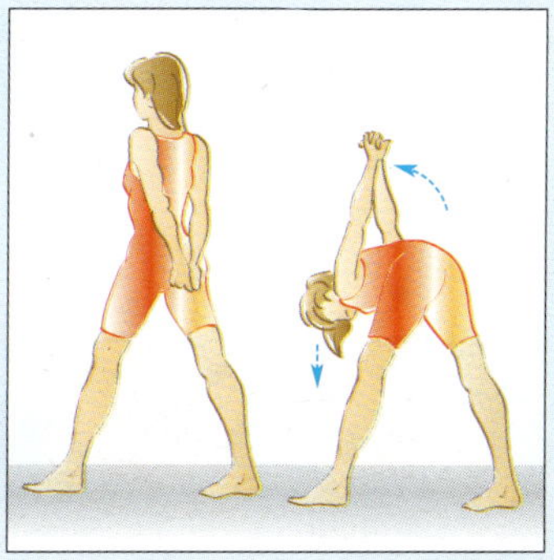

6 In piedi, gambe divaricate e distese, dita incrociate dietro la schiena, flettersi e molleggiare con il busto in avanti, spingendo le braccia verso l'alto.

Oltre agli esercizi proposti si consigliano:

- Arti superiori: *slanci*, *spinte* (per migliorare la mobilità della spalla) e *circonduzioni*, che possono essere eseguite con bastone o corda, sia avanti sia indietro;

- Busto: *slanci*, *rotazioni*, *spinte* e *circonduzioni*, che aiutano a prevenire i dolori alla schiena e a migliorare l'esecuzione di alcuni stili.

Il nuoto per salvamento

Una volta acquisita una buona acquaticità e confidenza con i vari stili del nuoto è utile imparare anche qualche rudimento di **tecnica di salvamento**.

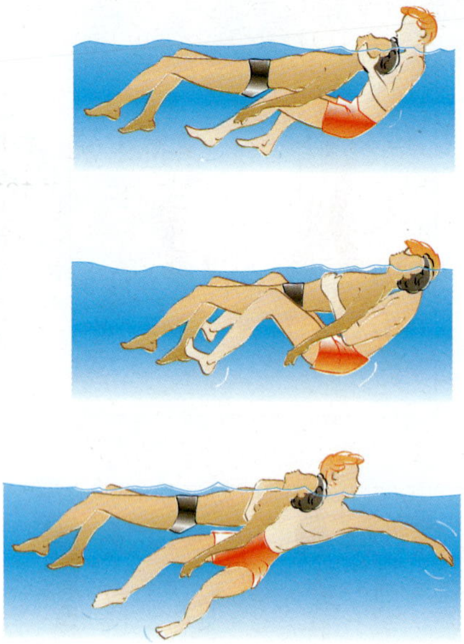

La prima nozione da tener presente è che non si deve mai perdere il contatto visivo con la persona in difficoltà, e quindi le nuotate vanno tutte eseguite con la testa fuori dall'acqua. Dopo aver avvicinato la persona in difficoltà, per trarla in salvo si possono usare varie tecniche.
Come regola generale, possiamo dire che durante l'azione di salvataggio è necessario tenere ben salda e fuori dall'acqua la testa del bagnante, per evitare che beva e si creino situazioni di panico (nel qual caso anche chi presta soccorso correrebbe il rischio di essere trascinato sott'acqua trovandosi cosí in serio pericolo).
Le tecniche specifiche del salvamento devono essere apprese frequentando appositi corsi; anche un bravo nuotatore può trovarsi in seria difficoltà nel soccorrere qualcuno se non è adeguatamente preparato.

Il nuoto non è solo uno sport individuale

Occorre ricordare che il nuoto è una specialità che viene inserita in alcune discipline multiple come il triathlon, e che è alla base di alcuni sport acquatici di squadra, come la pallanuoto e il nuoto sincronizzato. Non vanno dimenticati i tuffi, eseguiti da piattaforme e trampolini posti a diverse altezze; questa disciplina acrobatica, assai spettacolare, premia lo stile e l'eleganza di esecuzione.

Il nuoto sincronizzato

Questa «danza nell'acqua» è uno sport prettamente femminile, che ha come scopo quello di realizzare particolari evoluzioni. Sono previsti esercizi a coppie, di squadra, o anche individuali, sempre accompagnati da basi musicali che valorizzano le varie figure. Le regole impongono che durante l'esibizione siano eseguite anche figure fuori dall'acqua.

La pallanuoto

È uno sport di squadra con regole molto simili a quelle del calcio. Ciascuna squadra è composta da 13 giocatori, ma in acqua scendono 7 giocatori per squadra, compreso il portiere. Lo scopo del gioco è mandare la palla nella porta avversaria, e la dinamica del gioco prevede, come il calcio, strategie di attacco, di difesa, contropiede, falli di gioco, punizioni, ecc.

12.4 Aquagym, ovvero ginnastica nell'acqua

L'**aquagym** può essere praticata da chiunque, anche da chi, per vari motivi (età avanzata, gravidanza, infortuni, malattie), non può svolgere un altro tipo di attività motoria o non sa nuotare. Essa consta di una serie di esercizi che si svolgono nell'acqua ad altezze diverse e che coinvolgono tutti i gruppi muscolari.

Grazie al lavoro svolto nell'acqua, il corpo si tonifica, diventa piú armonioso nelle forme e nelle proporzioni e non subisce quei continui microtraumi che l'attività «all'asciutto» può provocare.

Chi pratica aquagym anche con l'obiettivo di perdere peso e di tonificare la massa muscolare deve sapere che lavorando in acqua poco profonda (dove è scarsa la resistenza dell'acqua), a lungo e con una media velocità, otterrà un effetto dimagrante; lavorando in acqua piú profonda (dove dunque è maggiore la resistenza dell'acqua) ed eseguendo movimenti piú ampi, otterrà una migliore tonificazione delle masse muscolari.

Fra i benefici che l'aquagym assicura ricordiamo in particolare l'effetto drenante, rilassante e decontratturante esercitato dall'acqua sul corpo.

L'attività fisica e il massaggio subacqueo stimolano anche la funzionalità di organi e apparati: migliorano la circolazione sanguigna, il buon funzionamento del cuore e dei polmoni, la circolazione linfatica (incrementando cosí l'eliminazione di tossine). La mente stessa ne trae benessere e rilassamento.

Ecco alcune raccomandazioni per chi pratica aquagym:

- fare ginnastica lontano dai pasti (lasciando trascorrere dal pasto almeno un'ora e mezza di tempo);
- fare precedere il lavoro da un adeguato riscaldamento e da esercizi di stretching che coinvolgano tutti i distretti corporei;
- lavorare in maniera progressiva, eseguendo all'inizio movimenti lenti;
- durante l'esecuzione degli esercizi mantenere una postura corretta;
- non interrompere l'esercitazione bruscamente ma concludere per gradi, diminuendo a poco a poco l'intensità, lo sforzo e la velocità degli esercizi;
- ripetere gli esercizi di stretching al termine della seduta;
- concentrarsi sugli esercizi che si eseguono.

Alleniamoci per l'aquagym

Esercizi fuori dall'acqua

Si possono eseguire normali esercizi attivi di riscaldamento.

Esercizi nell'acqua

1. Acqua bassa. Camminare a passi lunghi con rotazione del busto a destra e a sinistra.
2. Acqua ai fianchi o al petto. Eseguire varie andature: corsa a ginocchia in avanti, corsa calciata dietro, corsa sul posto o in avanzamento sforbiciando con gli arti inferiori distesi; saltelli sul posto a gambe tese con spinta delle sole caviglie; saltelli sul posto con arrivo a gambe semipiegate.
3. Con appoggio al bordo della vasca, eseguire slanci degli arti inferiori laterali, avanti e indietro. Per rendere piú impegnativo questo esercizio si possono usare delle cavigliere.

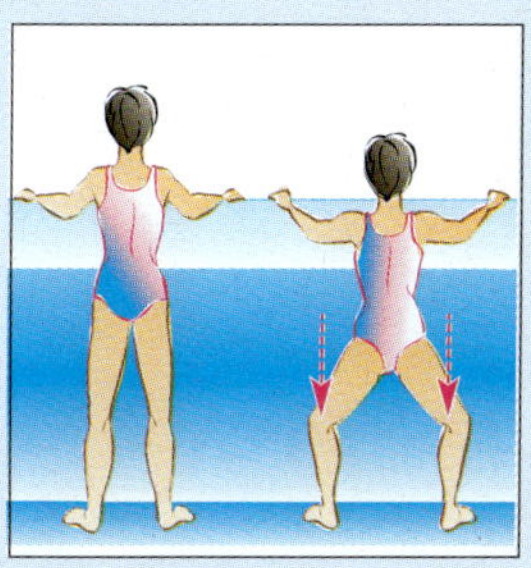

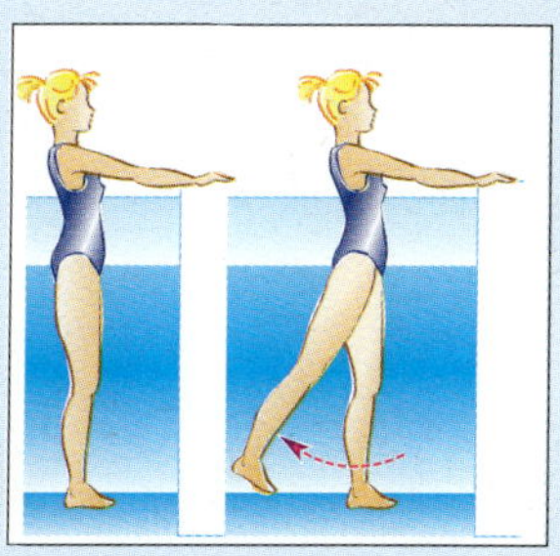

4 Dal bordo della vasca, corpo proteso dietro, sforbiciare.

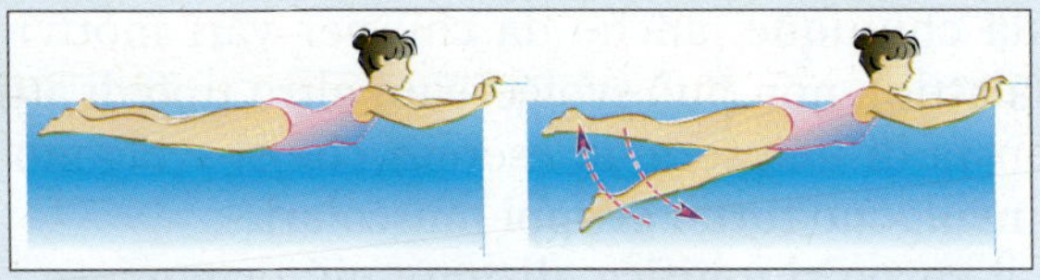

5 In piedi, dorso alla vasca, braccia ai bordi, flettere sollevando le gambe a destra e a sinistra.

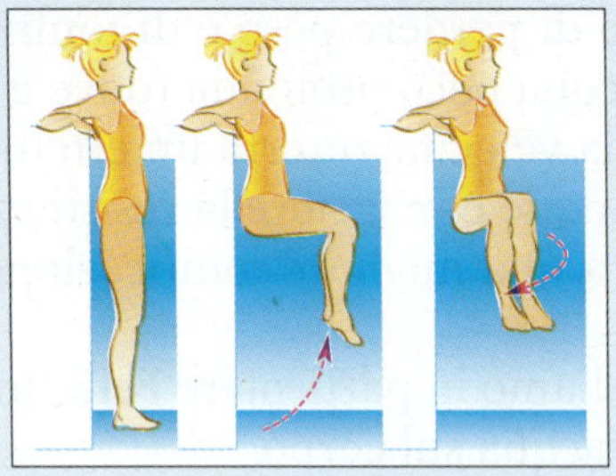

6 In piedi, dorso alla vasca, braccia ai bordi, sollevare una gamba tesa a destra e a sinistra fuori alto; ripetere con l'altra gamba.

7 Dal bordo della vasca, corpo proteso dietro, eseguire con le gambe il movimento a rana (flessione delle ginocchia al petto, extraruotare i piedi e spingere con le gambe indietro divaricandole e poi unendole).

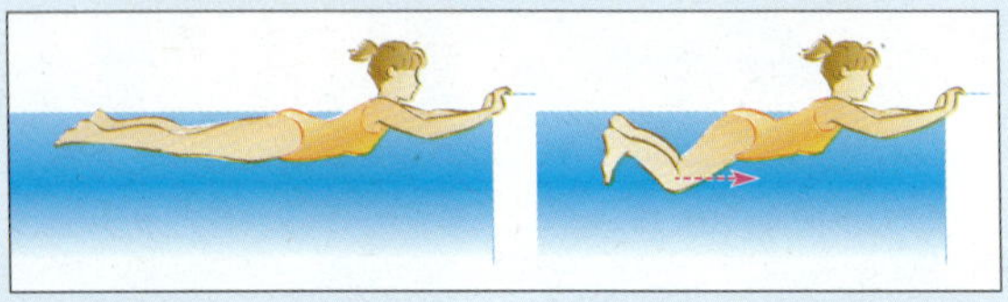

8 Acqua ai fianchi. A un passo dal bordo, fronte ad esso, mani al bordo, piegare le braccia avvicinandosi al bordo; stendere le braccia.

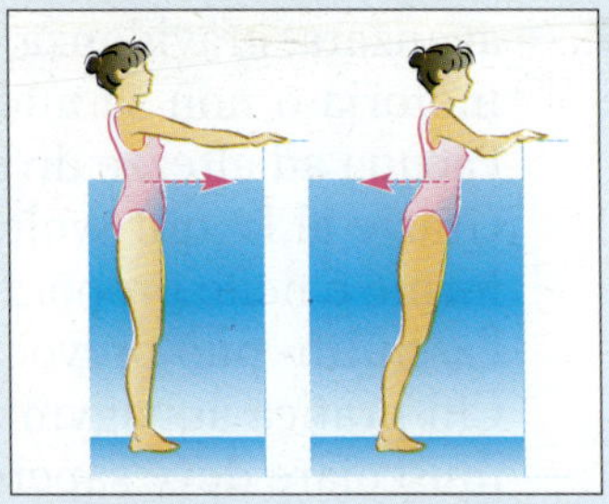

9 Acqua fino al collo (se l'acqua è piú bassa, piegare le gambe fino a che essa raggiunga il collo). Mantenendo gli arti superiori a «candeliere», avvicinare e allontanare i gomiti. L'esercizio può essere eseguito anche con l'ausilio di manopole o piccoli manubri di gommapiuma.

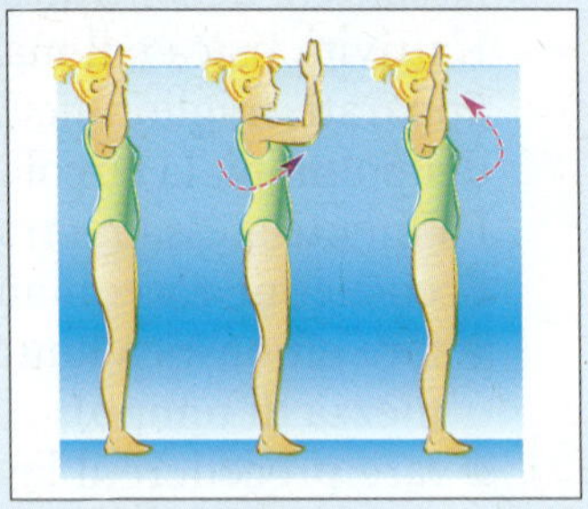

10 Acqua al petto. In piedi, gambe divaricate, mani congiunte all'altezza del petto, gomiti alti, premere le mani una contro l'altra per stimolare i pettorali.

11 Acqua al collo. Gambe appena divaricate, braccia in fuori. Avvicinare le braccia avanti, palmi che si guardano, e ritornare a braccia in fuori.

Verifica quanto appreso

1. Quali sono le caratteristiche principali del movimento nell'acqua?

2. Quali benefici procura l'attività fisica in acqua?

3. Lo stile detto «rana» è uno stile asimmetrico.

☐ Vero ☐ Falso

4. La piscina olimpica misura 25 m di lunghezza.

☐ Vero ☐ Falso

5. Il numero delle corsie della piscina olimpica è 10.

☐ Vero ☐ Falso

6. Le gare olimpiche di dorso si nuotano sulla distanza di m:

☐ 50 – 100 – 200
☐ 100 – 200 – 400
☐ 50 – 100 – 400
☐ 100 – 400 – 800
☐ 50 – 100 – 800

7. Descrivi la respirazione nello stile libero.

8. Descrivi il movimento degli arti inferiori nello stile dorso.

9. Descrivi il movimento degli arti superiori nello stile rana.

10. Descrivi la posizione del corpo nello stile delfino.

11. Osservando la figura in basso descrivi quali sono gli accorgimenti e le regole generali che si devono usare in caso di salvamento.

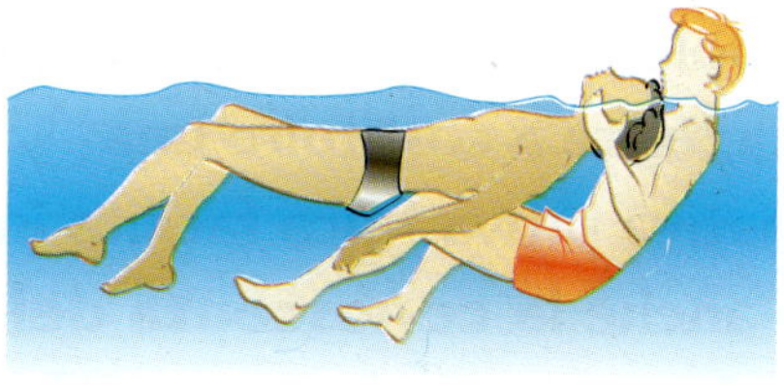

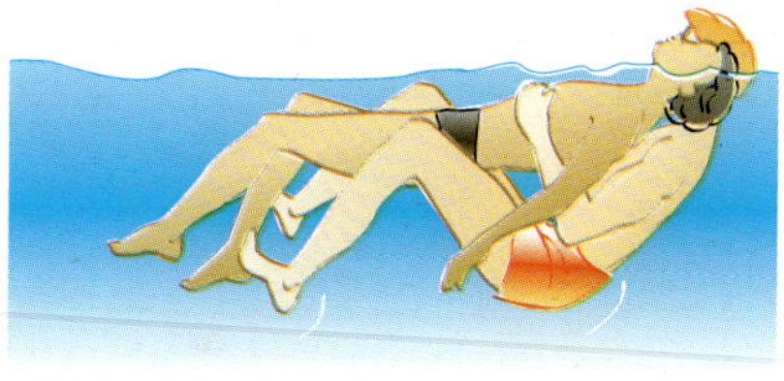

12. Sviluppa i seguenti argomenti scegliendo una fra due delle modalità previste per la terza prova: trattazione sintetica di argomenti o risposta a quesito singolo (rispettivamente in un massimo di 20 e 10 righe).

A Principi fisici del galleggiamento e delle propulsioni nel nuoto.

B Scegli e descrivi di uno stile del nuoto: la posizione del corpo, il movimento degli arti superiori, inferiori e la respirazione.

MUOVERSI NEL VERDE: L'ORIENTEERING

Abbiamo già incontrato discipline sportive in cui l'elemento «natura» gioca un ruolo di primissimo ordine, dal trekking alla corsa campestre, all'arrampicata sportiva. L'orienteering è una disciplina relativamente recente, che si è diffusa nella scuola col nome di «**sport dei boschi**»; oltre a costituire una impegnativa prova fisica facilita in chi la pratica anche **la conoscenza del territorio** e stimola **le capacità di orientamento**.

Obiettivi generali

- Sviluppare le capacità motorie in relazione al territorio.
- Conoscere gli strumenti necessari all'orientamento.

Prerequisiti

- Conoscenza basilare della struttura del territorio.
- Conoscenza essenziale delle diverse qualità motorie.
- Disponibilità a conoscere ambienti nuovi.

Obiettivi specifici

- Conoscere le modalità di rappresentazione del territorio.
- Conoscere i segni convenzionali di una carta da orientamento.
- Rilevare distanze e dislivelli tra due punti su una carta da orientamento.
- Utilizzare una carta didattica da orientamento.
- Conoscere e utilizzare la bussola.
- Orientare la carta da orientamento senza bussola.
- Orientare la carta da orientamento con la bussola.
- Conoscere l'uso della lanterna e del punzonatore.
- Effettuare brevi percorsi d'orientamento con pochi punti di controllo segnati sulla carta.
- Effettuare percorsi d'orientamento con carta e bussola.
- Sviluppare la progettualità nell'azione.

13 SPORT E NATURA: L'ORIENTAMENTO

La corsa di orientamento, o «sport dei boschi», è nata nei paesi nordici agli inizi del XX secolo. Il grande interesse per questa disciplina sportiva portò nel 1961 alla fondazione della *Federazione internazionale di orienteering*, cui aderirono dieci nazioni europee. In Italia la corsa di orientamento fece la sua comparsa nel 1974 e nel 1978 si costituí il *Comitato italiano corsa orientamento*. Oggi l'orientamento è riconosciuto dal CONI come disciplina associata alla Federazione Italiana di Atletica Leggera.

13.1 Che cos'è l'orientamento

La gara di corsa di orientamento è una prova a cronometro che deve svolgersi possibilmente su un terreno vario, in cui il concorrente, dotato di **carta topografica** e **bussola**, deve raggiungere il traguardo passando attraverso una serie di punti di controllo. Strumento essenziale è dunque la *carta topografica*, sulla quale è tracciato il *percorso* da seguire, segnato con il colore rosso. La *partenza* è indicata sulla carta da un triangolo, l'*arrivo* da due cerchi concentrici. Lungo il percorso ci sono dei *punti di controllo*, materialmente presenti sul terreno e costituiti da segnali a tre facce chiamati *lanterne*: sono numerati progressivamente e sulla carta sono indicati con un cerchietto. Unita alla lanterna, che porta un codice di riconoscimento, vi è una *punzonatrice* con la quale il concorrente punzona il cartellino di gara nella casella corrispondente al punto di controllo.

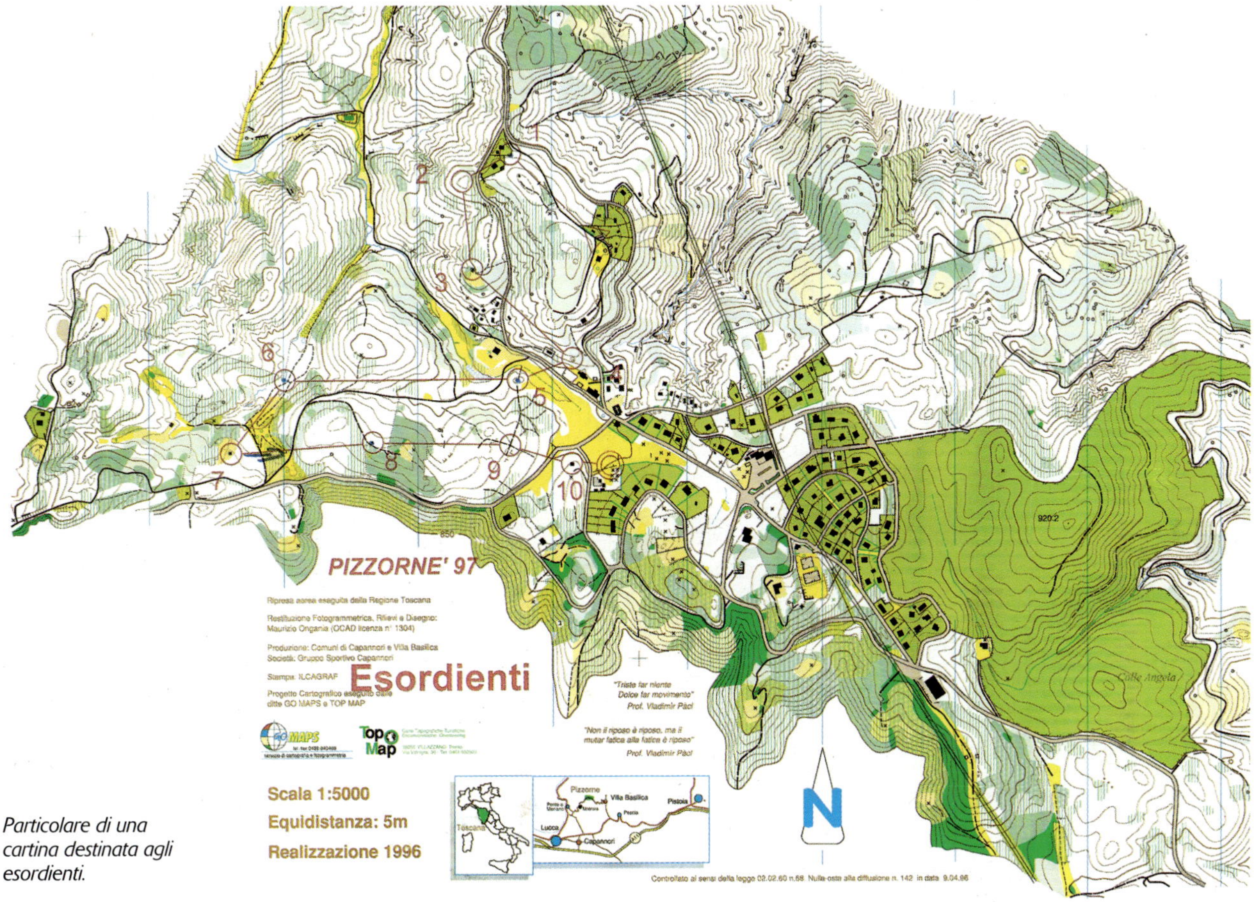

Particolare di una cartina destinata agli esordienti.

13.2 Le cartine di orientamento

I principali strumenti di questa disciplina sono la cartina e la bussola. Fra questi, la prima è senza dubbio il mezzo piú importante, senza il quale non si può parlare di orientamento nel vero senso della parola.

La cartina è una rappresentazione grafica molto dettagliata del terreno su cui sono riportati particolari simboli grafici (*segni convenzionali*) ideati per rappresentare la realtà in un modo convenuto. Questo significa che ogni oggetto o forma particolare del terreno viene rappresentato con un preciso simbolo da tutti riconoscibile.

La cartina di orientamento altro non è che una carta topografica in scala 1:10.000 o 1:15.000 nel caso di carte di gara; la scala indica il rapporto fra le misure sulla carta e quelle reali. Per esempio, in una carta con scala 1:15.000, 1 cm corrisponde a 150 m e 10 cm a 1500 metri.

A quanti metri corrisponde 1 cm in una carta con scala 1:2500? Il modo piú veloce per risolvere il problema è togliere due zeri da 2500, quindi 1 cm corrisponde a 25 metri.

Per esemplificare ulteriormente riportiamo alcune misure delle cartine in scala metrica:

scala 1:1000	1 cm = 10 m
scala 1:5000	1 cm = 50 m
scala 1:10.000	1 cm = 100 m
scala 1:15.000	1 cm = 150 m
scala 1:25.000	1 cm = 250 m

Diversi sono gli elementi che caratterizzano una cartina di orientamento.
La *colorazione* è una peculiarità delle carte di orientamento: ogni colore usato nella carta ha infatti un preciso significato. Per esempio il bosco attraversabile è indicato con il bianco: in tal modo la carta risulta piú chiara e leggibile.
Vediamo quali colori vengono usati e a che cosa corrispondono:

- *bianco*: bosco *attraversabile*;
- *verde*: si usano tre gradazioni di verde, dal piú chiaro al piú scuro, per rappresentare la vegetazione *attraversabile*, *attraversabile con difficoltà* o *non attraversabile*. Inoltre si colorano di verde alcuni simboli che indicano alberi isolati e cespugli;
- *giallo*: terreno aperto ovvero, i prati e le radure;
- *marrone*: tutto ciò che è costituito da terra, e quindi muretti, cocuzzoli, depressioni, avvallamenti, canaletti senza acqua, curve di livello;
- *blu*: tutti i corsi d'acqua (laghi, fiumi, paludi, sorgenti, canali, ecc.) e gli elementi connessi all'acqua (pozzi, fontanelle, cisterne, fontane, ecc.);
- *nero*: strade, viottoli, sentieri, recinti, sassi, rocce, case e tutti i manufatti come i pali della luce, le cabine elettriche, ecc.

Sulla cartina troviamo indicate anche le cosiddette *curve di livello* o *isoipse*, che servono per descrivere il rilievo del terreno. Sono linee che uniscono tutti i punti di uguale altitudine rispetto a un punto di riferimento, per esempio il livello del mare, che è considerato quota zero. La distanza tra una curva di livello e l'altra rappresenta la differenza di quota. Questa distanza è costante (*equidistanza*) e nelle carte di orientamento è generalmente di 5 metri (la si trova indicata sempre sotto la scala). Poiché dunque tra una curva e l'altra si immagina che vi siano sempre 5 metri di dislivello, contando le isoipse si possono calcolare le altezze dei rilievi per sapere di quanti metri si deve salire o scendere.

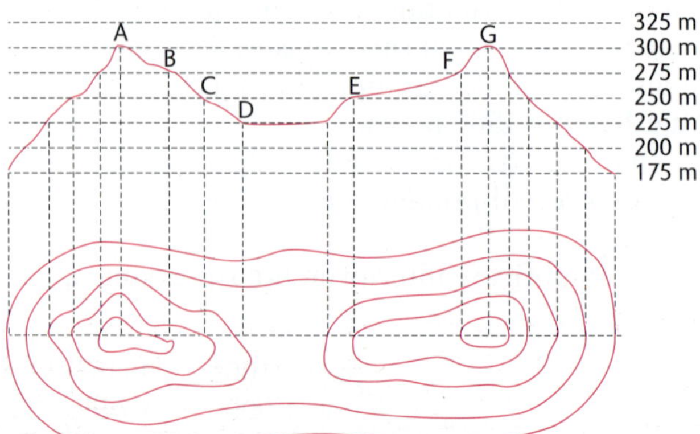

In questa cartina l'equidistanza fra le curve di livello (cioè la differenza di quota) è di 25 metri.

Le curve piú ravvicinate rappresentano una pendenza ripida, quelle piú distanziate una pendenza minore, come mostra la figura.

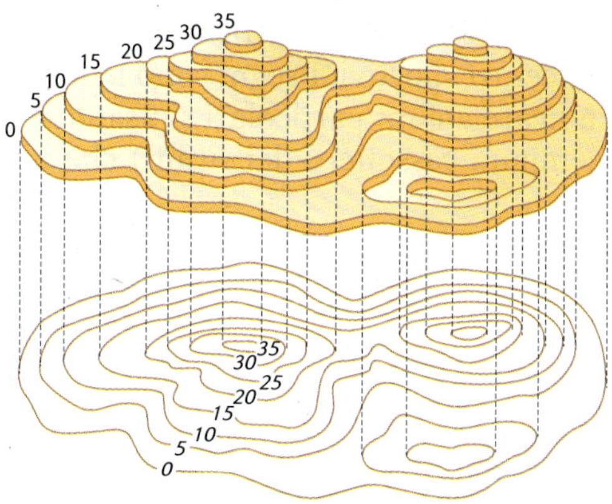

In questa cartina l'equidistanza fra le curve di livello è di 5 metri.

Per leggere la cartina, oltre alla scala, ai colori e alle isoipse è necessaria una *legenda*, che è il «riassunto» dei simboli utilizzati nella carta stessa (vedi la carta qui sotto). I simboli sono per la maggior parte comuni alle cartine di orientamento di tutto il mondo, pochi sono invece specifici di alcuni luoghi.
Un'attenta lettura della legenda è consigliabile per memorizzare i simboli e per impararne di nuovi.

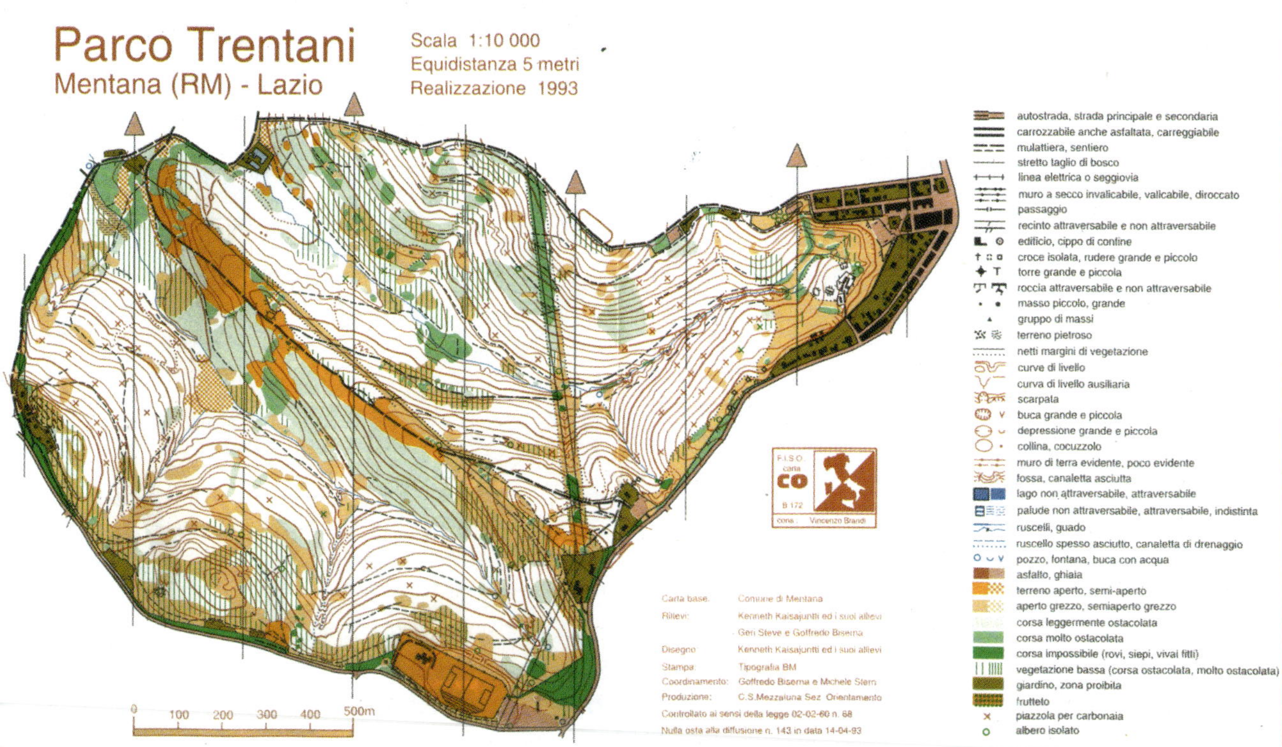

Le cartine didattiche

Le cartine didattiche (quelle che si usano nelle esercitazioni) vengono impiegate a scopo di insegnamento, specialmente nelle scuole. Proprio qui l'uso della cartina può servire, oltre che per l'introduzione all'orientamento, anche per altre materie, come ad esempio geografia, scienze, disegno, topografia, informatica (il software OCAD è dedicato specificamente all'orienteering e alla realizzazione delle relative cartine).
Le cartine didattiche sono in genere realizzate in una scala piú grande (1:5000 o 1:2500) rispetto a quella della cartine per le gare, al fine di rendere piú semplice la lettura del terreno.

Fra le cartine didattiche vi sono le *cartine di quartiere*, che riproducono i dintorni di abitati e le scuole, i cortili e i centri sportivi. I segni sono in gran parte gli stessi delle cartine di gara, ma per indicare alcuni particolari si usano segni speciali. Essi sono talmente piccoli (per esempio i cassonetti dei rifiuti) che non vengono indicati sulle cartine di gara.

Nel cortile della scuola

Ecco un esercizio che ha per oggetto la cartina del cortile della scuola.

Materiali: piantina del cortile della scuola, lanternine adesive, penne rosse.

Preparazione: segnare sulla carta del cortile della scuola una linea rossa dalla partenza (triangolo) all'arrivo (due cerchi concentrici); segnare sulla piantina dei trattini perpendicolari alla linea rossa e collocare nei punti corrispondenti del cortile le lanterne con codici a lettere.

L'alunno dovrà cercare di seguire sul terreno il percorso indicato sulla carta dalla linea rossa, trovando le lanterne in corrispondenza dei trattini; dovrà poi scrivere in giusta sequenza i codici sulla cartina.

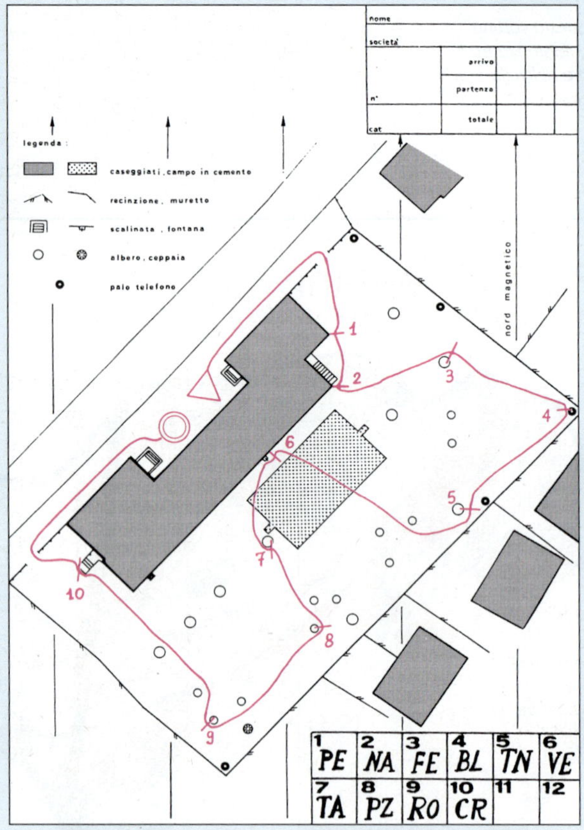

Come si realizza una carta di orientamento

Per realizzare una carta di orientamento si parte da una foto aerea del luogo scelto, detta **aereofotogrammetria**, o da un rilievo trasmesso da un satellite. Se la carta da realizzare comprende un bosco, il momento piú opportuno per procedere ai rilievi è l'autunno o l'inverno: gli alberi privi di foglie consentono infatti una migliore lettura del terreno sottostante.

Alla ripresa del luogo segue la **restituzione**, che è la lettura delle foto eseguita da una macchina apposita chiamata *stereografo* che fornisce la carta base su cui lavorare.

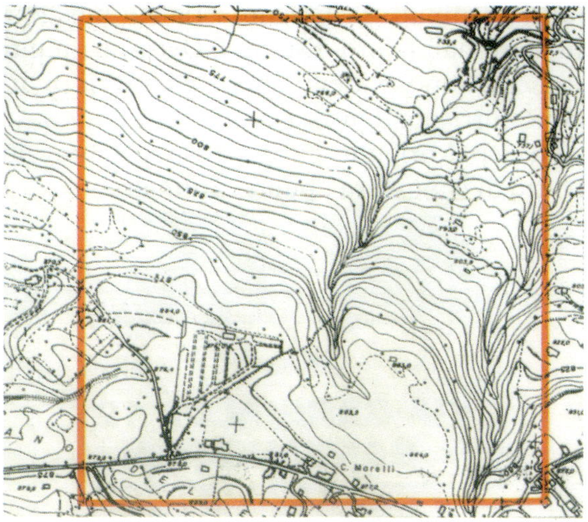

Il **rilievo di campagna** è il lavoro che il cartografo fa sul terreno partendo dalla carta base: egli deve aggiornare, correggere, tradurre in simboli tutto ciò che si trova nella zona da cartografare.
È importante tenere presente che realizzare una buona carta non significa necessariamente inserire tutti i dettagli e i particolari presenti sul terreno, perché ciò avrebbe come conseguenza un congestionamento di informazioni! Bisogna invece «scegliere» i particolari significativi, caratteristici di quel luogo, elaborando un criterio per decidere ciò che si vuole riportare e ciò che si vuole tralasciare: questa operazione si chiama **generalizzazione**. È per questo motivo che lo stesso luogo sarà rappresentato diversamente da ogni cartografo.

13.3 La bussola

Abbiamo detto che il piú importante strumento di orientamento è la cartina; tuttavia anche la bussola ha la sua utilità perché rende «sicuro» il percorso da seguire. Negli esercizi introduttivi sul terreno si usa la bussola per orientare la cartina con l'aiuto dell'ago magnetico, mentre l'avanzamento si basa ancora sulla lettura della cartina.

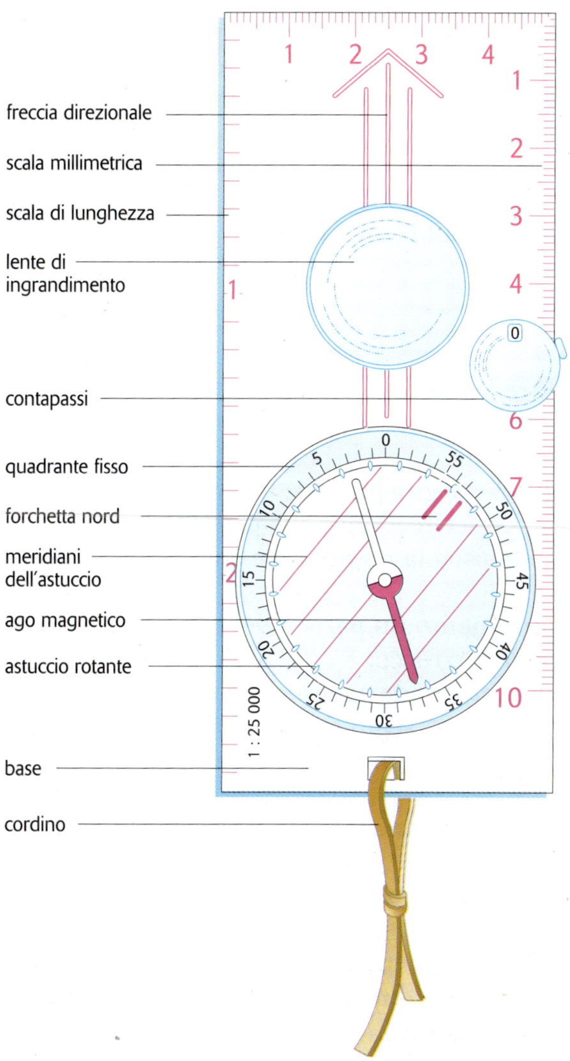

L'ago magnetico. L'uso della bussola come mezzo di orientamento si basa sull'ago che indica la direzione magnetica del Nord. L'ago è posto in un astuccio riempito di un liquido che avvolge la sottile punta speciale. **La testina rossa dell'ago indica la direzione Nord**.

La bussola per corsa di orientamento. La bussola riprodotta nel disegno è un modello di bussola per corsa di orientamento nelle sue diverse componenti. Oltre alle normali bussole da gara esistono in commercio modelli molto sofisticati con contapassi, lente di ingrandimento e trasformatori di scala. Inoltre vengono prodotti anche modelli economici per studenti e scout.

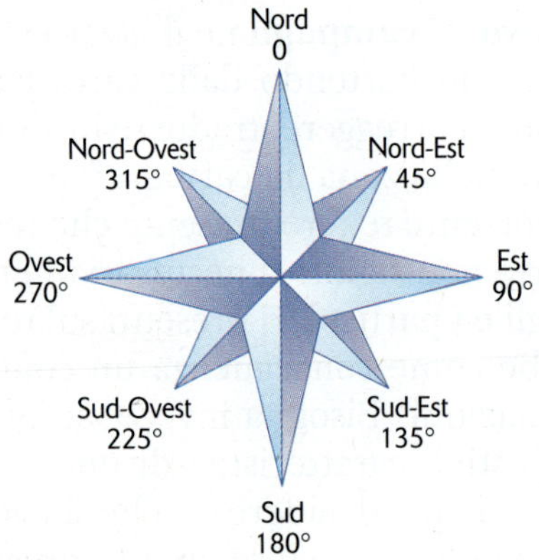

I punti cardinali. Il disegno a fianco mostra i punti cardinali (Nord, Est, Sud, Ovest) e i punti intermedi. Sono evidenti anche gli angoli di direzione corrispondenti a questi punti.
Quando ci si orienta, bisogna trarre vantaggio dal fatto di conoscere i punti cardinali.

13.4 Come ci si orienta

Per **orientamento** si intende l'avanzamento sul terreno da un punto all'altro con l'aiuto di cartina e bussola. Quando avanziamo con la cartina orientata correttamente incontriamo i punti del terreno nello stesso ordine e nella stessa direzione di come sono sulla carta. Questo ci consente una lettura veloce e senza errori e ci permette di capire se stiamo seguendo la direzione corretta. Quando ci giriamo o cambiamo direzione di marcia dobbiamo girare la cartina rispetto a noi stessi affinché essa si mantenga nella giusta posizione rispetto al terreno, cioè «orientata».
I modi di leggere la cartina possono essere diversi, ma due sono i principali:
- *lettura a pollice*: il pollice viene tenuto costantemente sulla cartina e lo si sposta in avanti ogniqualvolta si supera un oggetto corrispondente al simbolo sulla carta. Questo sistema è importante per non perdere il contatto carta-terreno;
- *lettura complessiva*: non sempre è necessario localizzare la propria posizione ma è piú veloce scegliere qualche oggetto chiaramente riconoscibile sul terreno e basarsi su di esso per mantenersi esattamente sul percorso.

La scelta del percorso

Scegliere il percorso vuol dire **interpretare la cartina** basandosi sull'intuito e sull'esperienza. Per mezzo della cartina si cerca di valutare il percorso piú vantaggioso per raggiungere la meta successiva. Nella scelta di un percorso bisogna decidere, per esempio, se prendere la via piú diretta, o quella che aggira gli ostacoli, oppure quella costituita da chiari punti di riferimento, operando scelte idonee alle proprie capacità.
Nella valutazione del percorso da scegliere bisogna prendere in considerazione i seguenti fattori:
- *ostacoli del terreno* che rallentano l'avanzamento (in parte o del tutto). Possono essere laghi, fiumi o paludi non attraversabili e rocce;
- *zone pericolose o vietate*, che sono assolutamente da aggirare secondo le norme generali dell'orientamento, le direttive di gara o i segni convenzionali della cartina; sono assolutamente da evitare le coltivazioni; i campi arati o i campi in cui si è già raccolto si possono attraversare;
- punti del terreno che si usano durante lo spostamento come *mete intermedie*;
- *sentieri* naturali del terreno, vie di comunicazione e tracce di sentieri. Bisogna valutare la propria forma fisica e decidere per esempio se scegliere una via breve e ripida o una via piú lunga e pianeggiante;
- *distanza fra lanterna e lanterna*, perché un lungo intervallo contiene in genere piú possibilità di errore. Quanto piú lungo è l'intervallo, tanto piú è importante fare la giusta scelta di percorso.

L'uso della bussola

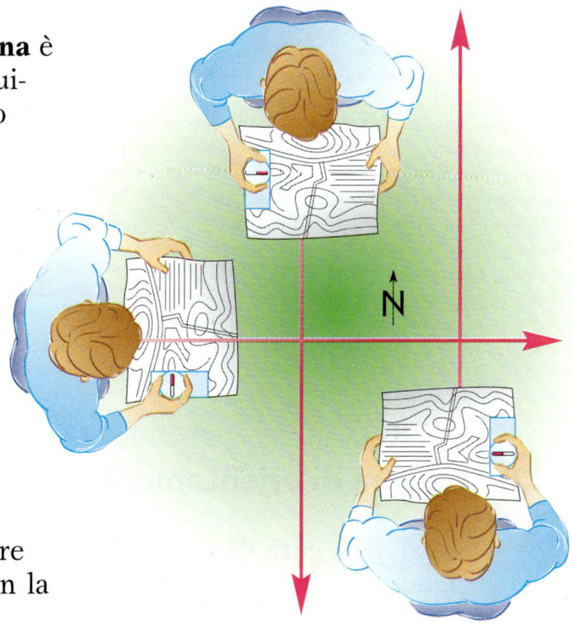

L'**orientamento della cartina** è la prima operazione da eseguire all'inizio di un percorso o di una gara: questa operazione si esegue facendo coincidere il Nord della carta, segnato con frecce rosse e con una grossa «N» azzurra, con il Nord della bussola. Da questo dipende tutta la gara o l'esercitazione perché sbagliando direzione in partenza si rischia di finire «fuori carta».
Vediamo come si fa orientare correttamente la cartina con la bussola:

- posiamo la bussola sulla carta avendo l'accortezza di tenerle parallele al terreno;
- giriamo bussola e carta come un corpo unico finché la direzione dell'ago magnetico (punta rossa) sarà parallela a quella del Nord della carta;
- a questo punto la carta sarà orientata e quanto è segnato su di essa si potrà vedere nella stessa posizione davanti a noi.

Tecnica avanzata nell'uso della bussola

Per prendere la direzione di marcia con la bussola si possono utilizzare due metodi. Quello piú vantaggioso è il seguente:

- facciamo coincidere il lato lungo della bussola con la direzione di avanzamento. Per far questo basta sovrapporre il lato della bussola alla linea che unisce due punti di controllo o alla linea ideale che unisce due punti di riferimento intermedi;

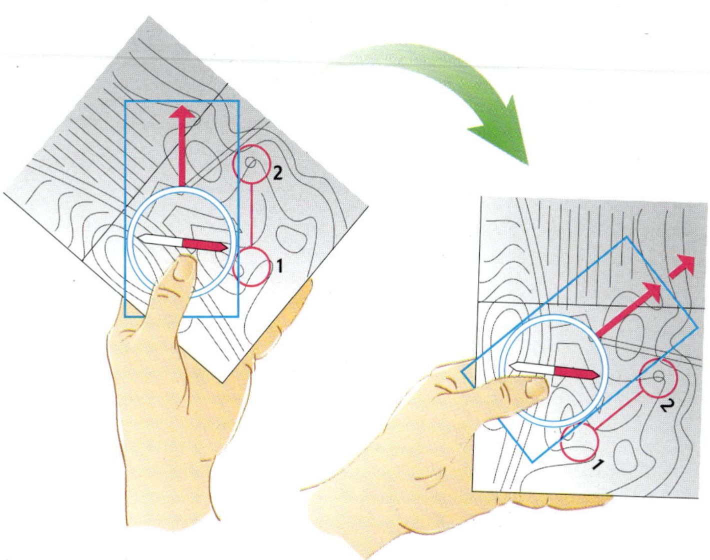

- orientiamo la carta tenendo ben ferma la bussola sulla carta stessa;
- la freccia direzionale della bussola indicherà la direzione della meta.

Il secondo metodo prevede un passaggio in piú:

- posiamo la bussola nella direzione di marcia sulla linea che unisce il punto 1 con il punto 2;
- ruotiamo il quadrante della bussola finché i suoi meridiani saranno paralleli a quelli della carta;
- leviamo la bussola dalla carta;
- giriamo la bussola finché la punta rossa dell'ago magnetico verrà a coincidere con il Nord del quadrante. A questo punto la freccia direzionale ci darà la direzione della nostra meta.

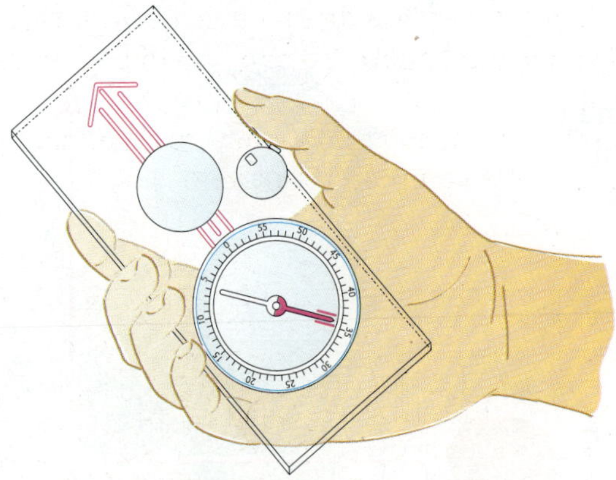

Gli errori piú comuni commessi dal principiante nel prendere la direzione sono:

- *bussola impugnata in senso sbagliato*: la giusta impugnatura prevede che la bussola sia appoggiata orizzontale sul palmo della mano con la freccia di direzione (la rossa nel disegno) rivolta verso la direzione di marcia;
- *la bussola viene mossa sulla cartina mentre si prende la direzione*. Ne consegue una direzione imprecisa.

13.5 La gara di orientamento

Scopo della **gara di orientamento** è compiere il percorso indicato sulla carta passando attraverso i *punti di controllo* contrassegnati da un cerchietto rosso, nel piú breve tempo possibile. Essi variano nel numero a seconda delle categorie di gara distinte in relazione all'età dei partecipanti.
Il percorso è contrassegnato dai simboli riportati nella tabella qui riprodotta.

SIMBOLOGIA PER LA STAMPA DEI PERCORSI

RAPPRESENTAZIONE GRAFICA		NOTE
	Partenza	lato = 6 mm una punta del triangolo rivolta verso il primo punto
	Punto di controllo	diametro 5÷6 mm
	Arrivo	diametro 5 e 7 mm
	Linea di congiunzione	spessore del tratto = 0,3 mm

A ogni punto di controllo sul terreno troviamo una lanterna.

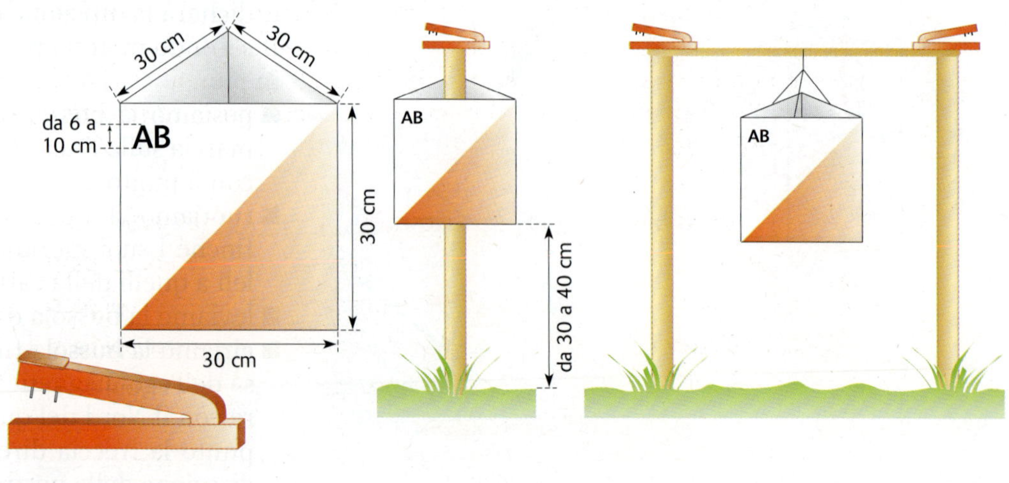

La lanterna è contrassegnata da un codice e dotata di una punzonatrice che serve per punzonare il cartellino di gara consegnato prima della partenza.
Vince il concorrente che nel tempo minore ha punzonato tutti i punti nell'ordine richiesto e in modo corretto.

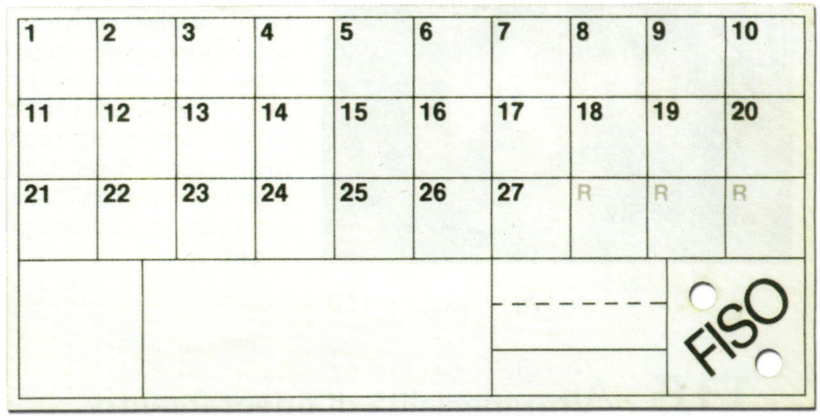

1	2	3	4	5	6	7	8	9	10
11	12	13	14	15	16	17	18	19	20
21	22	23	24	25	26	27	R	R	R

FISO

La punzonatura a ogni punto di controllo, a sinistra, e, a destra, un cartellino di gara.

Come misurare una distanza

Il percorso si misura sulla cartina usando la scala di lunghezza che si trova sul bordo della bussola, oppure procedendo con una stima. Con l'esercizio si potrà stimare con sufficiente precisione.
Non è facile comunque stimare nel bosco il percorso fatto. Per questa ragione gli orientisti usano anche il contapassi.
Piú comunemente si cerca di sapere quanti doppi passi servono per fare un determinato tratto di percorso. Il numero di essi dipende in primo luogo dall'altezza dell'orientista, poi dall'andatura e dalla conformazione del terreno. Anche il miglioramento o il peggioramento della forma fisica influisce sulla lunghezza del doppio passo.
Su strada o sentiero si riesce a valutare con facilità il numero dei doppi passi su un tratto di 100 m, ma nel bosco è meglio usare un tratto piú lungo, per esempio 1000 m, che naturalmente viene misurato sulla cartina. Calcolato il numero dei doppi passi su 1000 m, si divide per 10 e si ottiene il numero dei doppi passi che occorrono per un tratto di 100 metri di quel terreno. Quanto piú frequenti sono le misurazioni, tanto piú affidabile sarà il risultato ottenuto come valore medio.
Si può provare a misurare il doppio passo sia su sentiero che su terreno variabile segnando i risultati. Basandosi su essi, ciascuno può comporre una tabella come quella che segue.

TERRENO (100 M)	CORSA	MARCIA
Sentiero	44 doppi passi	70 doppi passi
Bosco piatto	52 doppi passi	76 doppi passi
Bosco collinare	58 doppi passi	80 doppi passi
Palude	64 doppi passi	86 doppi passi

L'abbigliamento dell'orientista

Le *scarpe* sono l'accessorio piú importante nell'abbigliamento dell'orientista. Buone calzature assicurano stabilità e sicurezza nell'appoggio, permettono una migliore spinta del piede sul terreno, consentono rapidi cambiamenti di ritmo, arresti e salti, movimenti molto frequenti quando si corre nel bosco.
La *tuta di orientamento* è in *nylon* 100%, fibra speciale che assicura estrema leggerezza (200-250 g), traspirabilità e una discreta impermeabilità. Le migliori tute sono antistrappo.
Le *ghette* sono utili perché proteggono le gambe da graffiature e colpi. Correre nel bosco significa anche attraversare cespugli di rovi o macchie di vegetazione: una buona protezione rende possibile una corsa continua e aggressiva, senza esitazioni dovute a preoccupazioni riguardanti possibili conseguenze negative per le gambe.

13.6 Altre specialità di orientamento

Oltre alla corsa, altre specialità dell'orientamento sono: il *mountain bike-orientamento* (Mtb-O), lo *sci-orientamento* (Sci-O), l'*orientamento nei centri urbani* (Park-O) e l'*orientamento per disabili* (Trail-O).

Mountain bike-orientamento (Mtb-O)

Scopo dell'orientamento in mountain bike è sempre la ricerca del percorso ottimale in un ambiente naturale. Come nella corsa di orientamento, anche in questo caso è necessario trovare le lanterne, che devono essere individuate il piú velocemente possibile. Oltre che con la bicicletta, il *biker-orientista* deve avere dimestichezza con la lettura della cartina di gara e avere una discreta pratica con la bussola.

Sci-orientamento (Sci-O)

Anche nello sci-orientamento lo scopo è quello di cercare e individuare nel minor tempo possibile le lanterne scegliendo il tracciato piú idoneo. Poiché le lanterne si trovano obbligatoriamente lungo la pista, lo sci-orientamento è piú semplice della corsa di orientamento nei boschi. La difficoltà sta nel fatto che sul terreno di gara vengono battute numerose piste, che nell'insieme formano un grande labirinto nel quale il concorrente deve districarsi con perizia, tecnica orientistica e abilità sciistica individuando la pista giusta. Pertanto piú fitta è la rete delle piste, piú difficile è l'interpretazione della carta e dunque maggior influenza sul risultato finale ha l'abilità orientistica.
Il concorrente deve avere le mani libere per poter sciare: la lettura della carta si effettua dunque su un leggio che viene fermato al petto tramite delle cinghie. Il leggio, a cui è annessa la bussola, è girevole, tanto che a ogni cambio di senso è conveniente ruotare nel verso opposto la cartina in modo da essere costantemente orientati e poter leggere il susseguirsi dei bivi e degli incroci sul suolo cosí come risultano sulla cartina.

Orientamento nei centri urbani (Park-O)

Nelle gare di orientamento nei centri urbani si utilizza una cartina muta della città, sulla quale però vengono riportate con estrema esattezza tutte le strade, i vicoli, i passaggi pedonali, i cortili, le case, gli spazi verdi ecc., in perfetta scala. Solitamente queste gare si disputano nei centri storici delle città, quasi sempre chiusi al traffico veicolare.

Nell'orientamento cittadino le scelte di percorso dovranno essere operate cercando la via piú breve fra le diverse che le strade cittadine consentono.

Una delle piú belle gare di orientamento in città è quella che si disputa tutti gli anni a Venezia nei primi giorni di novembre.

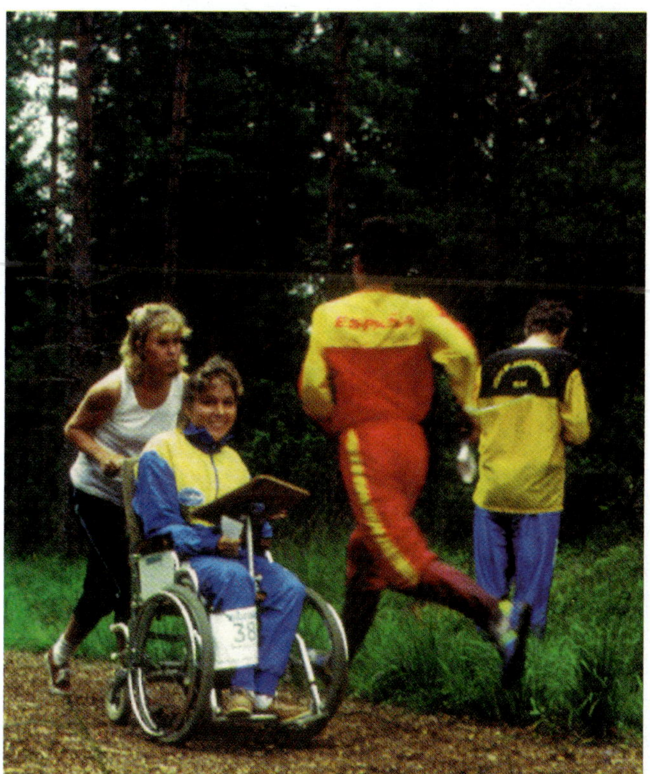

Orientamento per disabili (Trail-O)

È una specialità nata per consentire ai disabili fisici di praticare questo sport. Si svolge lungo comode strade con lievi pendenze e possibilmente panoramiche, facilmente percorribili anche con carrozzine a rotelle.

Lungo il percorso sono posizionate le postazioni in sequenza, contraddistinte da un paletto e da un numero. Da ciascuna postazione il concorrente osserverà di fronte a sé tre lanterne. Dovrà individuare quale delle tre corrisponde esattamente alla posizione indicata sulla cartina. Quella del Trail-O è una gara di precisione.

Alleniamo l'orientamento

Escursionismo con cartina

I primi esercizi sul terreno vanno effettuati nella forma dell'escursionismo con cartina. Bisogna dunque camminare su un percorso sufficientemente lungo leggendo la cartina e ricercando punti chiari. È importante cercare di tenere la cartina sempre ben orientata rispetto al terreno; determinare la propria posizione sulla cartina quando si raggiunge un punto definito del terreno; se necessario, usare la bussola per determinare la direzione Nord.

In posti aperti o dalla sommità delle colline si può controllare il terreno che si ha davanti e cercare sulla cartina i punti che si possono osservare. Oltre alla lettura della cartina, si può nello stesso tempo imparare a valutare le distanze.

Allenandosi sufficientemente a individuare facili punti di riferimento, su percorsi preparati, ci si può in seguito spostare e cercare anche punti del terreno piú piccoli e piú difficilmente individuabili. In questo caso può essere necessario rilevare la direzione con la bussola, perché certi punti non si possono trovare leggendo solamente la cartina.

Esercizi nei dintorni della scuola

1 A ogni coppia, dotata di una piantina, viene indicato il punto esatto dove andare a sistemare le lanterne contrassegnate con le etichette con la sigla identificativa; quando tutte le coppie sono tornate alla partenza l'insegnante, insieme ai ragazzi, fa un giro di controllo per verificare l'esatta sistemazione mentre gli studenti riportano sulla propria pianta la posizione delle altre lanterne.

2 Una volta accertata la capacità di muoversi orientando la carta e riconoscendo i particolari, se si dispone di un giardino o di un bosco vicini alla scuola, si può introdurre l'esercizio chiamato «stella» (piantina 1). Sulla piantina è indicato con esattezza il punto in cui ci si trova con un piccolo triangolo e si sistemano quattro lanterne che vengono indicate sulla carta mediante cerchietti che verranno numerati. L'esercizio consiste nell'andare a punzonare alle quattro lanterne tornando ogni volta al punto di partenza.

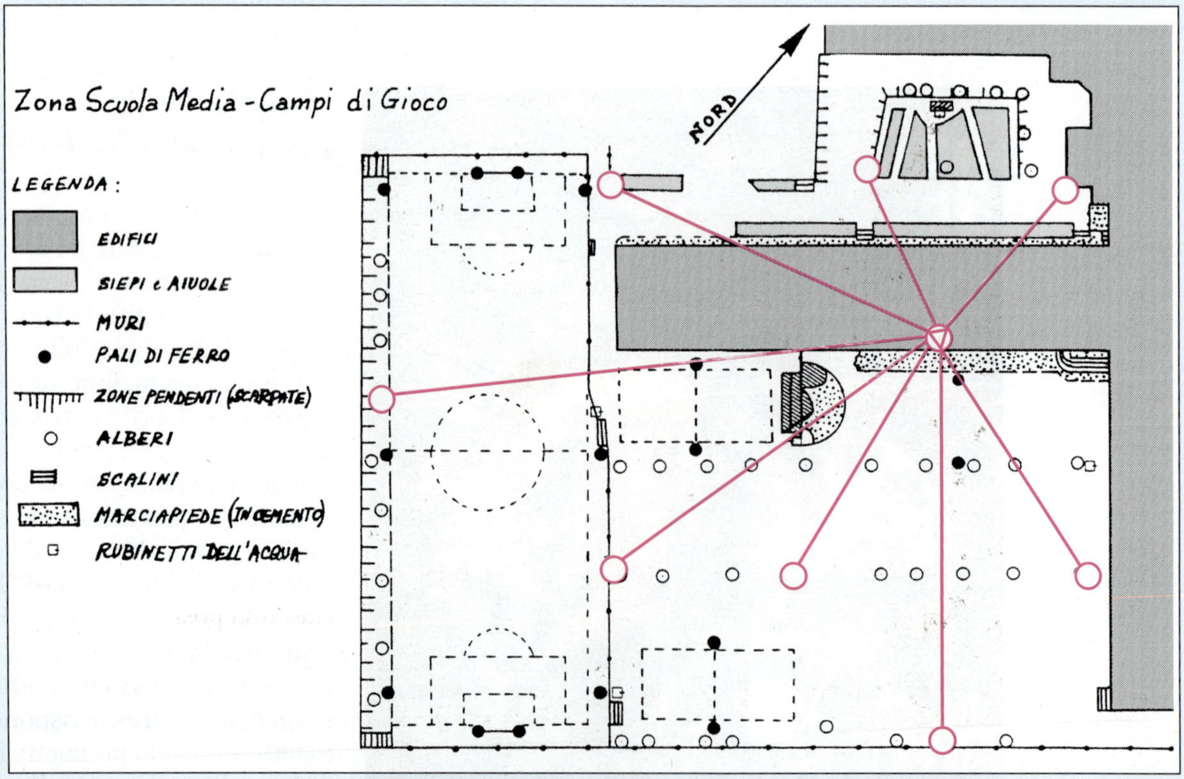

***Piantina 1**: esempio di realizzazione dell'esercizio 2.*

3 La «farfalla» (piantina 2) differisce dalla «stella» perché si devono trovare due lanterne con cambio di direzione e tornare alla partenza prima di andare alle due successive.

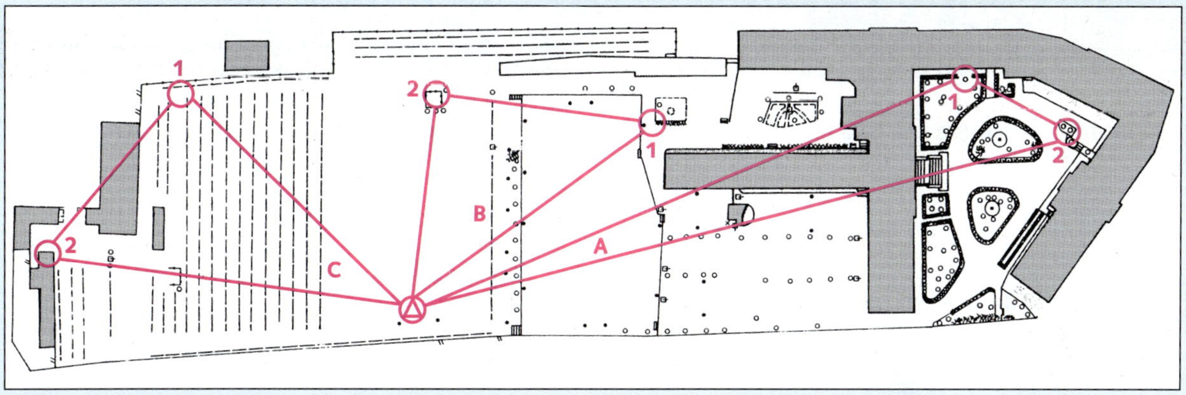

Piantina 2: *esempio di realizzazione dell'esercizio 3.*

4 Avendo a disposizione uno spazio piú ampio, l'esercizio successivo alla «farfalla» prevede l'esecuzione di un percorso piú lungo dove vengono posizionate delle lanterne; sulla carta viene segnato il tragitto da fare e sul terreno vengono messi dei segni che evidenzino il percorso stesso (per esempio, del nastro bianco e rosso). Scopo dell'esercizio è segnare sulla carta l'esatta posizione di tutte le lanterne trovate.

5 Segnalando con il nastro il percorso, come nell'esercizio precedente, si posizionano piú lanterne di quelle che vengono segnate sulla carta, si esegue il percorso e si riporta sul testimone la punzonatura solo di quelle segnate sulla cartina.

6 Dopo l'introduzione dell'uso della bussola e l'apprendimento del calcolo delle distanze e della misurazione personalizzata dei passi si possono eseguire gli esercizi della «stella» e «farfalla» cieca. Su carta lucida si disegnano il punto di partenza e le lanterne, disposte a stella e/o a farfalla, e si consegna ai ragazzi la fotocopia del lucido dove risulti ben evidente la scala di riduzione. I ragazzi raggiungono i punti stabiliti mediante l'uso della bussola e contando i passi.

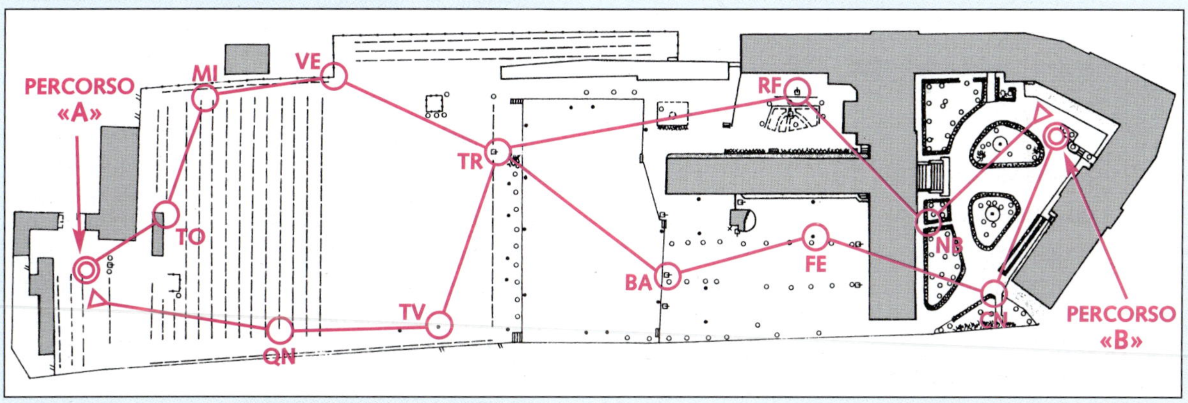

Piantina 3: *esempio di percorso di gara nel giardino della scuola.*

Esercizi a coppie

1 Sulla carta di ciascun ragazzo si segnano due punti nei quali si deve posizionare la lanterna o il cartellino; il primo ragazzo va a posizionare la lanterna n. 1 e poi va a togliere la lanterna n. 2 che aveva messo il compagno; il secondo ragazzo fa viceversa. Entrambi i ragazzi verificano l'esatto posizionamento della lanterna del compagno.

2 Si segna il punto n. 1 su una carta e il punto n. 2 sull'altra carta, si parte insieme e il ragazzo con il punto n. 1 da raggiungere guida il compagno che leggendo la carta deve rendersi conto del percorso; una volta raggiunto il punto sarà l'altro che lo condurrà al punto n. 2.

3 Alla partenza uno dei due ragazzi memorizza il percorso fino al punto di controllo dove troverà una lanterna; arrivati alla lanterna i ragazzi troveranno indicato sulla pianta il secondo punto di controllo: quello che ha seguito per primo condurrà nel secondo tratto di percorso e cosí via.

Verifica quanto appreso

1. In che cosa consiste una gara di orientamento?

....

....

2. Quali sono gli strumenti piú importanti nella corsa di orientamento?

....

....

3. Le curve di livello sono tanto piú lontane fra loro quanto piú il pendio è ripido.

☐ Vero ☐ Falso

4. Lo stereografo è una macchina fotografica speciale.

☐ Vero ☐ Falso

5. Nella valutazione del percorso bisogna prendere in considerazione i seguenti fattori:

☐ le ombre
☐ il sole
☐ le zone pericolose vietate
☐ i centri urbani

6. La bussola va posata sulla carta

☐ diagonale al terreno.
☐ parallela al terreno.
☐ verticale al terreno.

7. Di quali segni convenzionali proposti nella cartina ricordi il significato?

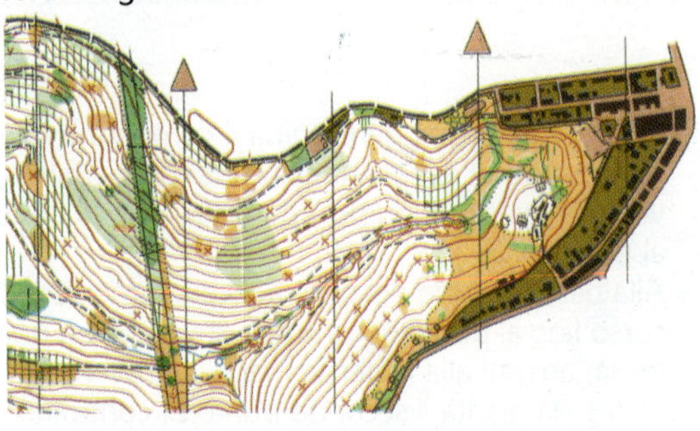

....

....

8. Quali sono gli errori piú comuni nel prendere la direzione?

....

....

....

....

....

9. Come si esegue l'orientamento della cartina?

....

....

....

....

....

....

....

10. Sviluppa i seguenti argomenti scegliendo una fra due delle modalità previste per la terza prova: trattazione sintetica di argomenti o risposta a quesito singolo (rispettivamente in un massimo di 20 e 10 righe).

A Riferendoti a una tua esperienza scolastica o extrascolastica descrivi una gara di orientamento, quali difficoltà hai trovato e come le hai superate. Esponi che cosa hai imparato da questa esperienza.

B Conoscenze e competenze per essere in grado di affrontare una gara di orientamento.

MUOVERSI COME

14 RISCALDAMENTO, STRETCHING E...

Le qualità motorie possono essere migliorate e potenziate. Definiamo *preparazione fisica* il loro sviluppo programmato.
La preparazione fisica certamente non riguarda solo la pratica sportiva. Una imperfetta condizione fisica spesso segna il confine tra salute e malattia. Essere forti, scattanti e «resistenti», infatti, è importante per il benessere fisico e mentale. Anche per svolgere le piú semplici attività quotidiane è necessaria un'accettabile condizione fisica.
In definitiva, una buona preparazione fisica aiuta ad affrontare nel modo migliore la vita di tutti i giorni e costituisce la base indispensabile per svolgere attività fisica a qualsiasi livello.
Vediamo ora quali sono le modalità per svolgere correttamente l'esercizio fisico.

14.1 Il riscaldamento

Chi ben inizia è a metà dell'opera, recita un proverbio che sembra pensato proprio per l'educazione fisica. Nel nostro caso **iniziare bene** significa eseguire il riscaldamento prima di qualsiasi allenamento o attività fisica.
Il **riscaldamento** è certamente uno dei momenti piú importanti delle attività motorie: consiste in una serie di esercizi che servono a preparare l'organismo a sostenere con la massima efficacia le attività successive, piú impegnative.
Il passaggio dal riposo all'attività produce nell'organismo notevoli sollecitazioni costringendo il corpo a sopportare una data fatica. È necessario dunque preparare l'organismo a questo «stress» per evitare qualsiasi tipo di infortuni.
Inoltre una partenza graduale e controllata predispone psicologicamente il soggetto ad eseguire gesti che richiedono maggiore concentrazione.
Per eseguire un corretto riscaldamento bisogna:

- individuare con accortezza gli esercizi e prestare molta attenzione ad eseguirli opportunamente: mai effettuare esercizi troppo faticosi (con molto carico) o a velocità troppo elevata;
- adeguare gli esercizi all'età e alla condizione del soggetto. Prestare molta attenzione (specie nell'infanzia o nell'età dello sviluppo) all'adattamento cardiocircolatorio e respiratorio e al livello individuale di elasticità muscolare e mobilità articolare;

- coinvolgere tutte le parti del corpo e in particolare quei settori che saranno poi maggiormente impegnati; il riscaldamento deve essere *generale*;
- eseguire gli esercizi per un tempo sufficientemente lungo, che può variare dai 10 ai 45 minuti a seconda del livello fisico di chi li esegue;
- adeguare gli esercizi sia agli scopi da raggiungere sia al luogo in cui vengono praticati, con particolare riguardo alla temperatura (caldo/freddo).

Riscaldamento di base

Vediamo ora come può essere organizzato un **riscaldamento di base** adatto ai principianti.

- Correre a ritmo lento per 3-5 minuti: si inizia con la corsa perché il movimento coinvolge gran parte della muscolatura ed è l'esercizio piú efficace per un adattamento cardiocircolatorio e respiratorio. In alternativa si può saltare con la funicella eseguendo passaggi di vario tipo, oppure marciare o camminare velocemente.
- Eseguire per qualche minuto esercizi articolari a carico naturale sulle articolazioni principali. Questi esercizi servono a preparare le articolazioni e in particolare i legamenti alle successive sollecitazioni.
- Eseguire esercizi specifici per 5-10 minuti, impegnando i distretti muscolari piú grandi e soprattutto quelli che successivamente, nello svolgimento della specifica disciplina sportiva, verranno maggiormente sollecitati.
- Eseguire 6-8 minuti di stretching su tutti i muscoli e sulle principali articolazioni. Tali esercizi permettono ai muscoli di abituarsi gradatamente all'allungamento, ed evitano che stimoli successivi provochino traumi ai muscoli, ai tendini o ai legamenti.

Tutte le fasi devono essere svolte mantenendo un ritmo aerobico, e quindi i battiti cardiaci non devono essere più di 120-130 al minuto, e non devono produrre fatica. Bisogna fare attenzione al ritmo, che non deve essere troppo veloce o troppo lento; nel primo caso potrebbe determinare un precoce affaticamento, nel secondo non consentirebbe di ottenere quelle trasformazioni fisiologiche che permettono di affrontare un piú intenso lavoro in seguito.
Per non annoiarci durante il riscaldamento, ed eseguirlo quindi con concentrazione, possiamo ricorrere ad attrezzi vari e addirittura al gioco. Dopo aver ben capito come va eseguito il riscaldamento, gli stessi ragazzi possono assumere il ruolo di insegnanti proponendo ai compagni tempi o modi di esecuzione del riscaldamento. Cosí vengono stimolate l'autonomia, l'iniziativa del singolo, la fantasia e viene favorita la concentrazione.
Al riscaldamento segue l'allenamento vero e proprio, in cui i carichi di lavoro sono solitamente molto piú sostenuti.

14.2 Il recupero

Quando, durante l'allenamento, il lavoro viene svolto in modo piú intenso, ai limiti delle proprie possibilità, bisogna prestare molta attenzione ai segnali che il corpo invia (eccessiva frequenza del battito cardiaco, affanno, dolore al fegato o alla milza, ecc.) e all'occorrenza rallentare o sospendere per un po' l'attività: questa fase viene chiamata comunemente **recupero**.
Per recupero s'intende dunque l'interruzione o la diminuzione momentanea del la-

voro muscolare al fine di favorire almeno in parte il ripristino dell'equilibrio fisiologico. Al recupero seguirà la ripresa dell'attività fisica.
Talvolta è vantaggioso sapersi prendere dei momenti di *recupero attivo* (cioè diminuire l'intensità dello sforzo senza però interrompere del tutto l'attività), anche durante una gara: questo permetterà una maggior efficienza nelle fasi successive.

14.3 Il defaticamento

Al termine di un allenamento impegnativo o di una gara è importante tornare alla condizione di normalità e di completo rilassamento nel minor tempo possibile. A questo serve il **defaticamento**, che consiste in quell'attività che favorisce il processo di recupero e permette di ridurre le tensioni muscolari e nervose. È stato scientificamente dimostrato che, in particolare dopo un lavoro anaerobico lattacido, l'acido lattico viene smaltito molto piú velocemente se si continua un'attività motoria aerobica.
Le modalità di esecuzione del defaticamento sono simili a quelle del riscaldamento: quindi corsa lenta, esercizi di mobilità articolare, stretching, abbinati ad esercizi respiratori e in particolare a esercizi di rilassamento.

Gli esercizi per rilassarsi

- Dalla posizione di decubito supino, mani lungo i fianchi, chiudere gli occhi, cercare di liberare la mente da ogni pensiero e sforzarsi di percepire il peso del corpo che grava sul terreno. Mantenere questa posizione per almeno 30-40 secondi.
- Seduti, gambe incrociate, gomiti sulle ginocchia, capo appoggiato sui palmi delle mani, oblique, sovrapposte e unite sulla fronte; gli occhi poggeranno negli incavi delle mani; la luce non deve filtrare. Restare a occhi chiusi per 10-15 secondi, cercando di liberare la mente da ogni pensiero ed eseguire uno o due atti respiratori profondi.

La respirazione

Per prevenire il rapido manifestarsi della fatica, è importante respirare correttamente durante i movimenti: ciò si ottiene grazie a un'attenta coordinazione dei muscoli respiratori e di quelli impegnati nel movimento.
A tale riguardo sarà opportuno concentrarsi non soltanto sul movimento, ma anche sulla respirazione, che spesso viene invece trascurata. Quando si compiono esercizi di elevato impegno muscolare (ad esempio saltelli, corse, scatti su distanze lunghe), la respirazione deve essere continua e profonda, in modo che l'organismo immagazzini piú ossigeno possibile (inspirazione), eliminando poi completamente l'anidride carbonica presente nei polmoni (espirazione). Infatti i muscoli degli arti inferiori consumano una quantità notevole di ossigeno, dovendo sorreggere e spostare tutto il peso del corpo.
Altri movimenti (per esempio addominali, dorsali, esercizi di mobilizzazione) richiedono un minor consumo di ossigeno, ma la respirazione dovrà ugualmente avere una cadenza regolare. Può capitare durante questi esercizi che la respirazione sia troppo frequente; in questo modo si accumula nel sangue troppo ossigeno che non viene utilizzato dai muscoli e possono verificarsi inconvenienti fastidiosi come i capogiri; in tal caso basta alternare a questi esercizi una breve corsa.
Uno dei muscoli piú importanti per la respirazione è il *diaframma*, il muscolo che separa la cavità toracica da quella addominale. Sulla sua parte superiore poggiano le basi dei polmoni e il cuore; la parte inferiore è a contatto con il fegato a destra, lo stomaco e la milza a sinistra.
Il diaframma ha la forma di una cupola con la convessità rivolta verso l'alto. Questo muscolo svolge un «duro» lavoro durante la respirazione. Quando per esempio si compiono sforzi massimali di breve durata, in genere si inspira bloccando il respiro e il muscolo si contrae mentre si rimane in apnea (per esempio, quando si corrono i 100 metri si compiono pochi atti respiratori). Anche negli stati di ansia il diaframma rimane contratto, sebbene non si stiano compiendo sforzi fisici.

- In piedi, gambe leggermente divaricate, busto e braccia abbandonate in avanti, oscillare gli arti superiori in senso sagittale; oscillare le spalle, una in avanti, l'altra indietro e oscillare il capo con flessioni, torsioni, circonduzioni.
- Seduti, mani appoggiate dietro, gambe leggermente divaricate e semipiegate, compiere rapidi e piccoli spostamenti di adduzione e successiva abduzione delle ginocchia, facendo vibrare la muscolatura delle coscie e delle gambe.

È consigliabile eseguire questi esercizi (scegliendo i piú appropriati; per esempio, l'ultimo esercizio dopo un allenamento intenso per le gambe) quando, dopo una serie di impegnativi movimenti muscolari, cominciano ad essere evidenti i primi segni di fatica.

14.4 Lo stretching

Il termine **stretching** deriva dall'inglese *to stretch*, che significa «allungare, distendere», e si riferisce alla possibilità di aumentare l'elasticità muscolare e di muovere le articolazioni nel modo piú ampio possibile. Lo stretching prevede posizioni statiche mantenute per 10-30 secondi, per consentire un lento e progressivo allungamento dei muscoli interessati.
Lo stretching è necessario in ogni tipo di allenamento o prima di qualsiasi pratica sportiva, sia nella fase di riscaldamento che in quella di defaticamento, per diminuire la tensione muscolare, facilitando la possibilità di movimento e riducendo l'eventualità di traumi.
È buona norma eseguire lo stretching nei limiti delle proprie possibilità, seguendo l'istinto, senza sovrastirarsi. Il livello di allungamento è infatti del tutto personale e strettamente legato al sistema muscolare e alla sua elasticità. L'allungamento deve provocare una sensazione piacevole in chi lo esegue favorendo anche una miglior conoscenza del corpo e dei muscoli di volta in volta interessati.
Altra norma essenziale è quella di non «molleggiare» durante l'esecuzione: le successive, brusche estensioni della ginnastica di tipo tradizionale non migliorano l'elasticità dei muscoli, ma ne provocano l'irrigidimento conseguente alla attivazione di riflessi da stiramento muscolare.

Gli esercizi di allungamento

Dopo ogni allenamento o prestazione sportiva devono essere allungate le fasce muscolari che hanno lavorato in modo concentrico; infatti lo stretching le stimola in modo eccentrico. Proponiamo una serie di esercizi base di allungamento, praticabili in ogni momento e validi per ogni attività sportiva.

Come eseguire lo stretching

Durata. Ogni posizione deve iniziare con una tensione poco accentuata e va mantenuta per almeno 20 secondi.
La corretta esecuzione dell'esercizio è comunque piú importante della durata dell'allungamento. Per ottenere il rilassamento va mantenuta la posizione piú a lungo. (30-40 secondi).
Un metodo di allungamento che gode del favore degli sportivi è quello di Bob An-

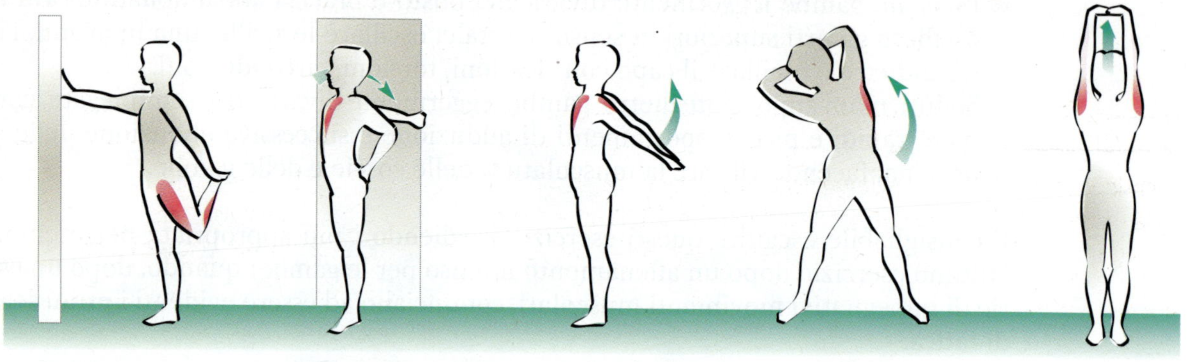

Quadricipite (30″)

Pettorali e anteriori delle spalle e delle braccia (20″)

Muscoli delle spalle e pettorali (30″)

Tricipite brachiale e muscolatura delle spalle (20″)

Muscoli delle braccia e del dorso (20″)

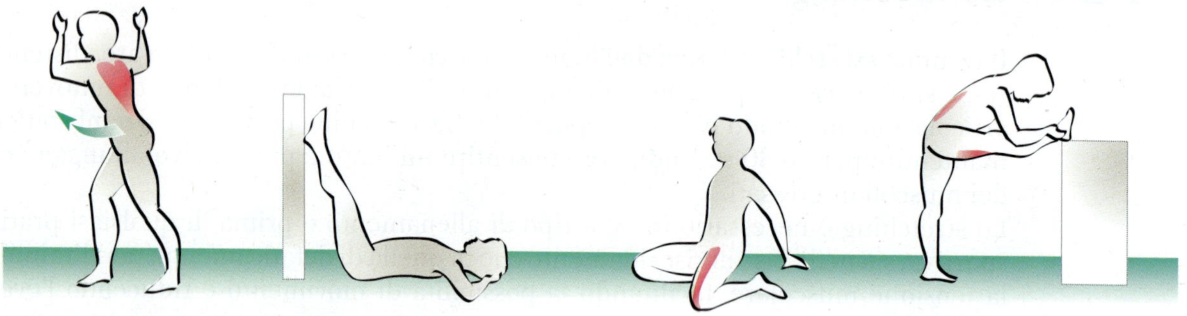

Dorsali (20″)

Rivitalizzazione degli arti inferiori e prevenzione delle vene varicose (2-3′)

Quadricipite (30″ per ciascuna gamba)

Gluteo e flessore della coscia (30″)

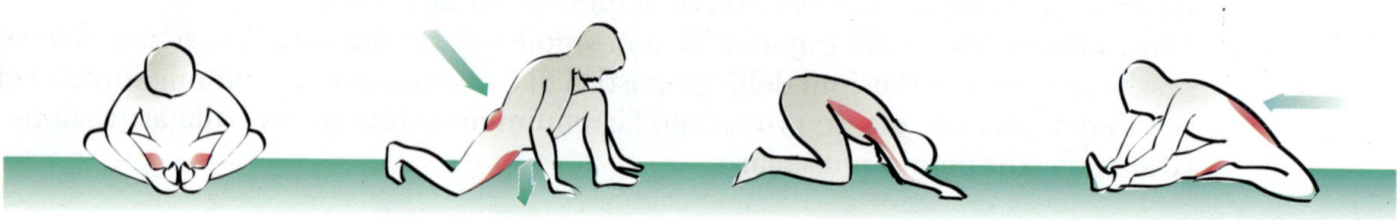

Muscoli dell'area inguinale e adduttori interni della coscia (30″)

Muscolatura anteriore del bacino, adduttori e posteriori della coscia (20″ per ciascuna gamba)

Muscolatura del braccio, della spalla, del dorso e lombare (20″)

Flessori della coscia, posteriori e laterali della schiena (30″ per ciascuna gamba)

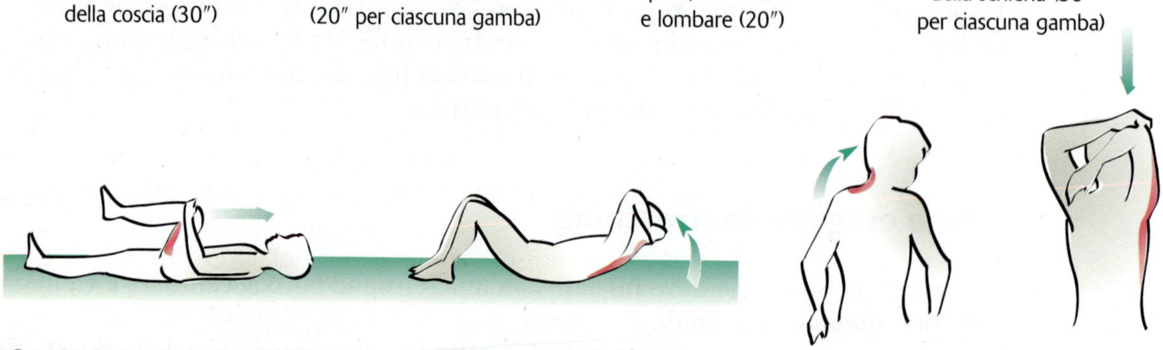

Grande gluteo, semimembranoso, semitendinoso, bicipite femorale e grande adduttore (20″)

Muscolatura della nuca e parte superiore della schiena (20″)

Muscoli del collo (20″)

Tricipite brachiale (20″)

derson. Secondo la metodica di Anderson, un corretto allungamento si ottiene in base al seguente schema:

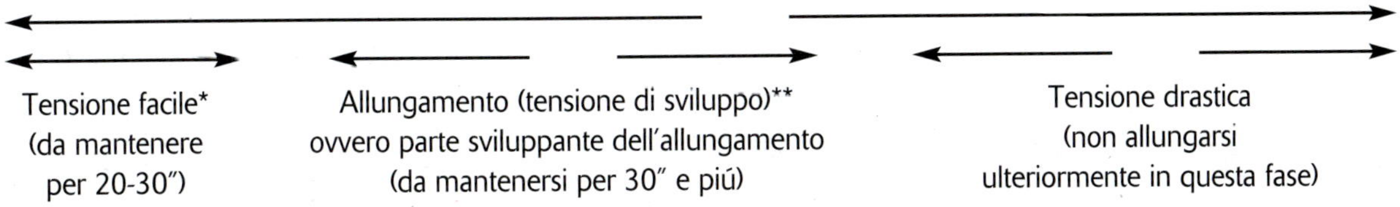

* La *tensione facile* riduce l'opposizione muscolare allo stiramento e prepara i tessuti alla fase successiva (*tensione di sviluppo*).

** La *tensione di sviluppo* diffonde la sensazione di benessere muscolare e incrementa la sensibilità.

Considerando che la linea piú estesa dello schema rappresenta il massimo allungamento possibile, la flessibilità aumenterà naturalmente attraverso le fasi di *tensione facile*, prima, e di *sviluppo*, poi.

Tecnica. Eseguire lo stretching nei limiti delle proprie possibilità senza «sovrastirarsi» (tensione drastica). L'allungam ento deve provocare una sensazione piacevole. Non «molleggiare» durante l'esecuzione.

Esecuzione. Raggiungere una posizione corretta e mantenere la giusta concentrazione; accompagnare l'esercizio con una respirazione profonda e calma.

14.5 La prevenzione del mal di schiena

Sedentari, lavoratori, giovani, anziani, spesso anche sportivi prima o poi, e piú o meno intensamente, incorrono in alta percentuale nel mal di schiena. Per questo riteniamo importante che i nostri giovani utenti conoscano le cause piú comuni del mal di schiena, suggerendo alcune metodologie per prevenire questo disturbo. Il mal di schiena, secondo recenti stime, interessa 4 persone su 5 nel corso della vita (circa l'80% della popolazione adulta), ma solo nel 20% dei casi dipende da vere e proprie patologie del rachide. Molti sono i motivi che possono scatenare il mal di schiena:

- **posizioni scorrette tenute per lunghi periodi di tempo**, quali per esempio la posizione seduta. Raramente sedie, divani, poltrone, vengono concepiti con l'idea di salvaguardare il rachide e sostenerlo nelle curve fisiologiche; tanto piú si «sprofonda» nel divano, tanto piú la colonna vertebrale viene pósta in stato di sofferenza. È fondamentale perciò che nello svolgere normali attività quotidiane quali leggere, lavorare al computer, guidare l'automobile o il motorino, o anche il semplice rilassarsi si acquisisca la «consapevolezza» della postura assunta, perché è grazie a questa «attenzione» che si evitano fastidiose conseguenze e si permette lo scarico della colonna vertebrale.
- **L'eccessivo stress psichico**, che provoca un'esagerata tensione muscolare: infatti lo stress nervoso può portare ad assumere posture rigide a vari livelli del corpo e, di conseguenza, alla comparsa di dolori alla colonna vertebrale.
- **Movimenti effettuati in modo scorretto**: quando dobbiamo raccogliere un oggetto caduto a terra l'azione che istintivamente siamo portati a compiere è quella di flettere il busto in avanti tenendo gli arti inferiori rigidi; anche quando dobbiamo sollevare un peso facciamo pressoché lo stesso movimento, cosí pure quando

ci laviamo il viso al lavandino. Senza accorgercene graviamo la schiena di carichi elevati. Per eseguire il movimento correttamente bisogna invece abituarsi a piegare le gambe. Infatti, al contrario di quello che si pensa comunemente, può essere piú pericoloso, per il sovraccarico vertebrale che comporta, reggere a gambe tese un peso di 10 kg lontano dal corpo, piuttosto che 100 kg ripartiti in modo proporzionale sul rachide. Il massimo carico che il disco vertebrale può sopportare va da 282 a 726 kg a seconda del tipo di peso da sollevare e della postura assunta.

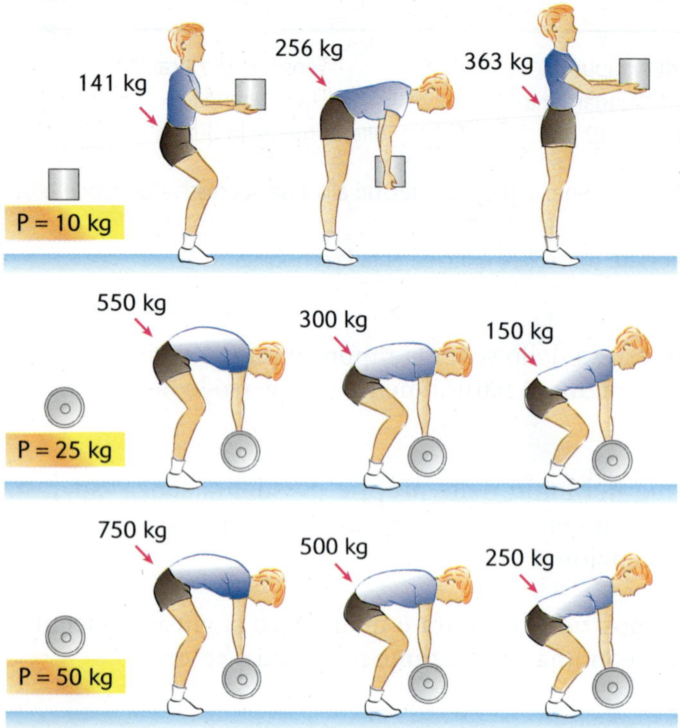

Modificazione del carico in funzione del peso da sollevare e della postura assunta.

- **Una mediocre tonicità della parete addominale, dei muscoli lombari e del dorso**. Praticare poca o nessuna attività fisica porta a un inevitabile indebolimento del tono muscolare. Una buona tonicità dei muscoli addominali consente di scaricare nel tratto lombare il 40% delle pressioni dei dischi.
- **Eccessivo peso corporeo**. L'incremento di carico sulle vertebre e sulle articolazioni dovuto a eccessivo peso corporeo può essere la causa scatenante di fastidiosi dolori, dal momento che sovente ad esso si associano atteggiamenti posturali errati.

Norme per la prevenzione

Per coloro che svolgono attività fisica è fondamentale, per prevenire traumi e algíe della colonna vertebrale e dei muscoli, seguire alcune importanti regole:

- **iniziare con un buon riscaldamento.** Esso aumenta la temperatura corporea e fa confluire ai muscoli una maggiore quantità di sangue e ossigeno, migliorando il metabolismo, l'elasticità e la contrazione muscolare. Incrementa, inoltre, il trofismo dei dischi intervertebrali, determinando come conseguenza il miglioramento della capacità ammortizzatrice dei cuscinetti.
- **Eliminare le tossine** in eccesso che vengono accumulate nella pratica sportiva a causa di un'insufficiente esecuzione di esercizi di defaticamento o per un inadeguato recupero fra le varie sedute di allenamento.
- **Fare stretching ed esercizi di mobilità articolare.** Dopo le sedute di allenamento assumono grande importanza gli esercizi di allungamento che conferiscono una migliore elasticità.
- **Ovviare allo scompenso della forza e dell'elasticità della muscolatura tra il rachide, il bacino e il femore.** Detta muscolatura è allenata con adeguati esercizi al fine di mantenerla o renderla forte ed elastica.
- **Ovviare al sovraccarico costante del rachide nell'allenamento.** L'intenso esercizio fisico comprime costantemente i dischi intervertebrali provocandone, come conseguenza, la diminuzione del loro spessore per disidratazione. Eseguire esercizi di scarico a fine seduta di allenamento permette di ottenere una rapida reidratazione dei dischi intervertebrali e di conseguenza il recupero, data la loro elasticità, dello spessore originario.

Alcuni esercizi di decompressione dei dischi intervertebrali

La metodologia di questi esercizi è simile a quella dello stretching e prevede le fasi seguenti:

- 6″-8″ sono necessari per raggiungere con gradualità l'allungamento;
- 15″-20″ occorrono per mantenere la posizione di massimo allungamento;
- 6″-8″ sono necessari per ritornare con gradualità alla posizione di partenza.

Le serie complessive constano di 6-8 ripetizioni.
Negli ultimi due esercizi, in cui il bacino è leggermente sollevato, si mantengono la decompressione e l'allungamento per 10″, una sola volta.

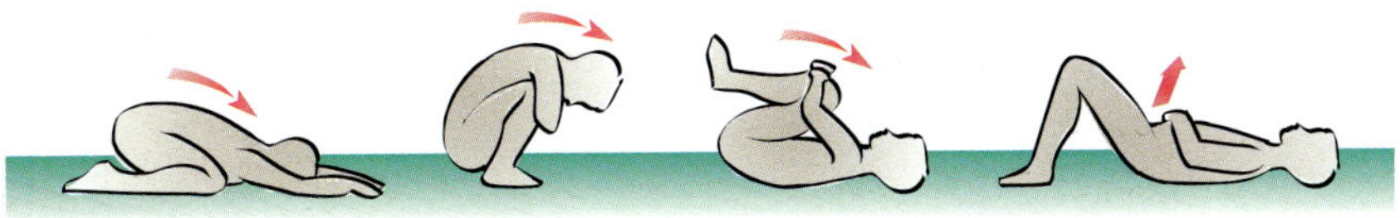

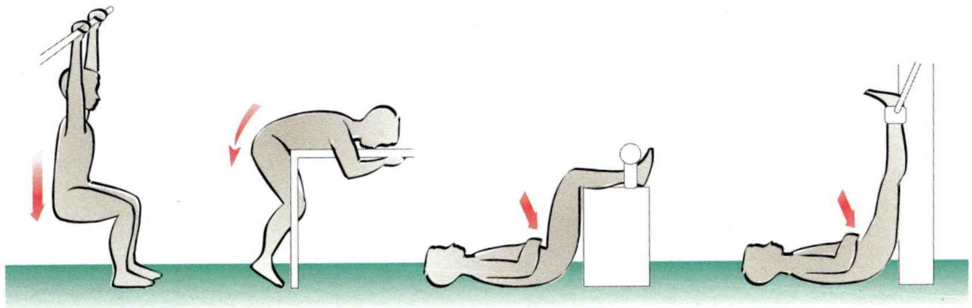

Alcuni esercizi atti a prevenire il mal di schiena

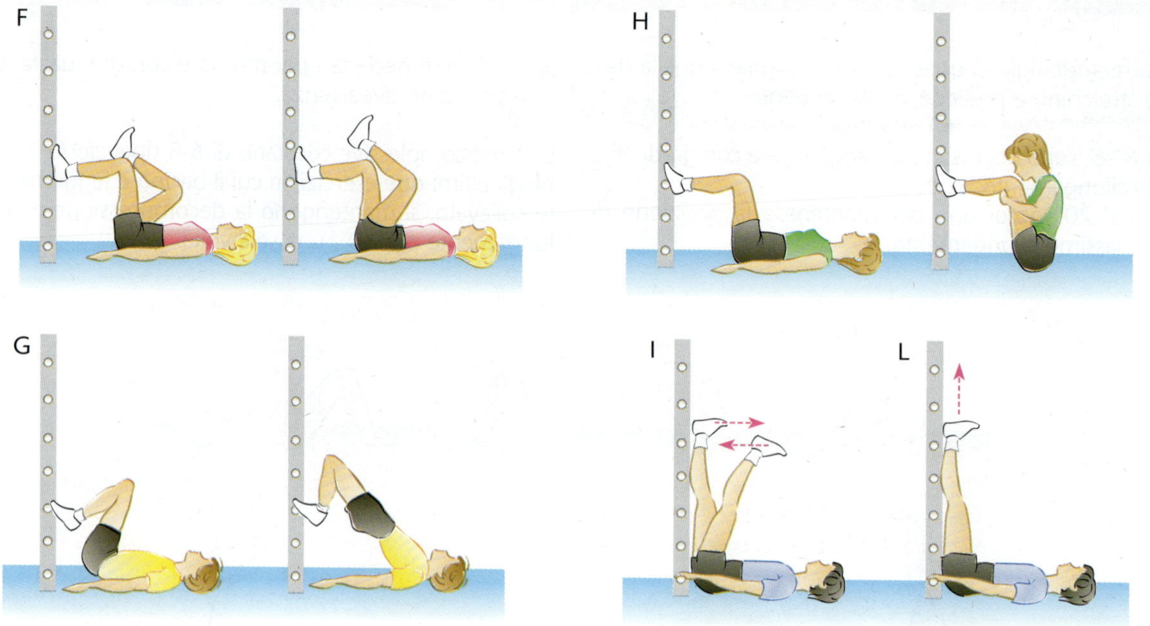

Verifica quanto appreso

1. Descrivi dettagliatamente gli esercizi di riscaldamento (e loro durata) che eseguiresti 15′ prima di una partita di pallavolo.

....

....

....

2. Le modalità di esecuzione del defaticamento sono simili a quelle del riscaldamento.

☐ Vero ☐ Falso

3. Disegna in modo schematico un esercizio di stretching (a tua scelta fra quelli per il collo, gli arti superiori, la schiena, gli arti inferiori).

4. È necessario eseguire lo stretching

☐ sia nel riscaldamento che nel defaticamento.

☐ per non oltre 40″.

☐ nella fase centrale dell'allenamento.

☐ alla fine dell'allenamento.

5. Scrivi nel riquadro posto a lato di ciascun disegno il peso approssimativo che deve sostenere la colonna vertebrale di ciascun soggetto raffigurato nell'atto di sollevare un peso.

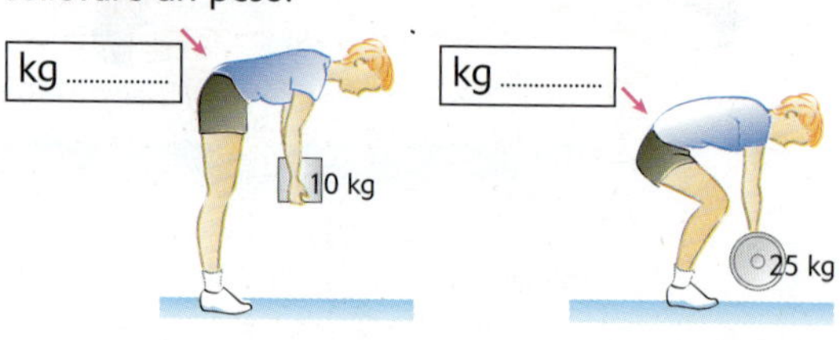

6. Sviluppa i seguenti argomenti scegliendo una fra due delle modalità previste per la terza prova: trattazione sintetica di argomenti o risposta a quesito singolo (rispettivamente in un massimo di 20 e 10 righe).

A Il mal di schiena, al contrario di quanto si pensi, è un problema che affligge anche i giovani; spiega le cause, descrivi le norme di prevenzione e alcuni esercizi atti a prevenirlo.

B Lo stretching perché, quando e come eseguirlo.

GLOSSARIO

abduzione movimento con cui un arto si allontana rispetto alla linea mediana del corpo. È il contrario di adduzione.

acido lattico sostanza presente nell'organismo, in particolare nei muscoli, dove è prodotta per trasformazione del glicogeno in energia tramite una reazione anaerobica, ossia in assenza di ossigeno. Il suo accumulo, dovuto a un'attività muscolare intensa o prolungata, provoca dolore nei muscoli interessati dal movimento.

acquaticità la familiarità con l'acqua, cioè la disposizione di chi si trova a proprio agio con l'elemento nel galleggiare e nel respirare correttamente.

adduzione movimento che tende ad avvicinare un arto alla linea mediana del corpo. È il contrario di abduzione.

aerobica tipo di ginnastica che consiste nell'esecuzione a suon di musica di una sequenza di movimenti. Sfrutta essenzialmente il meccanismo aerobico di produzione di energia.

aerobico (processo) processo energetico (cioè che serve per produrre energia) che avviene tramite l'utilizzo di ossigeno introdotto nell'organismo attraverso la respirazione.

agonista si dice di un muscolo (o di un gruppo muscolare) che, in una certa esecuzione, si accorcia provocando, con tale accorciamento, il movimento.

ala piccola nella pallacanestro ruolo di attacco; chi lo occupa deve essere in possesso di un buon tiro da fuori e forte nei rimbalzi in attacco e in difesa.

ala pivot nella pallacanestro è il giocatore che in fase di attacco sovente si sposta dalla linea di tiro libero per entrare in penetrazione o tirare o passare il pallone e cercare il rimbalzo d'attacco. In fase difensiva è un jolly.

alto impatto metodica della ginnastica aerobica nella quale i piedi perdono, durante gli esercizi, il contatto col suolo.

alzatore nella pallavolo è il regista della squadra, colui che costruisce l'azione offensiva passando la palla agli schiacciatori.

anaerobico (processo) processo energetico che avviene senza l'utilizzo di ossigeno.

aquagym ginnastica nell'acqua, che prevede una serie di esercizi che si svolgono nell'acqua ad altezze diverse e che coinvolgono tutti i gruppi muscolari.

atteggiamento posizione del corpo che, se scorretta, può avere effetti negativi sulla colonna vertebrale e portare alla formazione della scoliosi o all'insorgere del mal di schiena.

bagher fondamentale difensivo della pallavolo che permette di riprendere palloni con traiettorie basse e veloci. Si esegue con le braccia unite, distese davanti al busto.

baricentro punto convenzionale del corpo nel quale si può considerare concentrato il peso.

basso impatto metodica della ginnastica aerobica nella quale un piede rimane sempre a contatto col terreno.

battuta il colpo che si batte sulla pedana per spiccare il salto.

beach volley pallavolo giocata sulla spiaggia o su campi con sabbia, due contro due.

blocco nella pallacanestro è l'azione (offensiva o difensiva) compiuta da un giocatore che si pone anticipatamente sul percorso di un avversario, per costringerlo a cambiare direzione.

bracciata movimento compiuto dal nuotatore con le braccia.

buttafuori movimento difensivo tipico della pallacanestro, che consiste nel «costringere» gli attaccanti ad andare verso le linee laterali o verso un altro difensore al fine di favorire il «raddoppio di marcatura».

cardiofrequenzimetro apparecchio elettronico che viene impiegato per misurare la frequenza cardiaca.

carico di lavoro quando si esegue un esercizio fisico, il carico di lavoro rappresenta il peso da sollevare, la resistenza da vincere, lo sforzo da compiere.

centrale nella pallavolo chi occupa questo ruolo gioca prevalentemente al centro o dalla parte destra. È utilizzato sia per l'attacco (schiacciata) che per la difesa (muro). In fase difensiva può essere specializzato nella ricezione.

circonduzione rotazione di un segmento corporeo la cui estremità descrive una circonferenza.

clavette tipici attrezzi della ginnastica ritmica, costituiti da un pomo, un collo e un corpo.

contrazione l'attivazione muscolare con conseguente aumento di forza tensiva tra origine e inserzione del muscolo stesso, ovvero un accorciamento del muscolo.

dai e cambia movimento offensivo della pallacanestro che consiste nel passare la palla al compagno e spostarsi immediatamente, creando piú spazio per il tentativo a canestro.

dai e segui movimento offensivo della pallacanestro che consiste nel passare il pallone a un compagno e andargli incontro mentre il compagno effettua un blocco sul suo marcatore; libera cosí il giocatore, che può andare a canestro.

dai e vai tipico movimento offensivo della pallacanestro (ma il termine si usa anche in altre discipline): il giocatore in possesso di palla passa a un compagno piú avanti di lui in posizione laterale, riceve il passaggio di ritorno e tenta di andare a canestro.

decathlon gara atletica maschile, articolata in 10 prove: 100, 400 e 1500 metri piani, 110 m a ostacoli, salto in alto, in lungo e con l'asta, lancio del disco e del giavellotto, getto del peso.

decubito posizione del corpo disteso a terra.

defaticamento si parla di defaticamento quando si compiono una serie di esercizi con lo scopo di eliminare l'acido lattico che si è formato nei muscoli in seguito a uno sforzo prolungato.

dischi intervertebrali strutture articolari che separano e allo stesso tempo congiungono le vertebre, costituiti da un anello fibroso (tanti strati concentrici disposti come cilindri, uno dentro l'altro).

distali nella disposizione dei segmenti corporei, quelli piú lontani dall'asse corporeo.

doping dall'inglese *to dope*, «drogare», è l'assunzione (vietata dalla legge) di sostanze che migliorano il rendimento nelle prestazioni sportive.

doppia nella pallavolo è l'infrazione compiuta dal giocatore che respinge il pallone con due diverse parti del corpo, oppure con una mano e poi con l'altra, oppure colpisce l'attrezzo per due volte consecutive.

emoglobina sostanza presente nei globuli rossi formata da proteine che ha la capacità di catturare l'ossigeno che respiriamo, trasportarlo nel sangue e cederlo alle cellule.

espirazione fase della respirazione nella quale si butta fuori l'aria dai polmoni.

estensione distensione, azione di allontanamento reciproco delle estremità di due arti articolati tra loro; passaggio da una posizione breve a una lunga.

falcata gesto e misura dello spostamento di una gamba da un contatto con il terreno a quello successivo.

falsa partenza nelle corse di velocità si ha quando l'atleta parte prima del colpo di pistola.

fibre bianche (o veloci) fibre muscolari dal basso contenuto di mioglobina (proteina che trasporta ossigeno) specializzate in contrazioni veloci adatte a sforzi rapidi e improvvisi.

fibre rosse (o lente) fibre muscolari caratterizzate dall'alto contenuto di mioglobina (proteina che trasporta ossigeno) che possono svolgere il loro lavoro per un lungo periodo di tempo.

flessione avvicinamento di una parte del corpo a un'altra.

Fosbury tecnica del salto in alto con scavalcamento dorsale, dal nome di Dick Fosbury, che per primo l'ha utilizzata.

frequenza cardiaca numero delle pulsazioni in un minuto.

guardia nella pallacanestro chi occupa questo ruolo deve essere tempestivo e veloce in contropiede e disporre di un ottimo tiro da fuori. Deve essere in grado di passare e creare gioco.

inclinazione del busto piegamento del busto in avanti fino a formare con gli arti inferiori un angolo retto o acuto.

inspirazione fase di introduzione dell'aria nei polmoni.

intrarotazione rotazione verso l'interno. Movimento di un segmento del corpo intorno al proprio asse longitudinale, cosí da portare verso l'interno la parte dorsale.

invasione nella pallavolo infrazione commessa quando un giocatore invade il campo avversario, o appoggiando tutta la superficie del piede oltre la linea della rete o superando con le mani la linea immaginaria sopra la rete (il che è consentito a coloro che eseguono un muro).

ipertermia aumento della temperatura corporea. È il contrario di ipotermia.

ipotermia abbassamento della temperatura corporea. È il contrario di ipertermia.

lanterne segnali a tre facce disposti nei punti di controllo lungo un percorso di orientamento, numerati progressivamente e indicati sulla carta con un cerchietto.

legamenti strutture di tessuto fibroso che collegano due ossa articolate tra loro, contribuendo a mantenerle a contatto e a limitarne i movimenti rafforzando l'articolazione.

libero nella pallavolo colui che occupa questo ruolo può giocare solo nella zona di difesa.

metabolismo complesso dei processi chimici ed energetici che avvengono negli organismi viventi, grazie ai quali essi rimangono in vita. Nell'uomo il metabolismo è piú in generale il ritmo con il quale l'organismo consuma energia.

motricità capacità del sistema nervoso di comandare la contrazione muscolare e quindi il movimento. Si sviluppa nel bambino attraverso le diverse esperienze motorie che egli compie in relazione agli impulsi e alle necessità legati alle esperienze mentali e comportamentali (sviluppo psicomotorio).

orientamento (orienteering) la gara di corsa di orientamento è una prova a cronometro che deve svolgersi possibilmente su un terreno vario, in cui il concorrente, dotato di carta topografica e bussola, deve raggiungere il traguardo passando attraverso una serie di punti di controllo.

ormoni sostanze che agiscono nell'organismo come segnali chimici. Sono prodotti dalle ghiandole endocrine e trasportati tramite la circolazione sanguigna a un organo «bersaglio» affinché si originino determinati effetti.

piede a martello piede flesso a 90° rispetto alla gamba.

piede in estensione dorso del piede in linea retta con la gamba.

piede perno nella pallacanestro si dice fare perno quando il giocatore si ferma con il pallone e vuole variare la direzione e, facendo perno su un piede, fa un passo con l'altro piede.

piede piatto alterazione strutturale o funzionale del piede che ha ridotto o annullato uno o piú dei tre archi che costituiscono la sua volta.

piegamento movimento che porta l'arto o la parte del corpo da una posizione lunga a una breve.

pivot in varie discipline di squadra è il ruolo centrale di attacco, intorno al quale ruota la manovra e che ha il compito di finalizzare l'azione. Nella pallamano è un giocatore di notevole altezza e peso e abile nel tiro; nel calcio a cinque si distingue per le sue capacità di tiro o di protezione della palla. Nella pallacanestro deve avere grandi doti fisiche ed essere abile nei tiri da sotto, nei rimbalzi, nell'aprire al contropiede, nelle stoppate.

play (ultimo) nel calcio a cinque chi occupa questo ruolo è il difensore piú forte, capace di difendere e di costruire l'azione di attacco.

playmaker nella pallacanestro è creatore del gioco, il regista della squadra, che sceglie la tattica offensiva e crea passaggi smarcanti.

plinto attrezzo ginnico a forma di tronco di piramide.

pronazione movimento che consiste nel rivolgere verso terra il lato ventrale del corpo, oppure nel ruotare verso l'interno, attorno al suo asse longitudinale un arto o parte di esso; è il contrario di supinazione.

prono posizione sdraiata con l'addome a terra (pancia in giú).

prossimali nella disposizione dei segmenti corporei, quelli piú vicini all'asse corporeo.

punzonatrice nelle gare di orientamento è il dispositivo con il quale il concorrente punzona il cartellino di gara nella casella corrispondente al punto di controllo.

rachide spina dorsale, complesso delle vertebre che sostiene tutto il corpo.

raddoppio di marcatura nella pallacanestro si ha quando la marcatura viene effettuata contemporaneamente da due difensori sull'attaccante in palleggio per costringerlo all'errore o all'infrazione dei 5 secondi. Il termine ha un significato analogo anche per il calcio a cinque e altri sport di squadra.

recupero interruzione o diminuzione momentanea del lavoro muscolare, in modo da favorire il ripristino dell'equilibrio fisiologico (respirazione, battito cardiaco, stress).

ripetizione esecuzione completa di un esercizio fisico.

rotazione movimento circolare attorno all'asse longitudinale. Può ruotare una parte del corpo o tutto il corpo.

rullata movimento del piede che entra in contatto con il terreno progressivamente, prima con il tallone, poi con la pianta, infine con la punta. Questo movimento è usato nella marcia.

schiacciatore nella pallavolo è colui che deve finalizzare l'azione con la schiacciata. Viene impiegato anche a muro e in difesa in ricezione.

serie numero di ripetizioni di un esercizio fisico.

sforbiciata movimento a forbice delle gambe o delle braccia tese. Questo movimento può essere eseguito dall'alto in basso oppure incrociando sopra e sotto.

skip corsa a ginocchia alte.

slanciare muovere rapidamente gli arti portandoli da una posizione lunga a un'altra posizione analoga.

sospensione nella corsa, è la fase in cui i piedi non sono a contatto col terreno, fra un balzo e un altro.

step è un tipo di ginnastica aerobica che sfrutta la salita e la discesa da una piattaforma di altezza regolabile e antiscivolo (step).

straddle tecnica del salto in alto con scavalcamento ventrale.

supinazione movimento che consiste nel rivolgere verso l'alto il lato ventrale del corpo, oppure nel ruotare verso l'esterno, attorno al suo asse longitudinale un arto o parte di esso; è il contrario di pronazione.

supino posizione sdraiata con la schiena a terra (pancia in su).

tagliafuori movimento difensivo proprio della pallacanestro, che ha lo scopo di tenere l'avversario lontano dal canestro o impedire all'attaccante di prendere posizione per andare a rimbalzo ed entrare in possesso di palla.

tap in tiro speciale nella pallacanestro, che consiste nel ribadire a canestro, con una o due mani, un pallone da distanza ravvicinata, dopo un rimbalzo.

terzo tempo nella pallacanestro, è un tipo di tiro a una mano in corsa, che consiste nell'effettuare due passi (primo e secondo tempo) con la palla in mano e un tiro a una mano in salto (terzo tempo).

trattenuta nella pallavolo è l'infrazione commessa quando il pallone è malamente respinto e non si stacca immediatamente dal punto di contatto, risultando, anche per breve tratto, accompagnato.

trekking termine che si riferisce al camminare percorrendo sentieri in ambienti naturali.

ventilazione polmonare inspirazione ed espirazione dell'aria nei polmoni attraverso le vie respiratorie tramite i muscoli della gabbia toracica e il diaframma. Questa può essere aumentata spontaneamente come nel caso di un'iperventilazione preparatoria per immersioni prolungate in acqua.

BIBLIOGRAFIA

Atletica leggera

Arcelli E., *Che cos'è l'allenamento*, Sperling & Kupfer, Milano, 1988.

Barbagallo F., *Il salto in alto e il modello meccanico dell'osservatore*, Società Stampa Sportiva, Roma, 1997.

Bragagnolo W., *Gli ostacoli e il modello meccanico dell'osservatore*, Società Stampa Sportiva, Roma, 1991.

Brynemoe E. *et al.*, *Corri, salta, lancia*, Società Stampa Sportiva, Roma, 1993.

Calligaris A., *La corsa: teoria e pratica*, Società Stampa Sportiva, Roma, 1984.

Koltai J., *Didattica dell'atletica leggera*, Società Stampa Sportiva, Roma, 1985.

Manno R., *Fondamenti dell'allenamento sportivo*, Zanichelli, Bologna, 1989.

Calcio a cinque

Calligaris A., Del Freo A., *Preparazione fisico-tecnica del calciatore attraverso 500 esercizi col pallone*, Società Stampa Sportiva, Roma, 1983.

Ferrari M., *Lezioni di calcio: diventa arbitro*, Edizioni De Vecchi, Milano, 1999.

Leali G., Risaliti M., *Il calcio al femminile*, Società Stampa Sportiva, Roma, 1999.

Nicoloso B., *Calcio giovani, il manuale completo del giovane calciatore*, Nardini Editore, Firenze, 1999.

Nuccorini A., *Il calcio a cinque, principi e sviluppi*, Società Stampa Sportiva, Roma, 2002.

Pallacanestro

Barbagallo F., Petromilli G., *Principi fondamentali per l'avviamento alla pallacanestro scolastica*, Società Stampa Sportiva, Roma, 2002.

Biccardi T., *Teoria e pratica della psicologia nel basket*, Società Stampa Sportiva, Roma, 1989.

Cometti G., *La preparazione fisica nel basket*, Società Stampa Sportiva, Roma, 2002.

Mondoni M., *Basket e biomeccanica*, Edizioni Libreria dello Sport, Milano, 2002.

Mondoni M., *Pallacanestro. Teoria e didattica dei giochi di squadra*, Edizioni Libreria dello Sport, Milano, 2001.

Pianta D., *60 unità didattiche per l'attività fisico-sportiva*, Società Stampa Sportiva, Roma, 2001.

Pallamano

AA. VV., *Statuto federale*, Federazione Italiana Giuoco Handball, Roma, 1996.

Bartolini L., Pareschi L., *Dal gioco sport alla pallamano*, Società Stampa Sportiva, Roma, 1991.

Gori M., *La grammatica del gioco della pallamano*, Società Stampa Sportiva, Roma, 1983.

Malic Z., Tomlianovic V., *Pallamano. Teoria e pratica*, Società Stampa Sportiva, Roma, 1985.

Pallavolo

Barbagallo F., *Pallavolo femminile (scolastica e agonistica)*, Società Stampa Sportiva, Roma, 1995.

Barbagallo F., *Preparazione fisico-tecnica del giovane pallavolista*, Società Stampa Sportiva, Roma, 1991.

Barbagallo F., *Primi elementi per l'avviamento alla pallavolo scolastica*, Società Stampa Sportiva, Roma, 1991.

Bazan E., *Pallavolo: didattica e gioco*, Edi Ermes, Bologna, 1996.

Becheroni A., Caramelli C., *Elementi di minivolley*, Società Stampa Sportiva, Roma, 1987.

Fontani G., *Fisiologia della pallavolo*, Società Stampa Sportiva, Roma, 1994.

Persichino G., *La pallavolo: tecnica e gioco*, Nardini Editore, Firenze, 1999.

AA. VV., *Pallavolo da manuale*, Demetra, Verona, 2000.

Ginnastica ritmica e aerobica

Aparo M., Cermej S., *Ginnastica ritmica moderna. Esercizi con la clavetta*, Società Stampa Sportiva, Roma, 1985.

Boccato S., Pistilli C., *Ginnastica aerobica*, Società Stampa Sportiva, Roma, 2001.

Calavalle A. R., *Ginnastica ritmica sportiva*, Società Stampa Sportiva, Roma, 2001.

Calligaris A., Wegener Uhdel L., *Aerobica in acqua*, Società Stampa Sportiva, Roma, 1985.

Casadei S., Ghiandoni S., *Aerobica*, Società Stampa Sportiva, Roma, 1996.

Lisitskaja T. S., *Ginnastica ritmica*, Società Stampa Sportiva, Roma, 1985.

Miglietta Ruffa L., *Storia, tecnica e didattica della ginnastica ritmica*, (2 voll. e musicassetta) Società Stampa Sportiva, Roma, 1993.

Nuoto

Bovi G., Bovi F., *Un tuffo nella pluralità. La formazione della personalità del fanciullo attraverso l'acquaticità*, Società Stampa Sportiva, Roma, 2001.

Calligaris A., Wegener Uhdel L., *Aerobica in acqua*, Società Stampa Sportiva, Roma, 1985.

Guzman R. J., *Esercitazioni in vasca e fuori vasca per tutte le nuotate*, Società Stampa Sportiva, Roma, 1999.

Orienteering

AA. VV., *Sci orientamento*, Mondadori, Milano, 1993.

Stretching

Anderson B., *Stretching*, Edizioni Mediterranee, Milano, 1988.

Ricciardi P., *Tecniche di rilasciamento muscolare*, Società Stampa Sportiva, Roma, 1987.